UTB 3185

utb.

Lesen. Lernen. Punkten.

Eine Arbeitsgemeinschaft der Verlage

Böhlau Verlag · Wien · Köln · Weimar
Verlag Barbara Budrich · Opladen · Toronto
facultas.wuv · Wien
Wilhelm Fink · Paderborn
A. Francke Verlag · Tübingen
Haupt Verlag · Bern
Verlag Julius Klinkhardt · Bad Heilbrunn
Mohr Siebeck · Tübingen
Nomos Verlagsgesellschaft · Baden-Baden
Ernst Reinhardt Verlag · München · Basel
Ferdinand Schöningh · Paderborn
Eugen Ulmer Verlag · Stuttgart
UVK Verlagsgesellschaft · Konstanz, mit UVK/Lucius · München
Vandenhoeck & Ruprecht · Göttingen · Bristol
vdf Hochschulverlag AG an der ETH Zürich

Eveline List

Psychoanalyse

Geschichte
Theorien
Anwendungen

2., verbesserte Auflage

facultas.wuv

Eveline List, Professorin für Kulturgeschichte der Universität Wien, Lehranalytikerin der Internationalen Psychoanalytischen Vereinigung.

Die abwechselnd gewählte männliche bzw. weibliche Form steht jeweils pars pro toto, wechselt je nach Kontext und stellt keine Abwertung des jeweils anderen Geschlechts dar.

Bibliografische Information Der Deutschen Nationalbibliothek

Die Deutsche Nationalbibliothek verzeichnet diese Publikation in der Deutschen Nationalbibliografie; detaillierte bibliografische Daten sind im Internet über http://dnb.d-nb.de abrufbar.

2. Auflage 2014

facultas.wuv Universitätsverlag, Stolberggasse 26, 1050 Wien, Österreich

Lektorat: Sabine Schlüter
Druck: Ebner & Spiegel, Ulm
Einbandgestaltung: Atelier Reichert, Stuttgart
Printed in Germany
ISBN: 978-3-8252-4245-9
epub-ISBN: 9783846342459
pdf-ISBN: 9783838542454

Für Brigitte Salanda,
klug und beharrlich am psychoanalytischen Buch

Vorwort der Reihenherausgeber

Die Psychoanalyse kann heute auf eine über 100-jährige, reich differenzierte Tradition zurückblicken. Im klinisch-psychotherapeutischen Bereich hat sie alle gegenwärtigen Ansätze, die ja mit erheblicher Zeitverzögerung entwickelt wurden, beeinflusst – sei es, dass Psychoanalyse als explizite oder implizite Basis für spezielle Ausdifferenzierungen diente oder aber als eine Position, an der sich andere Richtungen abarbeiteten, um die eigene Perspektive zu schärfen. Darüber hinaus hat die Psychoanalyse aber auch auf die Entwicklung einer Vielzahl außerklinischer Wissensbereiche in bedeutsamer Weise eingewirkt, sodass die psychoanalytische Gesamtunternehmung sich nicht nur in einer Therapiemethode abbildet. Vielmehr haben wir es mit einer breit einsetzbaren Hermeneutik, einer Wissenschaft vom Unbewussten in ihrem ganz eigenen Recht zu tun, die sich im psychosozialen Feld, in der Medizin, der Kunst, der Jurisprudenz, der Pädagogik, der Geschichte, Religion und Anthropologie und in anderen Human- und Kulturwissenschaften in produktiver Weise entfaltet hat.

Die mit diesen Entwicklungen einhergehende große Verbreitung psychoanalytischen Gedankenguts hat aber auch ihre Nachteile: Die Vielfalt an konzeptionellen Anschlüssen unter anderen Perspektiven oder gar die Assimilation in anders gelagerte Orientierungen birgt die Gefahr von Beliebigkeit, mit der immer neue Gruppen oder Publikationen der Psychoszene dann Psychoanalytisches für sich reklamieren und dabei doch wesentliche Grundlagen außer Acht lassen, als „veraltet" abtun oder schlicht nicht (mehr) kennen.

Aus diesem Grunde hat sich die Autorin entschieden, jene mehr oder weniger von der Psychoanalyse inspirierten psychodynamischen und tiefenpsychologischen Ansätze, die an vielen Orten in der Psychotherapieszene an psychoanalytisches (Teil-)Wissen Anschluss gesucht und gefunden haben, außen vor zu lassen. Sie konzentriert sich stattdessen auf die Exposition der klassischen Psychoanalyse, deren unverzichtbarer Kern eine eng an Freud und seinen Schriften orientierte Darstellung der zentralen Grundlagen und Zusammenhänge ist. Im Verlauf der Darstellung werden dann zwar auch wesentliche Differenzierungen, die *innerhalb* der Psychoanalyse existieren (etwa zwischen Ich-Psychologie, Klein, Winnicott, Lacan, Bion oder Kohut) deutlich. Doch die Beibehaltung der zentralen Bedingungen des psychoanalytischen Verstehens und der Arbeitstechnik bildet für die Autorin ein klares Abgrenzungskriterium zwischen der Psychoanalyse in eigentlichen Sinn und Systemen, die (nur) mit ihr verwandt sind.

Einem gängigen Werbeslogan folgend kann man daher feststellen, dass in diesem Band genau das drinnen ist, was auch am Cover draufsteht: die (klassische) Psychoanalyse – mit der für sie typischen zentralen Stellung des Ödipuskonfliktes – sowie die ihr in theoretischer Bezugnahme, praktischem Handeln und nicht zuletzt in den Ausbildungsstandards (z. B. Lehranalyse mit vier oder fünf Stunden pro Woche) eng verbunden gebliebenen zeitgenössischen Filiationen, wie sie sich auch in der International Psychoanalytical Association abbilden.

Dies bedeutet allerdings nicht, dass sich der vorliegende Band nur an psychoanalytische Zirkel im engeren Sinn adressiert. Vielmehr mag er gerade wegen seiner Fokussierung auf den traditionellen „heißen" Kern psychoanalytischen Theoretisierens und Handelns für Vertreter anderer Therapierichtungen eine pointierte Reflexionsgrundlage und ein Nachschlagewerk bieten. Die Autorin setzt hier jedenfalls auf eine Verständigung über Differenzen auf der Grundlage klarer Identitäten anstatt unscharfer und unverbindlich bleibender Bezugnahmen. Auch für Angehörige sozialer Berufe, die sich für Psychoanalyse interessieren, wird der Band mit Gewinn zu lesen sein, wenn sie sich mit den Grundlagen der Psychoanalyse von den primären Quellen her, d. h. ohne Brechung durch andere theoretische Prismen, auseinandersetzen wollen, um dann selbst zu entscheiden, ob und was davon für das eigene Tun und Denken anschlussfähig ist. Dies umso mehr, als die vorliegende Darstellung der Psychoanalyse eben nicht auf deren klinischen Anwendungsbereich enggeführt ist.

Thomas Slunecko & Jürgen Kriz — Wien und Osnabrück, Februar 2009

Inhaltsverzeichnis

Einleitung

Was kann dieses Buch vermitteln?

Kein Kompendium oder Lehrbuch kann das sorgfältige Studium von Originaltexten ersetzen. Die Psychoanalyse ist eine lebendige Wissenschaft, die sich diskursiv entwickelt und die man sich auch so aneignen muss. In meinen Seminaren für künftige Analytikerinnen oder für Studenten an der Universität stelle ich stets die Arbeit an den Texten ins Zentrum; diese zu reflektieren, zu verstehen und sich subjektiv anzueignen heißt, Psychoanalyse zu lernen. Dies gilt gerade auch für die klinische Arbeit: Was zwischen Analysandin und Analytikerin vorgeht, muss ebenso als Text mit manifestem und latentem Gehalt entziffert und im historischen Kontext angeeignet werden. Gerade weil sich die Psychoanalyse fortentwickelt und differenziert hat und weil die theoriebildenden Diskussionen weitergehen, ist es umso notwendiger, mit den Grundlagen – und das heißt besonders auch mit Freuds Arbeiten – gut vertraut zu sein. In einer Wissenschaft wie der Psychoanalyse ist ein sicheres Fundament nur in Auseinandersetzung mit den Traditionen zu erwerben.

Ein „Lehrbuch“ der Psychoanalyse wäre ein Paradox, weil die Psychoanalyse mehr als andere Disziplinen ein offenes System ist, das nur in komplexen Prozessen der Auseinandersetzung verstanden werden kann. Der sehr beschränkte Raum dieser Arbeit erlaubt nur, Grundzüge und ausgewählte Schwerpunkte und Beispiele darzustellen. Den Arbeiten Sigmund Freuds wurde wegen ihrer grundsätzlichen inhaltlichen Bedeutung und auch im Dienste der Darstellbarkeit zumeist Vorrang eingeräumt. Viele wichtige Aspekte und Differenzierungen mussten weggelassen werden, viele interessante Interpretationen und Weiterentwicklungen fanden keinen Raum. Andererseits wird die Leserin hier manches finden, was in anderen Büchern zur Psychoanalyse vielleicht vergeblich gesucht wird: weniger verbreitete Problemfelder und seltener genannte Namen.

Es besteht bei der Vielfalt der gestellten Themen natürlich kein Anspruch darauf, die Inhalte umfassend darzustellen, und auch die angegebene Literatur ist zwar breit gestreut, aber beispielhaft und durchaus subjektiv gewählt.

Einführungsbücher werden oft auch als Nachschlagewerke verwendet und vielleicht seltener in einem Zug vom Anfang bis zum Ende gelesen; das hat beim

Aufbau dieses Bandes eine Rolle gespielt. Wesentliche Begriffe werden zur raschen Einführung in Form kurzer Kapitel ausgeführt. Dass manche dieser Darstellungen mehrmals gelesen werden (müssen), ist ganz normal; diejenigen Leserinnen und Leser, die sich von der Komplexität der Zusammenhänge nicht abschrecken lassen, werden umso tiefer in sie eindringen.

Was also sollte dieses Buch können? – Neugierig machen auf die Psychoanalyse und die Leserinnen mit jenen Verstehenszusammenhängen ausstatten, mit deren Hilfe die kritische Aneignung von Arbeiten zur theoretischen, klinischen und angewandten Psychoanalyse möglich und interessant werden kann und sollte.

Schnupperbibliothek

Cordelia *Schmidt-Hellerau* (Hg.) (2006): Sigmund Freud. Das Lesebuch. Schriften aus vier Jahrzehnten. Frankfurt am Main: S. Fischer.

Bettina *Reiter* (2007): Spaziergänge mit Freud. Wien: Steinbauer.

Peter *Schneider* (1999): Sigmund Freud. München: Dtv.

Corinne *Maier* (2007): Die Entdeckung des Begehrens: von der Kunst, unsere Triebe und Neurosen gelassen zu betrachten. München: Goldmann.

Isa *Salzberger-Wittenberg* (2002): Psychoanalytisches Verstehen von Beziehungen. Wien: facultas.

Was ist Psychoanalyse?

Die Psychoanalyse ist die Wissenschaft vom Unbewussten. Sie umfasst, grob gesprochen, drei große Bereiche:

1. Eine Metapsychologie (siehe S. 65) als Voraussetzung für das Nachdenken über sonst unzugängliche psychische und psychosoziale Vorgänge. Hier werden Terminologie und Struktur der Wissenschaft bestimmt.
2. Eine Methodik zur Erfassung und Interpretation der Manifestationen des Unbewussten. Dazu gehört auch die therapeutische Technik.
3. Theorien und Konzepte über Zusammenhänge und Bedeutungen der Hervorbringungen des Unbewussten bei den einzelnen Menschen, ihren Institutionen, ihrer Geschichte und in der Kultur.

„Warum ‚Analyse‘, was Zerlegung, Zersetzung bedeutet und an eine Analogie mit der Arbeit des Chemikers an den Stoffen denken lässt, die er in der Natur vorfindet und in sein Laboratorium bringt?“, fragte Freud und gab folgende Antwort:

> „Weil eine solche Analogie in einem wichtigen Punkte wirklich besteht. Die Symptome und krankhaften Äußerungen des Patienten sind wie alle seine seelischen Tätigkeiten hoch zusammengesetzter Natur; die Elemente dieser Zusammensetzung sind im letzten Grunde Motive, Triebregungen. Aber der

Kranke weiß von diesen Motiven nichts oder nur sehr Ungenügendes. Wir lehren ihn nun die Zusammensetzung dieser hoch komplizierten seelischen Bindungen verstehen, führen die Symptome auf die sie motivierenden Triebregungen zurück, weisen diese dem Kranken bisher unbekannten Triebmotive in den Symptomen nach, wie der Chemiker den Grundstoff, das chemische Element, aus dem Salz ausscheidet, indem es in Verbindung mit anderen Elementen unkenntlich geworden war. Und ebenso zeigen wir dem Kranken an seinen nicht für krankhaft gehaltenen seelischen Äußerungen, dass ihm deren Motivierung nur unvollkommen bewusst war, dass andere Triebmotive bei ihm mitgewirkt haben, die ihm unerkannt geblieben sind." (Freud, 1919a, 184 f.)

Die Psychoanalyse ist in vollstem Sinn eine Humanwissenschaft, insofern sie alle Aspekte des menschlichen Lebens erforscht. Dabei stellt sie natürlich keineswegs den Anspruch, dem Gegenstand ihrer Forschung allein gerecht werden zu können, aber sie führte erstmals einen psychologischen Zugang zum gesamten Menschen ein. In diesem Sinne ist sie Anthropologie. Sigmund Freud formulierte einmal pointiert, es gebe im Grunde nur Psychologie und Naturwissenschaften im strengen Sinn: alles Menschliche, Soziale, Geistige sei eigentlich Forschungsgegenstand der Psychologie, im Unterschied zur Welt der Materie und der physikalischen Verhältnisse (Freud, 1933a, 194). Er verwendete den Ausdruck „Psychoanalyse" erstmals in zwei Arbeiten aus 1896 (Freud, 1896b, 1896c); historisch wird der Begriff mit Freuds „nachhypnotischer" Zeit verbunden (siehe Kap. I, 2). 1922 formulierte Freud in einem Enzyklopädieartikel eine klare und systematische Definition:

„Psychoanalyse ist der Name
1. eines Verfahrens zur Untersuchung seelischer Vorgänge, welche sonst kaum zugänglich sind;
2. eine Behandlungsmethode neurotischer Störungen, die sich auf diese Untersuchung gründet;
3. eine Reihe von psychologischen, auf solchem Wege gewonnene Einsichten, die allmählich zu einer neuen wissenschaftlichen Disziplin zusammenwachsen." (Freud, 1923a, 211)

Unter dem Stichwort „Grundpfeiler der psychoanalytischen Theorie" führt er dort aus:

„Die Annahme unbewusster seelischer Vorgänge, die Anerkennung der Lehre vom Widerstand und der Verdrängung, die Einschätzung der Sexualität und des Ödipus-Komplexes sind die Hauptinhalte der Psychoanalyse und die Grundlagen ihrer Theorie, und wer sie nicht alle gutzuheißen vermag, sollte sich nicht zu den Psychoanalytikern zählen."

Dem lässt sich auch heute noch zustimmen. Außerdem führt Freud unter anderem folgende tragende Elemente der Psychoanalyse als Wissenschaft an:

- die freie Assoziation;
- die „technische Grundregel";
- die Psychoanalyse als Deutungskunst;
- die Deutung der Fehlleistungen und Zufallshandlungen;
- die Deutung der Träume;
- die dynamische Theorie der Traumbildung;
- die Symbolik;
- die ätiologische Bedeutung des Sexuallebens;
- die infantile Sexualität;
- die Entwicklung der Libido;
- die Objektfindung;
- den Ödipuskomplex;
- den zweizeitigen Ansatz der Sexualentwicklung;
- die Verdrängungslehre;
- die Übertragung;
- den Narzissmus;
- die Sublimierung;
- die Anerkennung zweier Triebarten im Seelenleben;
- die Technik der Psychoanalyse;
- die Psychoanalyse als therapeutische Methode;
- die nichtmedizinischen Anwendungen der Psychoanalyse;
- den Charakter der Psychoanalyse als empirische Wissenschaft.

Dem sind noch folgende Elemente hinzuzufügen:

- die Neurosentheorie bzw. Krankheitslehre;
- die Anthropologie;
- die Massenpsychologie.

Die Psychoanalytiker neben und nach Freud haben auf der Grundlage seiner Arbeiten weitere Fragestellungen, Blickwinkel und Erklärungszusammenhänge ausgearbeitet, hauptsächlich aber die hier genannten Problemfelder erweitert. Neu hinzugekommen sind Auseinandersetzungen mit neuen Erkenntnissen anderer Disziplinen und theoretische und methodische Spezifizierungen.

Die elementare psychoanalytische Einstellung

Die Psychoanalyse ist eine wissenschaftliche Disziplin mit spezifischen Fragestellungen, eigenen Theorien, mit einer Methodologie und technischen Regeln der Forschung. Ihr Erkenntnisgegenstand ist das Unbewusste. Das ist ein Widerspruch in sich, insofern das Unbewusste sich ja definitionsgemäß jeder Erkenntnis entzieht. Sagen wir also, die Psychoanalyse befasst sich mit Manifestationen des Unbewussten, mit Vorkommnissen, die gar nicht oder erst verspätet und ungewollt bewusst werden.

Äußerungen des Unbewussten treten ständig und in allen Bereichen des Lebens zu Tage; sie werden z. B. als Spuren (Ginzburg, 1988) im Alltag oder auch im Traum, in Kunstwerken, in der Geschichte usw. deutlich. Die meisten bleiben freilich unbemerkt oder werden gemeinhin nicht wichtig genommen; sie erregen die Aufmerksamkeit der Menschen erst, wenn sie ungewöhnlich stark oder störend werden. Sie rufen dann oft Befremden hervor und bleiben unverstanden: Auffallendes Vergessen oder Nicht-vergessen-Können, unerklärliche Ängstlichkeit, wiederholte Fehleinschätzungen, Entscheidungsunfähigkeit, unsinnige Vorlieben, scheinbar ungezielte Handlungen, Hemmungen und Widersprüchlichkeiten im Leben der Individuen und Kollektive sind Beispiele dafür. Gerade solche Erscheinungen erregen die besondere Aufmerksamkeit der Psychoanalyse, weil diese in ihnen eben Spuren des Unbewussten sieht und ihr Interesse darauf richtet, seine Bedeutung zu verstehen. Mehr noch: Die Psychoanalyse weiß das Unbewusste immer am Werk und nimmt daher in allen „normalen" Phänomenen jenseits ihres offensichtlichen Bedeutungsgehalts immer noch weitere latente Bedeutungen an, die zu kennen wichtig sein könnte. Deshalb ist der Psychoanalyse das Erscheinungsbild der Welt nicht mehr als eine Oberfläche, die freilich der aufmerksamen Wahrnehmung immer Hinweise auf tiefere, unbewusste Sinngehalte gibt.

Wir haben es also mit einer Methode des Spurenlesens zu tun. Der Psychoanalytiker entdeckt aufgrund vielfältiger Indizien, die anderen unsichtbar oder zumindest unwichtig bleiben, die besondere Eigenart seines Forschungsgegenstandes. Ja, gerade in dem, was üblicherweise der Aufmerksamkeit entzogen ist, so meint er, findet das Charakteristische einer Person oder eines Geschehens oft ein besonderes Refugium. Die unwillkürlichen, unauffälligen kleinen Äußerungen, Details und Variationen in einem Gesamtbild sind ihm jene Informationen, die den Weg zum Unbewussten weisen. Sich einem Gegenstand psychoanalytisch zu nähern, könnte man daher auch als den Versuch betrachten, das nicht Offensichtliche zu verstehen mithilfe einer interessierten, aber ungesteuerten und dennoch auf das Forschungsobjekt gerichteten Aufmerksamkeit aller Sinne. Diese Aufmerksamkeit wird begleitet von assoziativen und symbolisierenden psychischen Prozessen, die das Wahrgenommene schließlich denkbar machen.

Damit ist bereits klar, dass die Felder psychoanalytischer Forschung weit gesteckt und jedenfalls nicht auf psychische Krankheitsfälle und analytische Praxisräume beschränkt sind. Manifestationen des Unbewussten existieren überall, und ihre verborgenen Bedeutungen können in vielen Zusammenhängen interessant und wichtig sein.

Das Wesentliche der Methode ist für alle Felder der Forschung gleich, egal ob es sich um psychopathologische, ethnologische, politische, künstlerische, pädagogische oder andere Forschungen handelt. Mag auch jedes Untersuchungsfeld zusätzliche Kenntnisse und Fähigkeiten verlangen, etwa rechtliche, historische, sprachliche, medizinische, eventuell diverse praktische Fähigkeiten, um sich den Objekten und Problemen adäquat zu nähern – im grundsätzlichen Vorgehen unterscheiden sich auch die diversen psychoanalytischen „Schulen" nicht voneinander. Immer ist eine Aufmerksamkeit nötig, die anders eingestellt ist als das Alltagsbewusstsein, das den latenten Sinn der Phänomene übersieht oder nicht versteht. Es bedarf somit einer ganz bestimmten Einstellung als Voraussetzung, um Erkenntnisse über das Unbewusste zu gewinnen. Sigmund Freud richtete sein Interesse konsequent auf das Unsichtbare und zielte mit seinen Deutungen auf Phänomene, die scheinbar keinen Wert hatten oder zumindest nicht wert schienen, wahrgenommen zu werden. Dadurch entdeckte er nicht nur den verborgenen Sinn dieser Phänomene, sondern fand auch eine Theorie darüber, wie und warum sie der bewussten Wahrnehmung entgehen. Diese besondere Form der Aufmerksamkeit, derer sich Freud bediente, hatte natürlich eine Grundlage in der klinischen Medizin. Auch hier kann der gute Diagnostiker wesentliche Erkenntnisse gewinnen, indem er geringste Veränderungen im Zustand seines Patienten wahrnimmt. Durch die Fähigkeit zur raschen Herstellung von Zusammenhängen, die er durch lange Erfahrung erworben hat, und die vergleichende Überprüfung gewisser potenzieller Krankheitssymptome kann er quasi „in den Patienten hineinschauen".

Die Wahrnehmungsfähigkeit wird also durch Erfahrung erweitert. Sie wächst jedoch auch durch die mentale Differenzierung des Wahrgenommenen, etwa in der Art, wie man in Grönland lernt, mehrere Dutzend Sorten von Schnee zu unterscheiden. Von dieser Vielfalt kann man – wie es die Eskimos z. B. auch tatsächlich tun – auf die Gesamtheit eines dahinter liegenden Naturzusammenhanges schließen. Er kann zwar nicht direkt erfasst werden, aber das hindert nicht, ihn trotzdem anzunehmen und die Phänomene, denen man begegnet, im Hinblick auf diesen gemeinsamen Hintergrund zu erforschen. Die Archäologie etwa oder die Kriminalistik, aber auch die vorneuzeitliche Navigation basierten und basieren weitgehend auf Annahmen und Schlüssen solcher Art.

Die Psychoanalyse jedenfalls hat diese Grundidee zum Paradigma genommen: dass gänzlich unbedeutend scheinende Phänomene, ähnlich den Spitzen der Eisberge, auf tiefere Zusammenhänge hinweisen und z. B. Merkmale massiver Behinderungen sein können. Deshalb gilt für sie der Grundsatz, dass es nichts Bedeutungsloses gibt und dass sich sowohl die Wichtigkeit der Anzeichen als auch ihre Bedeutungen erst nach und nach erweisen.

Die Psychoanalyse ist also, da sie die konkreten Verhältnisse ihrer Objekte nicht sichtbar machen kann, im Großen und Ganzen eine Indizienwissenschaft. Anders als etwa die Kriminalistik sucht sie aber nicht gezielt, sondern ist viel eher darum bemüht, die Situation inhaltlich undefiniert zu lassen, während sie gleichzeitig versucht, ein Maximum an unspezifischen Informationen zu erhalten. Dies ist die Voraussetzung dafür, dass in dem Fluss der Einfälle und Auskünfte absichtslose, ungeordnete Phänomene als Spuren des Unbewussten erkennbar werden können. Der Aufmerksamkeit und dem Interesse des Analytikers ist alles gleich wichtig und zum Forschungsgegenstand gehörig, es gelten keine äußeren, logischen oder objektiv angemessenen Ordnungsprinzipien, ebenso wie auch das Unbewusste solche nicht kennt. Für das Unbewusste haben Raum, Zeit und Logik keine Gültigkeit, sodass Gegensätze einander nicht ausschließen, alles mit allem kombiniert oder gleichgesetzt werden kann, gleichzeitig und am selben Ort auftritt und Verneinung nicht existiert.

Im Zuge dieser Spurensuche werden die auftauchenden Informationen aus ihrem Zusammenhang gelöst und erscheinen dann vorübergehend wie ungefügte, regellose Elemente, was im Analytiker unter Umständen einen Zustand der Verwirrung hervorruft. Diese Momente oder Phasen der Desorganisiertheit und Konfusion zu ertragen, ist Voraussetzung für den analytischen Erkenntnisprozess. Dekonstruktion und (Re-)Konstruktion bedingen einander. Das Finden einer neuen Gestalt ist ohne Auflösung der alten Gestaltverbindungen nicht möglich. Zusammenhanglosigkeit und gründliches Nichtverstehen – ein Nichtverstehen, das, wie in der Psychose, von den aufsteigenden Mehrdeutigkeiten herrührt (Bleger, 1989) –, werden hier vorübergehend virulent. Sie zu ertragen gehört zu den wichtigsten Fähigkeiten eines Psychoanalytikers und ist Bedingung jedes psychoanalytischen Verstehens. Wo das Nichtverstehen nicht ertragen wird (ein Vorgang, der dann ja nicht bewusst wird, sondern der Verleugnung anheim fällt), macht sich klischeehaftes Pseudoverstehen breit, wodurch künstliches, nur scheinbares Verständnis statt echter Erkenntnisse produziert werden. Kann das Nichtverstehen hingegen Raum greifen, entwickelt sich zugleich eine Tendenz zu neuerlicher Gestaltgebung, was sich beim Analytiker als Deutungsbereitschaft bemerkbar macht und einen inneren Formgebungsprozess einleitet. Damit aus diesen Spuren schließlich ein Sinngehalt hervorgeht, der auch mitgeteilt und verstanden werden kann, muss der Analytiker mit seinen eigenen vorbewussten Fähigkeiten zur Formgebung die ihres Zusammenhangs entkleideten, latent gestalthaften, unbewussten Elemente des Untersuchungsobjekts möglichst gleichzeitig erfassen. (Das Untersuchungsobjekt kann eine Person, ein Text, eine kulturelle Szene und dergleichen sein.) Aus der Überfülle der Elemente kann aber immer nur ein kleiner Teil erfasst werden, woraus sich die bekannte Überdeterminiertheit der Symptome ergibt. Die Gestalt, die er auf diese Weise erhalten hat, muss der Analytiker dann zu einem Gedanken formen, dessen Stimmigkeit sich ihm wie ein Aha-Erlebnis erschließt. Im Falle einer gelungenen Deutung wird dies auch vom Analysanden so empfunden, wodurch sich bei beiden eine gewisse Befriedigung einstellt.

Damit diese als befriedigend erlebte Situation gemeinsamen Verstehens zustande kommen kann, dient die aktuelle Situation dem Analytiker immer als Bezugspunkt. Dadurch sind der Beliebigkeit der assoziativen Sinngebung enge Grenzen gesetzt, und die Deutung wird für den aktuellen Zusammenhang von Erkenntnisgegenstand und erkennendem Psychoanalytiker relevant. In entsprechender Art und Weise gilt dies natürlich für alle Felder analytischer Forschung. Jede Interpretation erwächst aus der Beziehung zwischen Analytiker und Gegenstand der Analyse innerhalb einer aktuellen Deutungssituation und variiert mit dieser Situation. Darauf ist es auch zurückzuführen, dass keine Interpretation jemals Vollständigkeit oder Endgültigkeit beanspruchen kann. Die Verankerung in der aktuellen Situation ist essenziell, weil sie den Bezug zur Realität sichert und damit der Beliebigkeit Grenzen setzt.

Differenzierung und Formgebung begründen gute Symbolisierung. Die Symbolisierung kann den prinzipiell unfassbaren Zusammenhang zwischen dem Unbewussten und der Ordnung der bewussten Welt überbrücken und auf die jeweilige Situation abgestimmt vermitteln – etwa durch ein konturiertes Bild oder einen prägnanten Begriff. Dies ist die Hauptarbeit im Prozess der Bewusstmachung. Auf einer allgemeineren Ebene könnte man sagen, die Psychoanalyse sei ein Vermittlungsprozess vom Unsagbaren zum Gedanken, und die Wahrheit des Gedankens liege in der Stimmigkeit, mit der zwischen einer nicht bewussten Gefühlsregung bzw. Erinnerungsspur und der konkreten Situation eine Verbindung hergestellt werden kann – eine Verbindung, mit deren Hilfe das Unbenennbare in das Denken eintritt und verstanden wird.

Solch ein Verstehensprozess kann nicht exakt bestimmt oder kategorial gefasst werden, weil er auf unzähligen, minimalen, hoch differenzierten Abstimmungsbewegungen beruht, mit deren Hilfe der Analytiker wahrnimmt, das Wahrgenommene für sich selbst symbolisierend denkbar macht, zugleich blitzschnell zahllose Ordnungssysteme vergleichend abtastet, sich auf die Gesamtsituation einstellt, das eigene Fühlen und Denken daraufhin überprüft und schließlich aus der äußeren und inneren Wahrnehmung und der teilweisen Identifizierung mit dem Gegenüber zu einer deutenden Formulierung über das Geschehen kommt. Dieses dichte Zusammenspiel komplizierter Mikroprozesse der Abtastung, Aufnahme und Transformation großer Informationsmengen ist ein Prozess des Mentalisierens sinnlicher Erregungen, der den Hauptinhalt der menschlichen Entwicklung ausmacht und den wir nie ein für allemal besitzen, sondern in jedem Erkenntnisakt immer wieder neu erringen müssen. Naive Vorstellungen, es gäbe ein direktes, intuitiv richtiges Verstehen „von unbewusst zu unbewusst" ignorieren gerade diesen zentralen Aspekt der intellektuellen Verarbeitung. Theorien sind Denkmodelle, die im vorbewussten Symbolisierungsprozess des Analytikers unersetzlich sind; Freud dachte niemals daran, die „Stimme des Intellekts" (Freud, 1910j) auszuklammern. Seine Theorie und Methodik setzen, sofern sie ernst genommen werden, den Selbstüberschätzungstendenzen der Analytiker klare Grenzen und Bezugspunkte. Jenseits davon liegen „wilde Analysen" (Freud, 1927c, 377) und unbewusste Mesalliancen.

Man kann die Psychoanalyse auch als eine Theorie und Methode besonderer „Wahrheitsfindung“ betrachten, die auch unbewusste Bedeutungen einschließt und gerade auf den latenten, noch nicht in Erscheinung getretenen Wahrheitsgehalt abzielt. Der Analytiker sucht die Wahrheit aber nicht im herkömmlichen Sinn. Dafür braucht es bei ihm ein spezifisches Forschungsinteresse und eine besondere Haltung gegenüber Menschen und Dingen, die das Wahrnehmen all jener Manifestationen des Unbewussten, die im Alltag übersehen werden, erleichtert. Es handelt sich um eine besondere Art sublimierter Neugier, die durch ungerichtete Offenheit bestimmt ist und weitgehend ohne vorgefasste Vorstellungen und Erwartungen auskommt (Wilfred R. Bion sagt: „refraining from memory and desire“, 1970, 31). Dies könnte als Widerspruch zur Wichtigkeit der Theorie für den Psychoanalytiker aufgefasst werden; die Theorie soll in der analytischen Situation jedoch eben nicht das Denken des Analytikers bestimmen, sondern ihm als dauerhafte triangulierende Referenz zur Selbst- und Prozessreflexion zur Verfügung stehen. Die ungezielte Haltung selbst hat Freud als Alternative zur Hypnose entdeckt: nicht die willentliche Steuerung, sondern vielmehr eine absichtslose Offenheit, die in der psychoanalytischen Kur auch „gleichschwebende Aufmerksamkeit“ genannt wird. Sie verlangt, dass man sich – egal in welchem Kontext – der Eigendynamik des Objekts aussetzt und doch die eigenen kognitiven Fähigkeiten bewahrt. Das erfordert große intrapsychische Beweglichkeit, was wiederum bedeutet, dass die Grenze zum eigenen Unbewussten durchlässig sein und die Fähigkeit zur Symbolisierung (als Grundlage des Denkens) dennoch hochgehalten werden muss. Das geht normalerweise schlecht zusammen, und die Entwicklung dieser Fähigkeit verlangt verschiedene Voraussetzungen. Die wichtigste unter ihnen ist die Auseinandersetzung des Forschenden mit dem eigenen Unbewussten. Dies reduziert die unbewusste Ängstlichkeit vor dem Unbekannten und stärkt die Symbolisierungsfähigkeit, was eine differenzierte Wahrnehmung innerer Regungen und ihre stimmige Übersetzung in symbolische Formen, vor allem in die Wortsprache, zur Folge hat. Klarerweise ist dafür eine eigene Psychoanalyse die am besten geeignete Vorbereitung. Das Unbewusste kann dann auch als Aufnahmeorgan und Resonanzkörper für Erregungen, Signale und Informationen, die vom Forschungsobjekt ausgehen, genutzt werden.

Die soeben beschriebene Einstellung verlangt es, sich der Dynamik der jeweils erlebten Situation auszusetzen und damit ständig Verunsicherung zu riskieren. Aus diesem Grund ist die Vertrautheit mit dem eigenen Unbewussten besonders wichtig, ebenso die Fähigkeit zur Selbstanalyse und ihre fortdauernde Übung, die Reflexion der eigenen Arbeit und die Auseinandersetzung mit Theorien, also mit intellektuellen Konzepten. Diese sind gewissermaßen die psychohygienische „Wartung“ des psychoanalytischen Werkzeugs, nämlich der emotionalen und kognitiven Fähigkeiten, mit deren Hilfe der Psychoanalytiker seine Arbeit tut. Diese „Wartung“ ermöglicht es dem Analytiker überhaupt erst, sich selbst zu benützen, und diese beständige Benützung seiner selbst ist es, was die psychoanalytische Arbeit ausmacht.

In unserem Bestreben nach möglichst vorbehaltloser Aufmerksamkeit stoßen wir allerdings auf Widerstände. Die Menschen, Dinge und Verhältnisse, die wir untersuchen und verstehen möchten, sperren und entziehen sich uns, sodass wir uns behindert finden in der Fähigkeit, uns fortwährend und offen auf den Forschungsgegenstand einzustellen. Die Psychoanalyse hat diese Widerständigkeit als Abwehr des unbewussten Bedeutungsgehalts erkannt, die zu den Objekten und der aktuellen Situation gehört und selbst wichtige Informationen enthält. „Widerstandsanalyse" kann daher als gesonderte Erkenntnisquelle gelten: die Art und Weise, wie das Objekt sich sperrt, gibt auch Aufschluss über es selbst. Die Schwierigkeiten, die sich während der analytischen Arbeit ergeben, sind daher Teil der Interpretation des Forschungsobjekts.

Mithilfe seiner besonderen Einstellung kann der Psychoanalytiker also wenig konturiertes oder fremdes Material wahrnehmen und dieses zu differenzierten Fragestellungen und vorläufigen Interpretationen formen. Er „verdaut" dabei gewissermaßen das diffuse Konglomerat von Informationen, um es verstehbarer zu machen. Damit dies nicht beliebig geschieht, muss er sich beständig sowohl an der konkreten Forschungssituation wie auch am Forschungsobjekt orientieren. Im Falle der Erforschung einer Person muss er mit ihr Verständigung über die erarbeiteten Deutungen herstellen, sodass sie valide werden. Im Falle einer historischen Quelle, eines Textes, eines Kunstwerks, einer Institution wirken die spezifischen Bedingungen und alternativen Interpretationen anderer als Relativierung. Das Verstehen des Analytikers erweist seine Relevanz also erst in der Vermittlung mit dem Erkenntnisobjekt. In der psychoanalytischen Kur etwa wirkt eine Deutung erst, wenn es zur Verständigung zwischen Analytiker und Analysand gekommen ist, und eine Textinterpretation ist erst dann stimmig, wenn die latenten Inhalte sinnvoll und logisch in den Gesamttext eingefügt werden können. Diese Vermittlung hat nichts von Überzeugung (im Sinne einer Überredung) an sich und findet zum allergrößten Teil auch vorbewusst statt; bewusstes Denken und Formulieren erfolgen erst ganz zuletzt. Die Vorgänge, die zum Erwerb einer echten Überzeugung führen, sind also dem Bewusstsein über gewisse Strecken entzogen und gehen erst ganz zum Schluss im bewussten Denken und Reflektieren vor sich, was wiederum illustriert, dass es sich nicht um eine Überzeugung im Sinne einer Überredung handelt, sondern um eine authentische Überzeugung. Eine so hergestellte situative Übereinstimmung bildet dann den neuen Rahmen für weitere Bedeutungszusammenhänge.

Aus dem bisher Gesagten ergibt sich, dass psychoanalytische Interpretationen keine isolierte oder gezielte Absicht verfolgen können (wiewohl das Ziel, das Forschungsobjekt zu verstehen, immer erhalten bleibt). Dies kann einen Konflikt begründen, wenn der Psychoanalytiker sich mit kategorial festgeschriebenen Begriffssystemen (z. B. fest umrissenen Diagnoseschemata, naturwissenschaftlichen

Kausalitäten usw.) auseinandersetzen muss. Diese Begriffssysteme schränken das Wahrnehmen und Denken zwangsläufig ein bzw. lenken es, werden aber in vielen Wissenschaftsdisziplinen als notwendig erachtet. Solche Systeme dienen unter Umständen dazu, die Ängste des Analytikers zu kontrollieren oder seine Beherrschung der Situation aufrecht zu erhalten, fungieren also als Abwehr gegen Erkenntnis. Auf diese Weise behindern sie natürlich die Arbeitsfähigkeit. Meist ist der Analytiker, der im dargestellten Sinn ungezielt zu verstehen sucht, gleichzeitig auch Experte eines bestimmten Fachgebiets, auf dem er forscht, etwa als Arzt, Psychologe, Ethnologe, Jurist, Historiker oder Musikwissenschafter. Er ist also Analytiker und wissenschaftlicher Experte in einer Person. Diese Doppelfunktion ist prinzipiell ebenso hinderlich, wie sie sinnvoll und nützlich ist. Die Kunst besteht im richtigen Wechsel der Perspektive, der auch eine Einstellungsveränderung bedeutet. Wo also der Historiker oder der Arzt aufgrund seines Vorwissens gezielt nach Quellen oder Krankheitssymptomen suchen würde, muss der Analytiker gerade diese Suche als Symptom im Sinne einer Spur zum Unbewussten erkennen, muss sie untersuchen und zugleich für die Aufrechterhaltung der elementaren psychoanalytischen Einstellung sorgen.

Empfohlene Literatur

Sigmund *Freud* (1923a): „Psychoanalyse" und „Libidotheorie". GW XIII, 209–233.

Michael B. *Buchholz*, Günter *Gödde* (Hg.) (2006): Macht und Dynamik des Unbewussten I. Gießen: Psychosozial.

Michael B. *Buchholz*, Günter *Gödde* (Hg.) (2006): Das Unbewusste in aktuellen Diskursen II. Anschlüsse. Gießen: Psychosozial.

Michael B. *Buchholz*, Günter *Gödde* (Hg.) (2006): Das Unbewusste in der Praxis III. Erfahrungen mit verschiedenen Professionen. Gießen: Psychosozial.

I Geschichte der Psychoanalyse

Nach wie vor ist die wohl beste und genaueste Methode, die Psychoanalyse zu verstehen, das Studium ihrer historischen Entwicklung. Dieser Ansicht war auch Freud. Im historischen Zugang ist es möglich, auch andere als „lineare" Entwicklungen zu verfolgen; es lassen sich Nebenthemen, unterschiedliche Zugänge und Perspektiven oder auch Ideen, die sich nicht durchsetzten, verfolgen, was den komplexen, oft zirkulären und nicht systematischen Denkbewegungen des psychoanalytischen Prozesses eher entspricht. Die Systematik ist natürlich auch wichtig, soll aber erst in einem nächsten Schritt dargestellt werden.

Obwohl sehr verflochten mit der Lebens- und Denkgeschichte der Person Sigmund Freuds, kann die Geschichte der Psychoanalyse keineswegs mit ihr gleichgesetzt werden. Großteils handelt es sich bei der Geschichte der Psychoanalyse um die Geschichte eines Denkkollektivs und später um die Geschichten und Auseinandersetzungen vieler Denkkollektive. Die „Mittwoch-Gesellschaft" wurde eine Ideenproduktionsagentur. Sie setzte eine intellektuelle Lustgeschichte fort, die in Freundschaften – zunächst zwischen Freud und Josef Breuer und dann besonders zwischen Freud und Wilhelm Fließ – ihren Ausgang genommen und dann Freuds revolutionäres Experiment der Selbstanalyse begleitet hatte, jedoch nach der Vollendung der „Traumdeutung" verloren zu gehen drohte. Jeden Mittwoch traf Freud sich hinfort mit einer Gruppe interessierter Gleichgesinnter. Damit war jener für die Psychoanalyse so wichtige assoziative und intellektuelle Resonanzkörper für Denkexperimente geschaffen. Die „Mittwochgesellschaft" (siehe S. 32, 34) begründete auch die bis heute – wenngleich in erweiterter Form – existierende Organisationsform der Psychoanalyse.

1 Das Unbewusste vor Freud

Die Psychoanalyse ist ein Kind von Aufklärung und Säkularisierung, die gegen Ende des 18. Jahrhunderts das überkommene Weltverständnis und das Bild des Menschen revolutionierten. Diese Entwicklung schlug sich auch in Literatur und Philosophie nieder. Besonders Schleiermacher und Schelling, überhaupt die Romantiker, rekurrierten auf unbewusste Kräfte. Von Jean Paul stammt der Ausdruck „das ungeheure Reich des Unbewussten, dieses wahre innere Afrika" (1827, 1188), und Goethe (1809) schrieb von „unbewussten Erinnerungen". Eine Verwissenschaftlichung der Welterklärungen in Bezug auf das „Seelisch-Geistige" gründete im Zusammenspiel von Philosophie, Medizin und Naturwissenschaften; unerklärbare Phänomene wurden nicht mehr nur metaphysisch verstanden, sondern als Resultate (noch) unerforschter Kräfte angesehen. Daraus ergaben sich Forschungsbereiche und Praxisfelder, die mitunter auch irrationale und obskure Richtungen einschlugen, wie etwa Franz Anton Mesmers (1734–1815) Energielehre, insgesamt aber die wissenschaftliche Untersuchung der materiellen wie der psychosozialen Welt vorantrieben. Das religiöse Erklärungsparadigma hatte seine Dominanz verloren, die Realität wurde mehr und mehr unter der Wirkung psychischer Kräfte betrachtet, und man erkannte die psychosoziale Bedeutungen vieler Phänomene. 1838 publizierte Ernst von Feuchtersleben (1806–1849) „Zur Diätetik der Seele", ein Hausbuch der Psychohygiene, das mit über 50 Auflagen als der erste psychotherapeutische Bestseller gelten kann. Er schrieb vom Abgrund bzw. pathologischen Kern in jedem Menschen, vertrat eine ganzheitliche Psychosomatik, erachtete manche körperlichen Erkrankungen als über Gefühlserfahrungen heilbar und riet zu einer Art Selbsterfahrung als Lebenshilfe. Freud nicht unähnlich, empfahl er die „Weisheit von der Beherrschung der Leidenschaften durch die Vernunft".

In der Regel ging die Medizin von hereditär-degenerativen Ursachen der Geisteskrankheiten aus und glaubte nicht an deren Heilbarkeit. Freuds Lehrer Jean Charcot (1825–1893) erforschte die Hysterie in diesem Sinn. Anders Hippolyte Bernheim (1840–1919), der die Hypnose allgemein als wirksame Ausschaltung der kritischen Vernunft verstand. Freud suchte auch ihn auf und übersetzte 1888 sein Buch „Die Heilwirkungen der Suggestion" mit vielen Fallbeispielen ins Deutsche.

In der Vernunftkritik Schopenhauers, später auch Nietzsches, wurde die Triebhaftigkeit des Menschen ein zentrales Thema, doch ihre wissenschaftliche Erforschung blieb Sigmund Freud vorbehalten, der die verschiedenen Entwicklungen zusammenführte und schließlich eine systematische Theorie des Unbewussten formulierte.

2 Sigmund Freud und die Entstehung der Psychoanalyse

Sigmund Freuds Leben als Orientierungslinie für die Entstehungsgeschichte der Psychoanalyse zu nehmen, ist nicht nur eine oft praktizierte Reduktion auf Biografisches. Man spricht nicht umsonst auch heute noch, nachdem die Psychoanalyse sich in viele Richtungen fortentwickelt hat, nach wie vor von der Psychoanalyse als der Freud'schen Theorie, weil sie ursprünglich ganz auf ihn zurückgeht und seine Schriften über ein Jahrhundert die wichtigste Referenz geblieben sind.

Auch wenn die Einflüsse anderer nicht unterschätzt werden sollen, gilt für den Beginn der Psychoanalyse Freud als die kreative Macht – nicht zuletzt, weil er entscheidende Einsichten aus Selbstanalyse, Selbstbeobachtung und aus seiner Arbeit mit Patienten schöpfte. Bis zuletzt verstand er die Entdeckung der lebensgeschichtlichen Erinnerungen als wichtige Aufgabe der Psychoanalyse.

Sigmund Freud wurde am 6. Mai 1856 in Freiberg, einem kleinen Markt in Mähren, als erstes Kind der jungen Amalie und des um 20 Jahre älteren Jakob Freud geboren. Für den Vater war er das fünfte Kind aus insgesamt drei Ehen, ein Kind, dem noch sechs weitere folgen sollten. Das spätfeudale Habsburgerreich hatte Aufklärung, Säkularisierung und Bürgerrechte noch nicht anerkannt. Die Revolutionen von 1848 waren blutig niedergeschlagen, Bestrebungen nach Emanzipation, vor allem jene der Juden, zunichte gemacht worden. Als die veralteten Produktionsstrukturen zu massiven Wirtschaftskrisen und in der Folge zu bürokratischen, auch neuen antisemitischen Schikanen führten, verloren viele Menschen ihren Lebensunterhalt. Auch Jakob Freud, ein kleiner Textilhändler, sah schließlich keine andere Möglichkeit, als Freiberg zu verlassen. Mit einem der Zuwanderungsströme kamen Amalie und Jakob Freud Anfang 1860, knapp vor der Geburt ihres dritten überlebenden Kindes nach Wien, wo sie lange in sehr ärmlichen Verhältnissen lebten.

Gemäß der jüdischen Tradition wurde auf Sigmunds Bildung großer Wert gelegt. Er wurde in die Grundlagen der jüdischen Tradition eingeführt, lernte früh Englisch und erhielt am Gymnasium eine klassisch-humanistische Bildung. Als er elf Jahre alt war, brachte eine neue Verfassung den Juden erstmals volle Bürgerrechte. Aufgrund politisch-historischer Interessen überlegte der 17-Jährige dann ein Jusstudium, entschied sich aber zuletzt doch für die Medizin. Der Arztberuf, zugleich intellektuell und praktisch, galt von alters her als jüdischer Emanzipationsberuf und kam zudem den naturwissenschaftlichen Neigungen Freuds entgegen.

An der Universität wurde er einerseits mit dem Antisemitismus konfrontiert, andererseits aber akademisch gefördert. Er lernte besonders von Theodor Meynert und Ernst Brücke, in dessen Laboratorium er als Demonstrator arbeitete, eine materialistische Denktradition, die jenseits von Chemie und Physik im Funktionieren des Organismus keine Kräfte erkannte. Sein wissenschaftlicher Weg führte über die Neuroanatomie, Neuropathologie und Neurologie – Themen, zu denen er auch beachtliche Arbeiten verfasste.

1882 verlobte er sich mit Martha Bernays, musste die Heirat aber aufschieben, vor allem, weil er finanziell dazu nicht in der Lage war. Der Briefwechsel der Brautleute gibt Aufschluss über diese schwierige Situation (Freud/Bernays, 2011; 2013). 1885 habilitierte Freud sich und erhielt im Herbst ein Reisestipendium nach Paris, um Studien bei Jean-Martin Charcot zu betreiben. Charcot war der damals wohl berühmteste Neurologe und wirkte in der Salpêtrière, einem riesigen Asyl für Geisteskranke. Bald stand Freud ganz unter dem Eindruck Charcots, der unter Bedingungen der Hypnose verborgene psychische Dimensionen demonstrierte und die Kranken in Zustände versetzte, von denen sie unter „normalen" Bedingungen nichts (mehr) wussten. Die Hysterie war für Charcot nicht, wie damals häufig vertreten wurde, Simulantentum; er beschrieb sogar Fälle traumatisch bedingter Hysterie bei Männern und gelangte erstmals zu einem eigenständigen, nicht frauenspezifischen neurologischen Krankheitsbild. Freud war tief beeindruckt; wieder in Wien, übersetzte er Schriften von Charcot, schrieb eine Arbeit über ihn und hielt Vorträge über Hypnotismus und über männliche Hysterie, womit er in Wien eine Außenseiterposition vertrat. In seinem Aufsatz „Hysterie" (1888b) beschrieb er die Symptomatik und verwendete erstmals den Begriff „unbewusst" in der Bedeutung von dem Bewusstsein entzogenen inneren Vorgängen, die zur Ausbildung hysterischer Symptome führten: Ein traumatisches Erlebnis rufe einen „Erregungsüberschuss" hervor, der nach einer „Latenzzeit, während welcher der Anlaß im Unbewußten fortwirkt" (Freud, 1888b, 85), schließlich zur Ausbildung der Symptome führe.

Nach seiner Rückkehr aus Paris leitete Freud nach einer neuropädiatrischen Ausbildung zehn Jahre lang (1886–1896) die neurologische Abteilung in einer Kinderklinik und baute seine private Ordination aus, in der er vor allem nervöse Krankheiten mit den damals gängigen Methoden (Hypnose, Bäder, Massagen u. dgl.) behandelte. Von Josef Breuer, einem fördernden Freund und renommierten Arzt der guten Wiener Gesellschaft, übernahm er die „kathartische" Methode: das Wiedererinnern und die Abfuhr der im Symptom „eingeklemmten" Affekte unter Hypnose. Doch Freud bekannte selbst, ein schlechter Hypnotiseur zu sein, weshalb er sich bald der einfacheren Suggestion bediente und sich zuletzt ganz auf die Aufforderung zu assoziativem Sprechen beschränkte. Breuers Patientin Anna O., die spätere Protagonistin der jüdischen Frauenbewegung Bertha Pappenheim, bezeichnete ihre Sitzungen als „talking cure" oder „chimney sweeping" und entdeckte, dass, wenn sie darüber sprach, was sie belastete, eine deutliche Erleichterung ihrer Symptome eintrat. Freud entwickelte daraus die Methode der „freien Assoziation" (siehe S. 250 f.): Durch möglichst lückenloses Aussprechen aller über unbewusste Assoziationsbahnen verbundenen Gedanken sollte man zu den „affektbeladenen" Inhalten vordringen. Das Abgehen von der Suggestion bedeutete einen Wechsel des Fokus' zu innerpsychischen Vorgängen, doch Freud verfasste weiterhin neurologische Abhandlungen, etwa über „Die infantile Cerebrallähmung" (Freud, 1897a) oder, nachdem er bei mehreren Patientinnen auf Sprachstörungen gestoßen war, eine Studie über Aphasien[1], die eine frühe Kommunikationstheorie enthielt (Freud, 1891b).

Diese Jahre, in denen die Fundamente der Psychoanalyse gelegt wurden, waren beruflich und persönlich schwierig und aufregend für Sigmund Freud. Nach

---

[1] Aphasien sind Sprachstörungen als Folge einer Schädigung des Gehirns durch Hirninfarkte, Hirnblutungen oder Verletzungen.

langer Brautzeit konnte er 1886 Martha Bernays heiraten und wurde dann binnen acht Jahren sechsmal Vater. Er hielt Vorlesungen an der Universität, doch die wissenschaftliche Anerkennung blieb weitgehend aus, und seine finanzielle Situation war prekär. Für den Forscher Freud wurden jedoch mehrere Faktoren in Kombination überaus fruchtbringend wirksam. In Zusammenarbeit mit Josef Breuer erschienen die „Studien über Hysterie“ (1895d) als Niederschlag ihrer gemeinsamen Arbeit; klinische Erfahrungen und theoretische Einsichten entwickelten sich in engster Verbindung. Über eineinhalb Jahrzehnte unterhielt Freud auch eine intime wissenschaftliche Freundschaft mit dem Berliner Arzt Wilhelm Fließ, die durch die Erhaltung seiner Briefe (Freud, 1986) gut dokumentiert ist. Regelmäßig schickte Freud ihm kleinere und größere theoretische Abhandlungen, 1895 auch ein Manuskript, das den Entwurf eines „seelischen Apparats“ enthielt und eine wichtige metapsychologische Vorstudie darstellte.[2]

Ab 1895 begann Freud mit dem außergewöhnlichen wissenschaftlichen Experiment einer „Selbstanalyse“, die er betrieb, indem er jahrelang – ab 1897 regelmäßig – eigene Träumen und Assoziationsströme festzuhalten und zu verstehen versuchte. Schließlich nahm er die Arbeit an einer großen Studie über Träume auf, was ihn dazu zwang, die allgemeine Funktionsweise der menschlichen Psyche theoretisch zu konzipieren. Die im Jahr 1900 publizierte „Traumdeutung“ kann als effektive „Geburt“ der Psychoanalyse gelten.

Bis dahin war Freud davon ausgegangen, dass Neurosen auf sexuelle Verführung im Kindesalter zurückzuführen wären, weil viele seiner Patientinnen solche Erlebnisse beschrieben hatten. So war bereits diese „Verführungstheorie“ von der Sexualität der Kinder ausgegangen. Die Überlegungen, aus denen heraus sie wieder aufgegeben wurde, gründeten in der Erkenntnis, dass (sexuelle) Phantasien und Realität im Unbewussten nicht unterschieden werden (können). Das infantile sexuelle *Erleben* prägt das (unbewusste) Innenleben der Menschen. Diese Erkenntnis war eine weitere Voraussetzung für die Konzipierung der menschlichen Entwicklung als einer psychosexuellen, die körperlich-sinnliches und emotionales Erleben zusammenführte. Dies gab auch Anlass zu öffentlicher Empörung.

„Die Traumdeutung“ Im Jahr 1900 erschien mit diesem epochalen Werk eine systematische Beschreibung des psychoanalytischen Verfahrens, das davon ausgeht, dass der Traum ein sinnvolles psychisches Gebilde ist, das es zu verstehen gilt. Freud nahm sich vor, mit diesem Buch „die Vorgänge klar[zu]legen, von denen die Fremdartigkeit und Unkenntlichkeit des Traums herrührt, und aus ihnen Rückschluss auf die Natur der psychischen Kräfte [zu] ziehen, aus deren Zusammen- und Gegeneinanderwirken der Traum hervorgeht“ (Freud, 1900a, 1). Er behauptete, der Traum sei eine Erfüllung verpönter Wünsche und die Traumdeutung die „via regia“ zum Unbewussten.

[2] Es wurde unter dem Titel „Entwurf einer Psychologie“ in die Gesammelten Werke aufgenommen (Freud, 1950c).

Durch die Arbeit an dem Buch sah Freud sich gezwungen, zur Erklärung der Traumvorgänge zunächst die „normale" Funktionsweise der Psyche darzustellen. Der entscheidende Schritt bestand im Entwurf eines Modells des „psychischen Apparats", welches Wahrnehmen, Denken und Erinnern als mentale Verarbeitungsweisen darstellte und gleichermaßen die normale menschliche Erfahrung ebenso wie die neurotische Symptombildung erfassen konnte. Vorstellungen und Phantasien, also innere Vorgänge, wurden so zu entscheidenden psychosozialen und Bedeutung stiftenden Größen, womit klar wurde, dass die Logik psychischer Kausalitäten anderen Regeln folgte als jene der äußeren Realität.

Die Beobachtung von Kompromissen zwischen innerer und äußerer Logik führte Freud 1901 zur „Psychopathologie des Alltagslebens" mit vielen Beispielen dafür, wie die Psyche Konflikte zwischen bewussten und unbewussten Kräften durch Versprechen, Vergessen, Verlieren, Missverstehen etc. „löst" (beispielsweise wenn in einer Sitzung ein Antrag der Opposition mit den Worten „Das ist ein sehr konstruktiver Anschlag" aufgenommen wird). So wurde die Differenz zwischen „gesund" und „krank" relativiert. Auch in „Der Witz und seine Beziehung zum Unbewussten" (1905b) führte Freud die komplizierten Entstellungs- und Kompromisslösungen vor, mittels derer sich verpönte Inhalte den Weg zum Bewusstsein bahnen. Das Buch beginnt mit Heinrich Heine, der in seinen „Reisebildern" einen „Hühneraugenoperateur" stolz sagen lässt: „... ich saß neben Salomon Rothschild, und er behandelte mich ganz wie seinesgleichen, ganz famillionär" (1905b, 14). Offensichtlich sollte bewusst mitgeteilt werden, es gebe keinen Unterschied zwischen Rothschild und seinem Nachbarn. Vom Unbewussten aber wurde dieser Unterschied klar in Millionen zum Ausdruck gebracht. Die Wortschöpfung war die überraschende Vereinigung der beiden Tendenzen, gleich sein zu wollen und sich viel ärmer zu fühlen und machte den Millionenunterschied kurzfristig erträglicher.

Sexualtheorie In den ersten Jahren des 20. Jahrhunderts präzisierte Freud durch klinische und theoretische Arbeit die grundlegenden Bausteine seiner Lehre, und man kann sagen, 1905 sei die Psychoanalyse in ihren wesentlichen Konzepten formuliert gewesen. Die traumatische Ätiologie[3] der Neurosen hatte weitgehend an Bedeutung verloren, während die infantile Sexualität als entscheidender Faktor erkannt war. Eine bahnbrechende Arbeit zur menschlichen Entwicklung (die „Drei Abhandlungen zur Sexualtheorie", 1905c) postulierte nicht nur die Sexualität als elementare psychische Triebkraft, sondern formulierte auch eine an Körper und Sinnlichkeit orientierte psychosexuelle Entwicklungstheorie. Diese Entwicklungspsychologie konnte die infantile Sexualität und die normale Entwicklung bis ins Erwachsenenalter ebenso erfassen, wie sie „sexuelle Abirrungen" verstehbar machte.

---

[3] Als „traumatische Ätiologie" der Neurose wird jene Theorie bezeichnet, wonach die Neurose durch „eingeklemmte" Affekte infolge eines traumatischen Erlebnisses entsteht.

Als wesentliche verdrängte Inhalte hatte Freud die maßlosen infantilen, sinnlichen Wünsche entdeckt, die nach Befriedigung streben, aber zu Kultur und Gesellschaft im Widerspruch stehen würden und nicht vereinbar seien mit den Beschränkungen des Erwachsenenlebens. Schon im Verlauf seiner Selbstanalyse war Freud auf die elementare Wahrheit der Geschichte des König Ödipus gestoßen:

> „die griechische Sage greift einen Zwang auf, den jeder anerkennt, weil er dessen Existenz in sich verspürt hat. Jeder der Hörer war einmal im Keime und in der Phantasie ein solcher Ödipus, und vor der hier in die Realität gezogenen Traumerfüllung schaudert jeder zurück mit dem ganzen Betrag der Verdrängung, der seinen infantilen Zustand von seinem heutigen trennt." (Freud, 1986, 293; Brief 142 vom 15. 10. 1897)

Die Triebstrebungen werden für den der Kultur verhafteten Menschen zu Arbeitsanforderungen in dem Sinn, dass es der Psyche obliegt, das permanente Luststreben durch Verdrängung und Umformung in kulturverträgliche Bahnen zu lenken.

In „Jenseits des Lustprinzips" formulierte Freud 1920 eine duale Triebtheorie von Lebens- und Todestrieb (Libido und Thanatos), deren spekulativen Charakter er durchaus bedachte, die er aber dennoch als Fortschritt im Erklärungspotenzial einschätzte. Etliche Phänomene (wie Wiederholungszwang oder Masochismus) verstand er als Ausdruck des Widerstreits zweier Tendenzen: einer Kraft, die danach trachtet, Verbindungen und Komplexität herzustellen, und einer anderen, die Spannung zu reduzieren und organisches Leben in einen anorganischen Zustand zurückzuführen strebt. Letztere manifestiere sich weitgehend als Sadismus und Aggression, nach außen projiziert oder auch gegen die eigene Person gerichtet. Diese Theorie wurde viel und kritisch diskutiert, sie wurde aber auch Grundlage wichtiger weiterführender Theorien (etwa jener Melanie Kleins; siehe S. 147–151).

1923, bereits krebskrank, entwickelte Freud ein neues Modell der Psyche, das er seinem ersten, 1900 in der Traumdeutung formulierten Modell an die Seite stellte. Hauptmotive für diese Neuerung waren klinische Überlegungen und Unklarheiten der Terminologie, die besonders den Begriff des Unbewussten und die bis dahin nur in Anlehnung an die Alltagssprache verwendete Bezeichnung „Ich" betrafen. Neben einer neuen Verankerung dieser beiden Begriffe in der Arbeit „Das Ich und das Es" kam es dort auch im sogenannten Strukturmodell zu einer umfassenden Revision der Vorstellung von der psychischen Dynamik, ohne die früheren Theorien dabei zu annullieren.

Im Zuge seiner Arbeit beobachtete Freud auch, dass die Patienten regelmäßig „Widerstände" gegen die Behandlung entwickelten, und er suchte dem (behandlungs-)technisch Rechnung zu tragen. Ebenso erkannte er das Phänomen der „Übertragung" – was bedeutet, dass die Patienten Gefühle, die zu bestimmten

Personen und Situationen aus ihrer Geschichte gehören, auf den Analytiker „übertragen“ und an ihm erleben – und dass dies die Behandlung nicht nur behinderte, sondern eine Quelle der Erkenntnis werden konnte. Weiters verstand er die Notwendigkeit, die in der Behandlung gewonnenen Einsichten immer wieder zu erneuern; er nannte das „durcharbeiten“. Überhaupt entwickelte er wesentliche technisch-methodische Einsichten für die psychoanalytische Behandlung, die in Auseinandersetzung mit dem immer größer werdenden Kollegenkreis nach und nach eine solide Methodik ergaben.

Eine psychoanalytische Kulturtheorie Da die Psychoanalyse als Sozialpsychologie konzipiert war, lag es nahe, sie auch auf gesellschaftliche Fragestellungen anzuwenden. Dies geschah in der Mittwochgesellschaft eigentlich von Anfang an, und bald gab es auch erste Publikationen. Freuds erster großer Beitrag war „Totem und Tabu“ (1912–13a; siehe S. 296), wo er unter anderem zwei große Fragenkomplexe behandelte, die ihn sein ganzes Leben hindurch beschäftigten: die Funktion der Religion und die grundlegende strukturierende Funktion des Gesetzes. Im Inzesttabu sah er zugleich den geheimen Sinn des Totemismus und das älteste und elementarste Gesetz der Menschheit. 1915 erschien unter dem Titel „Zeitgemäßes über Krieg und Tod“ eine ebenso aktuelle wie grundlegende politisch-kulturphilosophische Schrift.

Einen Meilenstein stellte die Untersuchung zu „Massenpsychologie und Ich-Analyse“ (1921c) dar, wo erstmals eine kohärente Vorstellung menschlichen Funktionierens unter Massenbedingungen entworfen wurde, ebenso wie eine Theorie der Institutionen und Organisationsstrukturen. Die Arbeit ist aber auch ein wichtiger metapsychologischer Beitrag zur Identifizierung. In „Das Unbehagen in der Kultur“ (1930a) formulierte Freud dann eine triebtheoretisch fundierte Theorie des Lustverzichts als Grundlage der Kultur. Zum Thema Religion, das ihn als gesellschaftlich-geschichtliches und psychologisches Phänomen zeitlebens interessierte, setzte er durch die Schrift „Die Zukunft einer Illusion“ (1927c) eine breite Diskussion in Gang, mit wichtigen weiteren psychoanalytischen Beiträgen; er machte sich aber auch zum Angriffsziel der mächtigen katholischen Kirche. Dieses schwierige Verhältnis verschärfte sich mit der katholischen Diktatur in Österreich und zwang Freud dazu, sein letztes großes Werk „Der Mann Moses und die monotheistische Religion“ geheim zu halten. Er konnte diese breit angelegte historisch-theoretische Untersuchung des Judentums und des Antisemitismus' erst 1939 kurz vor seinem Tod vom Exil in London aus in Amsterdam veröffentlichen.

3 Institutionalisierung der Psychoanalyse (1902/08–1918)

Ab 1902 begann Freud, die „Mittwoch-Gesellschaft“ zu regelmäßiger Auseinandersetzung um sich zu sammeln. Neben kasuistischen Mitteilungen gab es Lite-

Margarethe Hilferding (* 1871, Wien, † 1942, KZ Treblinka) Das erste weibliche Mitglied der Wiener Psychoanalytischen Vereinigung, als Margarethe Hönigsberg in Wien geboren, war auch die erste Frau, die im Habsburgerreich ein Medizinstudium absolvierte. Nach ihrer Promotion 1903 musste Hilferding um elementare Arbeitsrechte kämpfen, ehe sie sich ihren Berufswunsch „Ärztin in einem Proletarierbezirk" (List, 2007, 147 f.) erfüllen konnte. Sie war mit dem Wiener Arzt Rudolf Hilferding verheiratet, der später als Nationalökonom zweimal Finanzminister der Weimarer Republik wurde. 1908 kehrte Margarethe Hilferding mit ihren beiden Kindern, die sie dann alleine aufzog, nach Wien zurück. Sie hatte als Studentin die Vorlesungen Sigmund Freuds besucht und wurde als damals einzige Frau von Paul Federn zu den Treffen der Wiener Psychoanalytischen Vereinigung eingeladen. Sie war politisch in der Sozialdemokratie engagiert und setzte sich später sehr für Sexualaufklärung und Geburtenregelung ein. 1911 hielt sie einen bahnbrechenden Vortrag über die „Grundlagen der Mutterliebe", mit dem sie Jahrzehnte der psychoanalytischen Theorieentwicklung vorwegnahm. Die Beziehung der Mutter zum Kind definierte sie als sexuelle, was damals auch für manche Psychoanalytiker schockierend gewesen zu sein scheint, und schrieb der gegenseitigen sinnlichen Befriedigung von Mutter und Kind grundlegende Bedeutung zu.

Im Zuge von Zwistigkeiten nach dem Austritt Alfred Adlers aus der WPV trat sie – nicht ganz freiwillig – einige Monate später ebenfalls aus. Sie hatte eine Kassenordination, war Schulärztin, führte auch psychologische Beratungen durch und publizierte. Unter den Austrofaschisten verlor sie die Schularztstelle, 1938 durch das NS-Regime ihre Praxisberechtigung und in den Novemberpogromen Wohnung und Eigentum. Sie wurde am 28. Juni 1942 nach Theresienstadt deportiert und am 24. September 1942 im KZ Treblinka ermordet.

„Im ganzen läßt sich sagen, daß die Sexualempfindungen des Säuglings ein Korrelat finden müssen in entsprechenden Empfindungen der Mutter. Und wenn wir beim Kind einen Ödipuskomplex annehmen, so findet er seinen Ursprung in der Geschlechtsreizung durch die Mutter; die Voraussetzung ist ein gleichfalls erotisches Empfinden von seiten der Mutter. Es ergibt sich ferner die Folgerung, daß das Kind zu gewissen Zeiten ein natürliches Sexualobjekt der Mutter darstellt; diese Zeit fällt mit der Pflegebedürftigkeit zusammen. Nach dieser Zeit muß das Kind dem Manne, eventuell dem nächsten Kinde Platz machen."

Zur Grundlage der Mutterliebe. Vortrag(ende): Frau Dr. Hilferding. 11. Januar 1911, in: Herman *Nunberg*, Ernst *Federn* (1979): Protokolle der Wiener Psychoanalytischen Vereinigung III, 1910–1911. Frankfurt am Main: S. Fischer, 113–124, 115.

raturinterpretationen, Mythendeutungen, Diskussionen verschiedener Neuroseformen, Erörterungen der Onanie- und Inzestproblematik und erste kulturtheoretische Beiträge. Nach und nach stellten die Mitglieder eigene Publikationen zur Diskussion, eine Zeitschrift wurde gegründet und die Auseinandersetzung auf eine breitere Grundlage gestellt. 1910 kam mit Dr. Margarethe Hilferding die erste Frau in die bis dahin exklusive Männerrunde, die damals an die 30 Mitglieder, zumeist jüdische Ärzte, zählte und in Otto Rank einen Sekretär hatte, der die Sitzungen regelmäßig protokollierte.

Zunehmend fanden sich auch anderswo interessierte Leser und Schüler des Dr. Freud; vor allem in Zürich und Berlin, dann auch in Budapest und den USA. Freuds ausgedehnte Korrespondenzen geben darüber Aufschluss. Die personelle und geografische Erweiterung führte inhaltlich zur Vermehrung der Fragestellungen, zu dichteren Diskussionen und auch zu Konflikten, schließlich – nach langen Auseinandersetzungen 1911 – zu grundsätzlichen Diskrepanzen. Diese brachten zuletzt die Trennung von Alfred Adler (von 1905 bis 1911 Mitglied der Mittwochgesellschaft) infolge unüberbrückbarer inhaltlicher Differenzen, welche unter anderem die Triebtheorie betrafen.

Die Psychoanalyse war nun nicht mehr nur die Theorie Sigmund Freuds, auch wenn er zweifellos die zentrale Person blieb; sie war zu einer wissenschaftlichen Denkschule geworden, die sich vielfältigen Fragestellungen zuwandte und Einzug in internationale intellektuelle Auseinandersetzungen fand. 1907 wurde an der Universität Wien die (weltweit) erste psychoanalytische Dissertation approbiert; sie stammte von Otto Rank und untersuchte die Lohengrin-Sage. 1908 erfolgte die vereinsmäßige Institutionalisierung der Wiener Psychoanalytischen Vereinigung (WPV), und schließlich kam es zur Gründung der International Psychoanalytic Association (IPA), womit die Psychoanalyse aufhörte, nur ein privater Intellektuellenzirkel zu sein. Der organisatorischen entsprach auch eine inhaltliche Erweiterung. Man befasste sich mit Bedeutung und Anwendbarkeit psychoanalytischer Erkenntnisse auf viele Bereiche, etwa Religion, Kunst oder die Regeln des menschlichen Zusammenlebens. In „Totem und Tabu" (1912–13a) ging Freud, wie schon erwähnt, der strukturierenden Funktion des Gesetzes und der Entstehung von gesellschaftlicher Ordnung nach. Andere bedeutende Mitglieder um Freud wie Sándor Ferenczi, Max Eitingon, Karl Abraham, Ludwig Binswanger und Carl Gustav Jung forschten in Richtung einer psychoanalytischen Theorie der Psychosen. Otto Rank publizierte vielfältige Literatur- und Mytheninterpretationen, die Entwicklungspsychologie wurde differenzierter ausgearbeitet, zahlreiche alltägliche Phänomene wurden psychoanalytisch untersucht. Die Kooperation mit Carl Gustav Jung scheiterte schließlich sachlich und persönlich, und Jung trennte sich im Konflikt, um sich bald ganz anderen Konzepten zuzuwenden.

Otto Rank (* 1884, Wien, † 1939, New York)
Otto Rank, geb. als Otto Rosenfeld, traf als autodidaktisch gebildeter Gewerbeschulabsolvent 1905 auf die Mittwochgesellschaft, deren Protokolle er ab 1906 verfasste. 1912 promovierte er mit der ersten psychoanalytischen Dissertation („Die Lohengrinsage"). Er wurde unentbehrliche rechte Hand und engster Vertrauter Sigmund Freuds und hatte an etlichen von Freuds Arbeiten wesentlichen Anteil. Auf Freuds Vorschlag begann er, analytisch zu arbeiten und wurde einer der wichtigsten Lehranalytiker dieser Periode. 1919 übernahm er die Leitung des neu gegründeten psychoanalytischen Verlags und wurde Autor der „Rundbriefe" des „Geheimen Komitees" (siehe S. 37) um Freud.

Rank hat sehr früh auf die Bedeutung der frühen Mutterbeziehung hingewiesen und kann mit Ferenczi als frühester Vertreter einer Objektbeziehungstheorie (siehe S. 179–181) gelten. Seine Arbeiten umfassen neben profunden psychoanalytischen Deutungen von Mythologie und Dichtung („Das Inzestmotiv in Dichtung und Sage", „Der Doppelgänger", „Der Mythos von der Geburt des Helden" etc.) grundlegende Schriften zu Theorie und Technik der Psychoanalyse. Gemeinsam mit Sándor Ferenczi reflektierte er in den 20er-Jahren des 20. Jahrhunderts die Situation der Psychoanalyse kritisch und entwickelte in weiterer Folge unter anderem wesentliche Überlegungen zur Rolle der frühen Mutterbeziehung („Das Trauma der Geburt"), was zu heftigen Kontroversen führte. 1924 ging er auf eine Vortragsreise nach New York und ließ sich nach seiner Trennung von der WPV in Paris nieder, wo er eine gut gehende Praxis und ein Ausbildungsinstitut führte, bis er 1935 ganz nach New York übersiedelte. Dort entwickelte er, inzwischen ganz von den Psychoanalytikern getrennt, eigene therapeutische Vorstellungen und publizierte noch eine Reihe von Arbeiten, die in Europa kaum rezipiert wurden („Beyond Psychology", „Truth and Reality" etc.).

„Nachdem wir die narzißtische Bedeutung des Doppelgängers in ihrem positiven Sinne wie auch in den verschiedenen Abwehrformen hervorgehoben haben, erübrigt uns noch, die im Material breit vertretene Todesbedeutung unserem Verständnis näher zu bringen […] Ein Motiv, welches einen gewissen Zusammenhang der Todesangst mit der narzißtischen Einstellung verrät, ist der Wunsch, immer jung zu bleiben, der einerseits die libidinöse Fixierung des Individuums an ein bestimmtes Entwicklungsstadium darstellt, andererseits aber der Furcht vor dem Altwerden Ausdruck gibt, hinter der letzten Endes die Todesfurcht steckt. So sagt Wildes *Dorian: „Wenn ich bemerke, daß ich alt werde, werde ich mich töten." […] Damit sind wir bei dem bedeutsamen Thema des* Selbstmords, *mit dem eine ganze Reihe von ihrem Doppelgänger verfolgter Helden enden."*

Otto *Rank* (1925): Der Doppelgänger. Eine psychoanalytische Studie. Wien: Turia & Kant, 1993, 105.

Sigmund Freud widmete sich nun der systematischen Klärung einiger elementarer Fragen. 1911 entwickelte er in wenigen, äußerst dichten Seiten das Entwicklungspotenzial der elementaren Lust-/Unlustdynamik (Freud, 1911b). Mehrere klinische Darstellungen (Freud, 1905d, 1909b, 1909d, 1911c, 1916d), technische Schriften und die kritische Arbeit „Über ‚wilde' Psychoanalyse" (Freud, 1910j) verdeutlichten den Stellenwert von psychoanalytischer Haltung und Methode und erläuterten wichtige diagnostische Zusammenhänge (Freud, 1910h, 1910k, 1911e, 1912b, 1912e, 1914g, 1915a). Bis Ende 1915 schloss Freud eine Serie grundsätzlicher metapsychologischer Arbeiten ab (Freud, 1914c, 1915c, 1915d, 1915e).

Auch künstlerische und politisch-emanzipatorische Strebungen der „Wiener Moderne" flossen in die Psychoanalyse ein. Siegfried Bernfeld, Otto Fenichel und später Wilhelm Reich brachten Themen der Jugendbewegung und Sexualaufklärung ein und begründeten eine besondere politische Tradition der Psychoanalyse. Während des Ersten Weltkriegs machten Kommunikationsbehinderungen die internationalen Kontakte sehr schwierig, wodurch erst spürbar wurde, wie stark die Auseinandersetzungen an Umfang und Verbreitung gewachsen waren. Etliche Psychoanalytiker wurden Militärärzte, und durch ihre spezifische Behandlung von „Kriegszitterern" (Freud, 1919d) erhielt die Psychoanalyse neue Aktualität und Anerkennung in Psychiatrie und Medizin. Die Psychoanalyse verstand die verbreiteten Kriegsneurosen einerseits als traumatische Überforderung, andererseits als Symptome des unlösbaren Konflikts zwischen narzisstischer Selbsterhaltung und dem Anspruch soldatischer Selbstaufopferung und setzte auf psychotherapeutische Bewusstmachung dieses Konflikts.

Sigmund Freud, seit 1902 außerordentlicher Professor, hielt 1915 bis 1917 an der Universität Wien eine Vorlesungsreihe zur Einführung in die Psychoanalyse, die er dann publizierte (Freud, 1916–17a). Er nutzte die Kriegsjahre auch zur psychoanalytischen Auseinandersetzung mit „Krieg und Tod" (1915b) und zur Präzisierung wichtiger klinischer und theoretischer Zusammenhänge.

Auch die beiden nicht zuletzt sozialpsychologisch wichtigen Arbeiten zu „Trauer und Melancholie" (Freud, 1917e) und über „Massenpsychologie und Ich-Analyse" (Freud, 1921c) sind ohne die Kriegserfahrungen schwer vorstellbar.

4 Differenzierung der Psychoanalyse

Nach dem Ersten Weltkrieg hatten sich mit der Weltkarte auch die internationalen Beziehungen der Psychoanalyse verändert. Bald hatte sie nicht mehr nur ein wissenschaftliches Zentrum, sondern mehrere, und damit nahmen die Forschungen auch unterschiedliche Richtungen. Die Gründung des psychoanalytischen Verlages war ein entscheidender Schritt, der die Erweiterung und Differenzierung begleitete und die Auseinandersetzungen lebendig erhielt. Eine besondere Auseinandersetzung fand um die sogenannte „Laienanalyse“ statt, d.h. um das Problem, dass traditionell nur Ärzte die Psychoanalyse ausübten, Freud die besondere Eignung dieses Berufes als Voraussetzung zum Psychoanalytiker jedoch ausdrücklich infrage stellte und vehement dafür eintrat, dass auch Nichtärzte als Analytiker arbeiten durften (Freud, 1926e).

Zur Sicherstellung der grundlegenden Einheitlichkeit und auch zur diskursiven Austragung unterschiedlicher Auffassungen wurde das „Geheime Komitee“ gegründet, das die Entwicklungen unter Kontrolle halten sollte. Die Erkrankung Sigmund Freuds – 1923 wurde Gaumenkrebs diagnostiziert – schien eine stärkere organisatorische Vereinheitlichung erst recht nötig zu machen. Es erwuchsen auch Konflikte um neue Ideen und Zugangsweisen, die in der größer werdenden Bewegung nicht mehr immer so leicht geklärt werden konnten – Otto Ranks Theorie vom „Trauma der Geburt“, Melanie Kleins Vorstellungen eines frühen Ödipuskomplexes, Siegfried Bernfelds psychoanalytische Erziehungstheorien, Paul Schilders Psychiatrie auf psychoanalytischer Grundlage, Wilhelm Reichs „Funktion des Orgasmus“ sowie zahlreiche Arbeiten zur Literatur, Anthropologie, Politik, Kunst. So wurde etwa Sándor Ferenczi, der die Psychoanalyse in Budapest prägte, Begründer einer ebenso fruchtbaren wie schwierigen Forschungsrichtung, die sich frühen Entwicklungen und Störungen der Psyche widmete. In Berlin scharten Karl Abraham und Max Eitingon – aus Zürich kommend – bald eine florierende Gruppe um sich. Otto Fenichel übersiedelte als Lehranalytiker nach Berlin und organisierte dort einen Kreis politisch engagierter Analytiker. In London hielt Ernest Jones die Verbindung zur englischsprachigen Welt. Er lud Melanie Klein nach England ein, die dort mit bahnbrechenden Zugängen zu frühkindlichen psychischen Zuständen eine eigene psychoanalytische Richtung etablierte. Viele neue Ideen und Erfahrungen wurden aufgearbeitet, die Psychoanalyse boomte, Ausbildungsinstitute wurden gegründet und schließlich gewisse Standards eingeführt. Inhaltlich kam es ebenfalls zu ernsten Kontroversen. Durch ihre besondere Ablehnung der Triebtheorie und Hervorhebung realer, vor allem sozialer Faktoren mit entsprechenden Konsequenzen für die Technik entfernten sich Erich Fromm, Karen Horney, Harry S. Sullivan und andere von der Psychoanalyse.

Der Reichtum der psychoanalytischen Arbeiten der 1920er- und -30er-Jahre ist heute viel zu wenig bekannt und geschätzt. Vieles, was in der Psychoanalyse Ende des 20. Jahrhunderts als „Neuigkeit“ Beachtung fand, hatte damals seinen Ursprung: die frühe Mutter-Kind-Beziehung bei Margarethe Hilferding, Otto Rank und Sándor Ferenczi, die Bindungstheorien bei Imre Hermann, und Margaret Mahler, die Psychosentheorie unter anderem bei Viktor Tausk, Paul Federn und Paul Schilder. Zu jener Zeit begann auch Jacques Lacan seine Reformulierungen der Psychoanalyse.

Die ökonomisch und politisch schwierige Situation und das große Interesse an der Psychoanalyse in Amerika führten etliche Psychoanalytiker nach Übersee. Dieser Trend mündete durch die Errichtung der Diktaturen in Deutschland, Österreich und bald in großen Teilen Europas in eine Emigrationswelle. Judenverfolgung, Bücherverbrennungen und das Verbot der Psychoanalyse, ab 1933 in Deutschland und ab März 1938 auch in Österreich, kennzeichneten die wachsende Existenz- und Lebensgefährdung. Mit der Vertreibung der meisten Psychoanalytiker begann eine gänzlich neue Entwicklung der Psychoanalyse. Dank internationaler Hilfe und Freuds konsequenter Haltung gelang der überwiegenden Zahl der Analytiker die Emigration, die sie zumindest physisch rettete – häufig freilich unter großen Schwierigkeiten. Etliche entkamen allerdings nicht und starben im Zuge der Shoah. Die Kooperation einiger Psychoanalytiker mit den Nazis sollte eine Hypothek für die Nachkriegsanalyse werden; die meisten aber waren bald über die ganze Welt verstreut und mussten sich unter großen Schwierigkeiten in zumeist völlig neuen Bedingungen zurechtfinden. Die Biografien vieler Psychoanalytiker waren gekennzeichnet durch Ortswechsel, Vielsprachigkeit und unkonventionelle Karriereverläufe. Die jeweils spezifischen Verhältnisse und zum Teil sehr unterschiedlichen Einflüsse führten zu heterogenen Entwicklungen der Psychoanalyse in verschiedenen Teilen der Welt.

Nach 1945 erholte sich die psychoanalytische Bewegung in Europa nur langsam. Erst Ende der 1960er-Jahre kam es in vielen Ländern zur Konsolidierung, und ab den 70er-Jahren gab es einen Boom psychoanalytischer Literatur und unzähliger Bücher populärwissenschaftlichen und alltagspraktischen Charakters über Psychoanalyse. Es kam auch zu Kontroversen, insbesondere in den 1980er-Jahren, etwa gegen zu hierarchische Strukturen und einseitige theoretische Ausrichtungen, die zu Erneuerungen führten und gelegentlich zu Austritten oder Abspaltungen einzelner Gruppen. Besonders wichtig war die Öffnung der Ausbildung für Nichtärzte auch in jenen Ländern – vor allem Amerikas –, wo sie zuvor den Medizinern vorbehalten gewesen war. Parallel dazu fand in etlichen Ländern eine Integration der Psychoanalyse in das öffentliche Gesundheitswesen statt, was einerseits Arbeits- und Finanzierungsmöglichkeiten schuf, andererseits aber auch eine Fülle neuer Probleme mit sich brachte. Die fortschreitende elektronische Vernetzung und die zunehmend integrative Politik der IPA brachten ebenfalls verstärkte Kommunikation und mehr sachliche Auseinandersetzung mit sich, die sich in wissenschaftlichen Arbeiten niederschlug, in Kongressen und Übersetzungen. In viele verschiedene Richtungen wurde psychoanalytisch geforscht, wurden Fallgeschichten diskutiert, die therapeutische Methodik verfeinert.

Zuletzt setzte auch die Auseinandersetzung mit der Geschichte der Psychoanalyse auf einer breiteren Basis ein, was zur Wiederentdeckung vieler zu Unrecht vergessener Psychoanalytiker und ihrer wissenschaftlichen Beiträge führte, aber auch den ungeheuren und nachhaltigen Schaden bzw. Verlust der Psychoanalyse durch NS-Regime, Krieg und Diktaturen vor Augen führte.

5 Internationalisierung der Psychoanalyse

Deutschsprachige Länder

Österreich war nicht nur das Ursprungsland der Psychoanalyse, sondern über viele Jahre auch ihr einziges Zentrum. Eine gewisse Internationalisierung bestand von Anbeginn, insofern die jüdische Kultur der Länder der Habsburgermonarchie die frühe Psychoanalyse prägte. Wien wurde natürlich durch Freud zum Mittelpunkt, und dorthin kamen Analysanden aus aller Welt zu Ausbildung und Therapie. Die Wiener Psychoanalytische Vereinigung entwickelte etliche Initiativen, die später weltweite Nachahmung fanden, etwa das „Kinderseminar", die Erziehungsberatung, das Ambulatorium oder eine psychoanalytische Kinderkrippe. Nach der Ernennung Hitlers zum Reichskanzler in Deutschland wurde Wien zunächst Zuflucht für viele bedrohte und verfolgte Psychoanalytiker, doch mit dem „Anschluss" waren sie dann ebenso in Lebensgefahr wie die Wiener Analytiker. Freuds internationalem Ansehen, der breiten Vernetzung und der konkreten Hilfe, vor allem durch Marie Bonaparte und Ernest Jones, verdankten die meisten von ihnen die Emigration und damit das Überleben. Diese Vertreibung setzte eine Dynamik in Gang, die die Entwicklung der Psychoanalyse endgültig umlenkte. Wien konnte nach 1945 nie wieder zu seiner Führungsrolle in der psychoanalytischen Bewegung zurückfinden.

Die Schweiz, besonders Zürich, leistete schon früh wesentliche Beiträge, vor allem zur psychoanalytischen Psychosentheorie, was nicht zuletzt am großen Interesse Eugen Bleulers (1857–1939) von der Klinik Burghölzli lag, der ab 1904 mit Freud korrespondierte und bei dem viele spätere Psychoanalytiker lernten. 1907 kamen vier Psychiater, die für die weitere Psychoanalysegeschichte wichtig wurden, von dort zu Sigmund Freud nach Wien: Max Eitingon, Carl Gustav Jung, Ludwig Binswanger und Karl Abraham. 1911 sollte, ebenfalls von dort kommend, auch die russische Ärztin Sabina Spielrein als zweite Frau Mitglied der WPV werden. 1909 machte Freud die Bekanntschaft des protestantischen Pfarrers Oskar Pfister, der ein eifriger Vertreter der angewandten Psychoanalyse wurde. Die Schweizerische Gesellschaft für Psychoanalyse wurde 1919 gegründet. Die besondere Offenheit der Psychiatrie, der regionale Reichtum, die traditionelle Mehrsprachigkeit und die Neutralität machten die Schweiz für die Psychoanalyse sehr fruchtbar. Zürich hat heute neben Buenos Aires die höchste Psychoanalytikerdichte weltweit, daneben entwickelten sich Gruppen in Basel und Genf. Nach 1945 kam es aufgrund vielfältiger Entwicklungen zu Konflikten, die unter anderem 1977 zur Abspaltung des „Psychoanalytischen Seminars Zürich" führten, das die Ausbildung reformierte und eine gesellschaftskritischere Psychoanalyse propagierte. Paul Parin und Fritz Morgenthaler fanden sich unter den Protagonisten.

Deutschland wurde durch die Übersiedlung Karl Abrahams von Zürich nach Berlin nach und nach zu einem wichtigen Zentrum. Zwischen den Kriegen fanden sechs IPA-Kongresse in Deutschland statt, ab 1920 gab es ein Ausbildungsinstitut in Berlin, das rasch wuchs und an dem Max Eitingon eine Standardisierung der Ausbildung organisierte. Es gab schon vor dem Wiener Ambulatorium eine Poliklinik, insgesamt eine rege psychoanalytische Szene und politisch engagierte Gruppen, die Interessierte aus der ganzen Welt anzogen. Auch Otto Fenichel und Wilhelm Reich übersiedelten nach Berlin, und Freud hielt sich mehrmals zu längeren Behandlungen seiner Krebserkrankung dort auf. Seit 1929 gab es ein Institut in Frankfurt am Main, an dem Karl Landauer, Erich Fromm, Frieda Fromm-Reichmann und Heinrich Meng wirkten.

Nachdem 1933 Hitler an die Macht gebracht worden war, geriet die Psychoanalyse unter Druck. Mathias H. Göring übernahm ein „Reichsinstitut für Psychologische Forschung und Psychotherapie", dem auch das psychoanalytische Institut eingegliedert wurde. Viele Psychoanalytiker mussten flüchten, etliche kooperierten oder ließen sich auch korrumpieren. Die NS-Zeit wurde für die deutsche Psychoanalyse zu einer besonderen Katastrophe, die nach dem Krieg zu tief greifenden Spaltungen und fast unüberwindlichem Misstrauen führte. Nach 1945 gab es daher zwei große Gruppen, von denen die Deutsche Psychoanalytische Vereinigung (DPV) Mitglied der IPA war und die Deutsche Psychoanalytische Gesellschaft (DPG) nicht – eine Kluft, die erst in allerjüngster Zeit überbrückt wird.

Die Konsolidierung der Institute erforderte schließlich auch Auseinandersetzungen mit oft sehr verleugneten Vergangenheiten. Diese kamen nur schleppend in Gang, in Deutschland jedoch früher als in Österreich. Auch in Wien hatte August Aichhorn mit Mathias Göring kooperiert, was erst in allerjüngster Zeit dokumentiert wurde (Ash, 2012). Die Geschichte der 1947 von Igor Caruso gegründeten Gruppierung, die heute als „Wiener Arbeitskreis für Psychoanalyse" der IPA angehört, blieb lange im Dunkeln. Der Nachweis der Gutachtertätigkeit Carusos für die Kindereuthanasie (List, 2008d; 2008f), seiner fehlenden psychoanalytischen Ausbildung und der teilweise hochrangigen NSDAP- bzw. SS-Mitgliedschaften unter den Gründungsmitgliedern – was jahrzehntelang verleugnet worden war – führte zu erheblicher Verunsicherung und zu Konflikten, bedeutete aber für viele auch eine erleichternde Klärung (List, 2008e).

Die Internationale Psychoanalytische Vereinigung

Die Internationale Psychoanalytische Vereinigung (International Psychoanalytic Association, IPA), 1912 gegründet, ist die bis heute größte und bedeutendste Organisation von Psychoanalytikern. Eine grundsätzliche Entscheidung mit nachhaltigen Folgen war es, die psychoanalytische Ausbildung weitestgehend in privaten Vereinen zu organisieren, wobei die IPA auf gemeinsame Standards drängte und drängt. Zweifellos gab und gibt es außerhalb der IPA Personen und

Gruppen, die sich Analytiker nennen, jedoch aus unterschiedlichen Gründen nicht zur IPA gehören. Hauptgrund ist zumeist das Fehlen einer anerkannten Ausbildung. Das führte und führt zu vielerlei Konflikten und Ressentiments, weil die IPA als eine Art Monopolorganisation eben eine gewisse „Anerkennungsmacht" hat und weil ihr – wie jeder Organisation ihrer Größe nicht immer zu Unrecht – bürokratisches Agieren zum Vorwurf gemacht wird. Bei einer so komplexen Bewegung wie der Psychoanalyse, wo unvermeidlich auch Persönliches involviert ist und unweigerlich komplizierte Beziehungen entstehen, gibt es weltweit gewiss auch eine Anzahl von Personen, die von der IPA nicht anerkannt sind, die aber durchaus begabte, unter Umständen auch adäquat ausgebildete Psychoanalytiker sind. Es gab auch Initiativen anderer psychoanalytischer Gruppen, sich international zu organisieren, wobei die International Federation of Psychoanalytic Societies (IFPS) unter ihnen die einzig relevante geblieben ist, die in jüngster Zeit allerdings durch Öffnung und Evaluierungen seitens der IPA weitgehend von dieser „geschluckt" zu werden scheint. Die wichtigste Bedeutung der IPA besteht aber letztlich nicht in ihrer historischen Rolle, sondern in der Sicherstellung einer Mindestqualifikation ihrer Mitglieder.

Doch zurück zur ersten Hälfte des 20. Jahrhunderts. Die weitere internationale Verbreitung der Psychoanalyse hing als Erstes an der Übersetzung der wichtigsten Arbeiten, vor allem der Schriften Sigmund Freuds, und stieß damit auf das Problem der Sprache. Freud konnte ausgezeichnet Englisch und sehr gut Französisch und Spanisch. Mit den ersten Übersetzern dieser Sprachen hatte er teilweise engen Kontakt, dennoch konnten grobe Fehler und daraus resultierende

Sándor Ferenczi (* 1873, Mskolocz/Ungarn, † 1933, Budapest)
Der ungarische Arzt Sándor Ferenczi hatte in Wien studiert und arbeitete als Neurologe und wissenschaftlicher Publizist in Budapest. Schon 1900 las er die „Traumdeutung" und traf 1907 mit Sigmund Freud zusammen, mit dem er über Jahrzehnte einen intensiven Briefwechsel führte, der inzwischen auch publiziert ist. 1908 hielt er am ersten internationalen psychoanalytischen Kongress in Salzburg einen Vortrag, wurde Mitglied der WPV und bald einer der engsten Vertrauten Freuds. Trotz großer Loyalität behielt er stets auch große Eigenständigkeit in Forschung und Denken. 1909 begleitete er Freud auf dessen Amerikareise und war seit diesem Zeitpunkt in allen wichtigen Gremien und an allen Projekten der Psychoanalyse beteiligt. Er gründete 1913 die Ungarische Psychoanalytische Vereinigung, deren Präsident er bis zu seinem Tod blieb, erhielt 1918/19 während der ungarischen Räteregierung den weltweit ersten Lehrstuhl für Psychoanalyse und war Präsident der IPA.

Sándor Ferenczi zeichnete sich durch besondere theoretische Kreativität und methodische Experimentierfreude aus, was er mit großem Mut auch dokumentierte. Seine Versuche mit „aktiver" Technik und „mutueller" Analyse wurden heftig kritisiert, ermöglichten ihm aber auch besondere Einsichten, vor allem in präödipale Zusammenhänge, die anderen Analytikern lange nicht zugänglich waren. Damit beeinflusste er die spätere ungarische Schule der Psychoanalyse, aber auch seine Analysandin Melanie Klein nachhaltig. Er forschte insbesondere im Bereich der Psychosomatik und der Psychosen und galt als Spezialist für „hoffnungslose Fälle".

Seine weit über 300 Publikationen, darunter mehrere Bücher, umfassen alle Bereiche der theoretischen, klinischen und angewandten Psychoanalyse. Sein „Versuch einer Genitaltheorie" aus dem Jahr 1924 sollte eine Archäologie des Sexuellen in phylogenetischer und ontogenetischer Sicht sein, und im selben Jahr publizierte er gemeinsam mit Otto Rank „Entwicklungsziele der Psychoanalyse. Zur Wechselbeziehung von Theorie und Praxis", eine umfassende, kritische Einschätzung der damaligen aktuellen Situation der Psychoanalyse, insbesondere hinsichtlich der Dialektik von Forschung und Heilung. Ferenczi wollte die Mikroprozesse der psychoanalytischen Situation erforschen, experimentierte methodisch und führte darüber ein Tagebuch, das später veröffentlicht wurde. Seine bahnbrechende Arbeit „Sprachverwirrung zwischen den Erwachsenen und dem Kind. Die Sprache der Zärtlichkeit und der Leidenschaft" (1933) untersuchte, ausgehend von den brisanten Beeinflussungspotenzialen in der Therapie, die prinzipiell traumatischen Verhältnisse der primären Pflegesituation des Menschen und ihre Auswirkungen auf spätere Abhängigkeitsverhältnisse.

Die Jahre 1926/27 verbrachte Sándor Ferenczi auf Vortragsreisen in den USA, 1931 eröffnete er die psychoanalytische Poliklinik in Budapest.

„Allmählich kam ich dann zur Überzeugung, dass die Patienten ein überaus verfeinertes Gefühl für die Wünsche, Tendenzen, Launen, Sym- und Antipathien des Analytikers haben, mag dieses Gefühl auch dem Analytiker selbst ganz unbewusst sein. Anstatt dem Analytiker zu widersprechen, ihn gewisser Verfehlungen oder Missgriffe zu zeihen, identifizieren sie sich mit ihm; nur in gewissen Ausnahmemomenten […] raffen sie sich zu Protesten auf, für gewöhnlich erlauben sie sich keine Kritik an uns, ja solche Kritik fällt ihnen nicht einmal ein […]. Wir müssen also aus den Assoziationen der Kranken nicht nur unlustvolle Dinge aus der Vergangenheit erraten, sondern, mehr als bisher, verdrängte oder unterdrückte Kritik an uns."

Sándor *Ferenczi*: Sprachverwirrung zwischen den Erwachsenen und dem Kind. Die Sprache der Zärtlichkeit und der Leidenschaft, in: ders.: Schriften zur Psychoanalyse II. Frankfurt am Main: S. Fischer, 303–313, 304.

Schwierigkeiten nicht verhindert werden. Dies ist bei der Übersetzung ins Englische besonders nachhaltig geblieben und hat in einigen Bereichen effektiv zu Fehlentwicklungen der Theoriebildung geführt. Am dramatischsten wird dies vielleicht bei der fälschlichen Wahl des Wortes „instinct" für Freuds Begriff „Trieb" in der englischen „Standard Edition" sichtbar. Dadurch wurde das Konzept der psychosozialen „Trieb-Kraft", die sich eben der Kultur verdankt, unversehens in eine angeborene, quasi-biologische Steuerung menschlichen Verhaltens „übersetzt" und so gewissermaßen ins Gegenteil verkehrt, was bei einem so elementaren Topos zwangsläufig schwerste Verstehensprobleme bezüglich der gesamten Theorie verursacht.

In Ungarn stand Sándor Ferenczi ab 1907 in engem Kontakt mit Freud und begann den Aufbau einer Gruppe in Budapest, die viele berühmte Psychoanalytiker in unterschiedlichen Forschungsfeldern hervorbrachte (etwa Melanie Klein, Sándor Radó, Géza Róheim, Stefan Hollos, Imre Hermann, Michael Balint).

Der englischsprachige Raum

Der Waliser Mediziner Ernest Jones, der Freud seit 1906 kannte, stand an der Wiege der Psychoanalyse im englischsprachigen Raum.

Großbritannien Hier gründete Ernest Jones 1919 die British Psycho-Analytical Society, die rasch an Bedeutung gewann. Der Londoner Zweig des psychoanalytischen Verlages und die Übersetzungen der Schriften Freuds und anderer Analytiker waren wichtige Projekte, und es entwickelten sich bald enge Kontakte zu Künstlerkreisen („Bloomsbury"). 1926 übersiedelte Melanie Klein nach einigen Gastvorträgen ganz nach England und erlangte dort erheblichen Einfluss. Besonders ihre Ideen zur Kinderanalyse stießen auf heftigen Widerspruch bei Anna Freud, ein Konflikt, der sich nach deren Emigration nach London sehr zuspitzte. Die prinzipiellen und persönlichen Differenzen wurden 1943/44 in den historischen „Controversial Discussions" intensiv und heftig, aber mit wissenschaftlichen Argumenten und offen ausgetragen. Dies führte keineswegs zu konsensualen Einverständnissen, aber es kam zu einer Reorganisation, die der britischen Psychoanalyse eine Spaltungsflut, wie sie etwa in Frankreich auftrat, ersparte. Insgesamt trug die Anwesenheit der Familie Freud und der vielen aus NS-besetzten Ländern emigrierten Psychoanalytiker sehr zu Wachstum und Bedeutung der britischen Vereinigung bei. Intern schlugen sich die Auffassungsunterschiede in der Bildung von Fraktionen nieder: „Kleinians", Anna-Freud-Anhänger und die „Middle Group". Dies hinderte die Psychoanalyse nicht daran, wachsenden Einfluss auf die Psychiatrie und verschiedene soziale Bereiche zu gewinnen. Sie erfreut sich in Großbritannien auch heute eines großen öffentlichen

Ernest Jones (* 1879, Gwerton Galles/Wales, † 1958, London)

Ernest Jones begann sich während seines Medizinstudiums für Freud zu interessieren und lernte Deutsch, um seine Werke lesen zu können. 1906 hielt er am Kongress in Salzburg einen Vortrag und besuchte Freud in Wien. Fünf Jahre verbrachte er in Toronto und gründete 1912 die American Psychoanalytic Association. Nach einer kurzen Analyse bei Sándor Ferenczi begann er in London analytisch zu arbeiten, gründete 1919 auch die British Psycho-Analytical Society und 1920 das „International Journal of Psychoanalysis". Als IPA-Präsident half er bei der Gründung diverser internationaler psychoanalytischer Gruppierungen und bereitete zusammen mit Joan Riviere sowie Alix und James Strachey eine engliche Ausgabe der Werke Freuds vor (die „Standard Edition"). Er war zeitlebens der Doyen der Psychoanalyse im englischsprachigen Raum. 1926 holte er Melanie Klein und nach 1933 viele deutsche Analytiker nach London. 1938 half er der Familie Freud und etlichen WPV-Mitgliedern, nach England zu emigrieren. Persönlichen Sympathien und Antipathien schlugen sich unter anderem in seiner dreibändigen, von Anna Freud autorisierten Biografie „The Life and Work of Sigmund Freud" nieder, wofür er kritisiert wurde.

Neben dem großen organisatorischen Einsatz und der mehrtausendseitigen Freud-Biografie publizierte Jones auch etwa 200 thoretische Arbeiten, unter anderem über so verschiedene Themen wie Trieb- und Symboltheorie, die phallische Phase, das Schachspiel, die Eifersucht, die Bedeutung des Großvaters oder den Begriff der „normalen Psyche".

„Wir kommen zu dem Ergebnis, daß das am leichtesten greifbare Kriterium für Normalität Angstlosigkeit ist. Die wirklich normale Person ist wie Siegfried ‚angstfrei', doch müssen wir uns im klaren sein, daß wir damit nicht bloß nach außen hin sichtbaren Mut meinen, sondern das Fehlen all der tiefsitzenden Reaktionen, die unbewußte Ängstlichkeit verdecken. Wo diese fehlen, finden wir eine bereitwillige oder gar heitere Zustimmung zum Leben mit all seinen Widrigkeiten und Zufällen vor, welche die freie Persönlichkeit von einer, die lediglich Herr ihrer selbst ist, unterscheidet."

Ernest *Jones* (1931): Der Begriff der normalen Psyche, in: Ernest Jones: Die Theorie der Symbolik und andere Aufsätze. Frankfurt am Main: Athenäum, 1987, 243–261, 259.

Ansehens und ist an etlichen Universitäten präsent. Außerdem entwickelte sich eine breite psychoanalytisch orientierte Szene, etwa die Tavistock Clinic, ein gut organisiertes Netz der Gruppenanalyse, zahlreiche psychoanalytische Initiativen im Sozialwesen und bedeutende Aktivitäten im Publikationsbereich.

USA 1909 reiste Sigmund Freud nach Amerika, hielt auf Einladung der Clark-University in Worcester/Massachusetts Vorlesungen, verbrachte einige Wochen in den USA und traf die bedeutendsten Anhänger und Interessenten der Psychoanalyse. Dies setzte eine Welle von Übersetzungen und Kooperationen in Gang und wurde ein Wendepunkt in der Internationalisierung der Psychoanalyse. 1911 wurde die American Psychoanalytic Association gegründet; weitere Gesellschaften und Zeitschriften folgten. Viele Ausbildungskandidaten reisten nach Europa, und die Psychoanalyse hielt Einzug in die amerikanischen Universitäten und Spitäler. Spätestens der nach 1933 einsetzende enorme Emigrantenstrom zumeist jüdischer Psychoanalytiker und ihre existenzielle Notwendigkeit, sich anzupassen, führten auch zu einer gewissen „Amerikanisierung" der Psychoanalyse. Jedenfalls aber kam es zu einer jahrzehntelang anhaltenden „Psychoanalytisierung" der amerikanischen Psychiatrie. Die große Zahl der Institute und die unterschiedlichen Einflüsse führten in den USA einerseits zu großer Vielfalt, andererseits bildete sich eine ichpsychologische „Mainstream"-Psychoanalyse heraus, der nicht nur zu Unrecht verfälschende Simplifizierung vorgeworfen wurde.

Kanada Ernest Jones, der von 1908 bis 1913 in Toronto lebte, brachte die Psychoanalyse auch nach Kanada; ihre Bedeutung blieb dort aber lange marginal. Etliche Ärzte wurden in den USA ausgebildet, und erst 1945 kam es zur Gründung einer Gruppe in Montreal, zu der auch mehrere europäische Analytiker stießen.

Frankreich hat heute mit über 5000 Psychoanalytikern – gefolgt von Argentinien und der Schweiz – die weltweit meisten Psychoanalytiker pro Einwohner. Das hat mit der gesellschaftlichen Eigenart Frankreichs zu tun, aber auch mit der historischen Entwicklung. Die drei Gründungsfiguren der französischen Psychoanalyse waren René Laforgue, Marie Bonaparte und Rudolph Loewenstein. Die zweite Generation erlebte mehrere Krisen: in den 1950er-Jahren in Form von Konflikten um die Position zur Laienanalyse, in den 1960er-Jahren durch die Weigerung Jacques Lacans, die allgemeinen Regeln für Ausbildung und Praxis anzuerkennen, weshalb er und einige seiner Anhänger nicht in die IPA aufgenommen wurden. In der Folge kam es zu einer Serie von Abspaltungen. Erstaunlicherweise tat dies der öffentlichen Präsenz der Psychoanalyse in Frankreich keinen Abbruch, vielleicht sogar eher im Gegenteil: Es führte zu einer gewissen Sonderentwicklung, gepaart mit großem Engagement im allgemeinen Kulturbetrieb und regen transdisziplinären Auseinandersetzungen. Zugleich war die Psychoanalyse in Frankreich bis in die 1960er-Jahre von den internationalen Entwicklungen ziemlich abgeschnitten, nicht zuletzt, weil nur sehr wenig über-

Marie Bonaparte (* 1882, Saint-Cloud bei Paris, † 1962, Saint-Tropez)
Die Urgroßnichte Napoléon Bonapartes, die durch ihre Ehe mit dem Sohn von König Georg I. Prinzessin von Griechenland wurde und mit diversen europäischen Regenten verwandt war, kam 1925 als Patientin zu Freud, wo sie rasch zu einer besonders begabten Schülerin avancierte und bald eine hingebungsvolle Unterstützerin der Psychoanalyse wurde. Ab 1926 arbeitete sie maßgeblich an der Institutionalisierung der Psychoanalyse in Frankreich. Sie war Mitbegründerin der 1927 ins Leben gerufenen „Revue Française de Psychoanalyse“, übersetzte auch einige Arbeiten Freuds ins Französische und arbeitete später an der Herausgabe der 18-bändigen Gesammelten Werke Sigmund Freuds. Sie unterstützte die Psychoanalyse ökonomisch sowie durch ihre vielfältigen engen Beziehungen innerhalb des europäischen Hochadels und der internationalen Diplomatie. So finanzierte sie etwa Forschungsexpeditionen Géza Róheims, bewahrte den psychoanalytischen Verlag vor dem Konkurs und rettete Freuds Briefe an Willhelm Fließ als unschätzbare Dokumente der Entstehungsgeschichte der Psychoanalyse. 1938 schließlich gelang es vor allem durch ihren persönlichen und finanziellen Einsatz, die Familie Freud und einen Großteil der Wiener Psychoanalytiker vor den Nazis in die Emigration zu retten. Sie war Gründungsmitglied der Französischen Psychoanalytischen Vereinigung (APS), die sie finanziell und durch ihre persönliche Arbeit sehr förderte, und wurde zu einer erbitterten Kritikerin Jacques Lacans.

Unter ihren zahlreichen Arbeiten zur klinischen und angewandten Psychoanalyse finden sich Beiträge zu so verschiedenen Themen wie Trieb- und Symboltheorie, weibliche Sexualität, Mutter-Tochter-Beziehung, forensische Psychologie, Anthropologie, Antisemitismus und auch Literatur. Eine bemerkenswerte Studie schrieb sie, nachdem sie die Täterin eines damals aufsehenerregenden Mordfalls im Gefängnis besucht hatte (Bonaparte, 1929). Marie Lefèbvre hatte ihre schwangere Schwiegertochter ermordet, und Marie Bonaparte entwickelt daraus ein spannendes psychologisches Szenarium um Blutschande, Gier, Neid und einen symbolischen Muttermord durch die Tochter. Weit bekannt wurde ihre große biografische Arbeit über Edgar Allen Poe, 1934 als Buch erschienen, die sein Werk als Folge seiner kindlichen Erfahrungen deutete.

Marie Bonaparte führte ein Leben zwischen den Welten, an allen Höfen Europas sowie in der Pariser und internationalen Gesellschaft bekannt mit den Größen aus Politik und Kultur und zugleich ganz für die Sache der Psychoanalyse engagiert und engste Vertraute Sigmund Freuds und seiner Familie. Darüber hinaus engagierte sie sich politisch – nicht nur gegen das NS-Regime, sondern etwa auch für die angemessene Behandlung psychisch kranker Rechtsbrecher – und als erbitterte und aktive Kämpferin gegen die Todesstrafe.

„Aber der Fall der Frau Lefèbvre ist keine einfache Neurose. Er ist vielmehr unter den Psychosen einzureihen, einem Zustand mit allen den von der Regression zum Narzißmus hervorgerufenen Störungen der Seelenökonomie, die eine derartige Störung mit sich bringt. Das Über-Ich der Frau der Lefèbvre, das in den gewöhnlichen und unbedeutenden Handlungen des Lebens vom Es unabhängig geblieben ist, scheint unter dem Einfluß einer übermächtigen Anziehung der tiefsten Komplexe dieses Es mit diesem in einem Grade verschmolzen zu sein, daß man sie fast nicht mehr voneinander unterscheiden kann. Daraus wäre zu schließen, daß die Tat mehr noch als die Strafe Frau Lefèbvre Erleichterung und Heilung gebracht hatte."

Marie *Bonaparte* (1929): Der Fall Lefèbvre. Zur Psychoanalyse einer Mörderin. Imago 15, 15–62.

setzt wurde. Einige wenige Psychoanalytiker waren auch „Grenzgänger", etwa André Green und Wladimir Granoff, über deren Freundschaft mit Masud Khan Lacans Theorien schon früh nach England gelangten. Ende der 1970er-Jahre brachte die Initiative von René Major (IPA) und Serge Leclaire (außerhalb der IPA) ein neutrales Forum der Auseinandersetzung für Anhänger aller Gruppierungen zuwege. Unter den Anhängern der École Freudienne Lacans kam es aber in der Folge noch zu weiteren Spaltungen.

In *Italien* waren Eduardo Weiss und Levi Bianchini mit Freud bekannt. 1925 wurde in Teramo die Società Psicoanalitica Italiana gegründet, die 1932 nach Rom übersiedelte, ein Ausbildungsinstitut und die „Revista di Psicoanalisi" unterhielt und 1933 IPA-Mitglied wurde. Auf Betreiben des faschistischen Regimes und der mächtigen katholischen Kirche wurden schließlich alle ihre Aktivitäten eingestellt. Nach 1945 kam es – vor allem durch die Bemühungen Cesari Musattis – zu einem Aufschwung, zu Publikationen und zur Übersetzung wichtiger Texte. Schließlich entstanden auch Gruppen in der Nachfolge Jacques Lacans und andere „neofreudianische" Vereine.

Osteuropa

Tschechische Republik Die heutige Tschechische Republik ist, streng genommen, das Geburtsland der Psychoanalyse, insofern Sigmund Freud eben am 6. Mai 1856 in Freiberg in Mähren zur Welt kam. 1935 erschien die erste tschechische Übersetzung von Freuds „Vorlesungen", und in seinem Vorwort spricht der Autor von „meinem Vaterland". Als es Anfang der 1930er-Jahre genügend Interessenten gab, wurde Otto Fenichel von der IPA nach Prag geschickt, um dort eine psychoanalytische Vereinigung aufzubauen. Diese wurde 1936 am Kongress in Marienbad Mitglied der IPA, bestand dann aber kaum drei Jahre. Prag wurde vor allem als Flucht- und Emigrationsziel bedeutsam, doch spätestens mit der Annexion an Hitlerdeutschland im März 1939 emigrierten auch die tschechischen Psychoanalytiker. Von den wenigen, die blieben, hat nur ein einziger überlebt: Theodor Dosuzkov. Er versuchte, nach 1945 als Lehranalytiker wieder ein Ausbildungsinstitut in Gang zu bringen, doch ehe dies gelang, machten die sich verändernden politischen Verhältnisse diese Arbeit wieder unmöglich. In den 1960er-Jahren gelang es einer kleinen Gruppe im Untergrund, ihre Ausbildung teils im Ausland zu absolvieren und schließlich die Anerkennung durch die IPA zu erlangen. Seit den 1990er-Jahren haben sich die Bedingungen sehr verändert; psychoanalytische Arbeiten erscheinen und Kandidaten werden ausgebildet.

In *Ungarn* konnte sich durch die Initiative Sándor Ferenczis die Psychoanalyse schon früh etablieren und Budapest entwickelte sich bis zum Ende der Räterepublik 1919 zu einem echten Zentrum der Psychoanalyse. 1919 erhielt Ferenczi den ersten Universitätslehrstuhl für Psychoanalyse. Mit dem Horthy-Faschismus verloren zwar die meisten Psychoanalytiker ihre Positionen an der Universität und in öffentlichen Institutionen, der Antisemitismus wuchs und es kam auch zu ersten Emigrationen, aber die wissenschaftliche und die therapeutische Arbeit entwickelten sich zunächst produktiv weiter. Ab 1932 und dann mit Kriegsbeginn wurden die Repressalien schlimmer, die zweiwöchigen Treffen jedoch fanden unter Polizeiobservanz bis zur NS-Besatzung weiter statt. Diese deutsche Besatzung 1944 kostete etliche Psychoanalytiker das Leben. Der Emigrationswelle, die nach 1945 einsetzte, schlossen sich auch viele Psychoanalytiker an, aber Imre Hermann – seit Ferenczis Tod 1933 Präsident – und einige andere setzten ihre analytische Arbeit in relativer Isolation fort. Die Ungarische Psychoanalytische Vereinigung selbst bestand bis 1949, als sie sich – nach einer kurzen Konsolidierung zwischen 1945 und 1948 – selbst auflöste, um dem offiziellen Verbot durch das kommunistische Regime zuvorzukommen. Erst kurz vor dem Fall des Eisernen Vorhangs wurden wieder Kontakte zur IPA geknüpft und es kam dann zu einer raschen Wiederbelebung der ungarischen Psychoanalyse.

Während die Psychoanalyse in Ungarn fast ohne Unterbrechung, wenngleich unter großen Schwierigkeiten weiterexistierte, konnten sich in anderen osteuropäischen Ländern erst nach 1989 und nur langsam wieder psychoanalytische Gruppen bilden, die sich dann aber, oft mithilfe der IPA, relativ rasch konsolidierten. So gibt es heute in fast allen europäischen Ländern psychoanalytische Institute.

In *Russland* waren die Pioniere der Psychoanalyse, Nikolai E. Osipov und Ivan D. Ermakov schon vor dem Ersten Weltkrieg aktiv, aber ihren Höhepunkt erlebte die Psychoanalyse in den Jahren nach der Oktoberrevolution. 1921 wurden die Russische Psychoanalytische Vereinigung und bald auch ein psychoanalytisches Kinderheim gegründet, dessen praktische Leitung Vera Schmidt übernahm. Sabina Spielrein, die in Wien und Genf Mitglied war, kehrte als Analytikerin nach Rostov zurück und wurde später dort ermordet. Den wenigen Jahren der Blütezeit (es gab zumindest 60 Analytiker) folgten Hunger, Krieg und Diktatur. Erst in jüngster Zeit wurde die Ausbildung von Psychoanalytikern wieder aufgenommen.

Skandinavien

Freuds Lehren hatten in Skandinavien lange Zeit keinen Boden, was auch auf die dortige puritanische Tradition zurückgeführt wird. Erst Anfang der 1930er-Jahre initiierten eine Schwedin und ein Norweger nach ihrer Ausbildung in Wien eine Arbeitsgruppe in Stockholm. 1934 wurde diese von der IPA anerkannt, und zwei künftige Vereinigungen wurden in Aussicht genommen; eine für Norwegen und Dänemark und eine weitere für Schweden und Finnland. Während durch die Besetzung durch NS-Truppen in Norwegen und Dänemark alle Aktivitäten zum Stillstand kamen, konnte im neutralen Schweden, wohin auch einige Psychoanalytiker emigriert waren, die Arbeit aufrechterhalten werden, was dazu führte, dass Schweden nach Kriegsende eine zentrale Rolle in der skandinavischen Psychoanalyse einnahm. Finnland etwa war lange ganz von der schwedischen Ausbildung abhängig. Norwegen und Dänemark gründeten 1953 Arbeitsgruppen.

In Dänemark gab es erst in den 1950er-Jahren, nachdem Einzelne sich in Schweden und den USA qualifiziert hatten, ein Ausbildungsinstitut, das lange stagnierte.

Heute kommt ein großer Teil der Kandidaten aus Südschweden. In Norwegen, wo es in Oslo vor 1938 eine lebendige psychoanalytische Szene gegeben hatte, kam es 1967 zur Gründung eines Instituts, das 1975 als norwegische Vereinigung von der IPA anerkannt wurde. Seit 1978 gibt es den „Scandinavian Psychoanalytic Review“ als gemeinsames Publikationsorgan.

Israel

Israels Verhältnis zur Psychoanalyse ist ein historisch besonderes. Nach dem Ersten Weltkrieg kamen die ersten psychoanalytisch gebildeten Ärzte nach Palästina, und junge Intellektuelle interessierten sich früh für die Psychoanalyse. Max Eitingon emigrierte 1933 nach Israel, wohin ihm etliche Analytiker folgten, und es kam bald zur Anerkennung der dortigen Gruppe durch die IPA, seit 1948 als

José Bleger (* 1922, Santa Fe/Argentinien, † 1972, Buenos Aires)
Der Schüler Pichón-Rivières war als Psychoanalytiker gleichermaßen in der Sozialpsychiatrie und politisch engagiert und gilt als einer der prominentesten Vertreter der argentinischen Psychoanalyse. Stark an Melanie Klein und Wilfred Bion orientiert, wurde er ein klinisch, theoretisch und politisch außergewöhnlich innovativer Denker und Praktiker. Er entwickelte eine eigene Bindungstheorie, die von einer primären sozialen Struktur der Menschen ausgeht und begriff Bindungsverlust und Vereinzelung als potenziell pathogene Entwicklungen (1958, „Psicoanálisis y dialéctica materialista"). Sein besonderes Interesse galt den Psychosen und frühen Störungsbildern, für die er eine Theorie frühester und früher Fixierungen entwickelte. Er beschrieb Stadien von symbiotischer Konfusion und Ambiguität als frühesten psychotischen Kern der Persönlichkeit, die er noch früher als Kleins paranoid-schizoide Position ansiedelte (1967, „Simbiosis y ambegüedad"). Damit trug er zum psychoanalytischen Verständnis von Epilepsie, Schizophrenie und Autismus bei. Behandlungstechnisch betonte er Funktion und Bedeutung des Rahmens der psychoanalytischen Behandlung (1966, „Psychoanalysis of the Psycho-Analytic Frame"). Sein besonderes Engagement galt der Institutionalisierung demokratischer Strukturen in einer bürgernahen Psychiatrie, welche eine Therapie nach psychoanalytischen Grundsätzen ermöglichen sollte. Dies war auch eine Folge seines Bemühens um eine Synthese von Marxismus und Psychoanalyse im politisch immer wieder polarisierten Milieu Lateinamerikas, das ihn nicht hinderte, massive Kritik an Judenverfolgungen in der UdSSR zu üben.

Bleger beschäftigte sich in Therapie und Ausbildung intensiv mit der Gruppenanalyse und entwickelte das Konzept der operativen Gruppen weiter, eine Methode psychoanalytischer Selbstorganisation von Enrique Pichón-Rivière, das er auch zu einer Organisationstheorie erweiterte („Psicohigiene y psicologia institutional").

„Die Symbiose ist eine breite, komplementäre Abhängigkeit zweier oder mehrerer Personen zum Zweck gegenseitiger Kontrolle und Immobilisierung der unreifsten Persönlichkeitsanteile, die von der Realität und von den reiferen, integrierteren Persönlichkeitsanteilen dissoziiert bleiben müssen […], um psychotische Desintegration zu vermeiden."

José *Bleger* (1967): Simbiosis y ambegüedad. Estudie Psychoanalítico. Buenos Aires et al.: Paidos, 1989, 83; Übers.: E.L.

Israelische Psychoanalytische Gesellschaft. Die ökonomischen und politischen Schwierigkeiten nach der Staatsgründung und die übergroße Zahl traumatisierter Einwanderer machten die Psychoanalyse zu einer bedeutenden Wissenschaft. Viele Lehrer, Kindergärtnerinnen, Ärzte und Sozialarbeiter haben psychoanalytische Erfahrung; sie ist ein wichtiger Faktor an den Universitäten und im öffentlichen Leben. Aufgrund der besonderen historischen und geografischen Situation herrscht unter israelischen Psychoanalytikern eifrige Reisetätigkeit, die intensiven Austausch mit anderen Gesellschaften und besonderes Interesse an sozialpsychologischen Themen fördert.

Spanisch- und portugiesischsprachige Länder

Spanien und Portugal Spanien hatte anfangs in Ortega y Gasset einen konsequenten Förderer der Psychoanalyse. Bereits ab 1922 verfasste Luis López-Ballesteros y de Torres die weltweit erste Übersetzung von Freuds Gesamtwerk, das vor allem von Künstlern und Intellektuellen (Salvador Dalí, Luis Buñuel, Frederico Garcia Lorca) rezipiert wurde. 1928 folgte Sándor Ferenczi einer Einladung nach Madrid und vertrat vehement die Notwendigkeit einer gründlichen Ausbildung mit Lehranalyse. Der Arzt Angel Garma unterzog sich daraufhin einer Ausbildung in Berlin und kehrte 1931 nach Madrid zurück. Bürgerkrieg und Franco-Diktatur legten dann über Jahrzehnte alle Entwicklungen lahm. Garma ging nach Argentinien, wo er half, die Psychoanalyse zu etablieren. Erst in den 1960er-Jahren kam es zur Anerkennung zweier Gruppen in Madrid und Barcelona; Letztere gilt als kleinianisch (siehe S. 147–151); beide Gruppen sind Mitglieder der IPA.

Das Ende der Diktaturen brachte der Psychoanalyse in beiden iberischen Ländern, auch der Gruppe in Portugal, großen Aufschwung. Nach Jahrzehnten gab es eine Welle von Publikationen und durch die politische Situation in Lateinamerika auch immer wieder einen Zustrom von dort ausgebildeten Analytikern, die einerseits die IPA-Gruppen stärkten, andererseits eine Vielzahl unabhängiger Gruppen gründeten.

Lateinamerika Hier gibt es neben den IPA-Organisationen eine große Anzahl autonomer psychoanalytischer Gruppierungen unterschiedlichster theoretischer Ausrichtung, die meisten davon in Argentinien. In den 1930er-Jahren ließ sich Angel Garma in Buenos Aires nieder, und 1942 kam Marie Langer, die in Wien ausgebildet worden war. Die Entwicklung war sehr stark politisch und sozialpsychologisch bestimmt. Der Einfluss der Theorien Melanie Kleins, die den besonderen Verhältnissen angepasst wurden, war groß. Gemeinsam mit Armando Bauleo entwickelte Pichón-Rivière die Technik der operativen Gruppen, ein therapeutisches Selbstverwaltungskonzept, das José Bleger unter sehr kreativer Weiterentwicklung der Gruppentheorie Wilfred Bions für sein Konzept einer psychiatrischen Versorgung auf psychoanalytischer Grundlage fortführte. Eine weitere wichtige Strömung war die kinderpsychoanalytische Arbeit im Umfeld Arminda Aberasturys.

Die Diktatur zwang etliche Analytiker ins Exil, Marie Langer etwa ging nach Mexiko, wo es seit 1945 eine Gruppe um Erich Fromm und seit 1955 eine IPA-Gruppe gab. In Chile baute Ignacio Matte-Blanco (1908–1995) nach einer Ausbildung in England eine IPA-Gruppe auf. Es folgte ein überaus fruchtbares Jahrzehnt psychoanalytischer Kooperation mit Universität und Psychiatrie, die nach massiven Kontroversen 1960 ein Ende fand, was dazu beitrug, dass etliche Analytiker das Land verließen, darunter auch Matte-Blanco und sein Schüler Otto Kernberg. Die Diktatur verstärkte die Stagnation, was sich erst nach der langsam einsetzenden politischen Liberalisierung änderte. 1999 fand ein erster IPA-Kongress in Santiago statt. Nach dem Krieg entstanden in mehreren Ländern, etwa Uruguay, Kolumbien oder Peru IPA-Gruppen, ebenso Zeitschriften. Die wichtigste lateinamerikanische Publikation blieb wohl die „Revista de Psicoanálisis" aus Argentinien.

In Brasilien waren innerhalb der kleinen intellektuellen Oberschicht psychoanalytische Ideen früh populär, aber erst 1936 kam Adelheit Koch aus Berlin als erste Lehranalytikerin nach São Paulo, wodurch der Anbindungsprozess an die IPA und eine gewisse Verbreitung in den Großstädten in Gang kamen. Durch mehrere Besuche Melanie Kleins wuchs der Einfluss ihrer Theorien, und ab den 1970er-Jahren fassten die Ideen Jacques Lacans Fuß. In der Zeit der Diktatur blieben die Auseinandersetzungen auf private Gruppen beschränkt, was einen Trend zur Heterodoxie der brasilianischen Psychoanalyse verstärkte.

Asien

Indien In Indien arbeitete Girindrasekhar Bose aus Kalkutta ab 1909 im Sinne der Psychoanalyse und verfasste eine Dissertation „Über das Konzept der Verdrängung". 1920 schrieb er an Sigmund Freud, woraus eine lebenslange Korrespondenz entstand. Freud hatte eine Statuette des Gottes Vishnu, die Bose ihm zum 75. Geburtstag geschenkt hatte, auf seinem Schreibtisch stehen. 1922 gründete Bose das Indian Psychoanalytic Institute, ab 1930 wurden Kandidaten ausgebildet, und 1947 wurde „Samiksa", eine psychoanalytische Zeitschrift in englischer Sprache herausgegeben. Bose fand, dass die von Freud beschriebene ödipale Entwicklung für die indischen Menschen nicht zutraf. Er betonte die Identifizierung der Männer mit ihren Müttern und sah die Individuen allgemein psychisch weniger voneinander getrennt. Die kulturellen Unterschiede, auch die religiös geprägte, eigenständige Tradition, sich Autoritäten („Gurus") anzuvertrauen, und die ökonomischen Verhältnisse haben wohl dazu beigetragen, dass die Psychoanalyse nur in den wichtigsten Metropolen vorhanden ist, und auch dort nur spärlich. Die großen Entfernungen führten auch zu unterschiedlichen Entwicklungen der Gruppen in Kalkutta, Delhi und Bombay. An den Universitäten und in der Medizin konnte die Psychoanalyse kaum Fuß fassen. Zugleich gab es stets eine Anzahl teilweise sehr prominenter indischer Analytiker in Europa und Amerika. Außerdem haben sich enge, dauerhafte Kooperationen vor allem mit England, aber auch mit Australien und Israel entwickelt.

Japan In Japan lehrte Marui Kiyoyasu Psychoanalyse bereits 1920 an der Universität. Anfang der 1930er-Jahre besuchten unter anderem mehrere seiner Schüler Sigmund Freud, und es kam zur Gründung einer IPA-Gesellschaft und eines Instituts für angewandte Psychoanalyse, vor allem in den Literaturwissenschaften, die in der mühsamen Aufgabe der Freud-Übersetzung konkurrierten. Auch in Japan beeinflussten gesellschaftliche Strukturen und mentale Traditionen die theoretische Entwicklung der Psychoanalyse und erschwerten ihre Verbreitung. Kosawa Heisaku verfasste eine Revision des Ödipuskomplexes, dessen japanische Variante er im „Ajase-Komplex" darstellte, welcher den spezifischen Entwicklungs- und Sozialisationstraditionen Japans gerechter werde.

China In China war die Psychoanalyse nach dem Ersten Weltkrieg in einigen Intellektuellenkreisen beachtet worden. Sie konnte in der konfuzianischen Tradition aber nicht Fuß fassen, und die weitere politische Entwicklung ließ dafür keinen Raum. Dazu kommt, dass in der traditionellen chinesischen Auffassung Körper und Psyche nicht getrennt voneinander vorgestellt werden können und psychische Probleme daher als organische und energetische Ungleichgewichte angesehen werden. Auch gravierende Sprachprobleme sind noch nicht geklärt, weshalb bis heute erst ein Teil von Freuds Schriften übersetzt wurde. Nach längeren Vorbereitungen konnte 2010 in Peking ein großer internationaler Kongress der IPA stattfinden, der nicht nur regen Austausch ermöglichte, sondern auch offizielle Anerkennung der Psychoanalyse bedeutete. Tatsächlich hatten seit Jahrzehnten kleine Teams europäischer und amerikanischer Psychoanalytiker mit chinesischen Psychologen und Ärzten gearbeitet. Inzwischen gibt es bereits etliche ausgebildete Analytiker und mehrere funktionierende Gruppen in China.

Afrika

Es gibt gewiss mehrere Gründe, weshalb die Psychoanalyse in Afrika (mit Ausnahme Südafrikas) kaum vorhanden ist. Ein wichtiger Grund ist natürlich die schwierige ökonomische, politische und soziale Situation der meisten afrikanischen Staaten. Nicht minder entscheidend dürfte aber der heterogene kulturelle Hintergrund mit eigenen Traditionen der Heilkunst sein. Es ist auch eine Tatsache, dass die Psychoanalyse in vom Islam geprägten Ländern insgesamt kaum Fuß fassen konnte. Darüber hinaus hat die restriktive Einwanderungspolitik fast aller Länder und auch der Kolonialmächte die Immigration während der NS-Herrschaft verunmöglicht.

Südafrika bildet hier eine Ausnahme. Der Wiener Psychoanalytiker Erich Heilbrunn etwa emigrierte nach Südafrika, wo auch Marie Bonaparte zwischen 1941 und 1944 lebte. Der in Berlin ausgebildete Wulf Sachs arbeitete ab 1929 in Südafrika als Psychoanalytiker und publizierte auch die Analyse eines afrikanischen Patienten (Sachs, 1927). Er gründete als Mitglied der British Psycho-Analytical Society 1949 die South African Psychoanalytic Society, die seinen frühen Tod freilich nicht lange überdauerte. Aufgrund der politischen Verhältnisse kam es erst 1979 wieder zu einer Initiative zur Revitalisierung die Psychoanalyse in Südafrika, was aber bis heute zu keiner eigenen Gesellschaft geführt hat. Auch die Initiative der amerikanischen Psychoanalytikerin Marie Nelson in Nairobi überdauerte nicht, obwohl einige Kandidaten aus Kenia in Zusammenarbeit mit dem Philadelphia Psychoanalytic Institute ausgebildet worden waren.

6 Psychoanalyse und Alltagskultur

Die Psychoanalyse war nicht nur in Fachkreisen wirksam und über ihre Institutionen wirksam, sondern drang ins allgemeine gesellschaftliche Leben ein und machte dieses auch zu ihrem Forschungsobjekt.

Als Gegenstand psychoanalytischer Untersuchung nahm sich Sigmund Freud schon früh des Alltäglichen an. In seinem Buch „Zur Psychopathologie des Alltagslebens" (Freud, 1901b) beschäftigte er sich mit vielen scheinbar bedeutungslosen Merkwürdigkeiten, die nie ins Zentrum wissenschaftlicher Forschung gelangt waren. Nun hatte er mit seiner Einsicht in die Funktionsweisen des Unbewussten und in die Dynamik der Psyche einen Grundstock gelegt, um viele Phänomene als Symptome intrapsychischer Konflikte verstehen zu können.

Eine Fehlleistung ist ein ungewöhnliches, nicht bewusst herbeigeführtes Ereignis, das zwar irritieren kann, aber den Rahmen des „Normalen" nicht übersteigt und als vorübergehende Störung erscheint. Bei näherer Untersuchung erweisen sich scheinbare Zufälle jedoch als spezifisch motivierte Ereignisse mit einem Sinngehalt – das Vergessen etwa als Ausdruck der widerstrebenden Tendenzen, etwas tun zu sollen und es zugleich nicht tun zu wollen. Zufallshandlungen stellen Wünsche oder Phantasien symbolisch dar, und viele Versprecher geben den widerstrebenden Tendenzen unmittelbar Ausdruck („Sie waren affensichtlich beim Friseur"). Manche Unfälle erweisen sich bei näherer Untersuchung als Symptom eines Ambivalenzkonfliktes um Schuld und Strafe.

Ein Jahr nach dieser Publikation schrieb Freud eine Abhandlung über den „Witz und seine Beziehung zum Unbewussten", die nicht nur eine große Zahl von Witzen enthält, sondern auch eine Theorie, die man analog zur Traumarbeit als „Witzarbeit“ bezeichnen könnte.

Ein guter Witz ruft Lust und im Lachen auch spontane sinnliche Befriedigung hervor. Er bedeutet einen Triumph des Unbewussten über die Bürde der Vernunft und die Macht der Verdrängung. Der Erfinder des Witzes produziert eine Geschichte oder ein Bild, das einen Kompromiss zwischen einem unbewussten Impuls und einer bewussten Absicht darstellt.

Sozial funktionieren Witze zumeist in einer Dreiecksstruktur, beispielsweise die Graf-Bobby-Witze, in denen sich zwei Bürger über den dummen Aristokraten lustig machen. Die Witzarbeit selbst wirkt durch Überraschung und Verblüffung: Unpassendes wird gepaart, Kompliziertes kurz vereinfacht, Widersprüche werden zusammengetan und Details groß herausgestrichen. Witze sind nie ganz falsch, aber das Richtige wird so verschoben, dass es nicht realistisch erscheint. Die Lust entsteht aus der Verkürzung des Denkaufwands und aus der Grenzüberschreitung. Der Zuhörer und der Erzähler des Witzes sind im Lachen identifiziert. Sie teilen damit eventuell auch Schuld oder Scham. Das wird dort deutlich, wo es peinlich ist, dass man sich spontan zum Mitlachen hat hinreißen lassen.

Unter den frühen Analytikern war es eine Art Sport, den Alltag als Ausdruck unbewusster Kräfte zu betrachten, was den Blick schärfte und manche Überraschung auslöste. Paul Federn berichtet, wie er einen Taxifahrer beeindruckte, als er durch dessen Fehlleistung den Vornamen seiner Frau erriet (Federn, 1919).

Nicht zuletzt dieser Umgang mit der Psychoanalyse wirkte zugunsten ihrer Popularisierung. Parallel dazu verbreitete sich allgemein eine breite Bereitschaft, die Welt zu „psychologisieren“ und unbewusste Motive zu suchen. In der Konsequenz führte das zwangsläufig auch zu Fehldeutungen und zu „wilden Analysen“, auch zu Indiskretionen und Kritik.

Langsam und oft unverstanden wurden Begriffe der Psychoanalyse schließlich auch von Nichtanalytikern im Alltag verwendet. Zugleich bemühten sich Analytiker in Volkshochschulkursen und populären Artikeln um Aufklärung. 1926 erschien „Das psychoanalytische Volksbuch“ (Federn/Meng, 1926), in dem eine Reihe namhafter Psychoanalytiker ihre Wissenschaft umfassend und verständlich darstellte. Es erlebte etliche Auflagen. Diktatur und Krieg konnten diese Entwicklung zwar vorübergehend anhalten, aber nicht endgültig aufheben.

Heute hat die psychoanalytische Terminologie längst in das alltägliche Sprechen Eingang gefunden. „Verdrängung“, „Freud'sche Fehlleistung“, „Freud'scher Versprecher“ oder „unbewusst“ sind weitverbreitete Konzepte, die, wiewohl oft nicht wissenschaftlich fundiert, das Denken der Menschen beeinflussen. Die moderne Interpretation von Literatur, Theater, bildender Kunst und Film wäre ohne Psychoanalyse gar nicht denkbar, und auch viele Kunstwerke beziehen sich direkt oder implizit auf psychoanalytische Vorstellungen. Oft ist den Menschen die psychoanalytische Fundierung und Bedeutung der Begriffe gar nicht klar, aber wie selbstverständlich nehmen sie ein Unbewusstes an, sprechen vom Verdrängten oder vermuten einen verborgenen Sinn in einem Krankheitssymptom. Die Tendenz, Psychoanalyse im öffentlichen Leben eine Rolle spielen zu lassen, ist auch gesellschaftlich unterschiedlich ausgeprägt. Sie ist klarerweise unter Intellektuellen verbreiteter, aber etwa in Frankreich insgesamt viel stärker vorhanden als beispielsweise in Österreich. Dies hängt auch mit kulturellen Einstellungen, demokratischen Traditionen und universitären Strukturen zusammen.

Insgesamt scheint die Psychoanalyse heute, obgleich sie dem allgemeinen Zeitgeist von rascher Effizienz und „Wellness" doch so wenig entspricht, sicher etabliert, wobei freilich die Komplexität ihrer Theorien und die Besonderheit ihres Verfahrens eine intensive Auseinandersetzung mit ihr vielfach erschweren.

Empfohlene Literatur

Sigmund *Freud* (1925b): Selbstdarstellung. GW XIV, 31–96.

Peter *Kutter* (1995): Psychoanalysis International: A Guide to Psychoanalysis throughout the World. 2 Bde. Stuttgart, Bad Cannstatt: Frommann-Holzboog.

Peter *Loewenberg*, Nellie L. *Thompson* (2011): 100 Years of the IPA: The Centenary History of the International Psychoanalytical Association 1910–2010. Evolution and Change. London: The International Psychoanalytical Association.

Herman *Nunberg*, Ernst *Federn* (Hg.) (1976–81): Protokolle der Wiener Psychoanalytischen Vereinigung. 4 Bde. Frankfurt am Main: S. Fischer.

Frank J. *Sulloway* (1979): Freud – Biologe der Seele. Jenseits der psychoanalytischen Legende. Köln, Lövenich: Hohenheim, 1982.

II Überlegungen zur Wissenschaftstheorie der Psychoanalyse

> „Die psychoanalytische Wahrheit ist nicht anders denn als eine narrative Wahrheit zu denken und zu artikulieren. Alles Konstruierte wird selbst wieder zum Material und Gerüst für einen neuen Bau. Dennoch hat Freud es nie aufgegeben, nach einem ‚Wahrheitskern' *jenseits* der narrativen Wahrheit zu suchen."
> (Heinrichs, 2005, 80)

Wissenschaftsgeschichtlich gilt die Psychoanalyse als Kind des 19. Jahrhunderts. Zugleich steht sie in weit zurückreichenden Traditionen, die sie zusammenführte und in gewisser Weise zu einem Höhepunkt brachte. Der Aufklärung verpflichtet, begnügte sich die Psychoanalyse nicht mit aufgeklärten Ansichten, sondern beschrieb deren irrationale Kehrseite: Nur konflikthaft und über Widerstände sei Erkenntnis möglich. Die gängige Wissenschaftsauffassung zwang die Psychoanalyse zu einer Erweiterung des Wissenschaftsbegriffs hinsichtlich des Erkenntnisgegenstandes, der Methode der Erkenntnisgewinnung und der Überprüfbarkeit der Ergebnisse, und dies führte dazu, dass ein modernes Wissenschaftsverständnis den Forscher selbst sowie seine unbewussten Wünsche, Vorstellungen und Ängste zum Forschungsgegenstand machte und die triebhafte Fundierung allen Forschens aufdeckte. Das Unbewusste ist allgegenwärtig und drängt immer und überall nach Ausdruck; es „inszeniert" sich, bestimmt die Wahrnehmung der Welt und die Beziehungen zu Menschen und Dingen.

Der Wahrheitsbegriff der Psychoanalyse widersetzt sich herkömmlichen Vorstellungen von Objektivierbarkeit und universeller Gültigkeit weitgehend, ohne deshalb an Validität zu verlieren. Er erschließt sich diskursiv und muss der Vielfalt und Veränderlichkeit von Perspektiven im psychosozialen Feld Rechnung tragen. Die Methode entwickelt sich mit den jeweils immer neuen Forschungssituationen ebenfalls immer neu. Es ist kein Zufall, dass das erste grundlegende Werk zu diesem Problembereich von Georges Devereux (1984) stammt, einem Psychoanalytiker und Gelehrten, der transkulturell forschte.

Georges Devereux: Angst und Methode in den Verhaltenswissenschaften

1967 erschien eine damals bahnbrechende methodenkritische Arbeit Georges Devereuxs über seine Erfahrungen als Psychoanalytiker und Anthropologe. Sie kritisierte Wissenschafter der Human- und Sozialwissenschaften, die ihrem Forschungsgegenstand nicht anders als tote Materie zu begegnen trachteten und dies als Objektivität rechtfertigten, um ihre eigene Involviertheit zu verleugnen. Der Autor verlangte neue Voraussetzungen bei der Erforschung des Menschen und konstatierte regelmäßig auftretende Angst, die sich die Wissenschafter ebenso wenig eingestehen wie ihre Abhängigkeit von Objekt und Inszenierung ihrer Untersuchung. Dies führe notwendig zu Gegenübertragungsreaktionen seitens des Wissenschafters, und Devereux versteht in der Folge einen Großteil der Methodologie als Versuch, der (unbewussten) Gegenübertragung Herr zu werden. Dies müsse notwendig zur Verzerrung der Daten und falschen Interpretationen führen. Der einzige Weg sei es, die aller Beobachtung inhärenten subjektiven Verzerrungen bewusst zu machen und in den Forschungsablauf einzuplanen. Die auftretenden Störungen können dann wie neue Daten über den Forschungsprozess registriert, untersucht und in die Deutung einbezogen werden. Das zerstöre zwar die Illusion idealer Forschungsabläufe, sei aber die einzig sichere Methode gegen unkontrollierbare Gegenübertragungswiderstände.

Damit verallgemeinerte Georges Devereux die klinischen Methoden der Psychoanalyse und dokumentierte ihre allgemeine Relevanz für die Sozialwissenschaften. In unzähligen Fallbeispielen illustrierte er die Reziprozität zwischen Beobachter und Objekt als anthropologische Tatsache und Quelle der Angst. Die Formen ihrer Abwehr können, so Devereux, Religionen ebenso begründen wie Kriege hervorrufen.

Wesentliche Quellen der Verzerrung sieht Devereux in Persönlichkeitsstruktur und Kulturabhängigkeit der Wissenschafter und in der geringen Bewusstheit hinsichtlich unbewusster intrapsychischer und sozialer Einflussfaktoren in der scientific Community. In dem Kapitel „Verzerrung als Weg zur Objektivität“ bringt er praktische Beispiele, wie man durch die wissenschaftliche Nutzung vermeintlicher Störfaktoren auch relevante Informationen erhalten könne, die anderenfalls verloren gehen würden.

„Der Verhaltensforscher muß lernen zuzugeben, daß er niemals ein Verhaltensereignis beobachtet, wie es in seiner Abwesenheit ‚stattgefunden haben könnte', und daß ein Bericht, den er zu hören bekommt, niemals mit dem identisch sein kann, den derselbe Berichterstatter einer anderen Person gibt. Glücklicherweise werden die sogenannten ‚Störungen', die durch die Existenz und das Agieren des Beobachters entstehen, wenn sie entsprechend ausgewertet werden, zu Ecksteinen einer wissenschaftlichen Erfor-

schung des Verhaltens und bleiben nicht – wie man gemeinhin glaubt – bedauerliche Malheurs, die man am besten eilends unter den Teppich kehrt."

Georges *Devereux* (1984): Angst und Methode in den Verhaltenswissenschaften. Frankfurt am Main: Suhrkamp, 29.

Subjekt und Objekt der Wissenschaft bedingen einander im Forschungsprozess. Daraus entsteht die Notwendigkeit der Supervision und der Analyse der Gegenübertragung des Forschers, womit dieser zugleich als Forschungsobjekt ins Zentrum rückt, ebenso wie auch der psychosoziale Zusammenhang des Forschungsfeldes und die institutionellen Bindungen der Wissenschaft. Weiters wurden in der Psychoanalyse schon früh Formen und Bedingungen wissenschaftlicher Arbeit reflektiert. Dabei hat die Sprache eine besondere Stellung, weshalb auch die Linguistik Eingang in die psychoanalytische Theoriebildung fand und im Feld der Rede und des Textes, aber auch anderer Sprachformen (Bild, Tanz etc.) nach Manifestationen des Unbewussten gesucht wird, um sie verstehen und als „Störung" relativieren zu können.

Die psychoanalytische Deutungskunst steht auch in der alten rabbinischen Tradition der Textauslegung, die in der frühen Neuzeit, in Humanismus und Reformation und später in Aufklärung und Romantik variiert und fortgesetzt wurde. Die psychoanalytische Vorgehensweise ist aber nicht einfache Hermeneutik, sondern materialistisch – letztlich körperlich – fundiertes „Spurenlesen". Dieses verdankt sich einerseits einer bestimmten ärztlichen Diagnosetradition, wo mittels aufmerksamer Wahrnehmung geringer spezifischer Veränderungen an Körper oder Ausdruck auf einen besonderen, eventuell krankhaften Gesamtzustand geschlossen wird, andererseits einer langen Tradition des aufmerksamen Wahrnehmens. Der italienische Historiker Carlo Ginzburg (1979) hat dies in einen größeren Zusammenhang gebracht und als spezifisches wissenschaftliches Paradigma dargestellt. Das Spurenlesen, das er unter anderem auf frühgeschichtliche Jägerkulturen und ihre Fähigkeit, Tierfährten zu deuten, zurückführt, stellt er als eine hochkomplexe sinnliche und mentale Fähigkeit dar, die im späten 19. Jahrhundert endgültig Eingang in die Humanwissenschaften gefunden habe. Diese Form der Erkenntnisgewinnung wurde in der Psychoanalyse zu höchster Entwicklung gebracht. Sigmund Freud schätzte bekanntlich Arthur Conan Doyle, den Erfinder des Sherlock Holmes, und kannte auch nachweislich den italienischen Kunsthistoriker Giovanni Morelli und dessen Methode des aufmerksamen Vergleichens scheinbar unbedeutender Details, was ein Hilfsmittel ist, authentische Kunstwerke von ihren Kopien zu unterscheiden. Traditionelle ärztliche Diagnostik, frühgeschichtliche Tierfährtenkunde, die Entzifferung von Schriften, detektivischer Spürsinn, stilistisch-maltechnische Komparatistik und psychoanalytische Deutungskunst schöpfen demgemäß aus der gleichen Vorgehensweise, die eine hoch subjektive sinnliche und intellektuelle Fähigkeit bedeutet. Ginzburg bezeichnet das als Indizienwissenschaft, die in den Bereich der Semiotik gehöre und sich vom „galileischen Paradigma der Naturwissenschaften" insofern unterscheide, als sie nicht das Allgemeine, sondern das Individuelle, das nicht Wiederholbare untersuche, dem „ein Rest von Unsicherheit" immer unvermeidlich bleibe. Die Psychoanalyse habe sich aufgrund der Hypothese herausgebildet, „dass scheinbar nebensächliche Eigenschaften tiefgründige Phänomene von großer Bedeutung enthüllen können" (Ginzburg, 1979, 115). Dies verlangt zwangsläufig sehr komplexe methodische Aneignungsprozesse. „Niemand erlernt den Beruf des Kenners oder Diagnostikers, wenn er sich darauf beschränkt, schon vorformulierte Regeln in der Praxis anzuwenden. Bei diesem Wissenstyp spielen unwägbare Elemente, spielen Imponderabilien eine Rolle: Spürsinn, Augenmaß und Intuition" (Ginzburg, 1979, 116).

Der ungerichtete Spürsinn ist ohne direkte Absicht oder Zielsetzung aktiv. Was landläufig „Intuition" genannt wird, hat seinen Ursprung in den Sinnen des Forschers. Spätestens seit den psychoanalytischen „Nurseries" hat die Beobachtung neben der analytischen Situation für die Theorieentwicklung enorm an Bedeutung gewonnen; die Babybeobachtung ist heute beispielsweise ein in der Ausbildung von Analytikerinnen weitverbreitetes Praktikum.[4] Dies impliziert auch eine gewisse Verschiebung des Fokus'. Während Freud einen Großteil seiner Erkenntnisse aus den Assoziationen seiner erwachsenen Patienten gewann, ziehen heute viele psychoanalytische Entwicklungspsychologen ihre Einsichten aus konkreten Kinderobservationen.

Die psychoanalytische Theorie ist mehrschichtig und in ständiger Weiterentwicklung begriffen. Neben den Grundlagen (Triebtheorie, Verdrängung, Symbolbildung, Ödipuskomplex usw.), die die Psychoanalyse charakterisieren und ständig diskutiert werden, schafft sich jeder Analytiker für die eigene Praxis „Privattheorien", die jeweils für eine bestimmte Analyse entstehen und in der kritischen Selbstreflexion oder in Supervisionen zum Thema werden. Es kursieren also unzählige subjektive Theorien, die mit dem tradierten Erkenntnisschatz der Psychoanalyse rückgekoppelt werden (müssen), weshalb die klinische und theoretische Diskussion dezentralisiert im kleinen Kreis und über Bücher, Zeitschriften und Kongresse regelmäßig wieder mit der Tradition zusammengebracht werden muss. Dies ist Voraussetzung und Fundament für Erhalt, Kritik und Fortentwicklung der psychoanalytischen Wissenschaft.

Freud sagte an einer Stelle seines Werkes, dass es im Grunde nur Naturwissenschaften und Psychologie gebe (siehe S. 15): „Denn auch die Soziologie, die vom Verhalten der Menschen in der Gesellschaft handelt, kann nichts anderes

[4] Unter Babybeobachtung versteht man die regelmäßige und genaue Observation von Säuglingen ohne Einflussnahme (in Abstinenz) über einen längeren Zeitraum zum Zweck der Erkenntnisgewinnung hinsichtlich ihrer Entwicklung.

sein als angewandte Psychologie. Streng genommen gibt es ja nur zwei Wissenschaften, Psychologie, reine und angewandte, und Naturkunde." (Freud, 1933a, 194) Er war darüber hinaus der Überzeugung, es müsste irgendwann, sofern die naturwissenschaftliche Forschung nur ausreichend weit entwickelt sein würde, möglich werden, alle Psychologie auch in chemischen Prozessen zu beschreiben. Das notgedrungen inzwischen zur Verfügung stehende psychologische Vokabular fand er unzureichend. Tatsächlich gibt es Analytiker, die darauf bestehen, die Psychoanalyse sei Naturwissenschaft, etwa als Zweig der Biologie (Brenner, 1982, 30), womit aber die psychischen Funktionen und symbolisierenden Möglichkeiten des Menschen nicht adäquat erfasst werden können.

Andererseits ist die Psychoanalyse in ihrer Genese sicher von naturwissenschaftlichen Methoden geprägt, und sofern Psychoanalytiker traditionell diagnostisch verfahren, folgen sie teilweise medizinischen Modellvorstellungen, wie sie etwa auch in psychiatrischen Diagnose-Indizes vorgegeben sind, wenngleich sie dabei eben nicht im engen Sinn psychoanalytisch vorgehen. Es unterscheidet sich das psychoanalytische Vorgehen nämlich grundlegend vom naturwissenschaftlichen: Weder messbare noch „objektive" Befunde werden erhoben, sondern tendenziell subjektive, oft einmalige und unwiederholbare. Auch ist die Aufmerksamkeit nicht so zielgerichtet, sondern erfasst sowohl sachliche Inhalte als auch nonverbale Äußerungen und Verhaltensweisen, und schließlich ist die Richtigkeit der Interpretation nicht inhaltlich zu entscheiden, sondern ausschließlich an der Einsicht, zu der sie in einer bestimmten Situation führt. Überhaupt sind für die Interpretation weder Richtigkeit noch Wahrheit messbar, sondern bleiben im Assoziationsstrom ganz am aktuellen Geschehen, an dem der Analytiker beteiligt ist. Viele der so erfassten Informationen scheinen dem Laien unwichtig, erlauben aber ein ganz fein differenziertes Verstehen, das etwa die Bedeutung der Symptome fassbar machen kann. Dabei geht es um Elemente, scheinbar nebensächliche und unwichtige, die sich der Kontrolle durch das Bewusstsein entziehen, eben weil sie „das Innerste der [...] Individualität" zum Ausdruck bringen, es geht um Interpretationsphänomene (historische Ereignisse, Krankheitssymptome, subjektive Eigenheiten), die stets historisch einmalig und gerade nicht wiederholbar sind. Solche Erkenntnis des Individuellen setzt eine persönliche Beziehung des Forschenden zu seinem Gegenstand voraus, während „die Tendenz, die individuellen Aspekte abzuwerten, [...] direkt proportional zur emotionalen Distanz des Beobachters" (Ginzburg, 1979, 96) ist. Die jeweils konkrete Erfahrung muss mit dem ihr eigentlich entgegenstehenden Instrument der Abstraktion vermittelt werden.

Für die Psychoanalyse kann man diese Verbindung als „Erfahrungswissen plus Theorie" charakterisieren. Jeder Psychoanalytiker hat aus seiner Lehranalyse, aus der Arbeit mit Patienten und durch seine kritische Alltagswahrnehmung einen „Erfahrungsschatz" im Umgang mit unbewussten Phänomenen. Dazu eignet er sich in seiner Ausbildung die Theorie der Psychoanalyse an, die den durch Abstraktionen verallgemeinerten Erfahrungsschatz der Generationen von Analytikern vor ihm umfasst.

Sigmund Freud war zwar Mediziner, die Psychoanalyse ist jedoch kaum jemals in der Medizin angesiedelt worden, obwohl sie ihren wissenschaftlichen Ursprung zunächst der Physiologie und Neurologie verdankte. Freud kam aus einer klassisch-humanistischen Tradition, die bekanntlich keine strikte Trennung der Wissenschaften kannte. Poincaré erklärte die Wahl der Fakten zur Methode, und in diesem Sinn gehört kein Phänomen, auch nicht das speziellste, a priori in den Bereich einer bestimmtem Disziplin; vielmehr ist es die Art, etwas zu verstehen und zu beschreiben, wodurch sich eine bestimmte Wissenschaft erst eines Phänomens bemächtigt. Als die Wissenschaft von den unbewussten psychischen Vorgängen ist die Psychoanalyse durch ihr Verständnis des Menschen bestimmt und untersucht daher nicht nur einzelne unbewusste Phänomene, sondern versucht allgemeine „Gesetzmäßigkeiten“ des Psychischen zu formulieren und Zusammenhänge zum Körperlich-Sinnlichen, zum Sozialen und zur Kultur zu bestimmen.

Die Psychoanalyse hat letztlich etwas zum Gegenstand, was nicht „gefunden“ werden kann und worüber man nicht direkt nachdenken oder sprechen kann, was unzugänglich, aber unvermittelt wirksam ist. Das Problem ist die Unerfassbarkeit des Triebes, der Umstand, dass es zum Trieb, der – trotz diverser Bestrebungen, ihn abzuschaffen – nach wie vor die zentrale Größe der Psychoanalyse ist, niemals direkt, sondern eben nur über Abkömmlinge, „Repräsentanzen“ (siehe S. 71 f.), letztlich über die Symbolisierung Zugang gibt. Der Trieb selbst ist jenseits der biologischen, sozialen oder linguistischen Ordnung. Man könnte die Freud'sche Metapsychologie auch einen theoretischen Roman nennen, ohne den wir über diese Verhältnisse nicht nachdenken und nichts sagen könnten.

Wir sind auf die Sprache verwiesen und können über und in der Psychoanalyse nur im Sekundärprozess (siehe S. 78), also innerhalb von Logik und Grammatik sprechen, während unser Objekt der Erkenntnis, das Unbewusste, primärprozesshaft (siehe ebd.) funktioniert und auch im Schweigen „spricht“. Seine Übersetzung in die Sprache der Logik droht ständig das aufzulösen, was wir zu fassen suchen. Auch in der psychoanalytischen Kur entgleitet es uns immer wieder. Freud entwarf seine Metapsychologie, damit er über das Unbewusste nachdenken konnte.

Empfohlene Literatur

Carlo *Ginzburg* (1979): Spurensicherung. Der Jäger entziffert die Fährte, Sherlock Holmes nimmt die Lupe, Freud liest Morelli – die Wissenschaft auf der Suche nach sich selbst, in: ders.: Spurensicherungen. Über verborgene Geschichte, Kunst und soziales Gedächtnis. München: dtv, 1988, 78–125.

Peter *Loewenberg* (1996): Fantasy and Reality in History. New York, Oxford: Oxford University Press.
David *Rapaport* (1959): Die Struktur der psychoanalytischen Theorie. Versuch einer Systematik. Stuttgart: Klett, 1973.
Hanns *Sachs* (1948): Wie ein Wesen von einem anderen Stern. Der philosophische Hintergrund der Psychoanalyse. Gießen: Psychosozial, 2005.
Johann August *Schülein* (1999): Die Logik der Psychoanalyse. Eine erkenntnistheoretische Studie. Gießen: Psychosozial.

III Theorien der Psychoanalyse

1 Grundelemente

Die Psychoanalyse ist kein Gedankengebäude „aus einem Guss“; sie trägt die Spuren ihrer Entwicklungen und Erweiterungen in sich. Das macht sie mitunter ebenso komplex, sperrig und überdeterminiert wie ihren Gegenstand, das menschliche Leben. Sie ist aus einer Praxis entstanden, der Erforschung und Therapie psychischer Leiden, und greift immer wieder auf eine Empirie zurück, zu deren Reflexion sie abstrakte Theoreme und Modelle entwickelt hat – die Metapsychologie (Rapaport, 1959).

Mit Metapsychologie bezeichnete Freud die Gesamtheit jener Theorien, in denen er durch intellektuelle Verallgemeinerung und systematisches Ordnen seine klinischen Erfahrungen zu einem in sich logischen Gedankengebäude verarbeitete, das es ermöglicht, über psychische Phänomene wissenschaftlich zu reden.

Als die allgemeinsten Kernannahmen psychoanalytischer Theorie können folgende gelten:

- die biologische Beschaffenheit des Organismus' als Voraussetzung der Triebdynamik und damit allen psychischen Geschehens;
- der psychische Determinismus, nach dem Gefühle, Verhalten und Denken psychischer Natur sind und nicht einfach auf Biologisches zurückgeführt werden können. Das ist auch für das Verständnis von Pathologie und Therapie zentral;
- das Lust-Unlust-Prinzip, wonach alles Verhalten – im Dienste der Aufrechterhaltung eines optimalen Erregungsniveaus im Organismus – nach Lust sowie innerpsychischer Sicherheit strebt und Unlust zu vermeiden sucht;
- ein dynamisches Unbewusstes im Sinne eines konflikthaften Kräftespiels, welches sich in Gefühlen, Vorstellungen, im Verhalten und im Bewusstsein Ausdruck verschafft;
- die Idee des Erhalts des Psychischen, die besagt, dass nichts verschwindet, sondern – auch in verdrängter Form – im Unbewussten bestehen bleibt und unter bestimmten Voraussetzungen immer wieder aktualisiert und bewusst werden kann;

- die genetische These der Entwicklung, nach der alles Verhalten in überformter Weise aus früheren und frühesten Ereignissen, also aus Kindheitserfahrungen hervorgeht.

Ein psychisches Ereignis psychoanalytisch zu erfassen hieß lange Zeit, es *topisch* (nach dem „Ort" des Geschehens: Unbewusstes, Vorbewusstes, Bewusstes, später Es, Ich und Über-Ich), *ökonomisch* (gemäß den quantitativen Veränderungen bzw. den energetischen Verhältnissen), *dynamisch* (nach der triebhaften Motivationsenergie), *genetisch* (im Entwicklungszusammenhang) und (für die Ich-Psychologie) *adaptiv* zu beschreiben. Heute haben noch andere Zugänge an Bedeutung gewonnen, und insgesamt gibt es eine Dominanz klinischer vor metapsychologischen Beschreibungen. Diese komplexen Zusammenhänge sollen in der Folge genauer erläutert werden.

Das Lust-Unlust-Prinzip und das Realitätsprinzip

Das Lustprinzip reguliert das psychische Geschehen, insbesondere auch die Verdrängung. Man könnte auch sagen, die Trennung der Systeme Bewusst/Vorbewusst (siehe S. 81) und Unbewusst (siehe S. 80) verdanke sich dem Lustprinzip, nach welchem das, was Unlust ankündigt, eben vom Bewusstsein ausgeschlossen („verdrängt") wird.

Zur Aufrechterhaltung eines optimalen Erregungsniveaus im Organismus (siehe S. 78 f.) strebt alle psychische Aktivität danach, Lust zu gewinnen und Unlust zu vermeiden. Die Triebe drängen auf dem kürzesten Weg (analog zum Reflexvorgang) nach Befriedigung. Zur Erhaltung des Organismus' ist jedoch immer wieder vorübergehender Befriedigungsaufschub notwendig. Dies zwingt den Menschen auf den Umweg psychischer Arbeit, wodurch die Abfuhr gehemmt, das Phantasieren in planende mentale Aktivität verwandelt und die Motorik als gezieltes Handeln eingesetzt wird. Das so entstehende Realitätsprinzip ermöglicht die notwendige Auseinandersetzung mit und Veränderung der Realität, um dadurch – immer im Dienste des Lustprinzips – zuletzt die angestrebte Befriedigung erzielen zu können. Dies verlangt auch eine gewisse Unlusttoleranz: Die Durchsetzung des Realitätsprinzips geht Hand in Hand mit einer Erregungshemmung, mit der Umwandlung beweglicher in gebundene Energie (siehe S. 78 f.), mit der Herausbildung des Systems Vorbewusst, mit der Entwicklung von Urteilsfähigkeit und Denken als „Probehandeln". Dies gelingt hauptsächlich erst auf der Grundlage des Ödipuskomplexes (siehe S. 86–88) und der dabei stattfindenden strukturbildenden Identifizierungen (siehe S. 97–99).

Die Anerkennung der Umwelt bzw. des anderen kann nur über die Akzeptanz von Unlust erfolgen, was psychische Veränderung bedeutet. Die Abwehr gegen Unlust bringende Objekte (siehe S. 73) muss in innere Antriebe verwandelt werden, letztlich in Kreativität. Dies gelingt durch die libidinöse Bindung an eben diese Unlust bringenden Objekte (Ferenczi, 1926, 211). Aus Liebe zu den einschränkenden Eltern nimmt beispielsweise das Kind die Unlust des Wartenmüssens auf sich und entwickelt daraus die Fähigkeiten zur Selbstbeschäftigung.

Die Herrschaft des Realitätsprinzips bleibt immer eine partielle und versagt weitgehend angesichts der (nicht sublimierten) Sexualität und des Phantasierens, den wichtigsten Residuen des unmittelbaren Lustprinzips im Erwachsenenleben. Das Unbewusste steht ganz unter der Herrschaft des Lustprinzips und widersetzt sich der raum-zeitlichen und logischen Ordnung, was etwa in Träumen besonders deutlich wird.

Jacques Lacan (siehe S. 156–162) bezeichnet mit Lustprinzip etwas anderes, nämlich das Verbot des Genießens insoweit, als eben nur ein bestimmtes Maß an Lust ertragen werden kann und das, was über dieses „Lustprinzip" (in der Bedeutung eines optimalen Erregungsniveaus) hinausgeht, als Leiden erfahren wird. Dieses Lustprinzip, so Lacan, sei eine der symbolischen Struktur der Sprache immanente Beschränkung.

Empfohlene Literatur

Sigmund *Freud* (1911b): Formulierungen über die zwei Prinzipien des psychischen Geschehens. GW VIII, 229–238.

Das Affekt-Trauma-Modell

Freuds Arbeit an den „Studien über Hysterie" (1895d) war von Vorstellungen geprägt, die später Affekt-Trauma-Modell genannt wurden. Es wurde ergänzt von einer Verführungstheorie, welche davon ausging, dass eine frühe sexuelle Verführung als traumatische Erfahrung der späteren Neurose zugrunde lag. Freud hat diese Hypothese der realen Verführung als Ursache der Neurosen später fallen lassen, wenngleich er die traumatische Qualität sexueller Verführung, so sie tatsächlich stattfindet, natürlich nicht in Abrede stellte.

Traumen als Zustände hilfloser Überwältigung galten in diesem Modell als Hauptursachen von pathogenen Affektstauungen, d. h. von Stauungen nicht abgeführter Erregung. Diese entstünden entweder durch eine Überforderung in der Gegenwart oder als nachträgliches Trauma. Unter nachträglichem Trauma versteht man ein Erlebnis, das auf das Individuum zunächst nicht überwältigend wirkt, sondern seine traumatische Wirkung durch ein späteres Ereignis erhält. Das vergangene Erleben wird durch das aktuelle Geschehen in der Erinnerung aktualisiert und verstärkt und wirkt dadurch traumatisierend. Die Psyche kann dann ihre Aufgabe – die Regulierung von Erregung und Abwehr – nicht mehr erfüllen. Unerträgliche Inhalte (Reminiszenzen) werden verdrängt, indem ihnen der Zutritt zum Bewusstsein versperrt bleibt, und/oder sie werden in Ersatzbildungen fixiert. Das kann auch zu pathologischen Zuständen, etwa hysterischen Lähmungen führen.

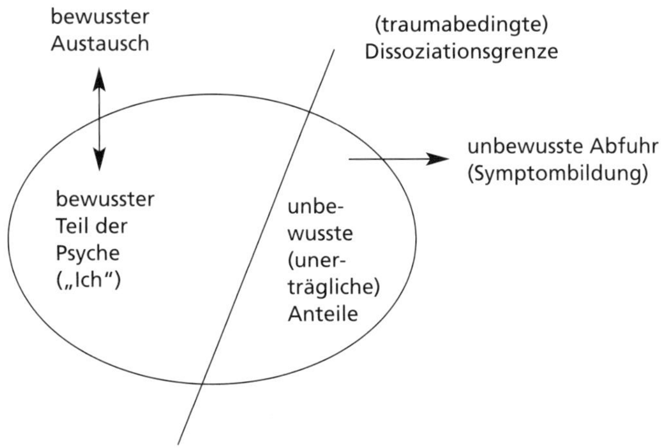

Abbildung 1: Das Affekt-Trauma-Modell

Therapeutisch sollte in der „talking cure" (so bezeichnete die wohl erste Analysepatientin, Bertha Pappenheim, das therapeutische Sprechen) die Erinnerung an das verdrängte traumatisierende Erlebnis wiedergewonnen und der „eingeklemmte" Affekt abgeführt werden.

Empfohlene Literatur

Sigmund *Freud* (1896c): Zur Ätiologie der Hysterie. GW I, 425–459.

Traum, Traumarbeit und Traumdeutung

„Die Traumdeutung", 1900 von Freud publiziert, bildete den Kern der psychoanalytischen Theoriebildung. Freud beschrieb darin die dynamische Kraft unbewusster, infantiler sexueller und aggressiver Triebstrebungen bzw. Wünsche, die sich unter den besonderen Bedingungen des Schlafes einen Weg zum Bewusstsein bahnen. Der Schlafzustand verändert die energetischen Besetzungsverhältnisse im psychischen Apparat (siehe S. 78 f.); er versperrt den Zugang zur Muskulatur und zum Bewusstsein, wodurch eine Erregungsabfuhr über Bewegung und Wortsprache nicht möglich ist. Die Zensur, welche die Verdrängung sichert, ist geschwächt, sodass Verdrängtes – allerdings nur in entstellter Form – ins Bewusstsein vordringen kann. Der Schlafzustand führt quasi zur infantilen Situation zurück, und diese Regression (siehe S. 90 f.) kehrt die Erregung in Richtung Wahrnehmungsende des psychischen Apparates (siehe S. 74–78) um, weshalb Träume sinnlich-halluzinatorisch, vor allem bildlich erscheinen. Die „Traumarbeit" verwandelt unbewusste Triebstrebungen, sinnliche Reize und vorbewusste Tagesreste in einen (manifesten) Traum. Verdichtung, Verschiebung und symbolische Darstellung verwandeln die (latenten) Traumgedanken, wodurch unbewusste Inhalte die Zensur umgehen können. In einem weiteren Schritt (sekundäre Bearbeitung) werden die Traumelemente zu einer ausreichend kohärenten (manifesten) Traumerzählung gestaltet, an die sich der Träumer dann erinnern kann, ohne dass eine weitere Zensur hervorgerufen würde. Träume unterliegen dem Lustprinzip und sind Wunscherfüllungen, was durch die sinnliche Qualität und die Herrschaft des Primärprozesses, also durch die Abwesenheit der vorbewussten Ordnung bedingt ist.

Die Deutung des in der Erinnerung vorhandenen (manifesten) Traums soll die Folgen der Traumarbeit rückgängig machen und zu den unbewussten, aber wirksamen Wunschregungen, d. h. zu den (latenten) Traumgedanken führen. Dies geschieht mithilfe der freien Assoziation (siehe S. 250 f.) des Träumers, die, den assoziativen Verknüpfungen folgend, Verdrängtes preisgibt und unbewusste Zusammenhänge zum Vorschein bringt.

Traum, Tagtraum und Phantasie funktionieren nach dem gleichen Schema von Regression und Wunscherfüllung, indem statt eines abstrakten Gedankens sinnliche Wahrnehmungsidentität hergestellt wird und sinnliche Evidenz entsteht. Bekannt sind die Wasserphantasien und -halluzinationen in der Wüste, deren wunscherfüllende Funktion klar zu erkennen ist. Bei Träumen ist die Wunscherfüllung oft weniger deutlich, aber auch widersinnige oder Angstträume offenbaren in der Analyse der Assoziationen ihren verborgenen Wunschcharakter.

Melanie Klein (siehe S. 147–151) subsumierte das Träumen unter ihren Phantasiebegriff und zeigte an Freuds Entsprechung von Traum und Tagtraum, dass es sich dabei um „normale" unbewusste Phantasietätigkeit handelt. Donald Meltzer (1984) hat diesen Gedanken aufgegriffen und zu einer erweiterten Traumtheorie ausgebaut, der zufolge wir neben dem vernünftigen Denken und geordneten Phantasieren auch permanent in einer quasi traumhaften Weise funktionieren, was aber zumeist unbewusst bleibt.

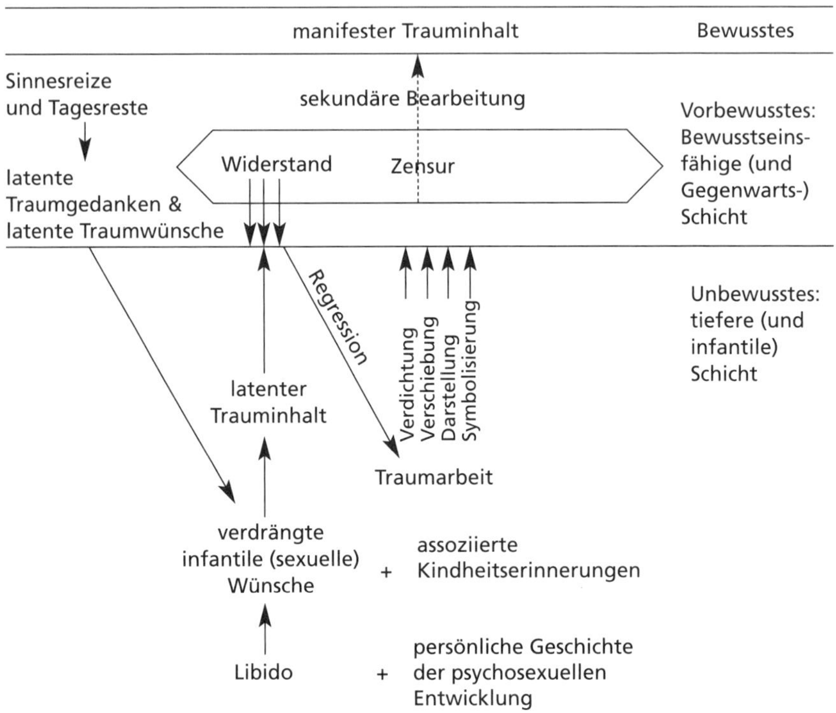

Abbildung 2: Entstehung eines Traums (verändert nach Sulloway, 1979, 491)

Empfohlene Literatur

Sigmund *Freud* (1900a): Die Traumdeutung. GW II/III.
Donald *Meltzer* (1984): Traumleben. Eine Überprüfung der psychoanalytischen Theorie und Technik. München, Wien: Verlag Internationale Psychoanalyse, 1988.

Die Triebtheorie

Die Bedeutung der Triebtheorie liegt in der durch sie festgeschriebenen körperlich-sinnlichen Fundierung alles Psychischen, die den materialistischen Kern der Psychoanalyse darstellt.

Freuds Konzept des Triebes war zunächst vom körperlichen Reiz abgeleitet, der, von außen an das Nervengewebe herangebracht, durch eine Aktion (Reflex) wieder nach außen abgeführt wird. Freud nennt den Trieb auch einen „Grenzbegriff zwischen Seelischem und Somatischem, als psychischer Repräsentant der aus dem Körperinnern stammenden, in die Seele gelangenden Reize, als ein Maß der Arbeitsanforderung, die dem Seelischen infolge seines Zusammenhanges mit dem Körperlichen auferlegt ist.“ (Freud, 1915c, 211)

Die Triebtheorie überbrückt die klassische Körper-Geist-Dichotomie und bestimmt zugleich das Verhältnis Mensch–Kultur als prinzipiell konflikthaft. In Freuds dualistischem Triebkonzept von 1920 (Freud, 1920f; siehe S. 72), das eine Weiterentwicklung der Triebtheorie darstellt, wird dieses Konflikthafte, das sowohl im Subjekt als auch zwischen den Menschen und zwischen Mensch und Kultur besteht, noch weiter betont; es war aber schon in der ursprünglichen Theorie der Triebgenese angelegt. Diese Triebgenese erfolgt in enger Anlehnung an die Befriedigung überlebensnotwendiger Bedürfnisse durch die Mutter. Während nämlich die physischen Nöte des Säuglings wie Wärmebedarf oder Hunger effektiv gestillt werden, erweckt dieses Gestilltwerden selbst eine neue, ganz andere Bedürftigkeit, die letztlich unstillbar bleiben muss. Die psychische Zuwendung, die mit der Pflege zwangsläufig einhergeht, ruft eine existenzielle Sehnsucht nach Kontakt hervor, die zu keiner natürlichen Sättigung kommt, sondern sich als vitaler psychischer Mangel ein für allemal festsetzt. Da dieser Bedürftigkeit keine eindeutige Befriedigung entspricht (wie etwa die Sättigung dem Hunger), etabliert sie sich als äußerst „beweglich“. Die Beweglichkeit der Triebenergie bedingt freie Bindungspotenziale, welche beliebig, nur den Gesetzen assoziativer Nähe folgend, von einem Objekt (siehe S. 73) zum nächsten verschoben werden können. Dieser Prozess bestimmt hinfort das Leben, dessen psychische Basis er ist. Alles kann nun mit vitaler Bedeutung ausgestattet werden, und dieser Umstand bildet auch die Grundlage jeder Symbolisierung. Die Triebhaftigkeit ist immer die gleiche; durch ihre enorme Plastizität aber kann sie sich an alles heften, alles zu Objekten der Befriedigung machen und vielfältig geformt werden. Die unterschiedlichen Befriedigungsphänomene sind Resultate ihrer Verarbeitung, die wertvolle, störende oder pathologische Ergebnisse hervorbringen kann. Der Trieb ist somit die psychische Repräsentanz einer kontinuierlich fließenden, inneren Reizquelle, die danach strebt, eine einmal erfahrene Befriedigung wiederherzustellen. Diese Wunschdynamik ist ganz vom Lustprinzip beherrscht.

Freud (1915c) bezeichnete die Triebtheorie als das Herzstück der Psychoanalyse. Am Triebimpuls unterschied er den Drang (die Kraft bzw. Arbeitsanforderung), die Quelle (der Vorgang am Körper oder das Organ, von dem die sexuelle Erregung ihren Ausgang nimmt; z. B. Mund, Augen, Haut usw.), das Objekt (an dem der sexuelle Impuls befriedigt werden soll, z. B. der Daumen) und das Ziel (die Art der Befriedigung, etwa Lutschen).

Erst die Erogenisierung des Körpers und seiner Sinne macht diesen zu einer psychischen Größe. Dazu ist jedoch eine bereits erotische andere Person nötig. Erst die liebevoll erotisierte Berührung der Mutter etwa hinterlässt auf der Körperoberfläche des Kindes jenen Abdruck, der den Körper des Kindes durch die Qualität der Beziehung und die Phantasien der Mutter zum Bedeutungsträger und zum wünschenden Baustein des kindlichen Ichs macht, ihn also erotisiert.

Jede erlebte körperliche Befriedigung erregt die Sinne. Den Sinnen wiederum entsprechen jeweils bestimmte Partialtriebe (der Schautrieb, der Greiftrieb usw.). Dies und die Tatsache, dass jede Befriedigung die Sehnsucht nach ihrer Wiederholung weckt, führt in der individuellen Lebensgeschichte zu subjektiv besonders ausgeprägten Vorlieben, die auch bei gut integrierten Persönlichkeiten bestehen bleiben (so spricht man etwa von visuellen oder akustischen Typen). In der Perversion (siehe S. 225–228) bleibt es häufig bei einseitigen Fixierungen an bestimmte Partialtriebe und den mit ihnen verbundenen Befriedigungsvorstellungen.

Metapsychologisch konstituierte Freud die Triebhaftigkeit stets bipolar, und zwar – in verschiedenen Entwürfen – nacheinander als Selbsterhaltungstriebe versus Sexualtriebe (1905c), Ich-Triebe versus libidinöse Triebe (1910h), (narzisstische) Ich-Libido versus Objektlibido (1914c) und Libido (Lebenstrieb) versus Todestrieb (1920f). Unter Triebschicksal verstand er den Abfuhr- bzw. Verarbeitungsverlauf, den eine Triebstrebung erfährt. Ein solches Triebschicksal kann etwa die Verkehrung ins Gegenteil, die Wendung gegen die eigene Person, Verdrängung oder Sublimierung (siehe S. 91–95) sein. Es sind die verschiedenen Triebschicksale, also die Formgebungen (die von der Kultur und der vorbewussten bzw. Ich-Struktur bestimmt sind), die den Ausschlag geben, ob ein bestimmter Triebimpuls zu einer spontanen Affektabfuhr, einem Mord, einer Vergewaltigung oder etwa zu einem Gedanken, einer geistreichen Polemik, einem Liebesgedicht führt und so unmittelbare oder eben subtilere Befriedigung bringt.

Triebe als somato-psychische Grenzphänomene sind immer unbewusst. Im Vorbewussten (siehe S. 81 f.) finden sie psychischen Niederschlag als Triebrepräsentanzen, die sich zusammensetzen aus einem jeweils bestimmten Affektbetrag (der eigentlichen energetischen Erregung) und den damit verbundenen Vorstellungsrepräsentanzen, die im Symbolisierungsprozess (siehe S. 100 f.) zu Begriffen und Gedanken werden. In dieser Weise sind auch Selbst- und Objektrepräsentanzen aufgebaut.

Empfohlene Literatur

Sigmund *Freud* (1915c): Triebe und Triebschicksale. GW X, 209–232.
Sigmund *Freud* (1920f): Jenseits des Lustprinzips. GW XIII, 1–69.
Heinz *Müller-Pozzi* (2008): Eine Triebtheorie für unsere Zeit. Bern: Huber.

Was ist ein Objekt?

Alle Menschen, Dinge oder auch Ideen, auf welche Triebstrebungen zum Zweck der Befriedigung gerichtet werden, heißen in der Psychoanalyse Objekt. Ursprünglich stammt das Konzept des Triebobjekts, an dem es zur Befriedigung und also zur lustvollen Aufhebung der Triebspannung kommen kann, von Freud. Als Korrelate des Triebes und der Gefühle regulieren die Objekte das Affektgeschehen: Triebspannung kann nicht anders als über Objekte abgebaut werden. Durch die Verschiebbarkeit der psychischen Energie kommt es zu einer immer neuen Objektbildung (die Brust, der Daumen, die Flasche, der Polster, der Teddy, die „ganze" Mutter ...). Freud nennt das Objekt das Variabelste am Trieb, wobei Wiederholungen bestimmter lustvoller Erfahrungen an ein und demselben Objekt zum Entstehen einer gewissen Objektkonstanz führen, d.h. etwa zu dem Bedürfnis, dass gewisse Triebwünsche immer von ein und derselben Person befriedigt werden.

In Entsprechung zu den verschiedenen Partialtrieben, die an die Sinne gebunden sind (Schauen, Riechen, Tasten, Halten usw.), gibt es auch Partialobjekte (etwa die Brust oder den Blick der Mutter). Auch die als gut oder böse erlebten befriedigenden bzw. frustrierenden Objekte sind Partialobjekte, die nicht eine ganze Person (z.B. die Mutter), sondern nur ihre Befriedigungsfunktion umfassen. Die Vereinigung dieser Partialobjektanteile zu ganzen Objekten gilt als entscheidender Entwicklungsschritt. Diese ganzen Objekte vereinen dann unterschiedliche Aspekte in sich, wobei die als befriedigend vorgestellten Anteile die frustrierenden überwiegen. Eine weitere Unterscheidung ist diejenige in innere (phantasierte) und äußere (reale) Objekte, wobei in der Perspektive der kleinianischen Schule (siehe S. 147–151) die inneren Objekte die Begegnung mit der Welt bestimmen. Innere Partialobjekte befördern eine fragmentierte Weltsicht und paranoid-schizoides Funktionieren, während ganze innere Objekte ein depressives Funktionieren und das Ertragen von Ambivalenz ermöglichen. Genauer wird dies im Kapitel über die Schule Melanie Kleins ausgeführt (siehe S. 147–151).

Für Jacques Lacan (siehe S. 156–162) steht das Objekt als Ziel der Wünsche dem Subjekt gegenüber. Das jeweilige Register (das imaginäre oder das symbolische) bestimmt die Qualität der Objekte: das „Objekt klein a" als narzisstisches Spiegelobjekt oder der „große Andere", der durch irreduzible Verschiedenheit gekennzeichnet ist.

Empfohlene Literatur

Sigmund *Freud* (1905c): Drei Abhandlungen zur Sexualtheorie. GW V, 27–145.
Sigmund *Freud* (1915c): Triebe und Triebschicksale. GW X, 209–232.

Das topisch-dynamische Modell der Psyche

Im Zuge seiner Arbeit an der „Traumdeutung“ sah Sigmund Freud sich vor die Aufgabe gestellt, die Psyche des „normalen“ Menschen zu beschreiben. Er entwickelte daher ein Modell, um die Psychologie der Traumvorgänge zu klären. Es enthielt alle wesentlichen Ideen zur Struktur der Psyche und beschrieb die dynamischen Verhältnisse zwischen den bewussten und den unbewussten psychischen Vorgängen: Freud dachte die Psyche als Triebverarbeitungs- und Triebunterdrückungsapparat im Dienste der Kultur und des Überlebens des Menschen in ihr.

Ausgangspunkt war der Reflexbogen[5], der darstellt, wie ein Reiz auf den Organismus trifft und wie die Erregung, die er erzeugt, direkt über die Motorik abgeführt wird (etwa wenn der Neurologenhammer die Patellarsehne trifft und umgehend ein Ausschlagen des Beines bewirkt).

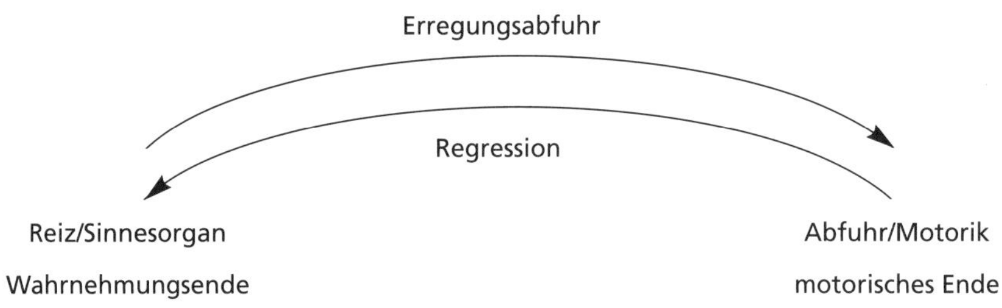

Abbildung 3: Der Reflexbogen

Die menschliche Psyche erscheint als komplexe Erweiterung dieser reflexhaften Abfuhr: Die Erregungsabläufe führen zu dauerhaften, hemmenden Spuren im Organismus. Diese bilden nach und nach die strukturierende Organisation des psychischen Apparats und ordnen zuletzt mittels formgebender Prozesse das menschliche Erleben. Die Psyche als ein zur „Erregungsverarbeitungsmaschine“ erweitertes Reflexsystem hemmt und verwandelt somit den jeweiligen Triebimpuls, der sich mit beliebigen Gedächtnisengrammen verbinden, sie „besetzen“ (siehe S. 78–80) und damit aktualisieren kann, wodurch jeweils Bedeutung entsteht.

Dadurch kann sich der Organismus statt durch direkte motorische Abfuhr durch einen relativ gleichmäßigen Strom bewusster und unbewusster Bedeutungsrepräsentanzen entlasten. Dies hat große psychohygienische und soziale

---

5 Als Reflexbogen wird jenes Schema bezeichnet, das den Verlauf einer Erregung vom Rezeptor (z. B. dem Sinnesorgan) über das Nervensystem zum abführenden Organ (z. B. dem Muskelsystem) beschreibt.

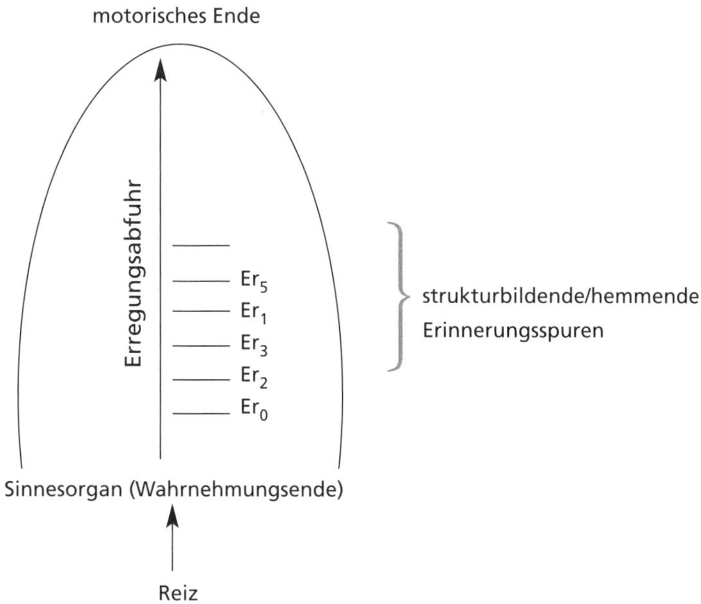

Abbildung 4: Der psychische Apparat

Bedeutung, und wo der Prozess gestört ist, wie unter traumatischen Bedingungen, können die auf die Psyche einstürmenden Reize nicht verarbeitet werden, sondern belasten vielmehr als „Fremdkörper" den Organismus und führen zu Symptombildungen.

Freud erkannte, dass Wahrnehmung und Gedächtnis getrennte Systeme sein müssen. Die Aufnahme der Sinnesreize lässt das sensible, d. h. aufnahmefähige Wahrnehmungsende des Organismus' (dort, wo die Reize über die Sinnesorgane Erregung auslösen) unverändert, der nachgeordnete Gedächtnisapparat jedoch wird durch die Erinnerungsengramme in seiner Struktur dauerhaft verändert. Er speichert die Wahrnehmungen, zwischen denen sich assoziative Beziehungen etablieren (nach zeitlicher Nähe, Ähnlichkeit usw.) (Freud, 1900a, 544). Im Zuge der Entwicklung differenzieren die Erinnerungsspuren den „Apparat" weiter, sodass sich unmittelbar vor dem motorischen Ende (von wo aus mittels Bewegung und Sprache die Erregungsabfuhr erfolgt) das Vorbewusste (Vbw) und, näher zum sensiblen Ende und zur Wahrnehmung hin, das Unbewusste (Ubw) bildet. Beide werden durch eine „Zensurschranke" voneinander getrennt. Ein unbewusster Inhalt kann sich nur über das Vorbewusste Zugang zum Bewusstsein (Bw) verschaffen und wird dabei in Form und Intensität verändert. So entsteht aus einer Erregung zuletzt ein Gedanke.

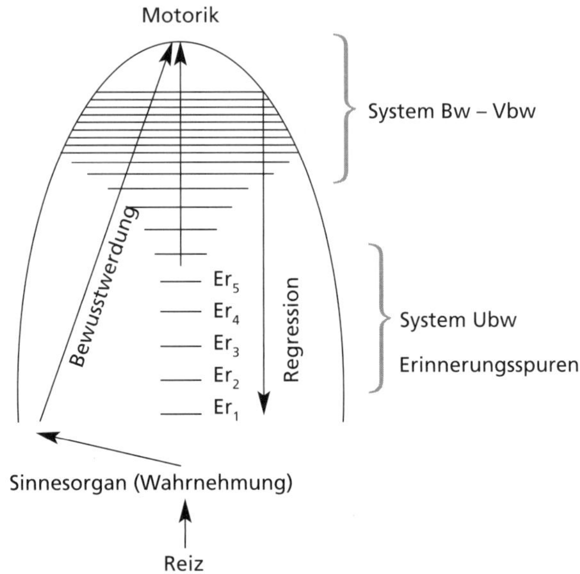

Abbildung 5: Die Systeme Bewusst – Vorbewusst (Bw – Vbw) und Unbewusst (Ubw)

Bei der Beschreibung der dynamischen Verhältnisse innerhalb dieses „Apparats" kam Freud auf das Phänomen der Regression (siehe S. 90 f.), das ihm half, zu verstehen, weshalb vor allem in Bildern geträumt wird. Durch den Schlafzustand ändern sich die Verhältnisse: Der Zugang zur Motilität und zum Bewusstsein ist versperrt und Abfuhr daher auf dem Weg der Motorik und über symbolische Repräsentanz (Wortsprache) nicht möglich (Sprechen im Schlaf und Somnambulismus sind seltene Ausnahmen). Dies zwingt die Erregung in einen anderen als den vom Reflex her bekannten Verlauf: Sie durchläuft den psychischen Apparat regressiv zurück in Richtung Wahrnehmungsende und wird über das Wahrnehmungssystem sinnlich, etwa als Bild aufgenommen. Im frühkindlichen Zustand fallen Wahrnehmungen und Erinnerungen (Repräsentanzen) noch zusammen. Das Kind halluziniert, weil die Realitätsprüfung, die zur Unterscheidung zwischen Halluzination und Wahrnehmung nötig ist, noch nicht ausgebildet ist. Innere und äußere Reize können noch nicht unterschieden werden; das Erleben ist unmittelbar. Diese infantilen Erlebnisweisen bleiben latent erhalten. Halluzinationen kommen daher unter besonderen Regressionsverhältnissen (in der Massendynamik, bei Krankheit, Angst usw.) auch bei Erwachsenen vor.

Jede Erregung erreicht zunächst das Unbewusste, hat den Drang, sich über das Vorbewusste den Weg zu Motilität zu bahnen und so Befriedigung durch reale oder symbolische Veränderung der Welt zu finden. Dieser Weg verlangt die

Berücksichtigung der Zensur und den Aufwand der Symbolbildung, der grammatikalischen Ordnung (welche die Sprache verlangt) und der Realitätsprüfung. Verläuft die Erregung jedoch, wie es beim Traum der Fall ist, zurück zum Wahrnehmungsende, kann dieser Aufwand eingespart werden. Der Weg über die sinnliche Wahrnehmung führt zur Wunscherfüllung ohne den Aufwand, den das Vorbewusste und die Realität fordern. Oft fällt die regressiv-sinnliche Wunscherfüllung auch mit unbewussten infantilen Wünschen zusammen; dann ist die Lust aus der Befriedigung besonders groß.

Das Unbewusste besteht aus Inhalten, die verdrängt und desymbolisiert sind, sowie aus Triebrepräsentanzen, die nie symbolisiert waren. Es ist gekennzeichnet durch das Lustprinzip und – da energetische Besetzungsverhältnisse (siehe S. 78–80) von hoher Beweglichkeit herrschen – durch Verschiebung, Verdichtung, die Koexistenz von Gegensätzen und das Nichtvorhandensein von Verneinung. Die Inhalte drängen ins Bewusstsein und nach Abfuhr, was aber nur über das Vorbewusste möglich ist, an dessen Grenze die Zensur wirksam ist.

Das Vorbewusste (siehe auch S. 81 f.) Durch seine Entstehung aus Erinnerungsspuren bzw. aus der Auseinandersetzung des kindlichen Organismus mit der geordneten Welt kann man das Vorbewusste auch das Reservoir der geordneten, symbolisierten Inhalte nennen, auch des kulturellen Erbes mit seinen Sprachen und seinem Formenschatz. Das Vorbewusste ist zugleich eine intermediäre Sphäre, wo der Formgebungsprozess vor sich geht, der Primärprozesshaftes in Sekundärprozesshaftes (siehe unten) verwandelt. Es kontrolliert die willkürliche Motorik und die Aufmerksamkeit. Die Inhalte des Vorbewussten sind bewusstseinsfähig und werden durch Umlenkung der Aufmerksamkeit zugänglich, wie

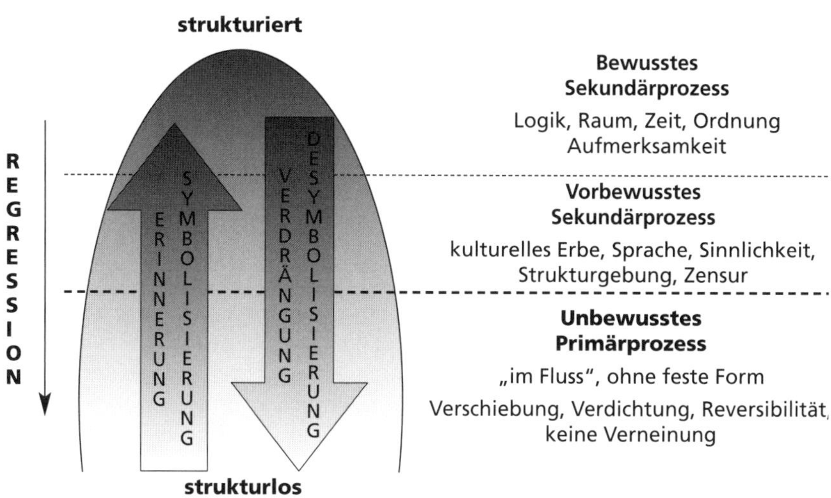

Abbildung 6: Dynamisches Modell des psychischen Apparats

man etwa eine Telefonnummer aus der Erinnerung abrufen kann, sobald man sie braucht. Die Bewusstseinsfähigkeit liegt in der Form, hauptsächlich in der sprachlichen Form. Die Bewusstwerdung eines Triebabkömmlings erfolgt durch komplexe Transformationsprozesse des Triebimpulses in eine denkbare, mentale Organisation, an deren Ende ein (sprachlich) symbolisierter Gedanke steht.

Primär- und Sekundärprozess Freud unterschied im psychischen Geschehen Primär- und Sekundärprozess. Der Primärprozess, der das Unbewusste bestimmt, kennt keine Ordnung; alles ist im Fluss. Im Vorbewussten dagegen herrschen gebundene Energie und festere Besetzungsverhältnisse (siehe unten), wodurch eben Form entsteht, die den Sekundärprozess bedingt. Als Bühne des Trieb-Abwehr-Konflikts obliegt es dem Vorbewussten auch, unbewusste Erinnerungsspuren und äußere Wahrnehmung miteinander zu vermitteln und zu verarbeiten, was eine ständige Restrukturierung des Vorbewussten bedeutet. Dabei findet ein Oszillieren zwischen einem mehr primärprozesshaften und einem mehr sekundärprozesshaften Funktionieren statt, was sich jeweils auch in der Qualität der Symbolbildungen, etwa der Sprache, niederschlägt und jeden kreativen Prozess bestimmt.

Empfohlene Literatur

Sigmund *Freud* (1900a): Die Traumdeutung. GW II/III.

Joseph *Sandler*, Alex *Holder*, Christopher *Dare*, Anna Ursula *Dreher* (2003): Freuds Modelle der Seele. Eine Einführung. Gießen: Psychosozial.

Psychische Energie und Besetzungsverhältnisse

Freud konzipierte eine psychische Energie als Grundlage des „ökonomischen" Aspekts der Metapsychologie. Als Besetzung bezeichnete er jenen Prozess, in dem ein Objekt mit psychischer Energie „aufgeladen" wird. Die gesamte Freud'sche Lehre von den psychischen Prozessen beruht auf der Idee von Besetzungsenergie und auf der Annahme, „dass der psychische Apparat die Tendenz hat, eine Stauung dieser Energie zu verhüten und die Gesamtsumme der Erregungen, die ihn belastet, möglichst niedrig zu halten" (Freud, 1926f, 302). Der Begriff Besetzung dient dazu, verschiedene psychische Mechanismen (etwa Symptombildung, Regression, Aufmerksamkeit, Schmerz) als Verschiebung von Quantitäten psychischer Energie zu erklären. Weiters dient das Konzept zur Erklärung der Bindung psychischer Energie an Triebrepräsentanzen und Vorstellungen. So braucht es etwa eine gewisse Quantität an energetischer Aufladung, eben „Besetzung", damit eine Idee in Erinnerung behalten werden kann. Auch die Bildung von Repräsentanzen und Objekten selbst ist letztlich die Konsequenz psychisch-energetischer Besetzung.

Freud ging von bestimmten energetischen Verhältnissen des Psychischen aus,

> „als gäbe es im Seelenleben – unentschieden ob im Ich oder im Es – eine verschiebbare Energie, die, an sich indifferent, zu einer qualitativ differenzierten erotischen oder destruktiven Regung hinzutreten und deren Gesamtbesetzung erhöhen kann. Ohne die Annahme einer solchen Energie kommen wir überhaupt nicht aus" (Freud, 1923b, 273).

Mentale Arbeit geht immer mit der Verschiebung, Bindung und Entbindung kleinerer und größerer Mengen von Besetzungsenergie einher. Primär- und Sekundärprozess unterscheiden sich vor allem durch unterschiedliche energetische Verhältnisse: Je formgebundener und näher dem Bewusstsein eine Vorstellung ist, umso intensiver ist ihre Besetzung durch (gebundene) psychische Energie. Im Vorbewussten existiert mehr gebundene Besetzungsenergie, das Unbewusste hingegen wird von frei beweglicher Energie beherrscht, woraus die leichtere Verschiebbarkeit im Primärprozess (siehe S. 78) resultiert. Wenn daher einer Vorstellung die vorbewusste Besetzungsenergie entzogen wird, wird sie leichter durch ungebundene Energie aus dem Unbewussten besetzt, die nach unmittelbarer Abfuhr strebt, was dann in der Regel den Abwehrkonflikt (siehe S. 91–95) verstärkt. Die Besetzungsverhältnisse bestimmen auch die Bindung und Entbindung von destruktiven Strebungen (Aggression), sodass der Entzug von sekundärprozesshafter Energie leicht Aggression freisetzt. Im Vorbewussten werden bestimmte Gedanken mit kleinen Mengen von Besetzungsenergie verstärkt und durch die Verschiebung derselben wieder andere Gedanken intensiviert. Die alltägliche Verarbeitung der inneren und äußeren Reize erfolgt so mittels ständiger Veränderung der psychischen Besetzungen.

Freud unterschied auch sexualisierte und desexualisierte (narzisstische) Besetzungsenergie. Der entscheidende Unterschied besteht in der Abfuhrhemmung: Während sexuelle Strebungen auf unmittelbare Entladung drängen, ist dies bei narzisstischer Energie nicht der Fall. Daher schien es Freud

> „plausibel, dass diese wohl im Ich und im Es tätige, verschiebbare und indifferente Energie dem narzisstischen Libidovorrat entstammt, also desexualisierter Eros ist. Die erotischen Triebe erscheinen uns ja überhaupt plastischer, ablenkbarer und verschiebbarer als die Destruktionstriebe. Dann kann man ohne Zwang fortsetzen, dass diese verschiebbare Libido im Dienst des Lustprinzips arbeitet, um Stauungen zu vermeiden und Abfuhr zu erleichtern. Dabei ist eine gewisse Gleichgültigkeit, auf welchem Wege die Abfuhr geschieht, wenn sie nur überhaupt geschieht, unverkennbar" (Freud, 1923b, 273).

Freud nannte dies charakteristisch für die Besetzungsvorgänge im Es (siehe S. 95) und führte die Übertragung (siehe S. 103 f.) als ein offensichtliches Beispiel dafür an.

Empfohlene Literatur

Sigmund *Freud* (1923b): Das Ich und das Es. GW XIII, 235–289.
Sigmund *Freud* (1926f): Psycho-Analysis. GW XIV, 297–307.

Was ist unbewusst?

Freud unterschied zwei Arten von „unbewusst": Im deskriptiven Sinn unbewusst ist all das, was uns aktuell nicht präsent ist; im topischen Sinn (nach dem topischen Modell) und im dynamischen Sinn (als Resultat innerpsychischer Konflikte) ist unbewusst, was durch Verdrängung aus dem „System Vorbewußt-Bewußt" (Freud, 1900a; siehe S. 75 f.) (ins System Unbewusst) verbannt ist. Wenn wir etwas nicht wissen oder uns nicht daran erinnern, kann das der Fall sein, weil der Inhalt ins Unbewusste verdrängt wurde und dabei seine Form verloren hat. Dieses Vergessene ist dann topisch *und* dynamisch unbewusst und muss im Erinnern neu symbolisiert werden. Es gibt aber auch ein Vergessen, dem keine Desymbolisierung zugrunde liegt, sondern lediglich ein Besetzungsentzug. Sobald wir in diesem Fall die Aufmerksamkeit auf den Inhalt richten – manchmal dauert das auch länger –, wird er wieder bewusst (etwa der Name einer Kindheitsfreundin).

Das Aufkommen einer Triebspannung führt im Unbewussten zur Besetzung der Erinnerungsspuren der entsprechenden Befriedigungserlebnisse und damit zu dem Wunsch, diese Befriedigung wiederherzustellen. Das Unbewusste kann daher als „Wunschproduktionsmaschine" verstanden werden. Da es sich im Unbewussten vor allem um frühe, präödipale, auch vorsprachliche infantile Inhalte handelt, herrscht das Lustprinzip und es fehlen Strukturen von Raum, Zeit und Logik.

Aufgrund der äußerst beweglichen Besetzungsverhältnisse können viele Erinnerungsspuren auch gleichzeitig besetzt werden, sobald die direkte Wunscherfüllung versperrt ist. Dies erfolgt nach dem Primärprozess und weist daher folgende Merkmale auf:

- Verschiebung: Übergehen der Triebbesetzung von einem Inhalt (einer Erinnerungsspur) auf einen anderen, sodass auch ein Teil für das Ganze stehen kann und umgekehrt;
- Verdichtung: Zusammenfügen mehrerer besetzter Inhalte zu einem einzigen.

Charakteristisch ist weiterhin das Fehlen eines Realitätszeichens, sodass Phantasie und Realität, innen und außen nicht unterschieden werden, ebenso wenig wie Worte und Dinge. Es gibt auch keine Negation, kein „Nein" oder „Nicht". Für das Unbewusste etwa gilt kein Verbot, sondern nur der Inhalt des Verbotenen, weshalb ein Verbot stets den Wunsch nach dem Verbotenen evoziert.

Empfohlene Literatur

Sigmund *Freud* (1915e): Das Unbewusste. GW X, 263–303.

Das Vorbewusste

Nicht alles, was uns nicht bewusst ist, gehört auch dem System Unbewusst, also dem Unbewussten im topischen Sinne an. Durch die Zensurschranke deutlich vom System Unbewusst getrennt und vom Sekundärprozess (siehe S. 78) bestimmt, unterscheidet sich das unbewusste Funktionieren des Vorbewussten grundlegend von jenem des Systems Unbewusst. Außerdem besteht ein Kontinuum zum Bewusstsein und zur Motorik, weshalb auch vom System Vorbewusst-Bewusst (Vbw-Bw) gesprochen wird.

Das Vorbewusste entsteht während der Kindheit im Konflikt zwischen Triebimpulsen und den Anforderungen der Realität und befindet sich lebenslang in Umbildung, wenngleich in der frühen Kindheit mit Kultur- und Spracherwerb die Grundstruktur gelegt wird.

Unbewusstes Denken (im deskriptiven Sinn) ist in der Regel Denken im Vorbewussten, das permanent vor sich geht und nicht bewusst werden muss. Das Vorbewusste steht weitgehend unter der Herrschaft des Realitätsprinzips, folgt dem Sekundärvorgang, und Inhalte und Gefühlsregungen werden permanent auf Kulturverträglichkeit abgetastet, zensiert, umgeformt und ihr Zugang zum Bewusstsein kontrolliert. Im Vorbewussten lagert auch das kulturelle und persönliche Erbe von Erinnerungskomplexen, Fertigkeiten, ästhetischen Gestalten, Problemlösungen, Wissen und Ordnungsformen. Das Vorbewusste bindet psychische Energie, wodurch es auch als Schild gegen das Vordringen der beweglichen Triebenergie aus dem Unbewussten wirkt. Die Libidobesetzung von Vorstellungen und ihre Verknüpfung mit der Sprache sind Grundlage aller Symbolisierungsprozesse im Vorbewussten.

Im Vorbewussten sind auch die Abwehrmechanismen wirksam; durch die gelungene Verdrängung etwa erfolgt die Affektregulierung. Verschiedene Abwehrmechanismen modifizieren den Triebwunsch, sodass er in veränderter Form bewusst werden kann; auch das Symptom ist die veränderte Form eines Triebwunsches. Schließlich ist das Vorbewusste entscheidend für Sublimierungen und für die Gestaltung von Phantasien. Jeder schöpferische Akt, jede kreative Hervorbringung ist auch ein Niederschlag der Struktur des Vorbewussten.

Nach dem Strukturmodell sind vor allem Ich- und Über-Ich-Inhalte vorbewusst.

Die psychoanalytische Kur ist demgemäß vor allem Arbeit am Vorbewussten, indem die assoziativ ins Vorbewusste gelangten Repräsentanzen immer wieder neu in Form gebracht und sprachlich symbolisiert werden, bis sie bewusst gedacht werden können.

Empfohlene Literatur

Kurt R. *Eissler* (1974): Zur Metapsychologie des Vorbewußten. Psyche 28, 591–983.

Sigmund *Freud* (1900a): Die Traumdeutung, Kap. 7. GW II/III.

Sigmund *Freud* (1912g): Einige Bemerkungen über den Begriff des Unbewußten in der Psychoanalyse. GW VIII, 429–439.

Die Verdrängung

Auch der Begriff der Verdrängung wird von Freud später in zwei Bedeutungen verwendet: einerseits als Synonym für Abwehr allgemein und andererseits als spezifischer neurotischer Abwehrmechanismus (siehe S. 91–95) des Unbewusstmachens von Triebwünschen, der vor allem die Hysterie charakterisiert.

An der Verdrängung als Maßnahme des Unbewusstmachens hängt Freuds Lehre vom Unbewussten und somit die Psychoanalyse überhaupt. Erste Formulierungen dieses Konzepts reichen bis 1894 zurück (Freud, 1894a). Damals beschäftigte ihn bereits der Spaltungsvorgang, der die Verdrängung charakterisiert. Diese Form von Spaltung ist ein notwendiger Bestandteil jeder Abwehr und damit Bedingung des menschlichen Lebens als Verlust von Unmittelbarkeit und Zerfall der Psyche in einen bewussten und einen unbewussten Anteil. Von nun an sind alle späteren Abwehrmechanismen von einer Ich-Spaltung begleitet. Im Grunde ist diese Spaltung eine zwischen dem Einzelnen und den Anforderungen der Kultur. Die Verdrängung ist nämlich eine direkte Konsequenz der kulturellen Einschränkung der menschlichen Triebhaftigkeit bzw. Sexualität und in der Folge die Entstehungsbedingung des Systems Vorbewusst-Bewusst, ebenso wie die Entstehungsbedingung des Ichs, dessen Integrität an das Funktionieren der Verdrängung gebunden ist. Wir können somit zwei Arten der Verdrängung unterscheiden: die alltäglich-normale, unvermeidliche, und eine neurotische, die zusätzlich einschränkt und zur Symptombildung führt. Streng genommen könnte man überhaupt zweifeln, ob eine gänzlich nichtneurotische Existenz in komplexen, entfremdeten Gesellschaften möglich sei. Gebote, Verbote und Widersprüche überfordern die Menschen tendenziell.

Jedenfalls ist Verdrängung ein notwendiger menschlicher Vorgang, der uns im Alltag funktionstüchtig hält. Viele komplexe Bewegungsabläufe etwa gelingen, ohne dass wir uns ihrer bewusst sind, während es uns nicht oder nur schwer möglich ist, sie absichtlich bewusst herzustellen. Mit den Details der Lernschritte dieser Abläufe haben wir auch die Mühen und Schmerzen des Lernens verdrängt. Entsprechendes gilt für weite Teile unserer Sozialisationsgeschichte, vor allem für die Nöte des Ödipuskomplexes (siehe S. 86–88). Triebstrebungen sind Arbeitsanforderungen an das Vorbewusste bzw. an das Ich, dessen Funktionen von einem Übermaß solcher Anforderungen (und/oder durch besondere Schwächung) außer Kraft gesetzt werden können, sodass das Subjekt die Kontrolle über sich verliert. In Freuds Metapher: Der Reiter (das System Vorbewusst-Bewusst bzw. das Ich) bändigt das Ross (Sexualität bzw. Triebe) nicht mehr oder wird gar abgeworfen. In der Regel wird nicht so sehr die Verdrängung selbst als vielmehr ihr Misslingen, werden die Wiederkehr des Verdrängten und die nachfolgenden Abwehrmanöver zum pathogenen Faktor. Häufig gelingt es auch nicht, den bedrohlichen Inhalt mittels einfacher Verdrängung vom Bewusstsein fernzuhalten, weshalb sekundäre Abwehrmechanismen hinzukommen müssen, beispielsweise die (in der Zwangsneurose verbreitete) Reaktionsbildung. Dann genügt es nicht, etwa die Wut auf die Autorität zu verdrängen; sie muss auch noch in ihr Gegenteil verkehrt werden, sodass der Autorität besonders liebedienerisch begegnet wird.

Die Verdrängung im engeren Sinn, die typisch ist für die Hysterie, setzt eine relativ hoch entwickelte, differenzierte psychische Strukturierung voraus, die in der Regel die Zensur unbewusster Triebstrebungen aufrecht hält, außer in bestimmten eingeschränkten neurotischen Bereichen – etwa wenn man immer mit den gleichen, nach der Ähnlichkeit mit einem Elternteil gewählten Menschentypen Beziehungen eingeht, weil die unbewussten Triebstrebungen sich „hinterrücks" in Ersatzbildungen durchsetzen. Doch lassen wir Freud selbst zu Wort kommen:

> „Vielleicht darf ich Ihnen den Vorgang der Verdrängung und deren notwendige Beziehung zum Widerstand durch ein grobes Gleichnis veranschaulichen, das ich gerade aus unserer gegenwärtigen Situation herausgreifen will. Nehmen Sie an, hier in diesem Saale und in diesem Auditorium, dessen musterhafte Ruhe und Aufmerksamkeit ich nicht genug zu preisen weiß, befände sich doch ein Individuum, welches sich störend benimmt und durch sein ungezogenes Lachen, Schwätzen, Scharren mit den Füßen meine Aufmerksamkeit von meiner Aufgabe abzieht. Ich erkläre, dass ich so nicht weiter vortragen kann, und daraufhin erheben sich einige kräftige Männer unter Ihnen und setzen den Störenfried nach kurzem Kampfe vor die Tür. Er ist also jetzt ‚verdrängt' und ich kann meinen Vortrag fortsetzen. Damit aber die Störung sich nicht wiederhole, wenn der Herausgeworfene versucht, wieder in den Saal einzudringen, rücken die Herren, welche meinen Willen zur Ausführung gebracht haben, ihre Stühle an die Wand an und etablieren sich so als ‚Widerstand' nach vollzogener Verdrängung. Wenn Sie nun noch die beiden Lokali-

täten hier als das ‚Bewußtsein' und das ‚Unbewußte' aufs Psychische übertragen, so haben Sie eine ziemlich gute Nachbildung des Vorgangs der Verdrängung vor sich." (Freud, 1910a, 12)

Empfohlene Literatur

Sigmund *Freud* (1915d): Die Verdrängung. GW X, 247–261.

Sexualität

In der Psychoanalyse wird einerseits

> „die Sexualität aus ihren allzu engen Beziehungen zu den Genitalien gelöst und als eine umfassendere, nach Lust strebende Körperfunktion hingestellt, welche erst sekundär in den Dienst der Fortpflanzung tritt; zweitens werden zu den sexuellen Regungen alle die bloß zärtlichen und freundschaftlichen gerechnet, für welche unser Sprachgebrauch das vieldeutige Wort ‚Liebe' verwendet" (Freud, 1925b, 63).

Die Sexualität war vor Freud als biologische Kraft gefasst worden, welche sich erst im Zuge der Pubertät einstelle. Der Bruch mit dem Tabu der kindlichen Sexualität hatte es ermöglicht, sie als elementare psychische Triebkraft, als Streben nach umfassendem Lustgewinn aus Körperfunktionen zu fassen. Im sinnlichen Kontakt mit der primären Pflegeperson entsteht Sexualität. Freud nahm das „Ludeln", das Wonnesaugen des Säuglings, welches ganz unabhängig vom Zweck der Nahrungsaufnahme auftritt, als eine typische frühkindliche Sexualäußerung. Die körperliche Entwicklung sah er begleitet und bestimmt von einer psychosexuellen Entwicklung, die sich zunächst an gewissen leitenden Körperzonen ausrichtet (und dann „oral", „anal" usw. genannt wird), die schließlich aber auch auf eine nichtkörperliche Befriedigung hin orientiert werden kann und soll. Diese Ablenkung sexueller Energie auf nichtsexuelle, vor allem kulturelle Ziele nannte Freud Sublimierung (siehe S. 102 f.). An die Stelle der Mutterbrust etwa treten in der Folge durch Verschiebung und Halluzination bzw. Phantasie alle weiteren Objekte, an denen sexuelle Befriedigung gefunden werden kann, und aufgrund der großen „Beweglichkeit" des Triebes kann letztlich alles zu einem Sexualobjekt werden, an dem Befriedigung gesucht wird – ein Mensch, ein Tier, ein Stöckelschuh oder eine Idee.

Die Veränderungen des ursprünglichen Triebimpulses während des Zur-Abfuhr-Drängens und der dabei stattfindenden Abwehr- und Verarbeitungsprozesse (Sublimierung) sind die jeweiligen „Triebschicksale", die die Art der Befriedigung bestimmen. Sexualität als absolut egoistischer Triebanspruch ist prinzipiell

„asozial" und steht in antagonistischem Verhältnis sowohl zur Kultur, die gewissermaßen menschheitsgeschichtlich die Triebschicksale in eine sozial verträgliche Form bringt, als auch zu den jeweils individuellen Einschränkungen durch gesellschaftliche Sozialisierungsinstanzen (Eltern etc.) oder zum eigenen Gewissen. Derart sind Sexualität und Kultur gleichermaßen konflikthaft definiert.

Freud ging von einer bei allen Menschen angelegten Bisexualität aus und vermutete, „[d]er Kern des Unbewußten, das Verdrängte, sei also bei jedem Menschen das in ihm vorhandene Gegengeschlechtliche. [...] Beim Manne ist das unbewußte Verdrängte auf weibliche Triebregungen zurückzuführen; umgekehrt so beim Weibe" (Freud, 1919c, 222). In diesem Sinn sah er auch den Ödipuskomplex aktiv und passiv angelegt, entsprechend ist Homosexualität ein Potenzial, das in der konstitutionellen Bisexualität des Menschen angelegt ist, und zumindest unbewusst haben alle Menschen gleichgeschlechtlich-sexuelle Wünsche. Die mentale Aufrichtung und Integration der Geschlechterdifferenz ist eine zentrale Aufgabe des Ödipuskomplexes, der bekanntlich beide Geschlechter involviert. Durch ihn erfährt die infantile Sexualität eine fundamentale Reorganisation.

Homosexualität kann mit und ohne adäquate Integration der Geschlechterdifferenz auftreten, also bei „normaler", neurotischer, perverser oder psychotischer Struktur. Sie ist diagnostisch daher nur ein Merkmal unter anderen. Was sich als Homosexualität manifestiert, ist Resultat einer hochkomplexen psychosexuellen Entwicklung und kann unzählige Bedeutungen haben. Die sexuellen Vorlieben, Aversionen und Gewohnheiten sind für die Psychoanalyse in jedem Fall nur in ihrer subjektiven historischen Bedingtheit zu verstehen. Manifeste Heterosexualität sagt daher kaum etwas über die Qualität der Beziehung und hindert das Individuum keineswegs an ausgiebigen bewussten und/oder unbewussten homosexuellen Neigungen.

Der von Freud geprägte Begriff der zweizeitigen Entwicklung der menschlichen Sexualität bedeutet, dass diese nach der ersten frühkindlichen Blüte durch eine Latenzphase eingedämmt wird, um dann in der Pubertät einen zweiten Entwicklungsschub zu erfahren. Dies dient der Verdrängung und ist für die Komplexität des Sexuellen ebenso verantwortlich wie für die Neuroseanfälligkeit und die Kulturleistungen des Menschen.

Empfohlene Literatur

Sigmund *Freud* (1905c): Drei Abhandlungen zur Sexualtheorie. GW V, 27–145.

Sigmund *Freud* (1916–17a): Vorlesungen zur Einführung in die Psychoanalyse, XX. Vorlesung: Das menschliche Sexualleben. GW XI, 300–315.

Der Ödipuskomplex

Der Kernkonflikt der menschlichen Entwicklung umfasst alle Aspekte der Beziehungen, die einen Menschen mit seinen Eltern verbinden. Am Ödipusmythos entwickelte Freud gleichnishaft die zentrale Entwicklungskrise jedes Menschenkindes.

Die Geschichte des König Ödipus Ödipus' Eltern waren König Laios von Theben, der den Jüngling Chrysippios in homosexueller Absicht entführt hatte, und seine Frau Jokaste, die Laios betrunken gemacht hatte, um von ihm schwanger zu werden. Ein Orakelspruch, wonach Ödipus seinen Vater töten und seine Mutter sexuell besitzen würde, war die Folge eines strafenden Fluchs. Aufgrund dieses Orakelspruchs wird Ödipus früh ausgesetzt, dann gerettet und wächst schließlich am Hof von Korinth als Thronerbe auf. Gerüchte und Konflikte, in denen er unter Gleichaltrigen seinen narzisstischen Allmachtsanspruch nicht zügeln will, führen den Jüngling zum Orakel, das den früheren Spruch wiederholt. Um seinem schrecklichen Schicksal zu entgehen, flieht Ödipus. Unterwegs tötet er an einer Wegkreuzung einen alten Mann, Laios, und realisiert damit unwissentlich den Vatermord. Danach löst er das Rätsel der Sphinx: Welches Tier geht am Morgen auf vier, mittags auf zwei und abends auf drei Beinen? Es ist der Mensch, der als Kind auf allen Vieren, als Mann auf zwei Beinen und als Greis mit Stock unterwegs ist. Dieses Rätsel handelt von der Geschlechterdifferenz, der Generationendifferenz und der Endlichkeit des menschlichen Lebens. Ödipus bannt dadurch den Fluch, der auf der Stadt Theben gelegen hatte, was ihm den Thron und das Bett der Königin einträgt. Dadurch ist nun auch der angekündigte Inzest vollzogen. Als Jahre später Theben von der Pest heimgesucht wird, kommen durch Ödipus' eigene Anstrengungen seine (ihm nicht bewussten) Verbrechen ans Licht. Entsetzt findet er seine Gattin und Mutter erhängt und blendet sich mit der Spange ihres Kleides – eine Kastration, die wohl gleichermaßen Strafe und Ungeschehenmachen der Verführung bedeutet. Zuletzt irrt er als Verbannter in der Fremde umher.

Freud betonte, dass in der Phantasie jeder Sohn seine Mutter begehrt und den Vater als Rivalen aus dem Weg schaffen will. Hauptsächlich aus Gründen körperlichen Unvermögens realisiert er dies nicht. Der Ödipusmythos zeigt, was dem droht, der die elementaren Kulturgrenzen real missachtet und überschreitet: nachträgliche Kastration und Verstoßung aus der Gesellschaft.

Im Zentrum der ödipalen Entwicklungskrise stehen das Inzesttabu und die Kastrationsdrohung.[6] Zentral ist das Konzept des Inzestverbots, das unter bestimmten Verwandtschaftsverhältnissen sexuelle Beziehungen untersagt, wobei Verwandtschaft nicht biologisch zu fassen, sondern als kulturelles Konzept zu

---

[6] Das Titelbild dieses Buches zeigt einen narzisstisch aufgeblähten Ödipus, der im Triumph über die Sphinx noch nicht ahnt, welche Leiden die ödipalen Grenzüberschreitungen über ihn bringen werden.

verstehen ist. Das zeigt sich auch daran, dass unterschiedliche Gesellschaften sehr Verschiedenes darunter verstehen. Vor allem geht es um das Verbot der sexuellen Vereinigung mit der Mutter (bzw. mit den Primärobjekten) als ursprüngliche Kulturgrenze, die eben an den intimsten körperlichen Strebungen ansetzt und dadurch die Beschränkung unmittelbar sinnlich erlebbar macht.

Der Ödipuskomplex, wie ihn der Mythos darstellt, ist auch eine Vereinfachung: Tatsächlich ist das Kind an beide Eltern in ambivalenter Weise durch Liebe und Hass gebunden. Freud nennt die Liebe zum gegengeschlechtlichen und die Rivalität mit dem gleichgeschlechtlichen Elternteil den „positiven", die Liebe zum gleichgeschlechtlichen und die Rivalität mit dem gegengeschlechtlichen Elternteil den „negativen" Ödipuskomplex. Ausgearbeitet hat er nur den Ödipuskomplex des heterosexuellen Mannes. Die ödipale Entwicklung der Frauen und die homosexuelle Lösung blieben lange wenig beachtet. Dies hing auch mit der unzureichenden Beachtung der präödipalen Entwicklung zusammen. In seiner späten Arbeit „Über die weibliche Sexualität" (Freud, 1931b) versuchte Freud, der Bedeutung der frühen Mutterbindung Rechnung zu tragen, gab aber zu, den „dark continent" der Weiblichkeit nicht erfassen zu können und dafür auf die Frauen der Psychoanalyse zu hoffen. Tatsächlich waren es vor allem Psychoanalytikerinnen, die schließlich die komplexen Verhältnisse der ödipalen Entwicklung des Mädchens untersuchten.

Der Kastrationskomplex Dieser ist eng an das Luststreben geknüpft und macht die ödipale Konstellation zu einem mächtigen existenziellen Konflikt. Für das Kind steht die Befriedigung der gewaltigen Triebstrebungen bzw. Befriedigung überhaupt auf dem Spiel, was vitale Ängste hervorruft. Unter der Kastrationsdrohung sollte sich der Knabe ja auch den elterlichen bzw. kulturellen Geboten, vor allem dem Inzesttabu unterwerfen. Dies galt – im wörtlichen Sinn verstanden – allerdings als schwaches Argument und war auf das Mädchen schwer zu beziehen. Tatsächlich jedoch ist die Angst um die körperliche Integrität natürlich eine wichtige Größe in den Auseinandersetzungen mit den Eltern, und der Verzicht auf das inzestuöse Objekt ist dabei für Mädchen *und* Jungen zentral.

Insgesamt wird Kastration heute breiter verstanden; man spricht etwa von „analer Kastration", die entscheidende Beschränkungen körperlicher und aggressiver Allmachtsvorstellungen während der analen Phase beschreibt, oder allgemein von „symbolischer Kastration". Auch die transgenerationale Komponente wurde untersucht, dass nämlich die unbewussten ödipalen Konfliktreste der Eltern im Umgang mit dem Kind wiederbelebt werden und den Verlauf des kindlichen ödipalen Konfliktgeschehens mitbestimmen. Nicht zufällig ist der für Ödipus verhängnisvolle Orakelspruch ursprünglich eine Strafe für die Grenzüberschreitung seines Vaters, der einen Jüngling homosexuell verführt hatte.

Der Untergang des Ödipuskomplexes konstituiert – auf der Grundlage weitgehender Verdrängung der ambivalenten Gefühle den Eltern gegenüber – endgültig das Inzestverbot, determiniert die Wahl des Liebesobjektes, ebnet den Weg zur Genitalität und bestimmt das Verhältnis zum Gesetz bzw. die Qualität des Über-Ichs.

Melanie Klein (siehe S. 147–151) hat den Ödipuskomplex im ersten Lebensjahr angesiedelt, weshalb das Phantasiegeschehen in diesem Konzept noch größere Bedeutung hat und sehr archaische Züge trägt. Für sie ist der Ödipuskomplex mit dem Kampf um das Erreichen der depressiven Position (siehe S. 148) im Sinne der Integration guter und böser Objektanteile eng verbunden.

Jacques Lacan (siehe S. 156–162) beschrieb drei Stufen des Ödipuskomplexes: vom Gewahrwerden eines anderen von der Mutter begehrten Objekts (zumeist der Vater), das als imaginärer Phallus (ein phantastisches, allmächtiges Organ bzw. der „Signifikant des Wunsches" schlechthin) erscheint und dem das Kind nun zu gleichen sucht, über die einschränkenden Funktionen des Vaters und des Inzesttabus bis zur Auseinandersetzung mit dem realen Vater, die die Illusion zerstört, der Phallus der Mutter zu sein. Der andere als Autoritätsfigur, die das Gesetz der symbolischen Ordnung repräsentiert und durchsetzt, steht dabei im Zentrum.

Die Universalität des Ödipuskomplexes ist breit diskutiert worden. Die durch ihn etablierte trianguläre Struktur, die das Kind aus der (narzisstischen) Verstrickung mit der Mutter löst, gilt als Organisator der Persönlichkeit; so wird auch jeder Psychopathologie ein „typischer" Verlauf des Ödipuskomplexes als Störungsbedingung zugeordnet. Der Ödipuskomplex gilt aber auch als allgemeine Kulturbedingung. Schon der Urhordenmythos („Totem und Tabu"; siehe S. 296) hat ja eine allgemeine kulturelle Strukturierungsdynamik postuliert, und Untersuchungen ödipaler Verhältnisse in anderen Kulturen wurden ein beliebtes anthropologisches Forschungsfeld.

Empfohlene Literatur

Lilli *Gast*, Jürgen *Körner* (Hg.) (1999): Psychoanalytische Anthropologie II. Ödipales Denken in der Psychoanalyse. Tübingen: Edition Diskord, 164–187.
André *Green* (1990): Der Kastrationskomplex. Tübingen: Edition Diskord, 1996.
Melanie *Klein* (1928): Frühstadien des Ödipuskomplexes. GS I/1, 287–309.

Angst

Angst ist ein ubiquitäres menschliches Phänomen; in der Psychoanalyse wurde sie besonders im klinischen Zusammenhang relevant, jedoch theoretisch schwer fassbar, sodass Freud seine Theorie der Angst mehrmals revidierte.

In seiner ersten Angsttheorie nahm er an, dass (infolge Verdrängung) nicht abgeführte Sexualität, die zu übergroßer Erregung führt, in Angst umgewandelt würde, um sich so einen Weg nach außen zu bahnen. Zugleich sah er eine enge Verbindung zwischen reaktiver Angst vor äußerer Gefahr und Angst durch Triebgefahr. Schließlich unterschied er zwischen „automatischer" Angst bei traumatischer Reizüberflutung und drohender Hilflosigkeit einerseits und „Signalangst" andererseits, mit der die Psyche auf eine drohende traumatische Gefahr reagiere und die gewissermaßen einen Fluchtimpuls auslöse. Nach dieser Theorie (Freud, 1926d) werden auch bestimmte „verbotene" Vorstellungen und Verhaltensweisen als Gefahrensituationen erlebt. Angst wird dann (durch das Über-Ich) zum Signal der Gefahr und damit zum Auslöser der Verdrängung. Gelingt Letztere, sind die verpönten Inhalte aus dem Bewusstsein verbannt, und die Angst ist getilgt. Das ist gewissermaßen auch eine Versicherung, dass man keine Angst zu haben braucht. Ist jedoch die Verdrängung nicht erfolgreich, wird das Angstsignal immer heftiger, und in der Folge sind immer stärkere sekundäre Abwehrmechanismen vonnöten, um den Angstaffekt zu bannen. Anderenfalls kommt es zu regelrechten Angstattacken. Das Angstsignal verstärkt sich also, wenn es nicht zum gewünschten Erfolg führt. Dazu kommt im Wiederholungsfall noch die Angst vor der drohenden Angstattacke, und es können Verstärkungskreisläufe und Regressionsprozesse in Gang gesetzt werden. Dies kann Panikzustände herbeiführen, die den Sekundärprozess außer Kraft setzen und nur entweder motorische Abfuhr (Massenpanik) oder ihr Gegenteil, Erstarrung, zulassen.

Mit der Angstneurose (siehe S. 224 f.) wurde ein eigener pathologischer Komplex definiert, bei dem die Angst (und die Angst vor der Angst) im Mittelpunkt steht. Eine Person mit Tierphobie etwa verspürt nicht nur Angst, wenn ihr ein bestimmtes Tier begegnet, sondern empfindet sie auch schon auf der Straße, wenn sie (unbewusst) denkt, dieses Tier könnte kommen, und wenn sie sich vor dem drohenden Angstanfall fürchtet.

In vielen Alltagssituationen ist die Verleugnung von Angst habituell und Bedingung eines bestimmten „normalen" Verhaltens. Charakteristisch ist etwa die Verleugnung der eigenen Sterblichkeit. Aber viele Gefahren sind so ubiquitär, dass wir ihre Bedeutung aus dem Bewusstsein ausschließen und dann keine Angst spüren. Deshalb würde es etwa als „auffällig" erscheinen, wenn jemand dauerhaft Angst hätte, durch einen Atomreaktor innerhalb der 100-Meilen-Zone seines Wohnorts Schaden zu nehmen, obgleich es sich um eine reale Gefahr handelt.

Melanie Klein (siehe S. 147–151) machte die Angst zum zentralen Topos ihrer Theorie. Sie widmete den sie begleitenden Phantasien vor allem in frühen Angstsituationen große Aufmerksamkeit. Bei kleinen Kindern beobachtete sie, wie destruktiven Regungen heftige Schuld und Selbstvorwürfe folgten und sah in der Angst letztlich eine Reaktion auf den Wunsch, den mütterlichen Körper aggressiv anzugreifen bzw. zu zerstören. Wenn sich dies verstärkt und nicht überwunden werden kann, bleiben psychotische Ängste bestehen aufgrund der Phantasien, die zerstörten Objekte könnten sich gegen das Kind wenden. Die Überwindung dieser Zerstörungszirkel wird zur Quelle aller wiedergutmachenden Tendenzen. Letztlich sieht Melanie Klein daher in frühen Ängsten einen Entwicklungskatalysator für Symbolisierung, Wiedergutmachung und Kreativität. Mit dem Erreichen der depressiven Position (siehe S. 148) weichen dann die Zerstückelungs- und Vernichtungsängste solchen vor Beschädigung und Verlust des geliebten Objekts.

Nach Lacan (siehe S. 156–162) steht die Angst im Zusammenhang mit dem (imaginären) Objekt des Begehrens („Objekt klein a"). Während das Begehren die Reaktion auf einen Mangel bedeutet, signalisiert Angst gerade das Schwinden des Mangels, was einem Verschlungenwerden durch einen Mangel an Getrenntheit gleichkommt. Symbolisierung ist dann nicht möglich, weshalb Lacan auch im direkten Ausagieren („Passage à l'acte") die letzte Befreiungsmöglichkeit sieht, wenn also der Angstaffekt direkt motorisch umgesetzt wird.

Empfohlene Literatur

Sigmund *Freud* (1926d): Hemmung Symptom und Angst. GW XIV, 111–205.
Melanie *Klein* (1945): Der Ödipuskomplex im Lichte früher Angstsituationen. GS I/2, 361–431.
Guido *Meyer* (2005): Konzepte der Angst in der Psychoanalyse I: 1895–1950. Frankfurt am Main: Brandes & Apsel.

Regression

Die Regression bezeichnet ein „Zurück" in einer fortschreitenden Entwicklung. Freud unterschied zwischen zeitlicher, formal-struktureller und topischer Regression: zeitlich zu einem genetisch früheren Stadium, formal-strukturell von einem komplexeren zu einem weniger komplexen bzw. von einem differenzierteren zu einem weniger differenzierten Zustand. Die topische Regression bezieht sich auf Freuds topisch-dynamisches Modell der Psyche (siehe S. 74–78) und besagt, dass ein Erregungsablauf die Psyche nicht vom Unbewussten durch das Vorbewusste in Richtung (motorische) Abfuhr durchläuft, sondern in der entgegengesetzten Richtung zum Wahrnehmungsende hin, wodurch etwa die bildhafte Qualität der Träume oder die „Stimmen" bestimmter halluzinatorischer Zustände zustande kommen. Die drei Regressionsarten wirken oft zusammen: zumeist ist das genetisch frühere auch das strukturell einfachere und topisch dem Wahrnehmungsende näher gelegene. Die Regression erfolgt entlang einer „Hierarchie" der Sinne und psychischen Funktionen. Geruchshalluzinationen weisen auf eine tiefere Regression hin als visuelle, und die raum-zeitliche Orientierung gelingt nur bei geringer Regression. Regressive Psychodynamik verläuft von komplexen Abwehrvorgängen zu primitiven als Desymbolisierung, vom Sekundär- zum Primärprozess, vom Mentalen zum Sinnlichen, vom Denken zur unspezifischen (motorischen) Entladung. Dabei kommt es zu Denkstörungen, zum Verlust der Geschlechter- und Generationengrenzen, des Realitätssinns und der Körpergrenzen sowie zu Angst- und Aggressionsentbindung.

Ganz allgemein ist Regression eine psychodynamische Möglichkeit; Entwicklung ist insgesamt kein Vorgang in eine einzige Richtung, sondern ein lebenslanges Wechselspiel progressiver und regressiver Bewegungen, weil stets alle Niveaus und Funktionsweisen gegeben sind und situativ eben jeweils nur bestimmte aktualisiert werden. Die Regression bestimmt auch pathologische und therapeutische Prozesse.

Oft werden maligne und benigne (schädliche und hilfreiche) Regression unterschieden: Benigne Regression wird als lustvoll erlebt und kann zu einer Erweiterung des Ichs durch Aufnahme von Anteilen aus dem Unbewussten führen (z. B. in ausgelassener Feststimmung). Maligne Regression hingegen führt zu einer Überschwemmung des Ichs durch das unkontrollierte Hereinbrechen des Unbewussten und kann in der Folge die Denkfähigkeit zerstören. Regression bestimmt also einerseits Neurosen und psychotische Prozesse (siehe S. 233–236) und ist andererseits ein wesentlicher Aspekt von Kreativität. Der schöpferische Mensch hat demnach eine besondere Fähigkeit zu ausreichend angstfreier Regression, gepaart mit besonderer Symbolisierungsfähigkeit (Differenzierung des Vorbewussten). Auch jede Mutter-Kind-Kommunikation, aber auch das sexuelle Liebesspiel oder die Übertragung etwa, gründen in spontaner Regressionsfähigkeit.

Empfohlene Literatur

Sigmund *Freud* (1916–17a): Vorlesungen zur Einführung in die Psychoanalyse, XXII. Vorlesung: Gesichtspunkte der Entwicklung und Regression. Ätiologie. GW XI, 351–371.

Abwehrmechanismen

Abwehrmechanismen sind (gezielte) unbewusste Vorgänge, welche vor Affekten und Inhalten, die Unlust bereiten, bewahren sollen. Sie sind psychische Arbeitsweisen, mit deren Hilfe das Individuum mit Triebwünschen und den Anforderungen der Kultur zurechtzukommen sucht. Sie sind bis zu einem gewissen Grad gesellschafts- und milieuspezifisch und tragen erheblich zum Aufbau der Persönlichkeit bei.

Gegenstand der Abwehr sind Wunschregungen, die im Widerspruch zu anderen Wünschen, zu (sozialen oder subjektiven) Normen oder zur Realität stehen. Die Abwehr bringt diese Wunschregungen nicht zum Verschwinden, sondern sucht nur ihr Bewusstwerden zu verhindern. Häufig gelingt es nicht, den bedrohlichen Inhalt mittels einfacher Verdrängung vom Bewusstsein fernzuhalten, weshalb zur Verdrängung sekundäre Abwehrmechanismen hinzukommen müssen, etwa (in der Zwangsneurose verbreitet) die Reaktionsbildung oder (in der Hysterie häufig) eine bestimmte Form der Identifizierung. Agieren nennt man die Umsetzung eines Triebimpulses in motorische Aktionen und in der Folge auch ein Verhalten, das man an den Tag legt, ohne darüber nachzudenken, also ohne bewusst davon zu „wissen“.

Neurotische Erkrankungen sind gekennzeichnet von bestimmten chronifizierten und nicht endgültig erfolgreichen Abwehrmechanismen. Die Abwehr folgt der Logik der Regression, wonach beim Misslingen der Abwehr auf immer frühere, strukturell einfachere, sinnlichere Formen zurückgegriffen wird. Im Fall extremer Bedrohung und Schwäche sind zuletzt nur noch Schreien und Strampeln (wie beim Baby) oder katatone Starre möglich.

Ganz allgemein lassen sich zwei generelle Abwehrtendenzen ausmachen: entweder die phobische oder die depressive Einstellung, was zwei unterschiedliche Wahrnehmungsdispositionen und Stimmungslagen impliziert. Im ersten Fall dominiert ein Unlustaffekt in Verbindung mit der (unbewussten) Vorstellung einer drohenden Gefahr. Die Erwartung künftigen Unglücks wird begleitet von der ängstlichen Illusion, die Welt könnte noch heil gehalten, die Kastration vermieden werden. Im anderen Fall herrscht ein generalisierter Unlustaffekt vor, in Verbindung mit der (unbewussten) Vorstellung einer bereits geschehenen Katastrophe. Die depressive Einstellung gründet auf der Vorstellung, alles sei verloren, die Kastration habe schon in unerträglicher Weise stattgefunden; sie hält an einer nicht zu bewältigenden (melancholischen) Trauer fest (Greenson, 1959).

Freud beschrieb eine allgemeine „Ich-Spaltung im Abwehrvorgang“ (1940e) infolge eines Triebanspruchs einerseits und der Realitätsanforderung andererseits: Das Ich weist die Realität ab, erkennt aber die Gefahr, die von ihr ausgeht, und so entsteht Angst.

Im Zusammenhang mit der psychosexuellen Entwicklung wurden spezifische Abwehrmechanismen beschrieben:

Verdrängung (siehe S. 82–84) Sie verbannt einen Unlust verheißenden Impuls oder Inhalt ins Unbewusste, was, wenn es erfolgreich ist, keinerlei bewusste Spuren mehr hinterlässt; wohl aber bleibt eine gewisse „eingeklemmte“ Erregung. Dieser einfache Abwehrmechanismus setzt eine differenzierte psychische Strukturierung voraus und ist allein oft nicht ausreichend wirksam.

Konversion Bei der Konversion (z. B. hysterische Lähmung) führt die sekundäre Abwehr über die Körperinnervation: Die verdrängte Regung bricht an irgendeiner Stelle durch und erzeugt Symptome, die Kompromissergebnisse sind, nämlich durch den Widerstand des Ichs entstellte und von ihrem ursprünglichen Ziel abgelenkte Ersatzbefriedigungen.

Ersatzbildung Sie transferiert zur Umgehung der Zensur einen Affekt von einer unverträglichen Vorstellung zu einer anderen und bindet ihn dort. Dies geschieht etwa bei der Bildung eines phobischen Objekts, das im Unterschied zum eigentlichen Objekt vermieden werden kann. Dabei ist die Verschiebung der Bedeutung auf ein Ersatzobjekt wirksam.

Verschiebung Diese folgt dem Primärprozess und spielt im unbewussten „Denken“ eine wichtige Rolle. Auch die Identifizierung beispielsweise beruht auf unbewussten Verschiebungs- und Verdichtungsprozessen. Eine tragende Bedeutung hat sie im Spiel und in der Übertragung, die beide überhaupt auf Verschiebungsszenarien beruhen. Wenn etwa ein Kind seine Puppe schlägt, ermöglicht das die Abfuhr der destruktiven Affekte, ohne dabei das elterliche Objekt zu beschädigen, und hält die Schuldgefühle in Grenzen, wie etwa auch die Faust, die auf den Tisch schlägt, den Gegner, den sie meint, unverletzt lässt.

Reaktionsbildung Sie sichert verdrängte Regungen, indem die Besetzungsenergie, die ihnen entzogen wurde, auf ihr Gegenteil gelenkt und dort gebunden wird, sodass etwa statt großer Gier besondere Enthaltsamkeit manifest wird oder man jemandem, den man nicht leiden kann, besonders freundlich begegnet.

Verneinung Dies bedeutet die Negation eines bewussten Gedankens, wodurch dieser zwar bewusst „entschärft" wird, aber deshalb nicht verschwunden ist. Um eine Verneinung handelt es sich etwa, wenn einer sagt: „Das klingt, als sei ich eifersüchtig, aber ich bin nie eifersüchtig."

Projektion Die Projektion verschiebt unerträgliche eigene Regungen nach außen bzw. auf andere, wodurch diese Regungen nicht mehr im Inneren erlebt werden, sondern dem Individuum wie von außen entgegentreten bzw. bei anderen bemerkt werden, nachdem sie diesen unbewusst „zugeschoben" wurden. So werden etwa böse Wünsche nicht bewusst; dafür erscheint aber eine andere Person als böswillig, sodass das Individuum sich bedroht fühlt. Oft wird dann diese andere Person bekämpft statt die eigenen bösen Wünsche.

Identifizierung Bei diesem Vorgang macht sich die Person andere Objekte bzw. Personen zu Abwehrzwecken nutzbar, indem sie sich diese ganz oder in einzelnen Aspekten aneignet („einverleibt"). Im Unbewussten bedeutet das eine ganze oder teilweise Verdichtung von Subjekt und Objekt zu einer Vorstellung.

Identifizierung und Projektion sind Abwehrmechanismen unter Zuhilfenahme anderer Objekte (Personen). Dadurch kann das Individuum unbewusst unerträgliche eigene Gedanken, Gefühle und Wünsche von sich weg in eine andere Person verlegen, sodass diese dann mit all diesen Eigenschaften ausgestattet erscheint und die unerträglichen eigenen Anteile scheinbar nicht bei einem selbst, sondern außerhalb liegen. Generell kann man sich mit äußeren Gefahren besser konfrontieren, und sie sind weniger ängstigend als innere. Wenn diese Verschiebung nicht ausreicht, werden die projektiv erzeugten Objekte bekämpft. Typischerweise verfolgt etwa ein untreuer Ehemann seine Frau dann mit Eifersucht. Dieser interpersonale Mechanismus ist besonders auch in der Sozialpsychologie bedeutsam und die Grundlage von Sündenbockphänomenen und Rassismen.

Projektive Identifizierung Dies ist eine archaische, interpersonale Abwehrform, mittels welcher unerträgliche Affektzustände oder Vorstellungen in destruktiver Manier in ein (Teil-)Objekt gezwungen werden, wodurch dieses Hineingezwungene zugleich beim Objekt wie etwas Eigenes spürbar wird. So kann sich beispielsweise jemand von seinen Angstgefühlen entlasten, indem er sie unbewusst einer anderen Person aufdrängt, sodass diese sich dann ängstlich fühlt, ohne zu wissen warum. Ansatzweise passiert das in vielen alltäglichen Situationen. Bei psychotischen (siehe S. 233–236) Personen kann das für die Umgebung unerträgliche Ausmaße annehmen.

Verleugnung Dies ist die Nichtwahrnehmung eines Inhalts oder (eines Teiles) seiner Bedeutung. Es ist eine Weigerung, die Realität oder ihre affektiven Folgen anzuerkennen. Verleugnung bewirkt unter traumatischen Bedingungen Spaltung (siehe unten) oder Tilgung einer Wahrnehmung und dominiert bei der Perversion und in massenpsychologischen Phänomenen. Unlust verheißenden Wahrnehmungen wird die Besetzung entzogen, und sie werden in vielfältige Wunschphantasien und Befriedigungsbilder übergeführt.

Intellektualisierung Darunter versteht man die Überbetonung des kognitiven, rationalen Aspekts einer Vorstellung zulasten des bedrohlichen emotionalen Gehalts. Intellektualisierung liegt etwa vor, wenn ein Vater die Schwäche seines Kindes selbst nicht erträgt und diesem dann theoretisch erklärt, weshalb Unsicherheit im vorliegenden Fall unangebracht sei.

Sublimierung Die Sublimierung nimmt eine gewisse Sonderstellung ein. Als Umlenkung eines Triebimpulses auf ein kulturell und sozial akzeptables Triebziel stellt sie die generelle Anforderung der infantilen Entwicklung und zugleich die allgemeine Tendenz der Triebumwandlung im Zivilisationsprozess dar. Sublimierung ist die Umwandlung eines Triebimpulses, der einen intrapsychischen Konflikt begründet, in sozial akzeptables Verhalten. Dies geschieht durch Ersetzung des ursprünglichen Triebzieles durch ein sozial verträgliches Ziel und ist angesichts der prinzipiell egoistischen, asozialen Qualität der Triebe von höchster Bedeutung für Gesellschaft und Kultur. Freud sah in der phallischen Phase (siehe S. 170) den Ursprung der Sublimierung, die dann in der Latenz zur Ausbildung kommt: Die Sexualität wird von den erogenen Körperzonen auf desexualisierte Bereiche verschoben. Sublimierung bezeichnet die Umwandlung eines Triebimpulses, der einen intrapsychischen Konflikt begründet, in eine kreative Schöpfung.

Unter einem genetischen Aspekt könnte man auch eine Entwicklung der Abwehrformen von ganz einfachen zu immer komplexeren sehen, bis hin zu sehr differenzierten Arten der Abwehr wie intellektuelle Kreativität und Umarbeitung der Realität im Dienste der Kultur.

Der Abwehrprozess setzt nach oder anstelle der bloßen Entladung (z. B. durch Brüllen und Strampeln) ein und führt zunächst zu einer Polarisierung in Lust und Unlust sowie, darauf basierend, zu einer Spaltung[7] der Welt in lustvoll (= gut) und unlustvoll (= böse). Damit ist die primitivste Ordnung etabliert, die auch die Wahrnehmung bestimmt und die Welt und ihre Objekte nur nach diesen simplen Polaritäten erlebbar macht. In der Folge kann die Psyche sich des Unlustvoll-Bösen projektiv entledigen. Spaltung geht häufig mit Idealisierung, Pro-

---

[7] Spaltung ist streng genommen als allgemeine Bedingung der Abwehr zu verstehen. Der Begriff wird heute aber häufig auch im Sinn eines pathologischen Abwehrmechanismus verwendet.

jektion oder Verleugnung einher. In Beziehungen werden andere Menschen dann oft nur als schlecht, böse, feindlich oder auch als nur gut, verständnisvoll und klug erlebt. Das regressiv-pathologische Massenphänomen der verfolgten Minderheit ist beispielsweise ein typisches Produkt solcher Abwehr.

Die Wahl der Abwehr richtet sich nach inneren (Triebstärke, Charakterstruktur, Angstentwicklung, Regressionsgrad) und äußeren Umständen. Die verschiedenen Neuroseformen zeichnen sich durch die Dominanz bestimmter Abwehrformen aus, welche für jene Entwicklungsphase typisch sind, denen der jeweilige pathogene Konflikt entstammt. Auch soziale Strukturen fußen auf Abwehrformationen: Bestimmte Institutionen etwa sind durch die Dominanz gewisser Abwehrformen charakterisiert. Typischerweise etwa macht sich bei den meisten Erwachsenen eine deutliche (regressive) Infantilisierung bemerkbar, sobald sie sich in stark hierarchisch geprägten Situationen befinden, wo sie sich der Autorität gegenüber als „brav“ zu erweisen trachten oder sich gegen sie trotzig verhalten und Schwierigkeiten haben, eine erwachsene, kritische Position einzunehmen.

Empfohlene Literatur

Anna *Freud* (1936): Das Ich und die Abwehrmechanismen. Schriften I, 191–355.
Sigmund *Freud* (1915d): Die Verdrängung. GW X, 247–261.
Karl *König* (1997): Abwehrmechanismen. Göttingen: Vandenhoeck & Ruprecht.

Das Instanzen- oder Strukturmodell (1923)

Das topisch-dynamische Modell aus dem Jahr 1900 (siehe S. 74–78) führte in manchen Punkten zu Unklarheiten. So verlangte etwa der Begriff des Unbewussten (siehe S. 80 f.) stets nach Präzisierung, und manche Aspekte blieben unzureichend erfasst, was an der ungenauen Bestimmung des Vorbewussten lag. Widerstand und Angst konnten beispielsweise nicht klar zugeordnet werden, ebenso wenig unbewusste Schuldgefühle, Identifizierungen, Narzissmus oder Aggression. 1923 konzipierte Freud die Psyche neu, und zwar als Kräftespiel dreier Instanzen: Ich, Es und Über-Ich.

Das Es Dies ist der archaische Teil der Psyche, der von Geburt an nur dem Lustprinzip folgt und aus dem sich Ich und Über-Ich erst nach und nach entwickeln. Das Es gilt als Reservoir der sexuellen und aggressiven Triebregungen. Aus ihm bildet sich durch die Behinderung der Triebbefriedigung in der Auseinandersetzung mit der Welt und den Anforderungen der Kultur das Ich als Vermittler von Triebhaftigkeit und Beschränkungsgeboten.

Das Ich entwickelt sich auf der Grundlage angeborener (körperlicher) Abfuhrpotenziale in Beziehung zu den primären Objekten durch Reizverarbeitung und Konfliktbewältigung.

„Wir haben uns die Vorstellung von einer zusammenhängenden Organisation der seelischen Vorgänge in einer Person gebildet und heißen diese das *Ich* derselben. An diesem Ich hängt das Bewusstsein, es beherrscht die Zugänge zur Motilität und somit die Abfuhr der Erregungen in die Außenwelt; es ist diejenige seelische Instanz, welche eine Kontrolle über all ihre Partialvorgänge ausübt, welche zur Nachtzeit schlafen geht und dann immer noch die Traumzensur handhabt. Von diesem Ich gehen auch die Verdrängungen aus, durch welche gewisse seelische Strebungen nicht nur vom Bewusstsein, sondern auch von den anderen Arten der Geltung und Betätigung ausgeschlossen werden sollen." (Freud, 1923b, 243)

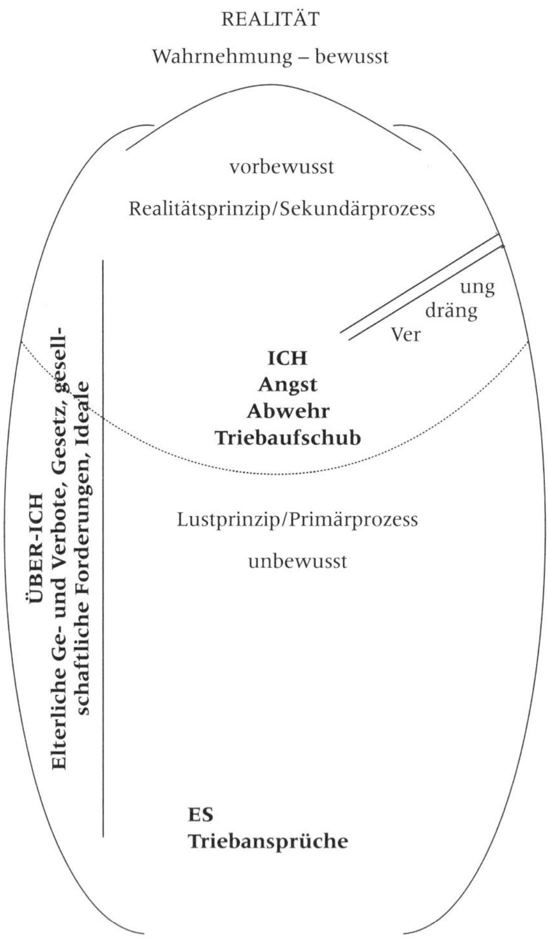

Abbildung 7: Struktur- oder Instanzenmodell der Psyche. In Anlehnung an Sigmund Freud (1933a), Neue Folge der Vorlesungen zur Einführung in die Psychoanalyse. GW XV, 85.

Das entwickelte Ich vermittelt zwischen innen und außen, zwischen den psychischen Instanzen und zwischen einander widersprechenden Strebungen des Es. Ihm obliegt auch die Regulierung des narzisstischen Gleichgewichts. Als organisierte psychische Instanz ist es der Sitz aller mentalen Funktionen wie denken, urteilen, planen, zeitliche und räumliche Orientierung, Logik usw. So wie das Es Triebimpulse über die Besetzung von Erinnerungsspuren zu psychischen Repräsentanzen verarbeitet, macht das Ich aus Wahrnehmungsreizen Inhalte.

Das „Über-Ich“ Eine „Stufe im Ich“ nennt Freud das „Über-Ich“, entstanden aus ödipalen Identifizierungen und Reaktionsbildung gegen ödipale Wünsche. Es verdankt sich der Verdrängung des Ödipuskomplexes und tritt den anderen Inhalten des Ichs entgegen als Niederschlag der elterlichen und gesellschaftlichen Ge- und Verbote in der kindlichen Psyche. Kritik des Über-Ichs äußert sich in Form unbewusster Schuldgefühle, die mitunter streng gegen das Ich wirken.

Das psychische Gleichgewicht ist in diesem Modell vom Verhältnis der psychischen Instanzen zueinander abhängig. Realität, Es und Über-Ich sind potenzielle Bedrohungen des Ichs und induzieren Angst. Das Ich ist der Schauplatz der Angst und der Abwehr. Die „Gesundheit“ des Ichs erweist sich durch seine Fähigkeit, die Intensität der Triebstrebungen zugleich mit den gegen dieselben gerichteten Verbote aus dem Über-Ich auszuhalten und zu Kompromissen zu bringen.

Mit der Entwicklung des Instanzenmodells ging eine etwas stärkere Betonung externer Faktoren gegenüber inneren Triebstrebungen einher. Das Ich bereichert und erweitert sich durch Erfahrungen mit der Realität und mit dem Über-Ich und sucht sich das Es zu unterwerfen, indem es ihm Libido entzieht und Objektbesetzungen bildet. Durch Identifizierung wandelt es erotische Objektbesetzungen in Ich-Veränderungen um: Die Menschen tragen die Merkmale ihrer vergangenen Beziehungen als Ich-Qualitäten in sich.

Empfohlene Literatur

Sigmund *Freud* (1923b): Das Ich und das Es. GW XIII, 235–289.

Joseph *Sandler*, Alex *Holder*, Christopher *Dare*, Anna Ursula *Dreher* (2003): Freuds Modelle der Seele. Eine Einführung. Gießen: Psychosozial.

Identifizierung

Eine Identifizierung kann eine primitive Kommunikationsform, ein Abwehrmechanismus und ein soziales Bindemittel sein. Sie hat maßgeblichen Anteil am Aufbau der Person bzw. des Selbst und steht in einer Reihe internalisierender Abwehr- und Austauschmechanismen, mittels derer die Menschen der Welt und untereinander verbunden sind: Inkorporation (sehr frühe, triebnahe Internalisierung), Introjektion (phantasmatische, globale Verinnerlichung eines Objekts oder bestimmter Qualitäten desselben), projektive Identifizierung (vereinfacht:

einen Teil seiner selbst in eine andere Person zwingen), Identifizierung (eine andere Person oder einen Aspekt von ihr mit der eigenen Person verschmelzen).

Primitive Identifizierungen auf der archaischen Grundlage kannibalistischer Einverleibung(sphantasien) gehen der Objektliebe voraus, was den grundlegend

Otto Fenichel (* 1897, Wien, † 1946, Los Angeles)
Otto Fenichel war schon als Gymnasiast in der Jugend- und Sexualaufklärungsbewegung engagiert. Er besuchte Freuds Vorlesungen, initiierte als Medizinstudent ein psychoanalytisch geprägtes „Wiener Seminar für Sexologie“ und engagierte sich für Geburtenkontrolle und Sexualreformgesetzgebung. Ab 1918 nahm er an Sitzungen der WPV teil und wurde 1920 dort Mitglied. Ab 1922 setzte er seine psychoanalytische Ausbildung in Berlin fort, wo er bald dem Lehrkörper angehörte. Gemeinsam mit Edith Jacobson, Erich Fromm, Annie und Wilhelm Reich sowie Georg Gerö bildete er eine politisch engagierte Gruppe, die Psychoanalyse ebenso wie etwa den Marxismus und die Verhältnisse in der Sowjetunion studierte. 1933 ging er nach Norwegen ins Exil und 1935 nach Prag, wo er eine lokale psychoanalytische Vereinigung organisieren sollte. Er begann auch, regelmäßig „Rundbriefe“ über die politische und intellektuelle Lage der Psychoanalyse zu verfassen (119 Rundbriefe in zwölf Jahren). 1938 emigrierte er in die USA. Er war in Los Angeles und San Francisco Lehranalytiker, Mitherausgeber der Zeitschrift „Psychoanalytic Quarterly“ und leitete das Übersetzerteam für Freuds Gesammelte Werke.

Otto Fenichel galt als ungewöhnlich arbeitsfähig und kreativ, wovon sein umfassendes Werk zeugt. Seine „Psychoanalytische Neurosenlehre“ ist bis heute ein Standardwerk. Daneben verfasste er an die 500 weitere Publikationen, darunter maßgebliche Arbeiten über Identifizierung und präödipale Entwicklung, über Angst und Angstabwehr, Massenpsychologie und Antisemitismus sowie Schriften zur Technik der Psychoanalyse.

„Überall ist die erste Beziehung eines Menschen zur Objektwelt die primäre Identifizierung, also das Nachahmen der wahrgenommenen Umwelt. Hier aber handelt es sich um noch etwas anderes. Erst mittels des motorischen Mitmachens gelingt die volle Wahrnehmung; das Schauen erfolgt durch eine Identifizierung.

So kommen wir jetzt zu den früher angedeuteten Problemen der Beziehung von Wahrnehmung zur Introjektion überhaupt. […] Wahrnehmung und sekundäre Identifizierung sind zwei verschiedene Differenzierungsprodukte eines ursprünglich einheitlichen Vorgangs.“

Otto *Fenichel* (1935): Schautrieb und Identifizierung, in: ders.: Aufsätze I. Frankfurt am Main et al.: Ullstein, 1985, 382–408, 390.

oralen Charakter der Identifizierung und ihren häufigen narzisstischen Einschlag ergibt. Auch der Ödipuskomplex lässt sich als hochkomplexe Dynamik von Identifizierungen und Desidentifizierungen (Rückgängigmachen von Identifizierungen) beschreiben, wobei entscheidend ist, dass der Verlust von Objektbeziehungen bzw. Trennungen regelmäßig zu (regressiven) Identifizierungen führt, nicht zuletzt zur Bindung der freigewordenen destruktiven Strebungen. Freud sah in Identifizierungen „überhaupt die Bedingung, unter der das Es seine Objekte aufgibt" (Freud, 1923b, 257), wodurch die Charakterstruktur bzw. das Ich eines Menschen die Geschichte seiner Objektbeziehungen enthält; wir eignen uns unbewusst Anteile und Eigenschaften der Menschen an, die uns wichtig waren, wenn wir uns von ihnen trennen. Letztlich beruht auch die Über-Ich-Bildung auf Identifizierungsprozessen mit idealisierten Elternbildern und ist entsprechend ambivalent (siehe S. 112 f.).

> „Die Identifizierung ist eben von Anfang an ambivalent, sie kann sich ebenso zum Ausdruck von Zärtlichkeit wie zum Wunsch der Beseitigung wenden. Sie benimmt sich wie ein Abkömmling der ersten *oralen* Phase der Libidoorganisation, in welcher man sich das begehrte und geschätzte Objekt durch Essen einverleibte und es dabei als solches vernichtete." (Freud, 1921c, 116)

Otto Fenichel beschrieb die Identifizierung als spezielles Triebschicksal (Fenichel, 1926) und hob für dieses eine mimetische Entwicklungsreihe mit großer Bedeutung der Augen hervor (Fenichel, 1935). Die Augen können als aufnehmende, rezeptive Organe gelten; jemanden mit den Augen zu verschlingen heißt, ihn sich einverleiben zu wollen, also die Grenzen zu ihm aufzuheben. Auch Melanie Klein (1946) entwickelte die (projektive) Identifizierung zuerst an visuellen Szenen, und Jacques Lacan (1949) situierte die projektiv-identifikatorische Ich-Bildung überhaupt vor dem Spiegel. Von dieser imaginären Identifizierung unterscheidet er die symbolische Identifizierung mit dem Vater (eigentlich mit dem Signifikanten, für den er steht) infolge des Ödipuskomplexes.

Besondere Identifizierungsschicksale sind für Massenbindungsprozesse (siehe S. 199–201) charakteristisch. Die Menschen brauchen im Zustand der Verunsicherung Orientierung und bilden projektiv eine (idealisierte) Führungsfigur, nach der sich alle ausrichten. Dadurch werden sie einander gewissermaßen gleich und identifizieren sich miteinander. Darüber hinaus identifiziert sich jeder mit dem Führungsideal. Dabei werden jene Identifizierungen, welche ursprünglich zur Über-Ich-Bildung geführt hatten, rückgängig gemacht und durch die aktuellen regressiven Identifizierungen ersetzt, um die drohende übergroße Angst und Aggression abzuwehren.

Empfohlene Literatur

Otto *Fenichel* (1926): Die Identifizierung, in: ders.: Aufsätze I. Frankfurt am Main et al.: Ullstein, 1985, 91–109.
Otto *Fenichel* (1935): Schautrieb und Identifizierung, in: ders.: Aufsätze I. Frankfurt am Main et al.: Ullstein, 1985, 382–408.
Melanie *Klein* (1955): Über Identifizierung. GS III, 229–278.

Symbolisierung

Mit der Symbolisierungsfähigkeit vollzog die Menschheit einen radikalen Bruch mit der ursprünglich biologischen, instinktgesteuerten Verhaltensorganisation und begründete ein entfremdetes Verhältnis zur Natur. Daraus entstand in der Folge eine produktive und kreative Gestaltung der Realität und der Welt: die Kultur. Die Fähigkeit, Symbole zu bilden und mittels derselben untereinender und mit der Welt und der Geschichte in Kommunikation zu stehen, ist die genuin kulturschaffende Fähigkeit des Menschen, mit deren Hilfe innerhalb einer Person und in der Welt Ordnung hergestellt wird.

Es gibt eine angeborene Disposition zur Symbolbildung, was mit der Unzugänglichkeit des Realen oder des Dings an sich korrespondiert. Der Mutter bzw. dem anderen kommt die zentrale Rolle für die Initiation der Symbolisierung zu, wobei die sinnliche Befriedigung die körperliche Fundierung aller Symbole bedingt und eine ursprüngliche Identifizierung die Symbolbildungsdynamik einleitet. Symbolbildung hat eine trianguläre Struktur und baut auf sozialen Beziehungen als Basis innerer Strukturbildung und ihrer fortschreitenden Entsinnlichung auf. Kinder machen anfangs noch Greifbewegungen, wenn sie „haben" sagen; später ist dieser sinnliche Anteil der Kommunikation verdrängt.

Anhand einer Szene, in welcher er sein Enkelkind beim Spiel mit einer Zwirnspule beobachtete, verstand Freud (Freud, 1920f, 11–14), dass hier das Fortgehen der Mutter symbolisch in Szene gesetzt und die von dem Jungen schmerzlich erlittenen Gefühle dabei aktiv wiederholt und symbolisiert wurden. Für dieses Kind bestimmten symbolische Repräsentationen bereits die Auseinandersetzung mit der inneren und äußeren Welt. Durch ihren doppelten Ursprung von (äußeren) Erinnerungsbildern und (inneren) Triebregungen verbinden Symbole die innere und die äußere Welt, belegen die Objektwelt mit subjektiver emotionaler Bedeutung, modulieren triebhafte, ungebundene Energie und verwandeln sie in zielgerichtete Intentionen, wodurch angepasstes Handeln und Denken möglich werden. Das Erleben und seine Erinnerungsspuren verbinden sich mit (sprachlichen) Zeichen zu symbolischen Bedeutungszusammenhängen.

Jede Symbolisierung ist ein schöpferischer Akt, der Bedeutung stiftet und die Bewegung vom Affekt über die sinnlichen Vorstellungen und ihre Entsinnlichung bis zum Gedanken in sprachlicher Form beschreibt. Wenn etwa die Ent-

Julia Kristeva (*1941, Sliwen, Bulgarien)
Julia Kristeva kam zum Studium nach Frankreich, wo sie ab 1965 auch lebte und ab 1973 in Paris eine Professur innehatte. Zunächst Sprach- und Literaturwissenschafterin, kam sie über die wegweisende Zeitschrift „Tel Quel" und den Strukturalismus zur Psychoanalyse, der sie sich bald auch professionell zuwandte und Mitglied der Pariser Psychoanalytischen Vereinigung wurde.

In ihrem ursprünglichen Forschungsbereich, der Literatur- und Sprachwissenschaft, hat sie maßgebliche Beiträge verfasst. Besonders wird mit ihr das Konzept der „Intertextualität" verbunden, das auf den russischen Literaturwissenschafter Michail Bachtin zurückgeht und von Kristeva psychoanalytisch als unbewusste und allgemeine Referenzialität aller Texte verstanden wird, was zur Folge hat, dass der jeweils aktuelle Sinn sich immer nur durch die situative Interpretation ergibt.

Ihre sprachwissenschaftlichen Arbeiten folgen stets einer besonderen literarisch-semiotischen Perspektive. Von hier her formulierte sie auch eine sehr differenzierte Kritik an Lacans Sprachbegriff und entwickelte eine eigene, ebenfalls strukturalistisch geprägte Theorie der Sprache, in der sie besonders die sinnliche Fundierung des Sprechens berücksichtigte – dies besonders durch ihre Betonung des „Semiotischen" als triebhaft-emotionales Moment der Sprache, das ins Präödipale, Sensomotorische und Musikalische reicht und selbst nicht strukturiert und ohne Sinn ist, aber wesentlich sprachliche Qualität erzeugt. Entsprechend ordnet Kristeva das Symbiotische einem mütterlichen/weiblichen/unstrukturierten und das Symbolische einem väterlichen/männlichen/strukturierten Prinzip zu. Als „Chora" bezeichnet sie jenes triebhaft-sinnliche Moment, das über mütterliche Mediatisierung dem Symbolischen vermittelt wird.

Während für sie wie für Lacan das Symbolische zum Eintritt in die Kultur und zur Trennung von der Mutter verhilft, betont sie im „Abjekt" (1980, 1082) das, was, wie etwa die frühe Mutter, fremd werden muss und hinfort als das (ganz) Andere dem Ich und der Gesellschaft entgegensteht und sie latent destabilisiert und Gefühle wie Ekel und Schrecken erweckt. Insgesamt hat Kristeva ein prozesshafteres Verständnis der Psyche als Lacan und widmet dem Präödipalen weit größere Aufmerksamkeit. Dies zeigt sich etwa in ihrer Theorie (weiblicher) Melancholie (1987), in ihren Arbeiten über die Liebe (1984; 1985) oder über den Glauben (2007).

Von ihrem Selbstverständnis her immer politisch engagiert, hat sie sich mit verschiedensten gesellschaftlichen Fragen befasst und auch dazu publiziert. Ihre praktische und theoretische Beschäftigung mit dem Feminismus etwa führte zu zahlreichen Werken, so zu einer Trilogie über die weiblichen Genies

Melanie Klein, Hannah Arendt und Colette. In vielen Arbeiten und keineswegs nur in Romanen, die sie auch schreibt, oder Werken, die sich direkt mit Literatur befassen, wird ihr sorgsamer Umgang mit Sprache deutlich. Die besondere Differenziertheit ihrer Texte, darunter auch sehr theoretische, wirkt deswegen nie distanzierend. Dies zeigt sich besonders an Arbeiten über philosophische und gesellschaftstheoretische Themen. Ein wesentliches Interesse gilt einer gewissen Integration von Psychoanalyse und poststrukturalistischer Kritik, die sie in laufenden intensiven Auseinandersetzungen mit führenden französischen und internationalen Intellektuellen weiterführt.

„Wenn der Einschnitt, mit dem das Symbolische eingeleitet wird, stattgefunden hat, erhält das, was wir semiotische chora nennen, eine genauere Stellung. Wir sehen, daß das Semiotische – ursprünglich Bedingung des Symbolischen – jetzt in den signifikanten Praktiken funktioniert, und zwar als Übertretung des Symbolischen."

Julia *Kristeva* (1974): Die Revolution der poetischen Sprache. Frankfurt am Main: Suhrkamp, 1978, 77.

sinnlichung nicht gelingt, gewinnen Triebwünsche leicht unmittelbare Macht über das Handeln, und Denken wird unmöglich; Wahrnehmungs- und Denkstörungen sind Symbolisierungsstörungen. In der infantilen Sprachgeschichte tritt neben die alltägliche sinnliche Interaktion mit der Mutter deren regressiv auf das Kind abgestimmter Redestrom als Ausdruck ihrer Phantasien und stiftet sprachliche Bedeutung. Daher ist Sprache immer auch hoch subjektiv bestimmt, zumal sie an unbewusste Szenen und Beziehungen rührt. Differenzierte Symbolisierung ist dann aber immer triangulär strukturiert, wo Getrenntheit anerkannt werden und das abwesende äußere Objekt als inneres doch aufrechterhalten bleiben kann. Ein zerstörtes oder missrepräsentiertes Elternpaar schränkt – so Melanie Klein – den Raum für das Denken und die Symbolisierung ein, sodass etwa bei der „symbolischen Gleichsetzung" die Differenz zwischen Symbol und Symbolisiertem nicht mehr aufrechterhalten werden kann und etwa die Vorstellung einer Handlung bereits als deren Realisierung erscheint.

Bion (siehe S. 152–156) geht von einer symbolbildenden α-Funktion der primären Pflegeperson aus, die an die Wahrnehmung gekoppelt ist und diffuse Sinneseindrücke und Affektregungen des Kindes aufnimmt und in α-Elemente transformiert. Dadurch werden sie zu bedeutungsvollen geordneten Elementen des Denkens, Erinnerns und Vergessens.

Für Lacan (siehe S. 156–162) ist das Symbolische eine gänzlich neue, über den anderen bzw. über einen Dritten bestimmte Ordnung, die nicht etwa langsam das Imaginäre ersetzt, sondern sich rasch neben ihm etabliert und alles Kulturelle eigenständig bestimmt. Es ist intersubjektiv bestimmt und kann das, was es bezeichnet, nie ganz einholen, sondern nur vermitteln.

Insgesamt gilt jedenfalls, dass die Symbolisierungsfähigkeit immer stark von inneren und äußeren Faktoren abhängig bleibt und eben situativ oft auch nur mühsam wieder errungen oder auch nicht aufrechterhalten werden kann.

Empfohlene Literatur

Eveline *List* (2004): Symbolisierung und Denken. Über die Konstruktion von Wirklichkeit in der Psychoanalyse, in: Rainer Fliedl, Gertraud Pölzl, Andrea Tippe (Hg.): Wie konstruieren wir die Wirklichkeit? Wien: Krammer, 51–83.

Heinz *Weiß* (Hg.) (1999): Ödipuskomplex und Symbolbildung. Tübingen: Edition Diskord.

Phantasien

Die kontinuierliche mentale Reizverarbeitungstätigkeit, das Symbolisieren, äußert sich in Phantasien, die großteils unbewusst bleiben und im Dienste des Lustprinzips zu Motiven des bewussten und unbewussten Verhaltens werden. Phantasien begleiten ununterbrochen alles Handeln der Menschen auf allen Bewusstseinsebenen, etwa in Form von Tagträumen und auch während des Schlafes, wo sie dann als Träume auftreten. Sie stellen durch vielfältige Abwehr entstellte Erfüllungen infantiler Wünsche dar. Charakteristisch sind in jedem Fall die Anwesenheit des Phantasierenden in der Phantasie und die Häufigkeit des bildhaften Charakters. Die Inhalte sind, obgleich in vorbewusste, wahrnehmbare Form gebracht, doch primärprozesshafter Art, was auch ihre drängende Qualität ausmacht. Einige, nämlich die sogenannten Urphantasien etwa, die elementare menschliche Erfahrungen beinhalten (Laplanche/Pontalis, 1985), sind ubiquitär. Dazu zählen Phantasien vom Kind an der Mutterbrust, vom elterlichen Koitus, von der ödipalen Verführung oder vom Vatermord.

Die Phantasien umfassen verdrängte (aktuelle) Inhalte in entstellter Form, die sich mit infantilen Reminiszenzen mischen und oft, statt bewusst zu werden, im Symptom Ausdruck finden. Durch die Methode der freien Assoziation werden solche Inhalte teilweise in Gedanken fassbar und können durch den Analytiker verstehbar und damit bewusst werden. Die Phantasien werden so zu Verbindungsgliedern zwischen dem neurotischen Symptom und den infantilen sexuellen (körperlich-sinnlichen) Wünschen, deren Triebkraft, aus welcher sich auch das Symptom nährt, sie binden. Infantile Lust und Abwehr bilden einen Kompromiss.

Für Melanie Klein haben Phantasien, die sie bereits im frühesten Lebensalter lokalisiert, einen weiteren wichtigen Stellenwert. Es sind die triebhaft geladenen unbewussten Phantasien, die, in die Objekte und die Welt projiziert, die Qualität derselben herstellen und Selbstgefühl und Beziehungen entsprechend färben. Jedem Gedanken, jeder Handlung liegt nach dieser Auffassung eine unbewusste Phantasie zugrunde.

Der kontinuierliche Strom der Phantasien auf unterschiedlichen Bewusstseinsebenen ist permanente psychische Reizverarbeitung, die Affekte und Stimmungen reguliert, das Subjekt in Raum, Zeit und psychosozialen Zusammenhängen organisiert und vor allem Wünsche und Realität koordiniert oder, wo das nicht gelingt, wie etwa im Fall der Psychose, sich auch an die Stelle der Realität setzt. Im alltäglichen Leben ist das Phantasieren eine Quelle des affektiven Ausgleichs und der Restitution. In Institutionen sind die Phantasien der Einzelnen (untereinander) auch das wichtigste Bindemittel.

Empfohlene Literatur

Sigmund *Freud* (1908e): Der Dichter und das Phantasieren. GW VII, 213–223.
Julia *Segal* (1985): Phantasy in Everyday Life. London: Penguin Books, 1991.

Sublimierung

Der Begriff Sublimierung – wie etwa auch der Begriff Verdrängung – wird in der Psychoanalyse in (zumindest) zwei Bedeutungen verwendet: einerseits als ein bestimmter Abwehrmechanismus, andererseits als Allgemeinbegriff im Sinne einer kulturschaffenden Triebverarbeitung, mittels welcher der Zivilisationsprozess zustande kommt und aufrechterhalten wird.

Sublimierungen sind Verhaltensweisen und Vorstellungen, die scheinbar nichts (mehr) mit Sexualität zu tun haben – Triebschicksale, wo das Triebziel, wie beispielsweise in der formalen Logik oder der theoretischen Physik, vom ursprünglich sexuellen Ziel weit abgelenkt wurde und höchstens noch durch die Psychoanalyse der damit verbundenen Phantasien sich die Wege der assoziativen Verknüpfungen zu ursprünglich sinnlichen Befriedigungswünschen entdecken lassen.

Freud begreift letztlich die gesamte Kultur als Sublimierung, insoweit sie nämlich genau auf dem Verzicht unmittelbarer Triebbefriedigung beruht und einen Aufschub des immer egoistischen Luststrebens voraussetzt, damit an seine Stelle kulturell verträgliche Ambitionen treten. Voraussetzungen dafür sind ausreichende Unlusttoleranz und Realitätsprüfungsfähigkeit bei den kulturschaffenden Kollektiven, wenn vielleicht auch nicht unbedingt bei jedem einzelnen ihrer Mitglieder.

Die Sublimierung bestimmt sich durch das Resultat ebenso wie durch das zugrunde liegende Triebschicksal. Kulturell wertvolle Produkte und kreative Leistungen können auch aus Neurose, Perversion und Psychose entstehen und gänzlich anderen Abwehrverhältnissen als einer Sublimierung geschuldet sein. Tatsächlich entstehen wertvolle Kulturleistungen aus verschiedensten, auch „primitiven" Triebschicksalen. Die Transformation der ursprünglich ungehemmten sexuellen Triebstrebung in abfuhrgehemmte, sozial wertvolle Ziele und Objekte ist offenbar auf differenzierende und symbolisierende Prozesse im Vorbewussten zurückzuführen, was eben einen hohen Differenzierungsgrad des Vorbewussten (d. h. hohe Ich-Integration) voraussetzt. Echte Sublimierungen sind dem Individuum demnach vor der Adoleszenz kaum möglich, weil sie auf sicheren Befriedigungserfahrungen, der Trennung von den primären Liebesobjekten, ausreichender Integration libidinöser und destruktiver Strebungen und guter Symbolisierungsfähigkeit gründen. Genau genommen ist es auch nicht ganz richtig, die Sublimierung mit anderen Abwehrmechanismen gleichzusetzen, weil sie im Grunde auf mehreren miteinander verknüpften Abwehrprozessen beruht. Es gibt auch die Meinung, Sublimierungen seien letztlich psychodynamisch nicht prinzipiell von Symptombildungen zu unterscheiden, sondern nur in ihrer kulturstiftenden Bedeutung und in den sie begleitenden konfliktarmen „sublimen" Befriedigungsformen erkennbar.

Empfohlene Literatur

Juan-David *Nasio* (1988): 7 Hauptbegriffe der Psychoanalyse. Wien: Turia & Kant, 1999.
Siegfried *Bernfeld* (1931): Zur Sublimierungstheorie, in: Ausgewählte Schriften I. Frankfurt am Main et al.: Ullstein, 1974, 225–235.

Übertragung

Schon sehr früh hatte Freud erkannt, dass seine Patientinnen ihm Gefühle entgegenbrachten, die aus anderen Zusammenhängen stammten und anderen Personen galten. Mit ihm als Analytiker wurden frühere Verhältnisse wieder lebendig. Zunächst sah er darin eine Behinderung der Kur, erkannte dann aber, dass diese Neuauflagen alter Beziehungen dem analytischen Prozess dienlich sein konnten. Das Verdrängte erfuhr so eine Aktualisierung in der Gegenwart und wurde damit zugänglich.

Im Unbewussten unverändert bestehende infantile Triebwünsche werden durch die analytische Situation – etwa durch das regressiv-entspannte Assoziieren und die freundlich-neutrale Zuwendung des Analytikers – von vorbewussten Erinnerungsresten verstärkt, schwach symbolisiert und verschaffen sich über das Verhalten und über Phantasien Ausdruck. Durch diese Aktualisierung werden die verdrängten infantilen Inhalte analytisch zugänglich und können nach der Überwindung der Widerstände (siehe S. 262–265) verstanden werden.

Übertragung ist freilich nicht auf die analytische Kur beschränkt, sondern bestimmt als ubiquitäres Phänomen alle Verhältnisse in gewissem Ausmaß. Bis zu einem bestimmten Grad sind alle Beziehungen durch infantile Vorbilder bestimmt, mitunter werden auch im Alltag Gefühle und Wünsche kindlichen Ursprungs mit besonders lebhafter Aktualität wiederholt. Typisch ist das etwa bei Kranken, welche in der Situation des Gepflegtwerdens in infantile Verhaltensweisen und Anspruchshaltungen verfallen, oder bei Untergebenen, die ihren Chefs gegenüber kindlichen Gehorsam und/oder Rebellion in Szene setzen.

Vom Standpunkt der Objektbeziehungstheorien aus gesehen (siehe S. 179–181) aktualisiert die Übertragung bestimmte kindliche Beziehungskonstellationen mit primären Objekten. Genau genommen bestimmen die inneren Objekte und ihre Verhältnisse untereinander permanent das Phantasieleben aller Menschen und färben entsprechend auch die Beziehungen zu realen Personen und Dingen. Jacques Lacan (siehe S. 156–162) betont in der Übertragung den anthropologischen Faktor des symbolischen Zeichenaustausches, der jede menschliche Begegnung notwendig begleitet. Darüber hinaus sieht er in begleitenden affektiven Reaktionen eine imaginäre Komponente wirksam. Als besondere Konfiguration in der analytischen Kur beschreibt Lacan die Vorstellung vom Analytiker als Subjekt, dem unterstellt wird, (alles) zu wissen – eine Illusion, die in der Übertragungsanalyse relativiert werden muss.

Empfohlene Literatur

Sigmund *Freud* (1912b): Zur Dynamik der Übertragung. GW VIII, 363–374.

2 Konzepte

Neben der grundlegenden Terminologie hat sich in den psychoanalytischen Diskussionen eine Reihe von Konzepten durchgesetzt, die komplexe Elemente der allgemeinen Theorie darstellen oder auch von bestimmten Autoren eingeführt wurden, um gewisse Phänomene treffend zu charakterisieren – Konzepte, die rasch allgemeine Zustimmung fanden, sodass sie Teile der psychoanalytischen Wissenschaftssprache wurden. Einige wichtige davon sollen im Folgenden vorgestellt werden.

Die „ausreichend gute Mutter"

Als die präödipale Entwicklung in der psychoanalytischen Theorie mehr Bedeutung erhielt, wurde die frühe Mutter-Kind-Beziehung in der Literatur zum entscheidenden Entwicklungsfaktor des Menschen. Für die früheste Lebenszeit kann man von einer Mutter-Welt sprechen, die erlebnismäßig ein vom Baby noch ungetrenntes Universum bedeutet, in und mit welchem die infantilen Triebkonflikte vonstatten gehen. Daraus bilden sich günstigenfalls psychische

Strukturen des Kindes, die zuletzt eine Trennung von der Mutter ermöglichen. Donald W. Winnicott hat für Verhältnisse, in denen dies erfolgreich vor sich gehen kann, den Begriff „good enough mother" kreiert. Er bezeichnet damit eine primäre Pflegeperson, die in optimaler Weise auf das Baby eingestellt ist, sodass bei diesem ein globales Gefühl der Sicherheit und befriedigenden Verbundenheit vorherrschen kann. Im Verlauf der Entwicklung entzieht sie sich dem Kind in unendlich kleinen Schritten immer mehr und überlässt ihm immer größere Bereiche zur Eigenaktivität – ohne es zu überfordern, was Erfolgserlebnisse verhindern, und ohne es zu unterfordern, was zu Interesselosigkeit führen würde. Die interaktiven Mikroprozesse werden verinnerlicht zu strukturbildenden Erinnerungsspuren, die zugleich ein elementares Lebensgefühl begründen. Wichtig ist, dass es nicht um eine objektiv „richtig" oder gar „perfekt" eingestellte Mutter geht, sondern um eine, die spontan, also durchaus auch unbewusst, wahrnimmt, was das Kind will und braucht und die zugleich ausreichend kritisch funktioniert, um mittels Realitätsprüfung die optimale Reaktion zu erbringen. Dies bedeutet insbesondere auch, dass die verschiedenen Affektzustände des Kindes wahrgenommen und ins Erträgliche modifiziert werden können, dass also Hilflosigkeit und Bedürftigkeit des Kindes ebenso wie das Luststreben und seine „Emanzipation" aus der Abhängigkeit in die Beurteilung der Situation einbezogen werden. „Good enough mother" heißt nicht, dass keine Störungen auftreten dürfen – was ja gar nicht möglich ist –, sondern dass sie in erträglichem Rahmen bleiben.

Das Fehlen dieses ausreichend guten mütterlichen Universums, etwa aufgrund einer nicht optimal auf das Baby eingestellten primären Pflegeperson, führt laut Winnicott zur Bildung eines „falschen Selbst", einer psychischen Deckstruktur, mit deren Hilfe sich das Kind gegen die defiziente Kommunikation bzw. Beziehung zur Welt zu schützen sucht. Fehlt die zentrale mütterliche Funktion, Sicherheit und Symbolisierungshilfe zu bieten, können Erregungen und Bedeutungen nicht ausreichend integriert werden. Die notwendige Trennung aus der (narzisstischen) Beziehung zur Mutter gelingt, indem die Bindung an sie umgelenkt werden kann zu inneren Bildern von ihr, mit denen sich das Kind (teilweise) identifiziert.

Im übertragenen Sinn kann das Modell der ausreichend guten Mutter mit entsprechenden Adaptierungen auch als Richtlinie für vergleichbare Beziehungen gelten, etwa für Therapeuten, Pädagogen, Vorgesetzte und hilfreiche Autoritäten.

Empfohlene Literatur

Donald W. *Winnicott* (1956): Primäre Mütterlichkeit, in: ders.: Von der Kinderheilkunde zur Psychoanalyse. Frankfurt am Main: Fischer, 1983, 157–164.

Narzissmus

Der Begriff Narzissmus bezieht sich auf die Sage von Narziss (einem unwillkommenen, einer Vergewaltigung entstammenden Kind), der sich in sein Spiegelbild verliebte und die sehnsüchtigen Rufe der Nymphe Echo nicht wahrnehmen konnte. In Anlehnung daran entwickelte Freud das Konzept der auf die eigene Person gerichteten libidinösen Strebungen (Freud, 1914c). Er unterschied dabei einen zur Aufrechterhaltung des kohärenten Selbstbildes nötigen (allgemeinen) primären Narzissmus von einem sekundären, der reaktiv durch den Rückzug nach unweigerlich enttäuschter Objektliebe entsteht. Außerdem differenzierte er narzisstische von sexuellen Triebstrebungen als nicht auf unmittelbare Abfuhr orientiert. Dadurch komme ihnen zur Aufrechterhaltung dauerhafterer Bindungen zentrale Bedeutung zu. Für die frühe Psychoanalyse hatte der Begriff vor allem in der Theorie der Psychosen, die auch „narzisstische Neurosen" genannt wurden, Bedeutung.

> „Zu Uranfang ist alle Libido im Es angehäuft, während das Ich noch in der Bildung begriffen oder schwächlich ist. Das Es sendet einen Teil dieser Libido auf erotische Objektbesetzungen aus, worauf das erstarkte Ich sich dieser Objektlibido zu bemächtigen und sich dem Es als Liebesobjekt aufzudrängen sucht. Der Narzißmus des Ichs ist so ein sekundärer, den Objekten entzogener." (Freud, 1923b, 275)

Entwicklungsgeschichtlich soll die frühe Triangulierung (siehe S. 109 f.) die strukturellen Voraussetzungen schaffen, um das narzisstische Universum verlassen zu können. Dabei ist die Mutter jene Instanz, die den Übergang zur Welt (zum Vater) ermöglicht oder verhindert.

Eine narzisstische Einstellung setzt zumindest eine rudimentäre Vorstellung von sich selbst voraus. Wie es zu einer solchen kommen könnte, hat Jacques Lacan in seiner Arbeit über das Spiegelstadium darzustellen versucht, und zwar als Identifizierung mit einer Beziehung zu einem Bild (von sich), das als ein anderer erlebt wird. Nach dem Verlust der Brust/der körperlichen Unmittelbarkeit mit dem primären Objekt sucht das Kind die verlorene Einheit wiederzuerlangen, indem es sich mit dem imaginären Bild des anderen identifiziert und bildet so ein rudimentäres Selbstbild als Ideal (Lacan, 1949).

Identfizierung ist als allgemeiner Bewältigungsmodus narzisstischer Verletzungen infolge von Trennungen beschrieben. Dies entspricht auch Melanie Kleins Verständnis narzisstischer Zustände als Umlenkung der Libido von äußeren auf innere Objekte. Freud beschrieb „narzisstische Objektwahl" als eine Beziehungsform, wo das Objekt nach seiner Ähnlichkeit mit dem Individuum selbst gewählt wird. Der Narzisst ist eigentlich nicht selbstverliebt, sondern liebesunfähig in dem Sinn, dass er sich nicht auf eine(n) andere(n) beziehen kann; er liebt sich selbst so schlecht wie die anderen. Dies hat mit seinem unbewältigten Kastrationskomplex zu tun, weshalb er in der Abwehr der ödipalen Beschränkungen insgeheim an infantilen Allmachts- und Unsterblichkeitsvorstellungen festhält.

Das Narzissmuskonzept hat phasenweise besondere Aufmerksamkeit erregt und ist verschiedentlich weiterentwickelt worden: Béla Grunberger (1971) beschreibt den Narzissmus als eigene Entwicklungsdimension neben jener der Triebentwicklung und sieht die gelungene Verschränkung beider als erfolgreiche Integration, wohingegen ihr Auseinanderfallen zu einer Verarmung der Persönlichkeit aufgrund fehlender narzisstischer Besetzung der Triebkomponente führt. Für ihn basiert der analytische Prozess auf der narzisstischen Regression und zielt einerseits auf eine Desillusionierung narzisstischer Allmacht und andererseits auf die Aufwertung libidinöser Strebungen durch narzisstische Besetzung ab.

Otto Kernberg unterscheidet einen normalen und einen pathologischen Narzissmus. Ersterer sei die „gesunde" libidinöse Besetzung des Selbst bei realistischer Selbsteinschätzung. Diese entstehe auf der Grundlage integrierter ganzer Objekte, die als gut und böse erlebt werden können. Pathologischen Narzissmus sieht er als Abwehr gegen frühe, konflikthafte Selbst- und Objektimagines, welche in gestörten Objekbeziehungserfahrungen gründen. Er ist gekennzeichnet durch übersteigerte Größenphantasien und Anspruchshaltungen, extreme Empfindlichkeit gegen Kritik sowie unempathische Kälte gegenüber anderen Menschen.

Empfohlene Literatur

Sigmund *Freud* (1914c): Zur Einführung des Narzißmus. GW X, 137–170.

Béla *Grunberger* (1971): Vom Narzißmus zum Objekt. Frankfurt am Main: Suhrkamp, 1982.

Otto F. *Kernberg* (1975): Borderline-Störungen und pathologischer Narzißmus. Frankfurt am Main: Suhrkamp, 1978.

André *Green* (1983): Die tote Mutter. Psychoanalytische Studien zu Lebensnarzissmus und Todesnarzissmus. Gießen: Psychosozial, 2004.

Triangulierung

Triangulierung meint jene strukturbildende soziale Dimension, welche Kultur und Sprache und damit das Menschsein möglich macht. Sie befördert den Prozess, in dem jene innere Ordnung entsteht, welche Beziehungen zu zwei eigenständigen Objekten ermöglicht, die jeweils beide als gut und böse erlebt werden können. Das entspricht dem Verlassen des narzisstischen Universums.

Die „frühe Triangulierung" (Abelin, 1971) unterstreicht die Bedeutung des präödipalen Vaters für die Lösung aus der Dyade mit der Mutter. Genau genommen fasst Abelin den Ödipuskomplex nicht triebhaft, sondern als strukturelles Phänomen. Die Trennungs- und Identifizierungsprozesse, wie sie von den Objektbeziehungstheorien beschrieben werden, gelten dabei als entscheidende Schritte. Die Sexualität der Mutter bzw. der Eltern, ihre Liebes- und Hassverhältnisse als Grundlage ihrer Innenwelt sind wesentlich, da es gerade nicht nur um reale Familienstrukturen geht. Die Funktion des begehrten Objektes im Inneren der Mutter bzw. der Eltern begründet nämlich den Platz eines Dritten in der Welt des Kindes, und vor allem in dieser Funktion tritt der Vater oder sein Äquivalent im guten Fall in sie ein.

Melanie Klein (siehe S. 147–151) hatte mit dem frühen Ödipuskomplex (siehe S. 86–88) die gewaltigen Trennungs- und Strukturierungskonflikte um die archaischen Elternimagines bereits auf triebhafter Grundlage beschrieben. Bei ihr wird die Triangulierung als Voraussetzung der Symbolisierungsfähigkeit deutlich. Diese setzt ja eine gewisse Getrenntheit (von der Mutter) voraus, die mithilfe von Symbolbildungen eben überbrückt werden soll. Hier tritt das Symbol als vermittelndes, kreatives Drittes zwischen Ding und Subjekt und wird Grundlage des differenzierten Denkens.

Die Triangulierung als allgemeines Konzept psychischen bzw. mentalen Funktionierens ist niemals endgültig etabliert, sondern immer wieder bedroht, sodass sie jeweils wieder erworben werden muss. Für die Arbeit einer Psychoanalytikerin etwa haben Theorien eine wichtige triangulierende Funktion, mit deren Hilfe ein sich verengender Denkraum hinter der Couch wieder erweitert werden kann. Eine ebensolche triangulierende Funktion erfüllt die Supervision, und allgemein gilt das (göttliche) Gesetz als triangulierende Referenz der Kultur.

In der Tradition Lacans ist diese Repräsentation des anderen im Sinne von Bezogenheit auf ein Drittes und als Referenz ein Angelpunkt der symbolischen Ordnung. Sein Fehlen bestimmt die Psychose. Allgemein, so Lacan, ließe sich die mentale Struktur des Menschen als triangulär bezeichnen, insofern sie kulturell bestimmt und symbolisch eben über Sprache und Zeichen strukturiert und selbstreflexiv ist.

Empfohlene Literatur

Ludwig *Haeseler* (1999): Die Struktur der Triangularität und ihre grundlegende Bedeutung für Sprache und Denken sowie für die menschliche Kultur, in: Lilli Gast, Jürgen Körner (Hg.): Psychoanalytische Anthropologie II. Ödipales Denken in der Psychoanalyse. Tübingen: Edition Diskord, 1999, 62–93.

Franz *Dammasch* (Hg.) (2008): Triangulierung. Lernen, denken und handeln aus psychoanalytischer und pädagogischer Sicht. Frankfurt am Main: Brandes & Apsel.

Konflikt

Die Psychoanalyse ist eine Konfliktpsychologie. Von einem psychischen Konflikt spricht man dann, wenn jemand zwei oder mehrere miteinander unvereinbare

Forderungen oder Gefühle in sich spürt. Dies kann bewusst oder unbewusst vor sich gehen. Die Psyche selbst entsteht aus dem Konflikt mit den Kulturforderungen und ist prinzipiell konflikthaft angelegt. Der Ödipuskomplex (siehe S. 86–88) als zentraler Entwicklungskonflikt der Menschwerdung hat eine Sonderstellung.

Die umfassende Bedürftigkeit des Menschenkindes trifft auf immer nur begrenzte Befriedigung. Die Spaltung in unbewusstes und bewusstes Seelenleben fixiert einen immanenten Konflikt, der sich immer neu konstelliert, aber erst mit dem Tod endet. Dies hat mehrere Gründe:

- Die primäre Hilflosigkeit bringt das menschliche Neugeborene in seiner Bedürftigkeit in einen unauflöslichen Widerspruch zur Welt.
- Das Lustprinzip, das alles Leben in Gang hält, steht in Dauerkonflikt zu den Notwendigkeiten des Lebens und den Bestrebungen anderer Menschen.
- Die Triebhaftigkeit ist maßlos und unbedingt, daher prinzipiell asozial und bedeutet einen Dauerkonflikt mit der Kultur.
- Einander widersprechende Luststrebungen geraten in Konflikt.
- Die Verdrängung selbst, mittels derer Triebimpulse, die Unlust verheißen, vom Bewusstsein ferngehalten werden, ist konflikthaft.
- Die psychische Struktur des Menschen bildet sich auf dieser konflikthaften Grundlage so, dass im Laufe der Entwicklung ein Teil der Konflikte innerhalb der Psyche ausgetragen werden muss.
- Es kommt auch zu widerstrebenden Wünschen einem Liebesobjekt gegenüber, das dann gleichermaßen geliebt und gehasst wird, wodurch ein heftiger innerer Konflikt entsteht.
- 1920 stellte Freud die These von Lebens- und Todestrieb als elementaren antagonistischen Kräften der menschlichen Existenz auf (Freud, 1920f).

In der psychoanalytischen Kur stellt sich die Konflikthaftigkeit als Widerstand dar, vor allem als Kampf gegen die Erinnerung.

Für die Psychopathologie werden unterschiedliche Konfliktfelder krankmachend relevant: Die Neurotiker leiden vor allem an inneren Konflikten, weil einander entgegengesetzte innere Strebungen miteinander unvereinbar sind (etwa das Bestreben, sich zugehörig fühlen und gleichzeitig die anderen übertrumpfen zu wollen, womöglich mit dem Resultat, allein zu bleiben). In der Psychose besteht ein Konflikt mit der Realität, weil die Grenzen zwischen innen und außen nicht halten (der Wunsch, jemanden zu übertrumpfen, würde bei einem Paranoiker etwa zu der Überzeugung führen, von jemandem verfolgt und entwertet zu werden). Soziopathen und Perverse schließlich versuchen Triebkonflikte durch Beherrschung und Manipulation der äußeren Realität zu bemeistern, mit der sie in einem verleugneten Dauerkonflikt stehen (sie stellen etwa rituelle Situationen her, in denen sie andere auf jeden Fall übertrumpfen).

Metapsychologisch ist die Konflikthaftigkeit des Menschen immer neu modelliert worden: Im Affekt-Trauma-Modell ist der Konflikt als einer zwischen Besetzung und Gegenbesetzung gefasst, der durch Dissoziation vom Bewusstsein ferngehalten wird. Im topisch-dynamischen Modell wirkt er zwischen bewusst und unbewusst, wobei die Differenziertheit des Vorbewussten die Qualität des Konflikts bestimmt. Das Instanzenmodell bestimmt das Ich als Konfliktverarbeitungsinstanz zwischen den Triebansprüchen aus dem Es, den Anforderungen des Über-Ichs und den Notwendigkeiten der Realität. Durch „Die Ich-Spaltung im Abwehrvorgang" (Freud, 1940e) herrscht der Konflikt zwischen einem kohärenten Ich und den verdrängten Ich-Anteilen, und Differenziertheit und Stärke des Ichs bestimmen die Qualität des Konflikts und das Ausmaß der Angstentwicklung (Freud, 1940e, 59 f.).

Die Ich-Psychologie entfernte sich vom Trieb-Abwehr-Konflikt und postulierte „autonome Ich-Funktionen", die, gewissermaßen konfliktfrei, Ausgangspunkt einer ebenso konflikfreien Erkundung der Welt werden könnten. Für Freud allerdings gab es keine konfliktfreie Auseinandersetzung mit der Welt, weil die Maßlosigkeit der Triebwünsche und die Beschränktheit der Befriedigungsmöglichkeiten einander antagonistisch gegenüberstehen. Für ihn entstammte die Hinwendung zur Realität überhaupt erst diesem Konflikt.

Unter dem Einfluss Melanie Kleins (siehe S. 147–151) und der Objektbeziehungstheorien (siehe S. 179–181) kam es zu Erweiterungen und neuen Schwerpunkten der Konflikthaftigkeit: Die Integration gegensätzlicher Aspekte des Objekts steht gegen die Tendenz zur Spaltung, was weitreichende Folgen hat. Otto Kernberg etwa erweiterte das Trieb-Abwehr-Konfliktmodell um Selbst- und Objektrepräsentanzen, sodass jeder Anteil eines Konfliktszenariums – Triebimpuls und Abwehr – aus triebhaft aufgeladenen Selbst- und Objektrepräsentanzen (siehe S. 70–72, Triebtheorie) besteht.

Empfohlene Literatur

Melanie *Klein*, Joan *Riviere* (1937): Seelische Urkonflikte. Liebe, Hass und Schuldgefühl. München: Kindler, 1974.

Ambivalenz

Einander entgegengesetzte Gefühle und Strebungen einer Person oder einem Sachverhalt gegenüber bezeichnete Freud in Anlehnung an Eugen Bleuler (1911, 166, 184) als Ambivalenz. Häufig ist nur eine Tendenz bewusst und die andere unbewusst; dann besteht eine Tendenz, die verdrängte Komponente agierend zum Ausdruck zu bringen, ohne dies selbst zu merken, was auch in der psychoanalytischen Kur häufig eine Rolle spielt.

Dem Konzept der Ambivalenz liegt die Idee zugrunde, dass das Unbewusste keine Gegensätze kennt und dass im präödipalen Universum Liebe und Hass zugleich und undifferenziert nebeneinander existieren. Es ist eine notwendige Erfahrung, dass die infantilen Triebwünsche nie ganz erfüllbar sind, dass in der Folge also die primären Objekte notwendig enttäuschen und daher stets nicht nur wegen ihrer Fürsorge geliebt, sondern auch wegen ihrer Frustrationen gehasst werden. Diese doppelte Gefühlseinstellung bestimmt in der Folge tendenziell alle Beziehungen – insbesondere die zu Autoritäten – als Erben der infantilen Einstellung zu den Eltern. Durch die Verdrängung der infantilen Sexualität im Ödipuskomplex lernt das Kind, seine destruktiven Impulse gegenüber wertgeschätzten Objekten zu bemeistern, und es kommt auch zu einer weitgehenden Verdrängung ambivalenter Gefühlseinstellungen, die, sofern sie doch bewusst werden, heftige Konflikte zum Vorschein bringen.

Bis zu einem gewissen Grad ist jede Beziehung durch Ambivalenz geprägt, was an der Natur der infantilen Wünsche liegt. Freud meinte, dass bei Neurotikern die ambivalenten Tendenzen gesteigert seien und dass dies in der analytischen Kur regelmäßig zum Vorschein käme. In der Zwangsneurose etwa ist der Ambivalenzkonflikt besonders akut, weil die Verdrängung des Hasses und der Todeswünsche (gegen den Vater) nicht gelingt und sie oft auch trotz abwehrender Reaktionsbildung oder Zwangshandlungen zum Bewusstsein durchzubrechen drohen, was große Angst und Schuldgefühle erzeugt. Das Zwangssymptom selbst ist zumeist Ausdruck der Ambivalenz und besteht aus zwei gegenläufigen Komponenten, etwa wenn jemand die Lippen bewegt und dann die Hand auf den Mund legt: In diesem Fall ergab eine nähere Analyse, er verfluche jemanden und bringe sich zugleich zum Schweigen.

Einen besonderen Stellenwert hat die Ambivalenz gegenüber Autoritäten und in der Massenpsychologie, wo eine Führungsfigur die idealisierende Tendenz auf sich zieht, wobei die gegenteilige Tendenz auf einen äußeren Feind gelenkt wird, um innerhalb der Masse(nmitglieder) Konflikte zu vermeiden.

Empfohlene Literatur

Kurt R. *Eissler* (1971): Todestrieb, Ambivalenz, Narzißmus. München: Kindler, 1980.
Sigmund *Freud* (1910e): „Über den Gegensinn der Urworte". GW VIII, 214–221.
Sigmund *Freud* (1912b): Zur Dynamik der Übertragung. GW VIII, 363–374.

Urszene

Die Vorstellungen von der Beziehung der Eltern haben maßgeblichen Einfluss auf die Vorstellungen des Kindes von sich selbst und der Welt. Die Urszene bezeichnet den beobachteten oder vorgestellten elterlichen Geschlechtsverkehr. Sie ist eine in Analysen regelmäßig auftauchende Figur, eine ubiquitäre Phantasie aller Menschen, die in unendlich vielen Variationen in allen Kulturen mythisch und künstlerisch abgehandelt wird (etwa in den vielen „Stellungen" des Kamasutra oder in kombinierten Tier-Mensch-Gestalten). Die Urszene repräsentiert den Ödipuskomplexes in seiner ganzen Vielschichtigkeit, verdichtet in einem bewegten Bild: Die Eltern im Koitus, das beobachtende Kind ausgeschlossen und erstarrt. Dies entspricht der visuellen Darstellung aller widersprüchlichen Affekte und Phantasien, in welchen der Ödipuskonflikt kulminiert. Seltener sind akustische oder diffus sensomotorische Urszenen.

Stets geht es um eine phantastische, affektiv stark aufgeladene Szene, in der das Kind ein ganz aufeinander bezogenes (Eltern-)Paar sich in unheimlicher Weise körperlich vermischen und sich selbst ausgeschlossen und panisch erstarrt erlebt – eine Kreation des Kindes, die die massivste Kindheitskränkung und deren Abwehr repräsentiert und wie ein verdichtetes Traumbild gelesen werden kann. Alle Vorstellungen über die körperliche und emotionale Beschaffenheit der Eltern, ihr Verhältnis zueinander und zum Kind sowie alle sehnsüchtigen und zerstörerischen Einstellungen des Kindes gegenüber den Eltern sind darin enthalten. Dahinter liegt eine Ur-Urszene (List, 1993a, b) der idealisierten Lusteinheit des Kindes an der Mutterbrust. Die beiden Szenen komprimieren den Übergang vom narzisstischen zum ödipalen Universum mit all seinen Affektstürmen, und die zweite Szene ist ohne die erste nicht zu denken.

In der klinischen Diskussion wird der real beobachtete elterliche Koitus gelegentlich als traumatisch bezeichnet. Dabei geht es vor allem um die kindlichen Triebkonflikte, besonders um Wünsche, die Szene zu zerstören. Die Projektion dieser unerträglichen inneren Zustände auf die Szene begründet erst den Schrecken.

Für die individuelle Entwicklung ist es entscheidend, dass die Urszene unbeschädigt bleiben kann, dass also die Vorstellung der lustvollen Verbundenheit der Eltern ertragen und zuletzt als gut empfunden werden kann. Daran knüpfen sich Vorstellungen von der eigenen Herkunft wie auch von den künftigen Möglichkeiten zu lustvoller Intimität mit (einem) anderen Menschen.

Als Grundstruktur dient die Urszenenfigur zur kreativen Verarbeitung der im Unbewussten stets virulenten Kämpfe um die von der Kultur geforderten ödipalen Beschränkungen. In unzähligen alltäglichen, religiösen und künstlerischen Urszenen-Äquivalenten (List, 1993a, b) werden Kulturgrenzen immer wieder neu errungen und wird die Zivilisation durch symbolische Verarbeitungen der Urszenenphantasie aufrechterhalten.

Empfohlene Literatur

Jean *Laplanche*, Jean-Bertrand *Pontalis* (1985): Urphantasie. Phantasien über den Ursprung, Ursprünge der Phantasien. Frankfurt am Main: Fischer Taschenbuch, 1992.

Eveline *List* (1993a): Urszene und Weltbild I: Metapsychologisches. texte. psychoanalyse. ästhetik. kulturkritik 13 (2), 50–75.

Eveline *List* (1993b): Urszene und Weltbild II: Massenpsychologisches. texte. psychoanalyse. ästhetik. kulturkritik 13 (3), 38–69.

Trauma

In seinem ersten Neurosenmodell nahm Freud an, aufgestaute, unabgeführte Affekte hätten eine traumatische Wirkung, deren Verdrängung Ursache der dann eben traumatisch genannten Neurose sei. Zusätzlich vermutete er reale Traumen durch sexuelle Verführungen im Kindesalter. Erfolgreiche Aufdeckung des Verdrängten und Abfuhr der Affekte galten als Heilungsursache. Später konzipierte er einen zweizeitigen Prozess mit nachträglicher pathogener Wirkung (siehe S. 116). Obgleich Freud die allgemeine Traumagenese der Neurosen aufgab, verwarf er natürlich nicht die Existenz traumatisch bedingter psychischer Verletzungen. Triebdynamisch-konflikthafte und traumatische Ursachen schließen einander nicht aus, sondern bestehen nebeneinander und wirken oft verstärkend zusammen.

Ein Trauma ist eine Verwundung aufgrund eines überwältigenden, den Organismus in seiner verarbeitenden Fähigkeit außer Kraft setzenden Ereignisses bzw. eine den psychischen Apparat überfordernde Reizüberflutung, die von innen oder von außen kommen kann. Genetisch entstand der psychische Apparat ja durch die Differenzierung aufgrund der zu bewältigenden Arbeitsanforderungen. Ein traumatisierendes Ereignis ist nun ein Geschehen, das diese Differenzierung vorübergehend unwirksam macht, weil es so massiv und/oder weil der Organismus geschwächt bzw. unvorbereitet ist. Angesichts der im Alltag immer wieder auftretenden kleinen traumatischen Erlebnisse gilt es, davon ein „echtes" Trauma zu unterscheiden. Das ist nicht über den äußeren Augenschein möglich, da es wesentlich innere Faktoren sind, die jeweils über die subjektiv erfahrene Traumatisierung entscheiden.

Sándor Ferenczi (1932) erkannte auch einen prinzipiell traumatisierenden Effekt in der infantilen Begegnung mit der Erwachsenenwelt (siehe S. 42). Frühkindliche Traumatisierung kann – im Gegensatz zur späteren – nicht durch Spaltung und partielle Verleugnung bzw. Dissoziation abgewehrt werden, sondern führt wegen fehlender Abwehr leicht zu Strukturdefekten. In besonderer Weise gilt dies beim kumulativen Trauma (Khan, 1963) aufgrund einer dauernd mangelhaften mütterlichen Hilfs- und Schutzfunktion.

Metapsychologisch bedeutet ein Trauma einen schockartigen Zusammenbruch der vorbewussten bzw. der Ich-Organisation. Klinisch folgt darauf gelegentlich unkontrollierte Abfuhr, die selbstschädigend wirken kann, was mit dem Aussetzen der Ich-Funktionen zu tun hat. Die kontinuierliche Arbeit an den Konflikten, beruhend auf „Containment" (siehe S. 182) – also der Fähigkeit, unverarbeitete psychische Inhalte zu bewahren, um sie dann zu symbolisieren – wirkt, so Wilfred Bion, im alltäglichen Leben ebenso wie in der analytischen Kur möglichen Traumatisierungen entgegen.

Empfohlene Literatur

Sándor *Ferenczi* (1932): Sprachverwirrung zwischen den Erwachsenen und dem Kind. Die Sprache der Zärtlichkeit und der Leidenschaft, in: ders.: Schriften zur Psychoanalyse II. Frankfurt am Main: S. Fischer, 303–313.

Caroline *Garland* (Hg.) (1998): Understanding Trauma. A Psychoanalytic Approach. London: Karnac.

Anne-Marie *Schlösser*, Kurt, *Höhfeld* (Hg.) (1998): Trauma und Konflikt. Gießen: Psychosozial.

Nachträglichkeit

Aufgrund der zweizeitigen Anlage der menschlichen Sexualentwicklung und der prinzipiellen Zeitlosigkeit des Unbewussten kommt es im Prozess des Verdrängens und Wiedererinnerns zu immer neuen Bedeutungsgebungen. Klassisch sind ursprünglich „unbedeutende" kindliche Erinnerungsspuren, die durch spätere Ereignisse aktualisiert werden, dabei durch die inzwischen stattgefundene psychosexuelle Entwicklung nachträglich eine sexualisierte Bedeutung erhalten und zu heftigen, unter Umständen „traumatisierenden" Affektreaktionen führen können. Bekannterweise kann es sich auch „nur" um Phantasien handeln. Auch die Urszene etwa erhält durch nachträgliche Verformungen neue Bedeutungen und affektive Macht. Beispielsweise las eine Analysandin in einem Roman die Beschreibung einer wilden Liebesszene und erinnerte sich durch ein Detail an ein bestimmtes, längst vergessenes Kinderspiel mit dem Bruder ihrer Mutter und an eine damit verbundene Erregtheit. Diese rief plötzlich die Vorstellung sexueller Grenzüberschreitung und heftige Scham in ihr hervor, was es ihr unmöglich machte, zum weihnachtlichen Familienfest zu gehen, weil sie dort ihren Onkel treffen würde. Das Raufspiel war ihr immer in Erinnerung gewesen, hatte aber nachträglich plötzlich eine ganz spezifische Bedeutung erhalten.

Unsere Innenwelt bzw. das Vorbewusste wird mit jeder Erfahrung restrukturiert, was auch dazu führt, dass unsere Erinnerungen die Vergangenheit immer neu verstehen lassen, wie eben auch die Historiker in jeder Generation die Geschichte neu schreiben. Das bedeutet keine völlige Relativierung: Ein Mord bleibt ein Mord, eine Geburt eine Geburt, wenngleich sie auch in unterschiedlichen Bedeutungszusammenhängen gesehen werden.

Empfohlene Literatur

Sigmund *Freud* (1895d): Studien über Hysterie. GW I, 75–312.

Matthias *Kettner* (1999): Das Konzept der „Nachträglichkeit" in Freuds Erinnerungstheorie. Psyche 53, 309–342.

Der Fetisch

Ein Fetisch, etwa ein magisches Amulett, dient dazu, etwas zu verbergen und damit den bedrohlichen Charakter des Verborgenen gleichermaßen präsent und kontrolliert zu halten. Er markiert damit einen (existenziellen) Konflikt und verleugnet zugleich dessen Bedeutung. In seiner Arbeit über den Fetischismus erläutert Freud (1927e) die komplexen Operationen, die ein bestimmtes Ding durch Phantasien so ausstatten und aufwerten, dass es zuletzt das psychische Gleichgewicht einer Person aufrechterhalten kann. Der Fetisch, meint Freud, bedeute den (imaginären) Penis der Mutter; anders formuliert repräsentiert er ein fiktives, allgeschlechtliches Genitale, das den Geschlechtsunterschied zwischen den Eltern und zwischen Eltern und Kind aufhebt. Er steht damit für eine Welt ohne Differenz. Das berühmte Feigenblatt zum Beispiel verdeckt die Realität und zugleich regt es die Phantasien an.

Winnicott (1951, 317 f.) beschrieb, wie sich der Fetisch elementar vom Übergangsobjekt (siehe S. 185, 187) unterscheidet, indem er nicht Träger einer Vielfalt illusionärer Bedeutungen ist, sondern auf ein einziges Stereotyp festgeschrieben bleibt. Dem entspricht eine mechanische, ritualisierte Handhabung und heftige Angst- und Wutreaktionen, sobald der Fetisch Anzeichen eines „Eigenlebens" zeigt, etwa die ritualisierte Handhabung aus irgendeinem Grund erschwert. Dem Fetisch fehlt die trianguläre symbolische Funktion. Anders als das Übergangsobjekt, das unterschiedliche Stimmungslagen wie lebendig aufnehmen, widerspiegeln und ergänzen soll, darf der Fetisch nur ein beherrschbares Objekt sein; jede Abweichung davon bedroht das prekäre psychische Gleichgewicht des Fetischisten. Je enger die Fetischfunktion bestimmt ist und je dringender sie gebraucht wird, umso heftiger muss die illusionäre Welt, die geschützt wird, vor dem Einbruch der Realität bewahrt werden. Die Fetischfunktion besteht im gleichmachenden Zudecken, das als Barriere gegen eine Welt der Differenz dient, damit die beschränkende Kastration ausgeblendet bleiben und die infantile Illusionswelt aufrechterhalten werden kann: eine Welt der Allmacht, Allgeschlechtlichkeit und Unsterblichkeit, in der der Sohn den Vater bei der Mutter ersetzen und die bedrohliche archaische Mutter kontrolliert werden kann.

Fetische charakterisieren perverse bzw. „Als-ob"-Verhältnisse, weshalb sie in kritischen Gesellschaftsanalysen besonderen Stellenwert haben. Unsere Konsumkultur produziert und benützt Fetische, deren sexueller Charakter als Bedingung des Lustgewinns ganz manifest oder auch nur latent sein kann, im Überfluss. Alles eignet sich zur Fetischisierung: ein Taschentuch, ein Lederdress, sogar eine bestimmte Geste, wenn die Illusion, die dahintersteht, geschützt wird. Karl Marx' Begriff „Fetischcharakter der Ware" (1867, bes. 85–98) bezeichnet in diesem Sinn die Illusion der Märkte, alles sei mit allem gleichzusetzen, etwa Butter mit Kanonen, wenn sie nur den gleichen Preis erzielen.

Eine besondere Kategorie von Fetischen sind religiöse oder militärische Kultgegenstände, etwa Reliquien oder bestimmte Waffen, denen magische Kraft zuerkannt werden und die unter anderem helfen sollen, quälende Gefühle – etwa der Ohnmacht oder der Schuld – unter Kontrolle zu halten, was (angeblich) gelingt, solange der Fetisch erhalten bleibt.

Empfohlene Literatur

Sigmund *Freud* (1927e): Fetischismus. GW XIV, 309–317.
Jean-Bertrand *Pontalis* (Hg.) (1972): Objekte des Fetischismus. Frankfurt am Main: Suhrkamp.

Das Über-Ich

Den Begriff Über-Ich prägte Freud erst 1923, aber das Konzept im Sinn einer Gewissensinstanz war schon viel früher vorhanden. Das Über-Ich repräsentiert elterliche Gebote und Anforderungen der Kultur in der kindlichen Psyche und sucht dem Ich Ideale, Gesetz und Ordnung aufzudrängen. Es bildet sich aus archaischen, triebhaften Objektbeziehungen und Identifizierungen wie auch aus Reaktionsbildungen gegen dieselben und bewahrt daher Merkmale der frühen Autoritäten. Man sagt, das Über-Ich sei Niederschlag der Norm- und Moralgebote der Eltern, und die Konflikte und Affektstürme zwischen Eltern und Kind um diese Ge- und Verbote fließen als Teil seiner Struktur in das Über-Ich ein.

Grundlagen des Über-Ichs sind die konstitutionell lange Hilflosigkeit des Menschenkindes und die Zweizeitigkeit seiner Sexualentwicklung. Nach frühen archaischen und, wie Melanie Klein (siehe S. 147–151) darstellte, sehr strengen und undifferenzierten Über-Ich-Strukturen erfolgt durch den Ödipuskomplex eine Differenzierung, die zu einem realistischeren und toleranteren Über-Ich führt. Erst im Erwachsenenalter und nicht zuletzt durch Erfahrungen von Trennung und Verantwortung wird das Über-Ich zu jener moralischen Instanz, aufgrund derer in hoch differenzierten Gesellschaften wie der unseren die subjektive Einpassung in kulturelle und soziale Zusammenhänge gelingt. In Gesellschaften, die nicht auf Individualität bauen, sondern als Gruppenkulturen kollektiv funktionieren, kann von einer vergleichbaren psychischen Instanz nicht gesprochen werden. Das Über-Ich gründet auf kleinfamilialen Strukturen von relativ großer Intimität und weitgehend innengeleiteter Moral bei individuellen Entscheidungsmöglichkeiten. Diese Bedingungen sind auch in Europa erst seit der Moderne gegeben (siehe Kittsteiner, 1991; List, 2010b).

Dem Über-Ich geht genetisch ein Gebotsgehorsam voraus, der auf der Macht der Stärkeren beruht, deren Gebote eben noch nicht verinnerlicht wurden, sodass jedes gebotskonforme Verhalten Resultat eines realen äußeren Konflikts mit den (elterlichen) Autoritäten ist, die dabei wechselweise gehasst oder geliebt werden. Erst mit dem Untergang des Ödipuskomplexes werden die Kämpfe um „richtiges“ Verhalten zu inneren Konflikten. Diese Konflikte sind auch Niederschlag der Triebhaftigkeit in den ursprünglichen Machtkämpfen und bleiben im Über-Ich enthalten, dem stets libidinöse und destruktive Tendenzen eigen sind. Genau genommen verinnerlicht das Kind die von den Eltern verinnerlichten Werte; das Über-Ich ist daher nicht nur Repräsentant der Kultur, sondern auch ein konservativer Garant ihrer Traditionen, da Kinder eigentlich nach den Normen der Großeltern erzogen werden.

In der Psychopathologie kommt dem Über-Ich eine wichtige Funktion zu. Wesentlich sind dabei seine Qualität (z. B. differenziert oder rigide, streng oder tolerant) und seine relative Stärke im Verhältnis zum Ich. In der Depression etwa unterliegt unter Umständen das Ich dem rigiden Über-Ich bzw. dessen destruktiven Anteilen, während ein anspruchsvolles oder strenges Über-Ich in Kooperation mit einem starken Ich hohe Leistungen und auch Befriedigung ermöglichen kann.

Empfohlene Literatur

Sigmund *Freud* (1923b): Das Ich und das Es. GW XIII, 235–289.
Heinz D. *Kittsteiner* (1991): Die Entstehung des modernen Gewissens. Frankfurt am Main, Leipzig: Insel.
Melanie *Klein* (1933): Die frühe Entwicklung des kindlichen Gewissens. GS I/2, 1–20.
Léon *Wurmser* (1959): Die Flucht vor dem Gewissen. Berlin: Springer, 1987.

3 Komplexe Zusammenhänge

Für die Psychoanalyse sind Überdeterminiertheit und Komplexität Kennzeichen menschlicher Verhältnisse. Es ist kein Zufall, dass der Begriff Komplex auch als psychoanalytischer definiert ist. Das Leben wird nicht von einzelnen psychischen Funktionen bestimmt – obgleich es ohne die meisten nicht geht –, sondern vom Zusammenspiel aller Funktionen in Auseinandersetzung mit der Welt. Daraus entstehen vielschichtige Zusammenhänge, komplizierte Affekt- und Bindungsgefüge, die von Phantasien bestimmt und begleitet werden.

In der theoretischen und klinischen Forschung untersucht die Psychoanalyse in der Regel solche Zusammenhänge, die sich oft erst auf Umwegen erschließen. Dabei wird deutlich, wie sehr kulturelle Hervorbringungen der Menschen und ihre psychosoziale Verfasstheit zusammenwirken und dass die Psychoanalyse einen geeigneten Zugang zu beidem bieten kann.

Einige solcher Zusammenhänge sind von besonderem allgemeinen Interesse. Die Komplexität ergibt sich aus genetischen Entwicklungen, wobei – gemäß dem

Erhalt des Psychischen – frühere Bildungen nicht verschwinden, sondern im Unbewussten fortwirken, Konflikte verursachen, Abwehroperationen bewirken und direkt und indirekt auch spätere psychische Bildungen beeinflussen. Psychophysische Ergänzungsreihen und psycho-soziale Zusammenhänge sind assoziativ verknüpft und bestimmen Bedeutung und Qualität eines Ereignisses.

Gier – Neid – Scham – Schuld

Die Affektreihe Gier – Neid – Scham – Schuld stellt eine Abfolge psychischer Zustände, Affekte und Abfuhrvorgänge dar, die zugleich eine Entwicklung der Beziehung zur Welt und zu den Objekten beschreibt. Es handelt sich um einen quasi genetischen Zusammenhang, der – ausgehend von einer maßlosen, ungetrennten Welt – verschiedene Differenzierungsschritte beschreibt, an deren Ende relative Eigenständigkeit und die beginnende Etablierung eines verinnerlichten Wertesystems stehen. Gier, Neid, Scham und Schuld begleiten den Kampf um grundlegende soziale Tugenden als Folgen der Normen unserer Kultur und sind eine Reaktion auf die Einschränkungen, die jene dem Individuum auferlegen.

Gier als unstillbarer, maßloser „Hunger" ist eine erste Reaktion auf die Erfahrung des Mangels insofern, als nichts in der Welt die unbegrenzte Wunschdynamik erfüllen kann und darüber hinaus die alltägliche Realität bzw. die reale Mutterbrust auch unter besten Umständen notwendig Frustration mit sich bringt. Gier ist gekennzeichnet durch orale Not und Destruktivität und kennt nur Teilobjekte, die ausschließlich der eigenen Wunscherfüllung dienen und dabei auch zerstört werden können.

Bei Freud findet sich die Gier vor allem als orales Luststreben und als (anale) Habgier. Wenn die orale Gier besonders stark ist und bis in die anale Phase erhalten bleibt, kommt es zu Reaktionsbildungen, etwa zu Ekel oder Neid, die, anders als die Gier, bereits Differenz implizieren. Melanie Klein (siehe S. 147–151) verstand die Gier psychodynamisch als zornige Introjektion (im Unterschied zur freudigen Einverleibung), die von Phantasien der Zerstörung bzw. Entwertung des (Teil-)Objekts begleitet wird und daher nicht zu Befriedigung bzw. im schlimmsten Fall sogar zu Zerstörungsangst führt. Die maßlose „Sucht" nach immer neuen (Teil-)Objekten rührt von der Suche nach immer neuen „guten" (Teil-) Objekten her, um die zuvor introjizierten verdorbenen und verfolgenden und den damit verbundenen Hass zu neutralisieren. Dieses Manöver gelingt aber nicht. Gier ist also grenzenloser Hunger und Einverleibung in einem Universum schlechter, verfolgender (Teil-)Objekte. In der Folge entsteht die Vorstellung, mit zerstörerischer Nahrung angefüllt und vom unstillbaren Wunsch nach guter Nahrung getrieben zu sein. Die Verwandtschaft zu gewissen Essstörungen – überhaupt zu Suchtphänomenen – ist evident. Lacan (siehe S. 156–162) hat sich nicht speziell mit der Gier befasst, er betont aber die prinzipielle Unmöglichkeit der Befriedigung im Genießen, wodurch die Maßlosigkeit der Gier notwendigerweise zu Unlust führen muss.

Neid Die projektive Abwehr dieser Dynamik führt zum Neid. Dieser bezeichnet für Melanie Klein ein Leiden an der Vorstellung, dass der andere jeweils genau das habe und genieße, was man selber vermisst und unbedingt braucht. Das führt dazu, dass nicht gesucht oder gesehen werden kann, was befriedigen könnte und was durch eine wütende Fixierung auf den vermeintlichen Reichtum des anderen jede eigene Befriedigungsmöglichkeit verdeckt.

Sigmund Freud befasste sich mit Geschwisterneid als (oralem) Neid auf die Ur-Urszene (siehe S. 113 f.) sowie mit Sexualneid in Form von Penis- und Gebärneid als den Insignien von Potenz und Vollkommenheit. Der Neid auf den Urvater („Totem und Tabu"; siehe S. 296) lässt eine gewisse Verwandtschaft mit Melanie Kleins Konzept erkennen, insofern der allmächtige, omnipotente und allgeschlechtliche Urvater alle Befriedigung für sich monopolisiert, weshalb seine Befriedigung die der Söhne verhindert. In Bezug auf den Urvater beschrieb Freud den tödlichen Hass und die Identifizierung als dessen Abwehr. Dazu gehört auch eine neidige Form der Gerechtigkeit im Sinne eines „Wenn ich nicht, dann auch die anderen nicht". Unter den Vorzeichen des Hasses wird im dualen Universum der Oralität die aufkommende Differenz (auto-)destruktiv abgewehrt; der Neidige verdirbt, was ihm gut täte und kommt immer zu kurz. Dies hat mit der Verleugnung von Getrenntheit zu tun.

Für Melanie Klein wurde Neid zu einem Schlüsselaffekt, der mit der Spaltung in Gut und Böse entsteht und eine verzweifelte Wutreaktion auf eine erste Wahrnehmung von Differenz ist. Sie verstand ihn als Hass auf das Gute im Besitz des (Teil-)Objekts, begleitet von der Vorstellung, der eigene Mangel liege darin begründet, dass andere Gutes haben. Dadurch wird es unmöglich, vom Guten des anderen zu profitieren. Als primitiver Destruktivität liegt dem Neid die Phantasie zugrunde, in den Körper der Mutter einzudringen und dort ihre Schätze – die Babys und den Penis des Vaters – zu zerstören, was Vergeltungsängste weckt. Eine Lösung kann nur in der Bewahrung des guten (Teil-)Objekts liegen und in der Integration von Gut und Böse. Diese ist freilich an den Kastrationskomplex, also an die Einsicht in die Beschränktheit gebunden.

Scham ist ein Affekt, mit welchem das Individuum auf die Wahrnehmung von (beginnender) Differenz zwischen sich selbst und den zunehmend integrierten Objekten reagiert. Nicht mehr die in Gut und Böse gespaltene Welt, sondern die Differenz zwischen der eigenen Person und den anderen wird schmerzlich bewusst, und das narzisstische Paradies schwindet. Aus alltäglicher Erfahrung kennt jeder die Schamreaktion auf Entblößung, was sich gegen das Sichtbarwerden des (Geschlechts-)Unterschieds richtet, oder gegen die Demütigung als Sichtbarwerden des (Generationen-)Unterschieds. Die kränkende Wahrnehmung der Grenzverletzungen und das Gewahrwerden der bis dahin verleugneten Unterschiede sind ein Hinweis auf kohärentere Ich-Grenzen. Scham ist dann auch jener Zustand, der aus der Einsicht in die eigenen Illusionen entsteht. Im Bezug auf die Differenz im Verhältnis zum Ich-Ideal ist Scham oft mit narzisstischer Wut gepaart als Ausdruck gekränkter Vollkommenheitsideale. Seine ambivalente Bindung an den Schautrieb erweist ihn eben als jenen Affekt, der den Eintritt in die symbolische Ordnung begleitet, wo globale Identifizierungen problematisch sind und Unterschiede zunehmend sprachlich erfasst werden.

Lacan versteht Scham als Reaktion auf das Auftauchen des väterlichen Signifikanten, der ja auch die Differenz festschreibt und daher Abwehr gegen das Nichtidente provoziert. Rettung aus der Scham liegt einerseits in der Verleugnung als „Wegschauen", andererseits aber auch im genauen „Hinschauen", also in wachsender Differenzierungsfähigkeit.

Schuld Die wachsende Symbolisierungs- und Differenzierungsfähigkeit, sowie die Sorge um das Objekt führen im Verbund mit den ödipalen Verboten und Konflikten zur Verinnerlichung elterlicher und gesellschaftlicher Normen. Das Gefühl von Schuld ist dann die affektive Reaktion auf die Differenz von richtig und falsch bzw. auf die Wahrnehmung der Normenübertretung und der Gesetzesverletzung. Schuld ist ein Affekt, der vor allem intrapsychisch wirksam ist und auch nicht – so wie Gier, Neid und Scham – primär Konflikte mit der äußeren Welt impliziert. Der Großteil der Schulddynamik bleibt unbewusst und entstammt dem Konflikt zwischen Ich und Über-Ich. Der Schuldige kann seinem Verfolger nur schwer entkommen, weil er ihn in sich trägt. Dies unterscheidet das Schuldgefühl von einfacher Strafangst nach einer Normverletzung; es setzt eine innere Gewissensinstanz voraus, die ihrerseits auf Erfahrungen mit verinnerlichten Objekten basiert.

Der Unterschied zwischen Gier und Neid liegt in der destruktiven Wendung gegen das (Teil-)Objekt beim Neid. Bei der Gier erfolgt die Zerstörung ungezielt, wie nebenher. Der Unterschied zwischen Scham und Schuld besteht in einer Wendung der destruktiven Strebungen gegen das Subjekt im Fall der Schuld. Dazwischen liegen elementare psychosoziale Strukturveränderungen. Scham und Schuld kennzeichnen die ödipalen Kämpfe und bestehen immer wieder nebeneinander oder wechseln einander ab, je nachdem, ob die Differenz mehr oder weniger ertragen wird; mitunter verdecken sie einander auch. „Schamcharaktere" sind in der Regel „sozialer orientiert" im Sinne eines Heischens nach Zustimmung und sind in diesem Sinne flexibler als „Schuldcharaktere", die sich selbst rigide kontrollieren müssen.

Die beschriebenen Affekte sind auch soziale Regulative. Während ungezügelte Gier und Neid in ihrer Asozialität von keiner menschlichen Gemeinschaft toleriert werden können, markieren Scham und Schuld unterschiedliche gesellschaftliche Organisationsparameter. Es liegt nahe, dass der von Scham Geleitete mehr an seinen Mitmenschen orientiert ist als der von Schuld Geleitete, der im Banne seiner inneren Konflikte mit sich selbst befasst ist. Im Zusammenhang mit kollektiven Traditionen der Verinnerlichung lassen sich Scham- und Schuldgesellschaften unterscheiden und in diesem Sinn historische Strukturveränderungen von vormodernen zu modernen Gesellschaften feststellen. In traditionsgeleiteten, durch geringen sozialen Wandel gekennzeichneten („kalten“) Gesellschaften funktioniert die Einpassung der Mitglieder über enge Verbundenheit, soziale Konformität und Konfliktvermeidung bei geringer Individualität und Intimität. Scham und Schamangst angesichts drohender Differenz zu den anderen regulieren das Zusammenleben. Demgegenüber sind sich rasch wandelnde („heiße“) Kulturen durch stärkere Verinnerlichung der Normen geprägt, begleitet von einer größeren Distanz der Einzelnen zueinander, einer Verlagerung der Konflikte vom sozialen auf das innerpsychische Feld sowie von Individualität und Intimität kleinster Gruppen. Die Gesetze werden primär durch innere Ansprüche und durch Schuldgefühle bei deren Nichterfüllung durchgesetzt. Soziale Sanktionen haben eher den Charakter von Ausfallshaftungen zur Aufrechterhaltung der sozialen Ordnung.

Empfohlene Literatur

Melanie *Klein* (1957): Neid und Dankbarkeit. Eine Untersuchung unbewußter Quellen. GS III, 279–367.

Gerhard *Piers*, Milton B. *Singer* (1971): Shame and Guilt. A Psychoanalytic and a Cultural Study. New York: Norton.

Körper – Sinne – Geistigkeit

Die psychoanalytische Kur kommt strikt ohne körperliche Untersuchung oder Behandlung aus, obwohl natürlich körperliche Befindlichkeiten ein sehr wichtiges Thema sind. Umso mehr bemühte sich die psychoanalytische Theorie daher von Anbeginn um ein Verständnis der psychosomatischen Zusammenhänge und ihrer Entwicklung. Das traditionelle Leib-Seele-Problem, das in der christlich-abendländischen Überlieferung als Gegensatz gilt und die moderne Wissenschaft intensiv beschäftigte, musste von einer materialistischen Psychologie auf medizinischer Grundlage, was die Psychoanalyse ja war, neu gefasst werden.

Freud formulierte sein Triebkonzept als Grenz- und Vermittlungsphänomen zwischen Körper und Seele. Der Körper ist immer materielle Grundlage, und die Triebgenese erfolgt im Kontakt mit einer interessierten und auch sexuell motivierten (erwachsenen) Person. Das hat Margarethe Hilferding in ihrer psychoanalytischen Fassung der Mutterliebe erstmals dargelegt. Im bedeutungsvollen Kontakt mit dem sinnlichen Körper der Mutter wird der Säugling „versinnlicht“, was im Deutschen zweierlei heißt: Einerseits werden die Sinne erregt bzw. wird die Wahrnehmung aktiviert, andererseits wird Sinn erzeugt. Beides zusammen stiftet Bedeutung. Sinnlichkeit und Sexualität sind nicht einfach Erregungsabfuhr, sondern bedeutungsvolle Luststrebungen; sie bilden die Grundlage der Wunschdynamik und vermitteln zwischen Körper und Geist.

Die Sinnesorgane sind zunächst Potenziale und müssen „erweckt" werden. Freud nannte die Mutter eine „Verführerin", und Jean Laplanche (1988) sprach von einer „primären Verführung" zum Leben. Freud dachte diesen Vorgang „in Anlehnung" an die überlebensnotwendigen Bedürfnisbefriedigungen. Durch einen alltäglichen, ausreichend liebevollen körperlichen und emotionalen Kontakt verhilft die Mutter dem Bündel körperlicher Not, das das Baby ist, zu einem Übergang in die Welt der Bedeutungen, also der Geistigkeit. Dies gelingt aber nur, wenn der Körper des Kindes erotisiert wird. Alle durchschnittlich gesunden Menschen sind im Umgang mit einem Säugling diesem spontan zugewandt und fürsorglich, aber die sichere, liebevolle Aufladung des kindlichen Körpers durch Berührungen, Geruch, Stimme usw. der Mutter, der sichere Halt durch ihren Arm und ihre Augen sowie ihre Phantasien bestimmen die spezifische Sinnlichkeit des Menschenkindes. Die Partialtriebe (Halten, Fühlen, Hören, Riechen usw.) werden erregt und befriedigt, und das ist zugleich Befriedigung für die Mutter. Dadurch erfolgt die „Einschreibung" der Bedeutungen in den Körper des Kindes.

Der versinnlichte und daher bedeutungsvolle Körper bildet die Grundlage aller Phantasien und Symbolisierungen; „Sinn"-Gebung verbindet Körper und Geist. Die Versinnlichung macht aus dem Körper eine psychische Größe. Die Integration der Partialtriebe und Befriedigungserfahrungen zu einem ganzen Körperschema bildet die Grundlage von Selbstgefühl und Denkstrukturen (die etwa in Regressionszuständen auch wieder verloren gehen). Da diese Versinnlichung üblicherweise in engem Körperkontakt zur Mutter erfolgt, hat die Separation eine eminent große Bedeutung. Erst die Geburt und dann die Trennung vom Körper der Mutter sind die zwei elementaren frühen Kastrationserfahrungen. Ein ursprünglicher Anklammerungstrieb (Hermann, 1936) wird durch die Kultur unterbunden. In verschiedenen Gesellschaften geht das unterschiedlich vonstatten, und logischerweise ist das Körpergefühl eines Erwachsenen, der als Kind ein, zwei oder mehr Jahre am Körper der Mutter mitgetragen wurde, ein sehr anderes als das von jemandem, der früh zum Getrenntsein gezwungen war. Auch die Sicht der Welt und das Verhältnis zu Menschen und Dingen sowie die Art, über sie nachzudenken, wird anders sein.

Jedenfalls wird die jeweilige primäre Sinnlichkeit Grundlage von Erregungsverarbeitung und Objektliebe. Schon innerhalb einer Gesellschaft führen unterschiedliche Umgangsformen und Einstellungen gegenüber Säuglingen zu erheblichen Differenzen, und im interkulturellen Vergleich werden oft sehr große Unterschiede in Sinnlichkeit, sozialer Wahrnehmung, Raum- und Zeiterleben usw. deutlich – Unterschiede, die schließlich ethische und ästhetische Differenzen begründen und tradieren. Die in der westlichen Welt üblich gewordene Trennung des Säuglings von der Mutter etwa prägt die Trieb-Abwehr-Dynamik, das Selbstgefühl und die Symbolisierung der Menschen und die gesamte Kulturentwicklung. Sie schafft unter anderem frühzeitig jene Kluft, welche im guten Fall durch Sinn-Gebung und Symbolisierungen überbrückt werden kann und dann höhere Geistigkeit befördert. Melanie Klein verstand dies als Bewältigung eines frühen Erlebens von Destruktion und Angst in Bezug auf den mütterlichen Körper.

Mit der Wortsprache werden komplexe Mentalisierungsprozesse möglich und schließlich Verdrängung und Bewusstwerden der Erinnerungsspuren, die letztlich immer auf Sinnlichkeit zurückgehen. Man kann das Verhältnis zum eigenen Körper daher als Referenz des Verhältnisses zur Welt verstehen, und entlang der langen Geschichte des Erwachsenwerdens können viele Störungen auftreten. Solche lassen sich mitunter leicht erkennen. Manche Menschen wirken in ihrer ganzen Körperlichkeit wie „schlecht gehalten", manche können nicht auf sich achten und verunfallen häufig, manche brauchen bestimmte motorische Gewohnheiten, um sich zu beruhigen, andere haben Essstörungen usw. – die subjektiven Bedeutungen kann jeweils nur eine Analyse ans Licht bringen, aber Körper und Sinnlichkeit sind ihre Basis. Psychosomatikern mangelt es allgemein an differenzierter Sinnlichkeit und Bedeutungsgebung, wodurch der Körper zum Bollwerk diffuser Erregungen wird. Die Konversion wiederum vermeidet die Wortsprache und den Schritt des Bewusstmachens und benützt Körper und Sinne für eine geheime Individualsprache.

Empfohlene Literatur

Eugenio *Gaddini* (1998): „Das Ich ist vor allem ein körperliches." Beiträge zur Psychoanalyse der ersten Strukturen. Tübingen: Edition Diskord.

Johannes *Grunert* (Hg.) (1977): Körperbild und Selbstverständnis. Psychoanalytische Beiträge zur Leib-Seele-Einheit. München: Kindler.

Eckart *Leiser* (2002): Das Schweigen der Seele und das Sprechen des Körpers. Wien: Turia & Kant.

Trieb – Symbol – Denken

Das elementare psychologische Problem, wie aus körperlichen Zuständen intellektuelle Leistungen entstehen, ist Gegenstand psychoanalytischer Symbolisierungstheorien. Sie bauen auf dem anthropologischen Umstand auf, dass in der Entwicklungsgeschichte des Menschen Instinktsteuerung durch Symbolbildung ersetzt wurde, welche im intimen Austausch mit primären Pflegepersonen erworben wird und auch nur dort erworben werden kann. Schon die Triebgenese (siehe S. 71, Triebhaftigkeit) hängt an einer privilegierten Beziehung, und in der Folge sind alle Triebschicksale – d. h. Erregungszustände, Formen der Abfuhr und Beruhigung, das Herstellen von Verbindungen sowie die Bedeutungsgebung – Produkte solcher privilegierter Beziehungen.

Über den Trieb selbst lässt sich konkret nichts sagen, sondern nur über die „Repräsentanzen" des Triebes, also über die Umwandlungen der ursprünglichen Triebenergie, die uns hauptsächlich als qualitativ spezifizierte Affektabfuhr oder durch Symbolisierungen zugänglich werden. Letztlich findet sich in allen menschlichen Hervorbringungen, vom kindlichen Staunen bis zur höchsten intellektuellen Leistung, umgewandelte Triebhaftigkeit. Die Entwicklungsreihe vom Triebimpuls zum differenzierten Denken ist theoretisch und praktisch von höchstem Interesse.

Sigmund Freud hat weder eine explizite Theorie der Symbolbildung noch eine systematische Reflexion der Denkvorgänge hinterlassen. Er unterschied Primär- und Sekundärprozess, was den energetischen Status anlangt. Danach lässt die Beweglichkeit der Repräsentanzen im Unbewussten alles im Fluss des Primärprozesses, und erst die Besetzungsverhältnisse im Vorbewussten ermöglichen Formgebung und Kontur des Sekundärprozesses. Freud verstand die Symbolisierung als Zusammentreffen von sinnlicher Sachvorstellung (Bild, Ton, Berührung usw.) mit der entsprechenden Wortvorstellung. Die Formgebung im Vorbewussten und die Zusammenführung von sinnlicher Vorstellung und (Wort-)Sprache machen effektives Denken möglich. Im Zuge des Spracherwerbs ersetzen die Symbole die (verdrängten) sinnlichen Inhalte, und in der Psychoanalyse kann das Verdrängte assoziativ von der Sprache her teilweise wieder in Erinnerung gerufen werden. Die Fähigkeit, sich von unerträglichen Inhalten zu distanzieren, ist Quelle der Externalisierung als Spiel und Kreativität und vor allem Quelle des Spracherwerbs.

Wie die ursprüngliche symbolische Ersetzung erfolgt, beschrieb Freud anhand eines Spiels seines Enkelkindes. Er verstand, dass die immer wieder fortgeworfene und am Faden zurückgeholte Zwirnspule die Mutter repräsentierte und die das Spiel begleitenden Rufe „ooo" und „aaa" das Fort- und das Da-Sein der Mutter bedeuteten. Die gesamte Szene war die aktive Herstellung eines Geschehens, das vom Kind zuvor passiv erlitten worden war: Das Spiel setzte das Fortgehen der Mutter symbolisch in Szene und wiederholte die dabei empfundenen schmerzlichen Gefühle aktiv; man könnte sagen, dass sie szenisch-symbolisierend „gedacht" wurden. Durch die symbolischen Repräsentationen kann die Auseinandersetzung mit der inneren und äußeren Welt mittelbar, das heißt weniger direkt, aber aktiv gestaltend erfolgen. Was bei Freud nicht deutlich wird und was er nicht ausarbeitete, ist, wie diese Symbolisierungsleistungen intrapsychisch zustande kommen.

Für Melanie Klein ist Symbolisierung die Herstellung distanzierender Substitute für unerträgliche Inhalte und vor allem eine Abwehroperation. Symbole bedeuten daher einerseits primären kreativen Ausdruck und zugleich Abwehr der Angst. Folglich ist die Analyse der Symbole (der Phantasien) für Klein immer Abwehranalyse. Sie hat auch die Bedeutung des Ödipuskomplexes für die Symbolbildung hervorgehoben: Ein triangulierter Raum zwischen Mutter, Vater und kindlicher Psyche ist Grundbedingung aller Denk- und Symbolisierungstätigkeit, wo Getrenntheit anerkannt werden und das abwesende äußere Objekt als inneres doch aufrechterhalten bleiben kann. Denken ist für Klein auch ein Operieren mit inneren Objekten, deren Qualitäten erst die Möglichkeiten des Denkens bestimmen.

In Anlehnung an Melanie Klein formulierte Bion (siehe S. 152–156) die differenzierteste psychoanalytische Theorie des Denkens. Ausgangspunkt waren ihm Denkstörungen, wie er sie von schizophrenen Patienten und aus Gruppenprozessen als Abwehr emotionaler Zustände kannte. Später nannte er die halluzinatorisch wiederkehrenden, unsymbolisierten Sinneseindrücke, unter welchen die Patienten litten, „bizarre Objekte". Echte Gedanken entstehen erst durch die Verarbeitung emotionaler Erfahrungen. Das semantisierende sensomotorische Zusammenspiel von Mutter und Baby nahm er als Grundlage sinngebender Beziehungsstiftung. Er ging von projektiver Identifizierung (siehe S. 93) als primitivster Kommunikation aus und entwickelte die Idee des „Containments" im Sinne des Auffangens und Bewahrens unerträglicher und deshalb ausgestoßener Inhalte. Durch eine besondere tagträumerische Aufmerksamkeit („rêverie") und gute Symbolisierungsfähigkeit findet durch die Mutter bzw. die Gruppe ein Verarbeitungsprozess statt, den Bion α-Funktion nennt und dessen Produkte, die α-Elemente, verstehbare, bedeutungsvolle emotionale Erfahrungen sind. Lernen als Erfahrung bedeutet erfolgreiche symbolische Verarbeitung teilweise unstrukturierter Partikel. Das eigentliche Denken sieht Bion im Zusammenfinden eines angeborenen Dranges, die eigenen Wahrnehmungen zu ordnen – eines Dranges, den er Prä-Konzeption nennt –, mit einer sogenannten „Realisierung", die einer ordnenden Erkenntnis entspricht. Dies entspricht seinem Grundmodell menschlicher Erkenntnisentwicklung. „Brust" wäre demnach eine Prä-Konzeption, welche einem Erwartungszustand, etwa der „oralen" Funktion entspricht. Das Zusammentreffen der oralen Funktion mit der Brust in der Erfahrung ist eine „Realisierung" und produziert ein differenziertes Konzept „Brust".

Ähnlich wird eine intellektuelle Fragestellung zu einem Prä-Konzept als Erwartungszustand einer mentalen Funktion, die mit einer Antwort eine „Realisierung" erfahren und ein neues Konzept begründen kann.

Der Realisierung folgt entweder ein weiteres Erfahrenwollen oder sie wird als „Bereits-Wissen" genommen, was zu Vorurteilen und destruktivem Pseudowissen führt. Höhere Denkprozesse beschreibt er als Transformationsserien entlang einer Entwicklungshierachie. Konzepte werden auf höherer Ebene wieder zu Prä-Konzeptionen und trachten, mit einer neuen Realisierung zusammenzufinden, was zu Konzepten auf wieder höherer, komplexerer und abstrakterer Ebene führt. Auch die Entwicklung wissenschaftlicher, sogar abstrakter mathematischer Theoreme versteht Bion entlang solcher Denkprozesse. Wegen der prinzipiellen Ambivalenz menschlicher Beziehungen sind neben dem Erkennen- und Integrierenwollen stets auch desintegrierende und sinnentleerende destruktive Tendenzen vorhanden, welche die lebensnotwendigen Bindungen beschädigen oder gar zerstören können. Nehmen diese überhand, kann nicht mehr ko-

Alfred Lorenzer (* 1922, Ulm; † 2002, Perugia)
Von einem Architekturstudium wechselte Lorenzer zur Medizin, wurde Psychiater und absolvierte eine psychoanalytische Ausbildung in Heidelberg, wo er auf Alexander Mitscherlich traf, mit dem er 1963 nach Frankfurt ans „Sigmund-Freud-Institut" ging. In Anknüpfung an die Vorkriegszeit waren psychoanalytische Gesellschaftswissenschaften ein besonderer Akzent des Instituts. Lorenzer habilitierte sich für Psychologie mit Schwerpunkt Psychoanalyse und Sozialpsychologie, erhielt 1971 eine Professur für Sozialpsychologie in Bremen und übernahm 1974 einen Lehrstuhl für Soziologie mit dem Schwerpunkt Sozialisationstheorie an der Universität Frankfurt, wo er dann auch am Sigmund-Freud-Institut arbeitete. Frankfurt war damit wieder zu einem Zentrum gesellschaftskritischer Psychoanalyse geworden.

Lorenzer widmete sich einerseits einer sozialisationstheoretischen Ausarbeitung der psychoanalytischen Metapsychologie, wobei Sprache und Spracherwerb im Mittelpunkt seines Interesses standen, andererseits der Entwicklung eines Instrumentariums zur psychoanalytischen Kulturanalyse. Sprach- und sozialisationstheoretisch machte er das Konzept des „szenischen Verstehens" zum Drehpunkt eines historisch-materialistischen Entwicklungsmodells. Nach diesem Konzept erfolgt der Spracherwerb durch die Integration komplexer szenischer Erinnerungsengramme im Verbund mit akustischen Lautbildern, die sich zu Bedeutungskomplexen ergänzen. Dabei ist der interaktive Aspekt zentral. In unzähligen persönlichen Begegnungen vermitteln sich dem Kind die von den Erwachsenen verinnerlichten, also sowohl subjektiv als auch gesellschaftlich determinierten Sinnelemente, wobei die Interaktionen mit ihren unbewussten und affektiven Aspekten Szene und Bedeutung maßgeblich herstellen. Im psychoanalytischen Verstehen gilt es dann alle Ebenen von Bedeutung zu erfassen – die logische, das emotionale Beziehungsgeschehen, die szenische Gestalt und die unbewusste Trieb-Abwehr-Dynamik im Übertragungs- und Gegenübertragungsprozess. Damit ist das Sprach- bzw. Semantikverständnis um sinnliche und performative Aspekte erweitert, was speziell auch für den politischen Aspekt der Sozialisation und die kritisch-hermeneutische Analyse bedeutsam ist. Die Psychoanalyse wird von Lorenzer auch als „Kritische Theorie des Subjekts" verstanden, wobei Gesellschaftskritik immer auch Sozialisationskritik ist. In diesem Sinn wollte er etwa die Analyse subjektiver Lebensläufe nicht nur als individuelle Geschichten, sondern auch als Niederschlag gesellschaftlicher Verhältnisse begreifen. Unter diesem Einfluss gab es in den 1970er- und 1980er-Jahren in der BRD etliche Projekte praktischer psychoanalytischer Sozialisationsforschung, die auch als politische Untersuchungen gedacht waren.

Das Konzept kritischer Hermeneutik bestimmte auch die „tiefenhermeneutische Kulturanalyse“ (1986), für welche Lorenzer vor allem in Abgrenzung einerseits zur traditionellen psychoanalytischen Literaturinterpretation und andererseits zur zeitgenössischen Soziologie einen theoretischen Rahmen und methodische Richtlinien erarbeitete.

„Im Widerspruch gegen experimentell-nomologische Psychologie behauptet Psychoanalyse die Aufgabe einer hermeneutisch-interpretierenden Untersuchung des Erlebens. Im Widerspruch gegen eine hermeneutische Soziologie vertritt sie Subjektivität nicht als Erscheinungsort objektiver Strukturen, sondern als Problem der inneren Lebenswelt und sieht Subjektivität als Verhältnis von Natur und Gesellschaft im Individuum.“

Alfred Lorenzer (1986): Tiefenhermeneutische Kulturanalyse. In: Kultur-Analysen. Psychoanalytische Studien zur Kultur. Hg. v. Alfred Lorenzer. Frankfurt am Main: Fischer Taschenbuch, 15.

härent erlebt und effektiv gedacht werden. Eine besonders verbreitete Form der Abwehr bei beschädigter Denkfähigkeit nennt Bion Minus-Wissen („–K“ = minus knowledge), womit er Pseudowissen oder verleugnendes Nicht-wissen-Wollen meint, das sowohl zwischenmenschlich als auch in öffentlichen Diskursen Denken und Verstehen boykottiert.

Lacan (siehe S. 156–162) geht davon aus, dass ein prinzipieller psychischer Mangel den Menschen auf einen Anderen verweist, der dem Mangel Bedeutung gibt. Der menschliche Mangel ergibt sich daraus, dass wir in der Sprache leben, die eben mit Anderen Beziehungen herstellen und Bedeutung stiften kann. Beziehungen und Bedeutungen sind aber immer mittelbar und unzureichend, weil die Sprache und das Erleben – oder Wort und Ding – nie identisch sein können. So gibt etwa die Mutter dem Mangel des Säuglings Bedeutung als seelische Not. Dabei wird vorausgesetzt, dass die Mutter der symbolischen Ordnung unterworfen ist, d. h. dass sie spricht und denkt. Die Bedeutungen verändern sich beständig, und der Überschuss an Bedeutung macht das Begehren des Menschen unversiegbar. Die sprechende „Umarmung“ durch die Mutter macht aus dem Bündel vitaler Bedürftigkeit das Kind als künftig sprechendes Wesen. Über alle Sinne werden Bedeutungen in den Körper eingeschrieben, und es ist evident, dass die Qualität dieser semantischen Umarmungen, also auch die eigene infantile und aktuelle Umarmungsgeschichte der Mutter, die Subjektwerdung des Kindes entscheidend bestimmt. Semantik der Sprache und Sinnlichkeit des erotisierten Körpers werden aber nie deckungsgleich.

Empfohlene Literatur

Eveline *List* (2004): Symbolisierung und Denken. Über die Konstruktion von Wirklichkeit in der Psychoanalyse, in: Rainer Fliedl, Gertraud Pölzl, Andrea Tippe (Hg.): Wie konstruieren wir die Wirklichkeit? Wien: Krammer, 51–83.

Wilfred R. *Bion* (1962): Lernen durch Erfahrung. Frankfurt am Main: Suhrkamp, 1992.

Heinz *Weiß* (Hg.)(1999): Ödipuskomplex und Symbolbildung. Tübingen: Edition Diskord.

Weiblichkeit – Männlichkeit

Sigmund Freud ging von einer bisexuellen Anlage des Menschen aus, formulierte seine Theorie dann aber stets von der männlichen Entwicklung her betrachtet mit dem Vater-Sohn-Konflikt im Zentrum, was dazu führte, dass er Mädchen quasi als verfehlte Knaben darstellte. Das stand zwar im Einklang mit der patriarchalen Gesellschaftsordnung, war aber psychologisch natürlich völlig ungenügend. Gegen Ende seines Lebens hat Freud (1933a, 119–145) die elementare Bedeutung der Beziehung zur Mutter erkannt und insgesamt zugegeben, dass hinsichtlich der weiblichen Entwicklung vieles im Dunkeln geblieben sei und er auf die Forschungen der Frauen in der psychoanalytischen Bewegung hoffe.

Gerade weil die Geschlechterdifferenz biologisch klar vorgegeben erscheint, wird der Einfluss von Gesellschafts- und Denkstrukturen hier besonders deutlich. Freud ging davon aus, dass alle Kleinkinder sich anfangs gewissermaßen als Knaben erlebten, bis die Entdeckung des anatomischen Geschlechtsunterschieds den Penisbesitz oder -mangel zum unterscheidenden Kriterium und Bewertungsmaß mache. Dagegen steht die These (Stoller, 1968), dass Jungen und Mädchen in der Frühzeit in der Regel von der Mutter als primärem Objekt versorgt werden und daher auch mit ihr, also weiblich identifiziert sind. In dieser Logik wachsen auch Knaben zunächst „weiblich" auf. Die Ent-Identifizierung vollzieht sich immer spezifisch und muss für beide Geschlechter erfolgen, um Getrenntheit und Differenz integrieren zu können. In jedem Fall ist die Trennung von der Mutter für beide Geschlechter ein notwendiger, strukturbildender Schritt.

In der frühen Freud'schen Version folgte auf eine ursprüngliche „männliche" Phase mit Klitoris und Penis als Leitzonen die Erkenntnis der Penislosigkeit der Frauen. Das führe beim Knaben zur Kastrationsangst, beim Mädchen aber zum Vorwurf an die Mutter, diese habe der Tochter den Penis vorenthalten. Der daraus resultierende Penisneid der Frau könne zum „Männlichkeitskomplex" werden, wenn die „natürliche" weibliche Rolle abgelehnt werde und die Frau mit den Männern rivalisiere. In der „gesunden" Variante „tröste" sich die Frau in der Folge mit einem Mann als Penisbesitzer bzw. einem Kind als Penisersatz und sei durch erhöhten Narzissmus und ein schwaches Über-Ich geprägt. Diese Entwicklung sei auch noch begleitet vom sogenannten „Objektwechsel", wodurch das

Mädchen sich (quasi endgültig) von der Mutter ab- und dem Vater zuwende, sowie von einer Verschiebung des sexuellen Leitorgans von der Klitoris zur Vagina, verbunden mit einer passiven Einstellung und einer latenten Entwertung alles Weiblichen. Dieser Entwurf ging einher mit der Idee, den Mädchen bleibe ihre eigene Anatomie, speziell die Vagina, bis zur Pubertät verborgen – ein Gedanke, der vielfach als Produkt männlicher Ängste interpretiert wurde.

Anders als das Mädchen reagiere der Knabe auf die Penislosigkeit der Frau, indem er fürchte, wegen seiner Rivalität um die Mutter vom Vater kastriert zu werden, was gleichermaßen Mordwünsche und Angst gegenüber dem Vater nähre. In dieser Vorstellung kann der Knabe das ursprüngliche Liebesobjekt und sein sexuelles Leitorgan behalten. Weil der Objektwechsel häufig unter dem engen geschlechtsspezifischen Aspekt betrachtet wird, entsteht die Vorstellung, er sei eine Besonderheit der weiblichen Entwicklung.

Teilweise ist diese frühe Vorstellung geschlechtsspezifischer Entwicklung durch unhistorische, pseudobiologische und zeitgebundene Ideen und (auch deshalb) durch eine einseitig männliche Perspektive bestimmt. Gerade die Theorie eines sexuellen Organwechsels oder die Aktiv-passiv-Polarität zeigen das deutlich. Außerdem sind sie durch eine Vernachlässigung der Trieb- und Symbolisierungstheorie sowie eine Unterbelichtung der Objektbeziehungen gekennzeichnet. Freud hat aber neben die beschriebenen positiven Ödipuskomplex-Varianten auch den jeweils negativen Ödipuskomplex gestellt, wonach nicht nur mit dem gleichgeschlechtlichen Elternteil um den gegengeschlechtlichen rivalisiert wird, sondern auch der gleichgeschlechtliche Elternteil Ziel der erotischen Wünsche ist und der gegengeschlechtliche zum Rivalen wird. In der Bestimmung von „männlich“ und „weiblich“ kommt den homosexuellen Komponenten wesentliche Bedeutung zu, weil sie in Beziehung zum anderen Geschlecht Elemente des Verstehens aufgrund früher Identifizierungen darstellen.

Insgesamt ist die Bedeutung der (frühen) Mutterbeziehung bei Freud ebenso vernachlässigt worden wie die Rolle der Mutter bei der Installation des Vaters als Drittem. Nur daraus ist die Idee erklärbar, eine Trennung vom primären Liebesobjekt „Mutter“ sei lediglich für das Mädchen notwendig. Die Idee, der Knabe könnte effektiv libidinös an der Mutter hängen bleiben, verkennt, dass dies nur um den Preis der Psychose möglich wäre. Ein wesentliches Problem liegt auch in der Verwechslung des Penis' als konkretes Organ mit dem Phallus als imaginärem Zeichen von Vollkommenheit. Freud sprach nicht zufällig von der phallisch-narzisstischen Phase als jener der imaginären Überschätzung; dennoch hat er zugleich das konkrete Organ zum Angelpunkt gemacht. Zweifellos ist unter den Bedingungen des Patriarchats alles Männliche bestimmend und die Idealisierung des Organs der Männlichkeit besonders nahe liegend, aber die Verwechslung von realem Organ und idealisiertem Wunschbild schafft ein grundsätzliches Problem, das sich lange in psychoanalytischen Theorien zur Geschlechtlichkeit hielt und Verwirrung stiftete.

Heute wird die Entwicklung zu Weiblichkeit und Männlichkeit viel früher angesetzt, als Freud annahm. Die Phantasien der Eltern während der Schwangerschaft, ihre Wunschvorstellungen an das Kind, die sich aus eigenen infantilen Strebungen herleiten, gelten bereits als entscheidende Weichenstellungen. Nach wie vor ist in den allermeisten Fällen die Mutter das primäre Liebesobjekt, das für das Mädchen gleichgeschlechtlich und für den Knaben gegengeschlechtlich ist, was unterschiedliche Beziehungsqualitäten bzw. primäre Trennungsschicksale bedeutet. Auch die Bedeutung des Vaters bzw. eines Dritten wird vom Verhältnis zur Mutter geprägt, und die Beziehung der Eltern zueinander und die infantilen Phantasien darüber (siehe S. 113 f., Urszene) sind für das Verhältnis zum eigenen und zum anderen Geschlecht ganz wesentlich. Überhaupt handelt es sich viel mehr um Geschlechterverhältnisse als um eine definierbare Geschlechtsidentität. Die Beziehungen werden als Szenen phantasiert, in welchen den Beteiligten bestimmte Triebwünsche und Befriedigungsmodi zugeordnet sind, die sich aus der eigenen Geschichte, besonders aus frühen Befriedigungserfahrungen herleiten und das affektive Geschehen bestimmen. Die Vorstellung von sich selbst als Frau oder als Mann impliziert Vorstellungen vom eigenen und vom anderen Körper sowie Vorstellungen über die Qualität der Differenz und der Möglichkeiten ihrer Vermittlung oder ihres Genusses. Dies geht umso eher, je weniger die infantile Allgeschlechtlichkeit die Wünsche destruktiv bestimmt. Geschlechterneid etwa impliziert immer Vorstellungen von einem unerträglichen Mangel, der letztlich auf Ideen imaginärer Vollkommenheit beruht und daher Verschiedenheit unerträglich macht.

Melanie Klein (siehe S. 147–151) stellte archaische Körperphantasien in den Mittelpunkt ihrer Arbeit und sah in frühen Ängsten und ihrer symbolischen Verarbeitung die wesentliche Grundlage geschlechtsspezifischer Entwicklung. Bei beiden Geschlechtern sah sie eine erste feminine Phase, in der sich beide aus Gründen der Ambivalenz von der Mutter bzw. der Brust ab- und dem Vater bzw. dem Penis zuwenden. Die heftige Kastrationsangst sah sie nicht auf Knaben beschränkt, vielmehr fand sie destruktiven Neid und die damit verbundenen Vergeltungsängste als wichtigen Motor der Entwicklung bei Mädchen *und* Knaben.

Für Lacan (siehe S. 156–162) beherrscht der Phallus als (patriarchaler) Signifikant die Beziehung zwischen Frau und Mann. Die infantile Entwicklung erfolgt für ihn bis zum Beginn des Ödipuskomplexes – den er zeitlich, so wie Freud, etwa ab dem dritten Lebensjahr ansetzt – bei Jungen und Mädchen gleich und unter dem Phantasma der Vollkommenheit. Das heißt im Patriarchat, dass Buben und Mädchen männlich identifiziert sind, nämlich mit dem, was die Mutter begehrt, also dem Phallus. Der körperlichen Geschlechtlichkeit misst Lacan keine wesentliche Rolle bei, da die Bedeutungen allein in der Sprache lägen. Daher betont er, dass Unmittelbarkeit im Verhältnis der Geschlechter unmöglich sei, weshalb es auch keine „reifen", „gesunden" oder „normalen" Geschlechtsbeziehungen geben könne, sondern bestenfalls normative. Das wurde besonders im Hinblick auf die Homosexualität thematisiert.

Das gleichermaßen Schwierige und Erregende der Geschlechterverhältnisse liegt in der Aufrechterhaltung der Differenz selbst. Sich als Frau oder Mann zu denken bedeutet, sich in Bezug auf das andere Geschlecht zu denken. Daraus eine simple Hierarchie zu machen oder den Unterschied ganz zu verleugnen, wäre ein Schritt in ein präödipales, narzisstisches Universum der Wiederholung des Immergleichen, was kulturell verheerende Folgen hätte, weil die Aufhebung der Differenz in aller Konsequenz zu einer Aufhebung des Denkens und der sozialen Ordnung führt. Dies kann auch in „normalen" heterosexuellen Beziehungen der Fall sein, die tatsächlich nicht so selten Eltern-Kind-Verhältnisse oder narzisstische Doppelgängerverhältnisse sind. Liebesverhältnisse jeder Geschlechterkombination sind Überbrückungsverhältnisse der Differenz. Beiden Liebenden fehlt etwas, was jeder im anderen zu finden meint, aber der subjektive Mangel und das, was die Liebenden in ihrem Begehren zu finden meinen, fallen nicht zusammen. Die Differenz bleibt erhalten, anderenfalls käme es zur Psychose.

Empfohlene Literatur

Irene *Fast* (1991): Von der Einheit zur Differenz. Psychoanalyse der Geschlechtsidentität. Berlin et al.: Springer.

Sigmund *Freud* (1933a): Neue Folge der Vorlesungen zur Einführung in die Psychoanalyse, XXXIII. Vorlesung: Die Weiblichkeit. GW XV, 119–145.

Reimut *Reiche* (1990): Geschlechterspannung. Eine psychoanalytische Untersuchung. Gießen: Psychosozial, 2000.

Vatermord – symbolische Kastration – Gesetz

Außenwelt und Innenwelt entstehen in Entsprechung zueinander. Die Organisation elementarer Institutionen der Kultur und innere psychische Strukturen der Menschen, Urhordenmythos und Ödipuskomplex (siehe S. 86–88) bilden zusammen einen immanenten Ordnungszusammenhang. Die patriarchale Familie ist strukturell jene Institution, in welcher die gesellschaftlichen Normen erworben bzw. an die nächste Generation weitergegeben werden. Die (primäre) Sozialisation führt aus sinnlicher Unmittelbarkeit in die symbolische Ordnung, was durch den Kastrationskomplex als universale Trennungs- und Beschneidungserfahrung bestimmt und von großer Angst begleitet wird. Dies bedeutet vor allem den Verzicht auf Allmacht, Allgeschlechtlichkeit und Unsterblichkeit. Lacan (siehe S. 156–162) definiert die Kastration als symbolischen Mangel eines imaginären Objekts, was bedeutet, dass die imaginäre Macht des Phallus der Kastration erliegen muss, wodurch das Kind bzw. der Mensch auf seine Mangelhaftigkeit zurückgeworfen und auf das Gesetz verwiesen wird.

Zur Illustration der Genese von Gesetzlichkeit konstruierte Sigmund Freud den Mythos der Urhorde, in welcher das stärkste männliche Mitglied mit physischer Gewalt herrschte und alle Frauen und alle Lust monopolisierte, bis sich die „Söhne" zusammentaten, diesen Urhordenvater ermordeten und sich seine Stärke kannibalisch einverleibten. Diese Brüderhorde musste dann – einerseits um dem blutigen Kampf untereinander zu entgehen, andererseits aus nachträglichem Schuldgefühl wegen des Vatermordes – das Verbot des sexuellen Verkehrs mit bestimmten weiblichen Hordenmitgliedern und zusätzlich noch das Verbot des Vatermordes anerkennen. Dadurch waren das Inzestverbot als allgemeines symbolisches Gesetz und der Vater als Repräsentant dieses Gesetzes etabliert. Seither gilt in jeder Kultur eine Norm, welche den sexuellen Verkehr zwischen (jeweils spezifisch definierten) Verwandten verbietet, und ebenso gibt es eine Instanz, welche diese Norm repräsentiert und ihre Befolgung durchsetzt. Der so hergestellte Zusammenhang kann als grundlegend für die (patriarchale) Kultur gelten und kennzeichnet gewissermaßen den Übergang von der willkürlichen Herrschaft des physisch Stärksten zur Herrschaft eines symbolischen „Gesetzes". Die Herrschaft der großen Muttergottheiten, deren Ende diesen Übergang, wie Freud meinte, kennzeichnen würde – ein Übergang, der menschheitsgeschichtlich natürlich viele Generationen und Jahrhunderte dauerte –, sei schließlich durch Vatergottheiten, die patriarchale Familie und die Rechtsordnung beseitigt worden. Dies ist auch in einer gewissen Entsprechung zur kindlichen Sozialisation zu lesen. Urhordenmythos und Ödipusdrama ergänzen einander zu einer komplexen Zivilisierungsgeschichte, in der es das Amt der Mutter und das Amt des Vaters gibt. Vereinfacht zusammengefasst besteht das mütterliche Amt darin, das Überleben und die sinnliche und affektive Integrität zu sichern, was nur gelingt, wenn die mütterliche Funktion erhalten bleibt. Im Sinne Melanie Kleins (siehe S. 147–151) würde das etwa bedeuten, dass trotz unausbleiblicher Frustrationen die Mutterbrust nicht zerstört zu werden braucht. Die Funktion des Vaters besteht unter anderem darin, die Trennung aus diesem mütterlichen Universum zu ermöglichen, Differenz einzuführen, die triangulierende Funktion des Verbots (des mütterlichen Körpers) und die Notwendigkeit des Sprechens und Denkens zu etablieren. In dieser strukturellen Sicht fungieren beide Eltern als Organe der Kultur, unabhängig davon, wie sie ihre Funktion konkret gestalten. Aber: Die Mutter „erschafft" den Vater, insofern sie ihn anerkennt, sich ihm zuwendet und seine Funktion auch wünscht. Eine Mutter, die den (symbolischen) Vater nicht achtet und verinnerlicht hält, die das Inzestverbot nicht respektieren will, hält sich und das Kind in megalomaner Illusion gefangen, entwertet die Funktion des Vaters und untergräbt das Gesetz. Aber auch ein Vater, der seine Funktion als Repräsentant des Gesetzes, dem er selbst unterworfen ist, nicht erfüllt, sondern seinen egoistischen Willen zum Gesetz machen möchte, untergräbt die Ordnung der Kultur. Reaktionsbildung, Symbolisierung und Sublimierung, die wesentlichen Mechanismen der Kultur, sind ohne mütterliche und väterliche Funktion bei der Beschneidung der infantilen Welt nicht möglich.

Pierre Legendre (* 1930)
Der Jurist, Rechtshistoriker und Psychoanalytiker Pierre Legendre, Professor für öffentliches Recht an der Sorbonne und Leiter eines Instituts für Religionswissenschaften an der École Pratique des Hautes Études in Paris, ist ein ebenso brillanter und kritischer wie zurückgezogener Gelehrter. Er gilt einerseits als ein besonderer Experte für mittelalterliches kanonisches und römisches Recht, andererseits als außergewöhnlicher Theoretiker in der Erforschung von Institutionen. Seine Analysen unterschiedlichster Institutionen auf ihre historische, politische und psychologische Bedeutung dokumentierte er in einer Serie von Publikationen, die er „Lektionen" nennt. Sie entwickeln die psychosoziale Grundlage unserer Zivilisation und zeichnen sich durch enormes Wissen und besonderen intellektuellen Scharfsinn aus. Legendre arbeitete für die UNO als Experte für postkoloniale Politik im frankophonen Afrika, untersuchte aber etwa auch Ideologie und Machtverhältnisse in der sich auflösenden École Freudienne Jacques Lacans (Legendre, 1981) und verfasste Drehbücher zu Filmessays sowie psychoanalytisch-religionstheoretische Abhandlungen. Sein psychoanalytisches Denken durchzieht alle seine Arbeiten als scharfer Blick für unbewusste Bedeutungen, strukturelle Zusammenhänge und immanente Wahrheiten.

Im deutschsprachigen Raum wurde besonders seine vielschichtige Analyse „Das Verbrechen des Gefreiten Lortie. Abhandlungen über den Vater" (1989) bekannt. Hier wird die Untersuchung eines dreifachen Mordes, welcher der kanadischen Regierung gegolten hatte, zu einer gleichermaßen spannenden wie gelehrten Erörterung von Gesetzlichkeit, Autorität und Denkstrukturen.

„Im Zentrum der Rede der Legalität steht die Vorstellung des mythischen Vaters, mit dem wir, wenn ich so sagen darf, unser Leben aufs Spiel setzen. Was die konkreten familialen Praktiken angeht – gleich um welche kulturelle Version dieser Vorstellungen es sich dabei handelt –, besteht dieser Bezug zum mythischen Vater grundsätzlich darin, das Absolute auf Distanz zu halten, indem aus diesem Vater ein Hinweiszeichen der absoluten Referenz gemacht wird. Das heißt, jedem konkreten Vater kommt ipso facto nur ein limitierter Status zu, nämlich der Status, gerade nicht das Absolute zu sein."

Pierre *Legendre* (1989): Das Verbrechen des Gefreiten Lortie. Abhandlungen über den Vater. Freiburg im Breisgau: Rombach, 1998, 127.

Der Vater als symbolische Instanz ist für das Kind in höchstem Maße zwiespältig: Er ist Eindringling, Hindernis und Zerstörer unmittelbarer Lust. Gegen diesen wenden sich Wut, Hass und Mordwunsch. Andererseits ist er auch Agent der Befreiung und Repräsentant der Welt der „Geistigkeit", und als solcher wird er als Retter ersehnt.

Der Mordwunsch gegen den Vater gilt seiner einschränkenden („kastrierenden") Funktion. Der effektive Vatermord würde die Trennung aufheben, das Gesetz beseitigen, zur Unmittelbarkeit des Lustprinzips zurückführen und auch von Verantwortung und Schuld befreien. Das heißt aber nichts anderes, als dass die Beseitigung der symbolischen Funktion des Vaters in Psychose und Perversion führt. Dazwischen steht die (symbolische) Kastration, die an das Amt des Vaters geknüpft ist, die aus der ungetrennten infantilen Welt lösen und jene Leerstelle schaffen soll, die dann symbolisierend überbrückt werden kann. Das geht nie ohne Gewalt vor sich. Der Tötungswunsch gehört zum Gesetz ebenso wie in jede infantile Entwicklung. Die Ambivalenz gegenüber der väterlichen Instanz bleibt auch dem Gesetz eingeschrieben, fordert ständig seine Übertretung heraus und motiviert zugleich seine Befestigung. Die beiden Gründungsmythen von Gesetz und Kastration sind durch den Vatermord bestimmt, und Übertretungswunsch und Schuldgefühl charakterisieren die Gesetzlichkeit. So sind die Verhältnisse zwischen Wunsch, Verbot, Strafe und Schuldgefühl strukturell als Ordnungsregulativ etabliert. Inzest und Vatermord bleiben im Unbewussten virulent, sind mythisch repräsentiert und symbolisch immer wieder dargestellt. Doch als reale Lösung sind sie aus der Kultur verbannt und gehören vom Standpunkt der Psychopathologie in das Feld der Psychose.

Gesellschaftliche Struktur und Denkstruktur sind über Sprache und Institutionen eng verknüpft. Die Integration des Inzesttabus im Sinne der triangulären ödipalen Struktur ist Voraussetzung des Intellekts. Gesetz und das Vertrauen auf die Vernünftigkeit des anderen gehören zusammen; als Elemente der (symbolischen) sozialen Ordnung strukturieren sie alltägliches Denken und Handeln.

Empfohlene Literatur

Sigmund *Freud* (1912–13a): Totem und Tabu. Einige Übereinstimmungen im Seelenleben der Helden und der Neurotiker. GW IX.

Sigmund *Freud* (1939a): Der Mann Moses und die monotheistische Religion. Drei Abhandlungen. GW XVI, 101–245.

Pierre *Legendre* (1989): Das Verbrechen des Gefreiten Lortie. Abhandlungen über den Vater. Freiburg im Breisgau: Rombach, 1998.

Antisemitismus

Das Problem des Antisemitismus, der gleichermaßen als gesellschaftliche Krankheit, individuelle Psychopathologie, historisches Erbe, sozioökonomischer Konflikt und Herrschaftsstrategie beschrieben wird, bringt mehrere psychoanalytische Fragestellungen zusammen.

Unter allen negativen gesellschaftlichen Phänomenen hatte der Antisemitismus den nachhaltigsten Einfluss auf Entwicklung (durch diskriminierte Juden),

Organisationsform (außerhalb der Universitäten) und Fortbestehen (in der Emigration) der Psychoanalyse. Das NS-Regime machte den traditionellen Antisemitismus zum Mordprogramm („Nürnberger Gesetze", „Endlösung"), verbot die Psychoanalyse, bedrohte ihre Anhänger mit dem Tod und ermordete auch etliche von ihnen. Der Antisemitismus war früh und dann verstärkt ab der Zeit des NS-Regimes zum Gegenstand psychoanalytischer Forschung geworden.

Sigmund Freud widmete seine Studie „Der Mann Moses und die monotheistische Religion" (1939a) (siehe auch S. 294) „angesichts der neuen Verfolgung" der Frage, „wie der Jude geworden ist und warum er sich diesen unsterblichen Haß zugezogen hat" (Freud/Zweig, 1984, 102, Brief vom 30. 9. 1934). Er befasste sich vor allem mit dem historisch-religionskritischen Aspekt, den er allerdings in engem Zusammenhang mit der infantilen Entwicklung und der Massendynamik beschrieb. Moses, so Freud, sei ein Ägypter und Anhänger der monotheistischen Aton-Religion gewesen, die er ebenso wie die Beschneidung den Juden für ihre Befreiung aus Ägypten aufgezwungen habe. Dafür sei er ermordet worden. Sein Andenken habe sich später jedoch durchgesetzt, und die strengen Gesetze der „mosaischen" Religion seien ein symbolischer Niederschlag dieses „Vatermordes" („Totem und Tabu"; siehe S. 296) und der nachträglichen Unterwerfung geworden. Die Juden seien als „auserwähltes Volk" durch Bilderverbot und Schriftauslegung zu „höherer Geistigkeit" geführt worden.

Demgegenüber verstand Freud das Christentum als „Sohnesreligion" und als Abkehr von Monotheismus und Geistigkeit durch die „Dreieinigkeit Gottes", die Marien- und Heiligenverehrung und deren sinnlichen Charakter. Wenn sie ihnen Christusmord vorwerfen, so hassen die Christen in den Juden die eigenen vatermörderischen Strebungen. So wie die ägyptische in der mosaischen, so sei die jüdische in der christlichen Religion enthalten und in hochambivalenter Weise wirksam. In beiden Fällen kam es nach Freud zum Mord am Repräsentanten der älteren Religion, und es ist nicht schwer, auch die Verfolgung der Juden in diese Tradition einzureihen. Der Vorwurf des Christusmordes verkehrt nur die Absetzung des jüdischen Gottes.

Diese kulturtheoretische Antisemitismustheorie findet ihre notwendigen Ergänzungen durch die infantile Entwicklungsgeschichte – so wie individuelle und gesellschaftliche Strukturen eben ineinandergreifen – und durch die Erkenntnisse der Massenpsychologie. Der Ödipuskomplex ist universell, und die Schwierigkeiten seiner Bewältigung wachsen in Krisenzeiten. Deshalb finden sich überall dort, wo Antisemitismus gesellschaftlich gefördert wird, immer auch Antisemiten, die sich die kollektiven Abwehrangebote willig zunutze machen. Der Antisemitismus half etwa dem Nationalsozialismus, große Teile der Bevölkerung von innen her an das Wahngebilde „Drittes Reich" zu binden. So konnten psychologische Ziele verfolgt werden, die sich nahtlos an die größeren und kleineren Störungen und Beschädigungen der Persönlichkeit vieler Menschen anlehnten und sie in den Bann des Größenwahns zogen, indem private Interessen und intime

Wünsche scheinbar ganz im Einklang mit politischen Herrschaftsambitionen standen.

Der Beitrag der Psychoanalyse zum Verständnis des Antisemitismus setzt sich im Wesentlichen aus drei Komponenten zusammen: aus der Bedeutung des Ödipuskomplexes, aus den Erkenntnissen der Massenpsychologie und aus dem Verständnis der Kulturentwicklung als Wechsel von Sublimierung und regressiver Ent-Sublimierung.

Der Ödipuskomplex Die gängigen Vorwürfe an die Juden sind deutlich frühkindlichen und ödipalen Inhalts: Brunnenvergiften (böse Nahrung), Geldgier (geizige Mutter des gierigen Kindes), Blutschande, Kindsmord, Vatermord, Kastration (Beschneidung) – primitive Phantasien, die im antisemitischen Weltbild offenbar nicht durch symbolische Kastration, ödipale Verdrängung und triangulierende Symbolisierung unter Kontrolle gehalten werden können. Die gute Absolvierung der ödipalen Konflikte führt normalerweise zur Anerkennung des Gesetzes und der Kulturgrenzen, zur Einordnung in die symbolische Ordnung und zu Selbstbegrenzung. Demgegenüber erlaubt es die Vermeidung der Kastration, im perversen Universum der Allmacht und des Größenwahns zu verharren. Aufgrund des unbewältigten Ödipuskomplexes fehlt dann eine verlässliche väterliche Instanz, deren Platz durch eine monströse, archaische Elternimago ersetzt ist.

Die antisemitische Einstellung ist bestimmt durch Ängstlichkeit, allgemeine Ich-Schwäche und regressive Abwehr. Spaltung, Projektion und Idealisierungen bestimmen diese präödipale Welt und auch die regressive Dynamik von Vorurteilen, Stereotypisierungen, Feindbildern, Sündenbockbildungen und Rassismen. Antisemiten müssen sich selbst als gut, sauber, gerecht usw. und die Juden und andere Gruppen als schlecht, schmutzig, kriminell sehen, um ihr psychisches Gleichgewicht zu halten. Sie bekämpfen im Juden sich selbst und setzen damit einen Kampf, den sie während der Kindheit nicht bewältigen konnten und den sie als intrapsychischen Konflikt nicht halten können, über den Umweg der Projektion endlos fort. Auf einer gewissen Ebene sind Antisemiten mit den verfolgten Juden identifiziert, die sie wie sich selbst hassen in ihrer Ohnmacht, und zugleich sind sie grandios mit der archaischen und verfolgenden elterlichen Autorität identifiziert. Dies schlägt sich auch in ihrem primitiven Gesellschaftsbild von Gut-böse- und Oben-unten-Dichotomien nieder. Auf einer anderen Ebene ist das intrapsychische Problem des Antisemiten die regressive Sehnsucht nach einem idealen mütterlichen Universum ohne Kastration und narzisstische Gefährdung, in dem an Phantasien der Allmacht, Allgeschlechtlichkeit und Unsterblichkeit festgehalten werden kann.

Massenpsychologie Ungeordnete soziale Verhältnisse haben ein hohes destruktives Potenzial, drängen in Richtung Chaos, und die Menschen fügen sich zu dessen Abwehr mitunter bereitwillig äußeren Zwängen. Autoritäre Herrschaftsansprüche und Massendynamik wirken dabei zusammen. Dann werden gesellschaftliche Konflikte und Krisen im Selbsterleben der Einzelnen verleugnet und von wunschgeleiteten Glaubensvorstellungen (Ideologien) überdeckt. Massenverhältnisse wirken auf die Individuen und verändern ihre emotionalen, sozialen und intellektuellen Möglichkeiten. Zur Abwehr von Angst und Aggression wirken gleichmacherische Identifizierungen unter den Massenmitgliedern und idealisierende Identifizierung mit Führungsfiguren und -ideen. Dies dient dazu, Differenzen und destruktive Impulse aus der Masse fernzuhalten. Spaltung, Projektion und Idealisierungen bestimmen die Dynamik und teilen die Welt in schwarz und weiß. Was den Menschen bei sich selbst unerträglich ist, wird bei „Feinden" untergebracht. So herrscht für Antisemiten ein Kampf gegen die Juden als projektionsbestimmte imaginäre Feinde, und Verfolgung und Vernichtungsangst beherrschen das Feld. Feind- und Angstbilder können leicht von Führerfiguren vorgegeben und institutionell ausgebeutet werden. Dies gelingt, weil in der Masse nicht nachgedacht werden kann, sondern regressive Körperzustände und Klischees regieren, und weil Vorstellungen nicht zu Gedanken werden, sondern nur als Vehikel der Abreaktion dienen. Die Vereinheitlichung über eine Führerfigur schafft eine Illusion von Schuldfreiheit und Zugehörigkeit in einer Gleichheit, die den immanenten Zwang verleugnet, sodass die Enthemmung genossen werden kann. Öffentliche Inszenierungen haben Festcharakter und dienen dem individuellen Luststreben und der Sicherung der Machtverhältnisse.

Regressive Ent-Sublimierung Der regressive Verlust von Ich-Funktionen in der Masse führt dazu, dass Sprache und Denken primärprozesshaft funktionieren. Es werden keine echten Gedanken gebildet, sondern verleugnende und idealisierende Pseudoerklärungen, die hauptsächlich im Dienst der Affektabfuhr stehen. Unter diesen Bedingungen werden auch Gesetze und Alltagsnormen immer mehr pervertiert, und zuletzt, etwa unter der NS-Herrschaft, dürfen im Dienste von Allmachtsvorstellungen und Herrschaftsansprüchen alle Entwertungs- und Zerstörungstendenzen auf die zur Verfolgung freigegebenen Juden gelenkt werden. Der leitende Massenwahn suggeriert zunächst, dass mit der Ermordung des letzten Juden Ungleichheit und Leiden verschwinden würden. Aufgrund der immanenten Dynamik, die ja der subjektiven Abwehr der einzelnen Massenmitglieder dient, kann das aber nie eintreten, sodass immer neue Feinde (Homosexuelle, „Zigeuner", Kommunisten usw.) als Projektionsträger gefunden werden müssen und auch gefunden werden. Vielfältige pseudowissenschaftliche Ideen (Rasse, Lebensraum, Herrenvolk, historische Sendung usw.) werden als legitimatorische Lenkung der Projektionen eingesetzt zugunsten eines mythisch idealisierten Geschichts- oder Menschenbildes, das bei den Antisemiten eine Illusion von Überlegenheit befestigt.

Der traditionelle christliche Antisemitismus kann auch als eine religionshistorisch stilisierte Variante des Ödipusmythos verstanden werden. Vatermord, Christusmord und Judenmord verschwimmen im Unbewussten. Individuelle ödipale Entwicklungskonflikte halten den Mythos vom Christusmord durch die

Juden aufrecht und unterstützen machtpolitische Herrschaftsansprüche. Selbstverständlich stehen die psychosozialen Erklärungszusammenhänge der Psychoanalyse in keinem Widerspruch zu ökonomischen oder historischen, vielmehr sind sie notwendige Ergänzungen derselben.

Empfohlene Literatur

Wolfgang *Hegener* (2004): Erlösung durch Vernichtung. Zur Psychoanalyse des christlichen Antisemitismus. Gießen: Psychosozial.

Ernst *Simmel* (Hg.) (1946): Antisemitismus. Frankfurt am Main: S. Fischer, 1993.

IV Psychoanalytische Schulen

Schulenbildung ist in der Regel ein Zeichen der dynamischen Entwicklung einer Wissenschaft und trägt sowohl den Veränderungstendenzen als auch Tendenzen der Normierung Rechnung. Die Gefahren dabei sind stets Zersplitterung und Dogmatik, und die besten Mittel dagegen sind permanente kritische Selbstreflexion und Auseinandersetzung.

Schulengründungen hatten in der Geschichte der Psychoanalyse zumeist auch mit einzelnen Personen zu tun; einige setzten als außergewöhnliche Denker neue Maßstäbe, andere erhoben aus unterschiedlichen Motiven einen eigensinnigen Führungsanspruch. Dies zeigt sich auch daran, dass die Namen dieser Personen als „Markenzeichen" ihrer Denkrichtungen erhalten geblieben sind.

Um als Schule gelten zu können, genügen nicht einfach eigenwillige Positionen, sondern es muss sich ein Ideensystem mit logischer und methodischer Kohärenz ergeben, das sich von anderen Systemen deutlich unterscheidet. Dies kann etwa für die verschiedenen Objektbeziehungstheorien (siehe S. 179–181) nicht gelten: Sie fußen zwar alle mehr oder weniger auf denselben frühen Konzepten, bauen aber auf ganz unterschiedlichen theoretischen Grundlagen auf. Darüber hinaus fehlt ihnen eine einheitliche Konsistenz in Theorie und Methode; mitunter sind die Konzepte kaum kompatibel. Eigentlich repräsentieren sie vor allem einen gewissen entwicklungspsychologischen Aspekt, der in sehr verschiedene Modelle Eingang gefunden hat und natürlich auch nicht speziell einer Person zugeordnet werden kann. Die Objektbeziehungstheorien sollen daher im Rahmen der Entwicklungspsychologie erörtert werden.

Eine deutliche Eigenart theoretischer und klinisch-methodischer Art charakterisieren beispielsweise die Schulen von Melanie Klein und Jacques Lacan. Bions Werk ist zwar eine Weiterentwicklung Klein'scher Theorien, zugleich aber in Zugang und Modellbildung so speziell, dass es als eigene Schule gelten kann, nicht zuletzt durch den besonderen Fokus, der auf die Gruppe gelegt wird.

Empfohlene Literatur

Wolfgang *Mertens* (2010): Psychoanalytische Schulen im Gespräch. Band 1: Strukturtheorie, Ichpsychologie und moderne Konflikttheorie. Bern: Huber.

Wolfgang *Mertens* (2011): Psychoanalytische Schulen im Gespräch. Band 2: Selbstpsychologie, Post-Selbstpsychologie, relationale und intersubjektive Kritik. Bern: Huber.
Wolfgang *Mertens* (2012): Psychoanalytische Schulen im Gespräch. Band 3: Psychoanalytische Bindungstheorie und moderne Kleinkindforschung. Bern: Huber.

1 Sigmund Freud und die „klassische" Theorie

Trotz vielfältiger Entwicklungen der Psychoanalyse bleibt für die meisten Psychoanalytiker das Werk Sigmund Freuds die wichtigste Grundlage ihres Denkens und Arbeitens. Bemerkenswerterweise berufen sich regelmäßig Schüler, Nachfolger, Epigonen und „Erneuerer" auf Sigmund Freud, selbst dann, wenn sie wesentliche Teile seiner Theorie ablehnen oder grob verfälschen. Freud'sche Psychoanalyse ist keine dogmatisch feste Konstruktion, sondern die Entwicklung einer ursprünglich neuen Wissenschaft über den Zeitraum eines halben Jahrhunderts, wobei Freud viele Bausteine nicht einfach auswechselte, sondern zumeist früheren Konzepten neue Entwürfe zur Seite stellte. Diese „klassische" Psychoanalyse entwickelte sich in mehreren großen Schritten und kann durch folgende Bestimmungsstücke umrissen werden:

1. der Zusammenhang von Trauma und Affekt bzw. Trauma und Abfuhr;
2. das topisch-dynamische Modell intrapsychischer Prozesse;
3. die Triebtheorie;
4. die psychosexuelle Phasenentwicklung;
5. der Ödipuskomplex;
6. die Theorie des Narzissmus;
8. die Verhältnisse konflikthafter psychischer Instanzen;
9. die Eros-Thanatos-Dynamik;
10. die Analyse der Übertragung und ihre Methodik;
11. die Massenpsychologie und die Kulturtheorie;
12. die angewandte Psychoanalyse.

Freud stieß viele gängige wissenschaftliche und populäre, aber auch „moralische" Vorstellungen um. Die Trieblehre ließ selbst die edelsten, auch religiöse Gefühle in sinnlichem Befriedigungsstreben gründen, die Lehre von der Sexualität machte auch vor kleinen Kindern nicht halt und postulierte eine allgemeine Bisexualität. Insgesamt positionierte Freud den Menschen als im Kampf mit der Kultur befangen und attestierte eine nur schwache Schicht der Zivilisiertheit, unter der alle Formen primitiver Strebungen wach seien.

Die meisten seiner Konzepte haben auch in die psychoanalytische Theoriebildung nach Freud direkt Eingang gefunden und ihre Gültigkeit behalten. Einige wurden revidiert, etwa seine Theorie der weiblichen Sexualität oder die Übertragungsunfähigkeit von Psychotikern, anderes weitgehend ignoriert oder auch abgelehnt, wie etwa die Lehre vom Todestrieb. Logischerweise haben Jahrzehnte der klinischen Praxis und Theoriebildung auch Veränderungen in der Technik der Psychoanalyse mit sich gebracht. Letztlich aber decken sich auch heute die Fundamente der Psychoanalyse, wie sie auch dieses Buch darlegt, weitgehend mit den Erkenntnissen Sigmund Freuds.

Empfohlene Literatur

Sigmund *Freud*: Gesammelte Werke. Frankfurt am Main: S. Fischer.

2 Anna Freud, Heinz Hartmann und die Ich-Psychologie

Wichtige Voraussetzungen für die Ich-Psychologie waren Freuds Arbeit „Das Ich und das Es“ (Freud, 1923b) und Anna Freuds „Das Ich und die Abwehrmechanismen“ (A. Freud, 1936). Heinz Hartmann, Ernst Kris und Rudolph M. Loewenstein publizierten dann nach 1945 eine Reihe von Artikeln, die die Grundlage für das wurden, was schließlich „amerikanische Ich-Psychologie“ genannt werden sollte. Ihre Gedanken können folgendermaßen zusammengefasst werden:

Die mehr als ein halbes Jahrhundert dauernde Fortentwicklung der Psychoanalyse habe dazu geführt, dass diese zu komplex sei und dass manche Teile „überholt“ seien, weshalb eine empirische Überprüfung und systematische Durchforstung nötig geworden sei. Manches, obgleich von Freud vertreten, sei zu eliminieren, etwa die Idee vom Todestrieb oder auch Teile der Triebtheorie. Weiterentwicklungen der Psychoanalyse erwarteten die Ich-Psychologen vor allem von der Kleinkinderbeobachtung und von Erkenntnissen aus Behandlungen von Kindern. Die Psychoanalyse wurde vor allem als Entwicklungspsychologie verstanden; in der Entwicklung wurde grundsätzlich eine „neutralisierende“ Anpassungs- und Reifungstendenz als wirksam angenommen, sofern sie nicht durch reale Störungen behindert werde. Nicht die Lösung innerer Konflikte, sondern ein adäquater Umgang mit der Realität sollte primäres Ziel der Therapie sein.

Diesem Konzept sind Vorstellungen von „richtiger“ phasenspezifischer Entwicklung inhärent. Ernst Kris entwickelte auch die Idee einer vom Ich beherrschten Regression als Bedingung (künstlerischer) Kreativität, welche auch in sogenannten „guten“ Psychoanalysestunden wirksam sei. Der Universalität von Triebkonflikten als Basis des Psychischen wird eine „konfliktfreie Sphäre“ entgegengehalten, in der das Ich wächst, reift und fähig wird, zwischen den antagonistischen Anforderungen von Realität, Es und Über-Ich zu vermitteln. Der Untersuchung des Ichs gilt daher die besondere Aufmerksamkeit, und seine Entwicklung ist das Ziel der therapeutischen Hilfe. Psychische Gesundheit wird als Fähigkeit verstanden, mit Frustrationen und Angstsituationen fertig zu werden.

Dieses Konzept unterscheidet sich von Freuds Zugang, der dann gelegentlich als Es-Analyse bezeichnet wurde. Manche Ich-Psychologen führen Konflikte auch auf unbewusste Triebwünsche zurück: Solange sie noch nicht unter den organisierenden, integrierenden Einfluss des Ichs gelangt sind, rufen sie neurotische Störungen und Leiden hervor. Sie werden in der Übertragung wiederholt, und der Analytiker verhilft durch seine Interventionen zur Bewusstmachung dieser Konflikte, wobei die Affekte, die mit den infantilen Wünschen und Phantasien verbunden sind, besondere Beachtung finden. Im Erinnern der affektiven Wünsche in der Übertragung kann vormals Verdrängtes integriert werden, und damit findet eine Ich-Erweiterung statt. Behandlungstechnisch stehen die Stärkung des Ichs des Patienten und die Förderung seiner Autonomie im Vordergrund. Häufig geht man von der hohen Sitzungsfrequenz ab, und auch die Arbeit mit der Couch wird oft aufgegeben.

Anna Freud (* 1895, Wien, † 1982, London)
Freuds jüngste Tochter war Volksschullehrerin und nahm ab 1918 an den Sitzungen der Wiener Psychoanalytischen Vereinigung teil, wo sie 1922 Mitglied wurde. Dass sie bei ihrem Vater in psychoanalytischer Behandlung war, erscheint aus heutiger Sicht als grobe Grenzüberschreitung, wurde in der Frühzeit der Psychoanalyse aber noch nicht als solche erkannt. Vermutlich hat die lebenslange, besonders enge Bindung an ihren Vater auch damit zu tun. Sie wurde ab Mitte der 1920er-Jahre seine engste fachliche Vertraute und nach Ausbruch seiner Krebserkrankung auch persönliche Pflegerin. Ihre Praxis lag neben der ihres Vaters.

Anna Freud wurde Lehranalytikerin und war in allen wichtigen Institutionen der Psychoanalyse vertreten. Ihr besonderes Interesse galt pädagogischen Fragen; sie entwickelte ein Seminar für Kinderanalyse, und ihre Vorträge erschienen 1927 unter dem Titel „Einführung in die Technik der Kinderanalyse". Theoretisch stand sie auf dem Boden der Ich-Psychologie, den sie mitbereitete, wobei sie gerade für die Arbeit mit Kindern interessante Beobachtungs-, Diagnose- und pragmatische Behandlungskonzepte entwickelte. So erfand sie beispielsweise das Konzept der „Entwicklungslinien", welche die Kontinuität im Aufbau von Fähigkeiten und die Organisiertheit der Psyche darstellen. Anna Freud betonte die Modellfunktion der realen Eltern für das Kind und die helfende Funktion in der Therapie. 1936 erschien ihr wichtigstes theoretisches Werk, „Das Ich und die Abwehrmechanismen", eine epigenetische Entwicklungspsychologie auf Basis der Abwehrvorgänge. 1937 richtete sie mit Edith Jackson und Dorothy Burlingham eine psychoanalytisch geführte „Nursery" (Kinderbetreuungsstätte) ein, die 1938, wie alle psychoanalytischen Einrichtungen, in Wien geschlossen wurde.

Anna Freud war eine der wichtigsten Personen bei der Emigration und Organisatorin der Psychoanalyse im Exil. In London wurde sie Mitglied und Lehranalytikerin der British Psycho-Analytical Society und setzte ihre in Wien begonnene Arbeit mit den „War Nurseries" fort. Theoretisch und methodisch hob sie sich in intensiven Auseinandersetzungen von Melanie Klein ab. Nach dem Krieg richtete sie ein kinderanalytisches Ausbildungszentrum und die Hampstead Clinic für Kinder ein, die sie bis zu ihrem Tod leitete. Kinderbeobachtung war ihr zentrales Forschungsinstrument, und daraus entwickelte sie den sogenannten Hampstead Index als diagnostische und therapeutische Grundlage der Arbeit mit Kindern. Ihre theoretische und vor allem praktische Erfahrung hat sie in zahlreichen Arbeiten publiziert, die 1980 in zehn Bänden erschienen. Sie verwaltete das Erbe ihres Vater, half beim Aufbau des Freud-Archivs der Library of Congress und supervidierte den von ihr autorisierten offiziellen Freud-Biografen Ernest Jones bei dessen Arbeit an dem dreibändigen Werk „The Life and Work of Sigmund Freud".

„Unsere Aufgabe bleibt dabei immer die gleiche: zu verfolgen, wie Ich und Es zu einer gemeinsamen Wirkung zusammentreffen; wie die Beherrschung der Innenwelt und Anpassung an die Außenwelt stufenweise fortschreiten; und wie Trieb- und Phantasiefreiheit langsam an Kraft verlieren und zugunsten von Triebbeherrschung und Rationalität in den Hintergrund treten. Entwicklungslinien dieser Art lassen sich für eine zunehmende Anzahl von Gebieten aufstellen."

Anna *Freud* (1965): Psychische Entwicklungslinien. Schriften VIII, 2162–2212, 2163.

Freuds Instanzenmodell wurde von Heinz Hartmann weiter ausgearbeitet. Er betonte, dass Abwehr, welche in bestimmten entwicklungsbedingten Konflikten gründe, später „sekundäre Autonomie" erreichen und in ganz anderen Zusammenhängen wirksam sein könne. Dies entsprach einem Zurückdrängen des genetischen Aspekts und einem Abschied vom historischen Zugang zu psychischen Vorgängen, Symptomen und Charaktermerkmalen. Die Bedeutung der psychosexuellen Entwicklung wurde eingeschränkt und zugleich wurde betont, die Strukturierung des Ichs erfolge weniger durch Konflikte als durch „autonome" Entwicklung.

Die Ich-Psychologie gibt allgemein der äußeren Realität mehr Gewicht und befasst sich theoretisch mit der Entwicklung von Ich-Fähigkeiten wie Wahrnehmung, Gedächtnis, Wollen, Abwehr, Urteilen, Planen, Lernen, Vorausschauen, synthetischer Fähigkeit oder Motilität. Hartmann betonte besonders die Ich-Funktion der Anpassung. Sein Interesse galt einem psychologischen Modell, das mit anderen Sozialwissenschaften kompatibel sein sollte und die „reale Welt" und die Alltagserfahrung erfassen könnte – ein Modell, das eingängiger als das psychoanalytische Modell von Sigmund Freud sei und sich dennoch auf ihn berufen könne. Das Ich wurde zum strategischen Feld der Selbstbeobachtung, Kommunikation und Anpassung an die Wirklichkeit. Die Instanzen des triebhaften Es und des Über-Ichs traten dabei verhältnismäßig zurück.

Hartmann beschrieb folgende Ich-Funktionen:

1. kognitive Ich-Funktionen (wahrnehmen, erinnern, denken, urteilen);
2. vermittelnde Ich-Funktionen (zwischen innen und außen und zwischen den psychischen Instanzen);
3. Angstentwicklung (Sensibilität für Angstsignale);
4. Schutz und Abwehr (Vermeidung unerträglicher Affekte).

Die Identifizierung hat aufgrund von Freuds Idee, der Charakter des Ichs sei ein Niederschlag der mittels Identifizierung aufgegebenen Objektbeziehungen, eine besondere Bedeutung:

> „... kraft seiner Beziehung zum Wahrnehmungssystem stellt es [das Ich; E.L.] die zeitliche Anordnung der seelischen Vorgänge her und unterzieht dieselben der Realitätsprüfung. Durch die Einschaltung der Denkvorgänge erzielt es einen Aufschub der motorischen Entladungen und beherrscht die Zugänge zur Motilität. Letztere Herrschaft ist allerdings mehr formal als faktisch, das Ich hat in Beziehung zur Handlung etwa die Stellung eines konstitutionellen Monarchen, ohne dessen Sanktion nichts Gesetz werden kann, der es sich aber sehr überlegt, ehe er gegen einen Vorschlag des Parlaments sein Veto einlegt. Das Ich bereichert sich bei allen Lebenserfahrungen von außen; das Es aber ist seine andere Außenwelt, die es sich zu unterwerfen strebt. Es entzieht dem Es Libido, bildet die Objektbesetzungen des Es zu Ichgestaltungen um." (Freud, 1923b, 285)

Darauf stützt sich die Ich-Psychologie und untersucht die Entwicklung des Ichs entsprechend: Ausgehend vom primitiven Körper-Ich entsteht über Konfliktverarbeitung und Anpassung eine komplexe psychische Instanz. Das Es und das Über-Ich haben natürlich Einfluss auf das Ich, sie sind aber nur über das Ich erfassbar, welches ihnen gegenüber einen „Beobachterstatus" hat. Das Ich nimmt etwa Triebwünsche aus dem Es auf und muss sie zugleich mit den Ge- und Verboten des Über-Ichs in Einklang bringen, um Unlust zu vermeiden. Was davon bewusst wird, sind dann jene Regungen, die vom Ich bereits modifiziert, also in sekundärprozesshafte Form gebracht worden sind.

Es- und Über-Ich-Forderungen sind potenzielle Bedrohungen und erzeugen Angst. Das Ich ist der Schauplatz der Angst. Die psychische Dynamik wird als ein konflikthaftes Kräftespiel zwischen diesen (triebhaften) Anforderungen und der Abwehr seitens des Ichs verstanden. Das Über-Ich nennt Freud „eine Stufe im Ich", was auch bedeutet, dass die Qualität des Über-Ichs und die Abwehrmechanismen des Ichs sich zueinander komplementär verhalten. Ein schwaches Ich und ein strenges Über-Ich etwa sind typisch für depressive Zustände, während in der idealisierenden Übertragung (etwa in der Masse) das Über-Ich an die idealisierte Autorität delegiert wird, an deren Grandiosität das Ich auch teilhat, wodurch es entsprechend „aufgebläht" erscheint.

Gemäß dieser Grundannahmen befasst sich die Psychopathologie hauptsächlich mit Ich-Defekten und Störungen der Realitätsprüfung: Selbst die Schizophrenie wird so beschrieben (Hartmann, 1953). Der angestrebte Vorteil war ein leichter handhabbares Modell mit anschaulichen Zielen und technischen „Strategien". Die Ich-Stärkung war die wichtigste davon.

Im ichpsychologischen Verständnis sind Neurosen Folgen des Konflikts zwischen inakzeptablen Strebungen des Es, die das Ich bedrohen, und den im Ich dagegen wirksamen Abwehrmechanismen. Die Fähigkeit des Ichs, die Strebungen des Es ebenso wie die Anforderungen der Realität und des Über-Ichs zu meistern, gilt als Indikator der Gesundheit. In der Ich-Psychologie ist insgesamt die „Ich-Stärkung und -Erweiterung" das Hauptziel. Drüber hinaus wird der Umwelt bzw. der äußeren Realität mehr Platz eingeräumt; sie fungiert hier quasi eigenständiger und nicht, wie bei Freud, über ihren Objektstatus.

Empfohlene Literatur

Heinz *Hartmann* (1927): Die Grundlagen der Psychoanalyse. Stuttgart: Klett, 1972.

Heinz *Hartmann* (1939): Ich-Psychologie und Anpassungsproblem. Psyche 14 (1960/61), 81–164.

Heinz *Hartmann*, Ernst *Kris*, Rudolph *Loewenstein* (1964): Papers on Psychoanalytic Psychology. New York: International University Press.

3 Melanie Klein und die „Kleinianer"

Melanie Klein dachte Freud radikal weiter und erweiterte dabei das Untersuchungsfeld bis zur frühesten Kindheit. Dort fand sie eine primitive Welt aus archaischen Phantasien, Konflikten und maßlosen Ängsten sowie wilden Polarisierungen zu deren Abwehr vor. Für Klein bleib dieses Archaische im Unbewussten immer relevant; sie dachte nicht, dass ein Mensch es endgültig oder dauerhaft ordnen und bewältigen könnte, vielmehr sei der individuelle „Vulkan" bei jedem unterirdisch aktiv und könne bei inneren und/oder äußeren Belastungen trotz reiferer Strukturen jederzeit von Neuem durchbrechen. Besonders die destruktiven Kräfte nahm sie weit ernster als die meisten Analytiker damals. Kleins ungewöhnliche Annahmen über mentale Fähigkeiten sehr kleiner Kinder waren Ausgangspunkt heftigster Kontroversen, insbesondere mit Anna Freud. Überraschenderweise haben empirische Beobachtungsbefunde später eine erstaunliche Bestätigung etlicher ihrer Annahmen gebracht.

Archaisch-gewaltige Triebstrebungen, begleitet von primitiven körperlich-sinnlichen Vorstellungen, prägen nach Klein nicht nur das infantile Erleben, sondern wirken auch im Erwachsenen fort und dominieren immer wieder auch sein psychisches Funktionieren. Diese Funktionsweise nennt Melanie Klein paranoid-schizoid, weil sie von einer Dynamik aus primitiver Spaltung und Verfolgungsangst geprägt ist. Klein präzisierte den Begriff der Spaltung und hob besonders die Aufspaltung der Welt (als Ich- und/oder Objektspaltung) in Gut und Böse hervor, ebenso wie die Fragmentierung als effektive Zersplitterung (Klein, 1946).

Paranoid-schizoide Position In dieser Funktionsweise sind innen und außen ungetrennt: Hier herrscht eine Welt von Teilobjekten, geprägt von omnipotenten Phantasien. Das Kind versucht unerträgliche Spannungen loszuwerden und die Teilobjekte (Brust, Stimme etc.) im Dienste der eigenen Lust zu beherrschen. Es überwiegen primitive Formen von Gier, Neid und Hass, sodass keine ganzen, guten Objekte entstehen können und keine Beruhigung möglich ist. In diesem Zustand weitgehender Vermischung mit den (Teil-)Objekten ist projektive Identifizierung ein wichtiger Entlastungsmodus, der zugleich als primitive Kommunikationsform und als Abwehrmechanismus verstanden werden kann, und zwar in der Weise, dass unerträgliche Affektzustände ausgeschieden und in das Objekt hineingezwängt werden. Das entlastet und kann zugleich ein primitiver Angriff sein, vermittelt aber eben auch Informationen über den psychischen Zustand.

Je nach der Fähigkeit der Mutter (der Brust/der Welt), Sicherheit und Befriedigung zu bieten, kann dieses ungetrennt-bedrohliche Universum allmählich verlassen und ein Zustand der Getrenntheit ertragen werden – etwa wenn das erregte Baby nach und nach erleben und dann auch in Erinnerung behalten kann, dass auf Frustration immer wieder Befriedigung folgt und die Mutter/Brust dann als sowohl anwesend und abwesend als auch als gut und böse vorgestellt werden kann. Ähnliches passiert, wenn etwa nach einer heftigen Enttäuschung ein von mörderischer Wut überwältigter Erwachsener sich durch freundliches Mitgefühl beruhigen lässt und dann auch wieder andere als nur negative Aspekte wahrnehmen und erneut differenziert denken kann.

Depressive Position So nennt Klein jene Funktionsweise, in der differenziertes Denken weitgehend aufrechterhalten werden kann. Dieses Funktionieren ist ein Erbe des Ödipuskomplexes, den Klein bereits im ersten Lebensjahr ansetzt, weshalb er für sie eine besonders heftige, archaische Qualität besitzt. Die depressive Position ist geprägt davon, dass das Individuum die Differenz zwischen sich selbst und den anderen erleben und ertragen kann. Dies setzt voraus, dass die Trennung aus der (narzisstischen und omnipotenten) Unmittelbarkeit schmerzhaft erlebt und betrauert werden kann und dass der Wunsch entsteht, beim anderen wiedergutzumachen, was man ihm in primitiven Affektzuständen (in der Phantasie) angetan hat. Die depressive Position ist geprägt von der Sorge um das Objekt, was eben kein Zustand naiven Glücks ist, sondern nur gestattet, die Triebstrebungen so weit zu bezähmen, dass die eigene Person und die anderen unbeschädigt blei-

Melanie Klein (* 1882, Wien, † 1960, London)
Melanie Klein kam durch eine frühe Ehe nach Budapest, wo sie bei Sándor Ferenczi eine Analyse machte und 1919 Mitglied der psychoanalytischen Vereinigung wurde. Bald begann sie, mit sehr kleinen Kindern analytisch zu arbeiten. Sie entwickelte eine spezielle Technik der Kinderanalyse, mit deren Hilfe sie das kindliche Spiel interpretierte, sodass sie ohne ein differenziertes verbales Sprachniveau bei den Kindern auskam. Nach ihrer Scheidung, der Übersiedlung nach Berlin und einer weiteren Analyse bei Karl Abraham widmete sie sich neben den Kleinkindern klinisch und theoretisch besonders auch frühen und frühesten Störungen erwachsener Patienten. Ernest Jones lud Klein nach London ein, wohin sie 1926 schließlich ganz übersiedelte und wo sie mit ihrer damals schon sehr eigenständigen Theorie eine eigene Gruppe (die „Kleinianer") innerhalb der British Society etablierte.

Ihre gänzlich neuen Ansichten brachten sie mit der eher pädagogisch orientierten Auffassung Anna Freuds in krassen Gegensatz, was zu heftigen Auseinandersetzungen und dauerhaften Abgrenzungen zwischen den beiden Persönlichkeiten und ihren Schulen führte. In intensiver klinischer und wissenschaftlicher Arbeit erweiterte Klein ihre Theorie zu einer umfassenden Lehre frühkindlicher Austauschverhältnisse mit der Welt, primitiver Affektzustände, Angstentwicklung und ihrer Bindung in Symbolbildungsprozessen. Sie bediente sich einer sinnlichen, bildhaften Sprache, mit der sie archaische Phantasien einzufangen suchte. Das gestattete ihr, bis dahin unbehandelte Gebiete zu erfassen, stieß aber auch auf teilweise heftige Kritik. Sie hinterließ zahllose Arbeiten, die erst spät vollständig ediert wurden. Ihr umfangreiches Werk umfasst Arbeiten zu verschiedensten Themen und hat eine stark klinische Ausrichtung.

Der Einfluss Melanie Kleins und ihrer Theorien breitete sich sehr unterschiedlich aus – in Lateinamerika etwa weit früher als in Europa. Seit den 1990er-Jahren gab es dann einen regelrechten Siegeszug Klein'scher Konzepte, was wahrscheinlich zugleich der intensiveren Ausbildung der Analytiker und der Zunahme „schwieriger" Analysanden im Zuge der Verrechnung über die Krankenkassen zu verdanken ist.

„Psychoanalytische Erfahrung zeigt, dass die Bemühungen, sich mit äußeren Situationen und Beziehungen auseinanderzusetzen, verschiedenen Zielen dienen: Nicht nur muß die Beziehung zur äußeren Welt verbessert werden – damit ist zugleich eine Wiedergutmachung an den ersten äußeren Objekten impliziert –, sondern auch die Ängste in bezug auf die innere Welt müssen gelindert werden. Auf diese Weise werden die äußeren Beziehungen auch ein Mittel zur Überprüfung der inneren Beziehungen. Wenn es nicht gelingt, ein relativ gutes Gleichgewicht zwischen äußeren und inneren Beziehungen herzustellen, dann haben diese Versuche keine Aussicht auf Erfolg."

Melanie *Klein* (1961): Darstellung einer Kinderanalyse. GS IV/1 u. 2, IV/2, 635.

ben können. Klein versteht das psychische Leben ganz im Sinne des späten Freud ohne romantische Illusionen und viel prekärer, gewaltsamer, gefährdeter, auch „verrückter" als die meisten psychoanalytischen Theoretiker. Die massiven Affektstürme kleiner Kinder, aber auch das wilde Agieren Erwachsener in psychischer Not oder in Massenverhältnissen scheinen ihre Ansicht zu bestätigen.

Im kleinianischen Denken hat das Psychotische, überhaupt das Psychopathologische einen eigenen, allgemeineren Stellenwert. Das ganze Leben wird als Aufeinanderfolge gewaltsamer, extremer Affekt- und Gefühlszustände gesehen, geprägt von heftigen Begehrlichkeiten, Zerstörungswünschen und Ängsten. Im psychotischen Modus, der in gewisser Weise den frühinfantilen Zuständen entspricht und der immer existiert, aber nur gelegentlich die Vorherrschaft erlangt, setzen diese emotionalen Regungen in kaum mediatisierter Form die geordneteren Funktionsweisen der depressiven Position weitgehend außer Kraft. Man könnte sagen, das Erwachsenenleben sei ein permanentes Ringen um diese depressive Position, die immer wieder bedroht ist. Mit ihr sind überhaupt die Errungenschaften der Zivilisation bedroht, was sich etwa unter dem Einfluss der Massendynamik zeigt. Wir leben stets am Abgrund, damit beschäftigt, uns und die Welt so gut wie möglich in Ordnung zu halten, und oszillieren ständig zwischen paranoid-schizoidem und depressivem Funktionieren mit sich entsprechend verändernden Weltbildern und Stimmungslagen.

Für Klein haben frühe Angstzustände eine Katalysatorwirkung für die psychische Entwicklung; schon in frühesten Entwicklungsstadien sind primitive Phantasien zur Angstabwehr in Funktion. Libidinöse und destruktive Triebstrebungen sind von Anfang an wirksam, und die daraus resultierende Ambivalenz wird über den Weg der Spaltung aus der Innenwelt ausgeschlossen. Dabei wird nach Lust und Unlust getrennt und in die Mutter bzw. Welt projiziert, wodurch diese in „gute" und „böse" Teilobjekte zerfällt. Die bösen Teilobjekte werden zu angsterzeugenden Feinden und färben das Verhältnis zur Welt durch Verfolgungsangst. Melanie Klein entdeckte schon bei sehr kleinen Kindern ein frühes, überstrenges Über-Ich als Reaktion auf archaische Destruktivität.

Gutes und böses Objekt sind Phantasieprodukte, Imagines, also phantasmatisch entstellte Bilder jener Objekte aus der Realität, auf die sie sich beziehen. So wird etwa der haltende Blick der Mutter „böse", sobald er verschwindet, was zugleich den destruktiven Affekten des Kindes Ausdruck verleiht; die lustvolle Repräsentanz des Arms beim Gehaltenwerden wird zur destruktiven Repräsentanz des Arms, wenn er nicht mehr hält. Diese Objektspaltungen dienen der Abwehr unerträglicher Erregungen, vor allem der Destruktivität bzw. des Hasses, wie Klein auch sagt, und gehen mit entsprechenden Spaltungen des primitiven Ichs in ein gutes und ein böses Ich einher.

Klein geht von einer primären Destruktivität aus, die im Zuge der Entwicklung durch Libido gemildert wird. Dies bestimmt auch die Objekte, die durch Introjektion und Projektion verinnerlicht und ausgestoßen werden. Mithilfe dieser primitiven Austauschprozesse mit der Brust/Mutter/Welt entsteht nach und nach eine innere Welt des Kindes. Bei Klein gibt es den Primat der Innenwelt, durch deren Projektion die äußere Welt entsteht. Entsprechend sind die neurotischen Konflikte solche mit inneren Objekten, die dann die äußeren Objekte färben. Die Unterschiede zwischen Neurose und Psychose liegen für Melanie Klein im ausreichend oder eben nicht ausreichend depressiven Funktionieren, in der Qualität der Ängste und der Symbolisierungsfähigkeit sowie in den damit zusammenhängenden Abwehr- und Beziehungsformen.

Technisch war Kleins wichtigster Beitrag zunächst die Entwicklung der Analyse des kindlichen Spiels, das sie analog zur freien Assoziation als Ausdruck der unbewussten Phantasien in Bezug auf die Analytikerin zu verstehen und zu deuten suchte. Dabei liegt der Fokus auf dem frühen Affektgeschehen und archaischen Phantasien. Generell hat die Deutung der Phantasieinhalte Priorität, und den frühen Destruktionswünschen gilt besonderes Interesse auch aufgrund der Erfahrung, dass ihre Deutung angstmindernd wirkt. Daraus ergab sich für die Erwachsenenanalyse, wo die Assoziationen als „Spiel mit inneren Objekten" aufgefasst werden, dass jede Form des Ausdrucks Gegenstand der Übertragungsanalyse und als infantiler Wunsch in Bezug auf die Analytikerin gedeutet wird. Der Analyse der projektiven Identifizierungen, der Hauptabwehr des paranoid-schizoiden Funktionierens, kommt eine zentrale Bedeutung zu, ebenso wie – im Zusammenhang damit – den Gegenübertragungsphänomenen (siehe S. 252–258) in der klinischen Situation als Quelle von Einsicht in die Befindlichkeit der Analysandin in der klinischen Situation.

Wird die depressive Position erreicht, können Objekte als zugleich gut und böse erlebt, geliebt und gehasst werden, und ein sich veränderndes Objekt bleibt über diese Veränderungen hinweg bedeutsam und braucht nicht beschädigt oder vernichtet zu werden. Die depressive Angst ist hauptsächlich eine vor dem Verlust bzw. der Beschädigung des Objekts, was mit dem Wissen um die eigene Ambivalenz zu tun hat. Sie entspricht einem Schuldgefühl in statu nascendi. Depressive Angst ist eine Voraussetzung von reiferen Beziehungen und Reparation und kann unter Umständen zur Abwehr paranoider und manischer Art führen.

Kleins großer, man könnte fast sagen revolutionärer Beitrag zur psychoanalytischen Theorie und Praxis lag in der Erschließung des präverbalen Bereichs der menschlichen Erfahrung und der archaischen Ängste. In der Konsequenz führte das zu einer neuen Sicht psychotischer Phänomene als Phänomene, die in jedem Menschen vorhanden und Teil des Alltagslebens sind.

Empfohlene Literatur

Elizabeth *Bott-Spillius* (Hg.) (1990): Melanie Klein heute. 2 Bde. München: Verlag Internationale Psychoanalyse.

Robert D. *Hinshelwood* (1994): Die Praxis der kleinianischen Psychoanalyse. Stuttgart: Verlag Internationale Psychoanalyse, 1997.

Melanie *Klein* (1995 ff.): Gesammelte Schriften. Stuttgart, Bad Cannstatt: Frommann-Holzboog.

Hanna *Segal* (1964): Melanie Klein. Eine Einführung in ihr Werk. Frankfurt am Main: S. Fischer, 1984.

4 Wilfred Bion und das Denken in Gruppen

Es ist ein besonderes Kennzeichen im Denken Wilfred Bions, dass er stets von Gruppensituationen ausgeht, die ihn auch schon beschäftigten, ehe er seine psychoanalytischen Theorien der Psychose, des Denkens und der Technik formulierte. Seine komplexen Konzepte, die er nicht zu einer einheitlichen Theorie verarbeitete, bilden dennoch einen logischen Entwicklungszusammenhang. Es interessierte ihn, wodurch Verbindungen zu sich selbst und zu anderen Menschen entstehen, und er war bezüglich regressiver Zustände und Beziehungen besonders aufmerksam. In Anlehnung an Kleins Konzepte entwarf er ein Modell, wie Bedeutung aus Beziehungen entsteht, deren Repräsentanzen die innere Objektwelt ausmachen. Bion denkt den Menschen als Gruppenwesen – schließlich ist auch die Mutterbrust als erstes Teilobjekt nur in Beziehungen zu anderen existent, weshalb das Präkonzept Gruppe immer schon vorhanden ist. Im Zuge der Entwicklung tritt jeder moderne Mensch zu immer mehr Gruppen in Beziehung, und entsprechend komplexer wird seine Innenwelt. (Dies wird auch zur sozialpsychologischen Grundlage für den Erfolg politischer Ideologien und diverser kollektiver Glaubenssysteme.) Die Gruppen fungieren wie Behälter für unverarbeitete psychische Inhalte, was sich Erfahrungsgemäß im „Klima" und im (reaktiven) Verhalten der Mitglieder zeigt. Damit übernimmt jede Gruppe potenziell Funktionen, welche ursprünglich die erste Protogruppe – d. h. die Mutter mit ihren inneren und äußeren sozialen Beziehungen, in ihrer komplexen Verbundenheit mit verschiedenen Gruppen – erfüllte. Für Bion sind alle ersehnten Objekte böse Objekte, weil sie eben nicht befriedigend präsent sind. In diesem Sinn ist eine anwesende befriedigende Mutterbrust Schutz gegen die abwesende böse Brust.

Im intimen Austausch zwischen Mutter und Säugling übernimmt die Mutter jene Verarbeitungsfunktion, welche der Säugling noch nicht selbst erfüllen kann, die aber vor lebensbedrohlicher Reizüberflutung schützt. Als β-Elemente bezeichnet Bion jene Fragmente unverarbeiteter Erregung, die man auch psychischen Schutt nennen kann und die das Baby aus zwangsläufiger Überforderung in die Mutter evakuiert. Im guten Fall verarbeitet die Mutter diese Erregungsfragmente zu bedeutungsvollen Inhalten (siehe S. 127, α-Elemente), die sie anschließend in symbolisierter und auch für das Baby verträglicher Form diesem zurückgibt. Praktisch erfolgt das kontinuierlich im pflegenden und zärtlichen Umgang der Mutter mit ihrem Kind, der begleitet wird vom Phantasiestrom („rêverie") und dem liebevollen Geplauder der Mutter (baby-talk). Auf diese Art werden die vom Baby ständig ausgeschiedenen β-Elemente durch die Mutter aufgefangen, bewahrt („contained") und symbolisierend verarbeitet dem Baby wieder vermittelt. So wird langsam die mentale Struktur des kleinen Menschen gebaut. Containment meint dabei ein Verstehen auf der Grundlage der projektiven Identifizierung insofern, als ein unerträglicher Erregungszustand in einen Behälter (z. B. den inneren Raum der Mutter, die Gruppe) verlagert wird, wo aufgrund der differenzierteren Ausstattung die Erregung ertragen und bewahrt wird. Dazu ist eine besondere, offene Empfänglichkeit seitens des „Behälters" nötig, damit die Erfahrung möglich wird, dass die Erregung nicht zerstörerisch ist und die ausgestoßenen Inhalte nicht verloren gehen.

Wilfred Ruprecht Bion (* 1897, Mutra/Indien, † 1979, Oxford)
Als Sohn britischer Eltern wurde Bion in Indien geboren, von einem Hindu-Kindermädchen betreut und mit acht Jahren nach England ins Internat geschickt. Die sinnlichen Erfahrungen der frühen Kindheit und deren abruptes Ende durch Trennung von der Familie und Kulturwechsel haben nachhaltig auf ihn gewirkt. Ebenso entscheidend waren die Erfahrungen mit der Gruppendynamik in britischen „public schools". Bion meldete sich im Ersten Weltkrieg freiwillig zum Militär. Als hochdekorierter Panzerkommandant ging er dann nach Oxford, studierte Geschichte und unterrichtete anschließend Französisch, Geschichte und Sport. Drei Jahre später begann er in London ein Medizinstudium. Den Zweiten Weltkrieg verbrachte er als Arzt und entwickelte in einem Militärspital ein Gruppenmodell zur Auswahl von militärischen Führungskräften.

Seine psychoanalytische Ausbildung absolvierte Bion bei Melanie Klein. Von ihr übernahm er das Konzept der guten und bösen Brust als Bild der befriedigenden oder frustrierenden Mutter sowie die Dynamik der projektiven Abwehr jener verfolgenden Objekte, die Grundlage schizoid-paranoiden Funktionierens und ebensolcher Ängste sind. Er entwickelte daraus eine Theorie des Denkens, die in Kombination mit seiner Gruppentheorie eine ebenso originelle wie geniale Sozialpsychologie mentalen Funktionierens bildet. Die berühmte Tavistock-Klinik, eine besonders experimentierfreudige Forschungs- und Therapieeinrichtung in London, zu deren Leitungsgremium er jahrelang gehörte, reorganisierte er grundlegend und richtete vor allem eine Abteilung für Gruppen- und Organisationsforschung ein. 1968 übersiedelte er nach Los Angeles, wo er bis kurz vor seinem Tod lebte. Er hinterließ zahlreiche Arbeiten, die sich vornehmlich mit dem Gruppengeschehen, verschiedenen Aspekten des Denkens und mit der Praxis der psychoanalytischen Klink sowie mit Wissenschaftstheorie befassen.

„Wenn es das verbale Denken ist, das Eindrücke synthetisch zusammenfaßt und miteinander verbindet und deshalb für das Bewußtwerden der inneren und äußeren Realität unerläßlich ist, dann ist zu erwarten, daß es während der ganzen Analyse gelegentlich destruktiven Spaltungs- und projektiven Identifizierungsprozessen unterliegt. Ich habe den Beginn des verbalen Denkens als Bestandteil der depressiven Position beschrieben. Aber die Depression, die dieser Phase eigen ist, ist selbst etwas, gegen das die psychotische Persönlichkeit sich wehrt; deshalb wird die Entwicklung des verbalen Denkens zum Angriffsziel, und seine noch ganz unterentwickelten Elemente werden aus der Persönlichkeit ausgestoßen, wann immer es zu einer Depression kommt."

Wilfred R. *Bion* (1957): Zur Unterscheidung von psychotischen und nicht-psychotischen Persönlichkeiten, in: Elizabeth Bott Spillius (Hg.): Melanie Klein heute. Entwicklungen in Theorie und Praxis I. München: Verlag Internationale Psychoanalyse, 75–99, 94.

Psychotisches Erleben ist gekennzeichnet durch ein Überschwemmtsein von β-Elementen, die unerträgliche Spannung erzeugen und mit großer Vehemenz externalisiert werden, sodass sie die Umgebung bestimmen, die dann neuerlich frustrierend auf die Person zurückwirkt, sofern nicht sekundär eine hilfreiche Verarbeitung durch die Umgebung – etwa einen Analytiker – erfolgt. Das Ausbleiben der α-Funktion steigert Ängste und Spannungen bis zur Desintegration und psychischen „Vernichtung". Bion vergleicht die Aufgabe des Analytikers mit jener der Mutter, die Halt (containment) und Symbolisierung (α-Funktion) sichert und bereitstellt, bis das Kind/der Patient sie (wieder) selbst übernehmen kann.

Bions Unterscheidung in normale und pathologische projektive Identifizierung ist entscheidend für sein Verständnis der Psychopathologie. Im pathologischen Fall wird ein äußeres Objekt mit äußerster Gewalt durch Hass und Vergeltung so entstellt, dass es als „bizarres Objekt" bedrohlich und unzugänglich erscheint. Gewalt und Allmacht bestimmen auch das schizophrene Denken. Für Bion ist „psychotisch" keine Diagnose, sondern eine Funktionsweise. Sie entsteht aus der Konfrontation mit der Tendenz, sich etwas bewusst werden zu lassen, Neues zu tolerieren, und der Tendenz, dies zu vermeiden. Für den Ausklang dieses Konflikts sind Frustrationstoleranz und Bindungsfähigkeit, denen Hass und Desintegration (Angriffe auf Verbindungen) entgegenstehen, entscheidend.

Viele entgleisende Beziehungskonflikte etwa sind davon geprägt, dass die Beteiligten sich gegenseitig mit Unverdautem überschütten, was keiner von ihnen verarbeiten kann, sodass weder Zuhören noch Denken möglich sind. Es herrscht „Vergiftung" durch „Beziehungsschutt" (β-Elemente).

Methodisch betonte Bion die offene, völlig unvoreingenommene Einstellung des Analytikers in jeder Sitzung, um die subjektive Wahrheit des Patienten jeweils neu erfassen zu können. Bedeutungsgenerierenden Kontakt nennt Bion Containment, wo beziehungstiftende Bedeutungen gehalten und bewahrt bleiben. Für die Technik der Psychoanalyse gilt, dass der Psychoanalytiker zum Äquivalent einer mütterlichen Behälterfunktion werden soll. So wie der schreiende Säugling mit all seinen expressiven Möglichkeiten seine ganze Not in die Mutter auslagert, evakuiert auch der Patient seine unerträglichen Affekte und Phantasien in den Analytiker, dessen erste Aufgabe darin besteht, dies auszuhalten, die Inhalte zu behalten und durch seine eigene Denkfähigkeit soweit zu ordnen und zu verstehen, dass er daraus eine Deutung formulieren kann (α-Funktion), mittels welcher die nun verarbeiteten Inhalte dem Patienten wiedergegeben werden können, sodass er sie als bedeutungsvoll behalten und eventuell über sie nachdenken kann (siehe S. 243–270, Technik).

Die entscheidende Frage ist in Einzelanalysen und in Gruppen die gleiche: Wie können die verborgenen, unbewussten neurotischen und psychotischen Inhalte zugänglich und eventuell verändert werden? Wie einzelne Neurotiker entwickeln auch Gruppen, die sich durch gemeinsame Ziele zusammenfinden, Verhaltensweisen, die ihren Interessen zuwiderlaufen, über die aber nicht nachgedacht werden kann, weshalb sie unverändert weiter bestehen; sie „lernen“ nichts, auch wenn sie sich immer wieder in dieselben misslichen Lagen bringen. Bion spricht von der „Gruppenmentalität“ als einem Konglomerat aller von den Mitgliedern durch Abspaltung, Verleugnung, Verschiebung usw. in die Gruppe (als Container) ausgelagerten Inhalte (β-Elemente). (Dies wird auch zur sozialpsychologischen Grundlage für den Erfolg politischer Ideologien und diverser kollektiver Glaubenssysteme.) Die Gruppenmentalität wird unbewusst von allen Teilnehmern gestützt und gegen Abweichendes geschützt, vor allem durch eine sich als Abwehr einstellende „Gruppenkultur“, in der Harmloses, aber eben nicht das, was jedem einzelnen Gruppenmitglied wirklich am Herzen liegt, thematisiert wird. Daraus erklärt sich der Konformitätsdruck in Gruppen als kompliziertes unbewusstes Zusammenspiel im Dienste der Abwehr. In einer gewissen Analogie zur frühkindlichen Entwicklung fand Bion sogenannte Grundannahmen (nämlich Abhängigkeit, Kampf und Flucht sowie Paarbildung) in Gruppen, die Manifestationen der dominierenden unbewussten Wunsch- bzw. Abwehrkonflikte der Teilnehmer sind. Solche Prozesse sind in Familien genauso verbreitet wie an Arbeitsplätzen; sie bestimmen politische Gremien ebenso wie Paarkonflikte und sind Quellen vielfältiger Denkstörungen. Dies wird auch zur sozialpsychologischen Grundlage für den Erfolg diverser kollektiver Glaubenssysteme und politischer Ideologien.

Bion nannte seine Theorie des Denkens eine Theorie emotionaler Erfahrung. Aufbauend auf Melanie Kleins Ideen eines psychischen Raumes und psychischer Funktionsweisen versteht er die Bildung psychischer Strukturen als Niederschlag emotionaler Erfahrungen. Das Denken und der Denkapparat entstehen quasi zugleich aus angelegten Potenzialen und können auch beide Ziel destruktiver Attacken werden. Für ihn sind letztlich alle Psychopathologien als Beziehungs- (Gruppen-) und Denkstörungen aufzufassen. Mittels seiner Transformationen-Theorie will er eine Methode beschreiben, wie Beobachtungen in Gedanken transformiert werden können – wie etwa der Psychoanalytiker, ähnlich einem Mathematiker oder Künstler, in seiner Arbeit aus dem „Material", nämlich seinen eigenen Wahrnehmungen und Beobachtungen in der analytischen Situation, etwas – nämlich Interpretationen – herstellt. Dabei reklamiert Bion Wahrheitsliebe und ästhetische Sensibilität als notwendige Voraussetzungen.

Empfohlene Literatur

Wilfred R. *Bion* (1961): Erfahrungen in Gruppen und andere Schriften. Stuttgart: Klett-Cotta, 2003.

Wilfred R. *Bion* (1962): Lernen durch Erfahrung. Frankfurt am Main: Suhrkamp, 1992.

Léon *Grinberg*, Dario *Sor*, Elizabeth *Tabak de Bianchedi* (1993): W.R. Bion. Eine Einführung. Stuttgart: Frommann-Holzboog.

5 Jacques Lacan und die strukturale Analyse

Lacans Werk ist umfangreich, war nach seinem Tod aber nur fragmentarisch erhalten. Einige Publikationen hat er zu seinen Lebzeiten autorisiert; der Großteil des unter seinem Namen posthum Veröffentlichten basiert auf Notizen und Mitschriften aus Seminaren, für deren Edition sein Schwiegersohn Jacques-Alain Miller verantwortlich ist.

Der Mediziner Jacques Lacan fand Zugang zur Psychoanalyse über die Philosophie. Er begann, Freud mit den damals aktuellen intellektuellen Strömungen wie Phänomenologie und Strukturalismus, aber auch mit Heidegger „gegen den Strich" zu lesen und teilweise radikal umzuinterpretieren. Nach dem Zweiten Weltkrieg begann Lacan die Psychoanalyse zunehmend strukturalistisch umzuformulieren in dem Sinne, dass der Mensch und sein Denken nur über die Struktur der Kultur und der Sprache erfassbar seien. Insbesondere bediente er sich auch der linguistischen Arbeiten des Schweizer Sprachwissenschafters Ferdinand de Saussure und übernahm einzelne seiner Ideen der strukturellen Sprachtheorie, um sie auf die Psychologie des Unbewussten anzuwenden. Lacan definiert den Menschen als Sprach- und Sprechwesen (parl-être); die Sprache ist für ihn das primäre anthropologische Kriterium. Später arbeitete er auch an hoch formalisierten Modellen, die mit Graphen und Formeln an mathematische Darstellungen angelehnt waren.

Jacques Marie Émile Lacan (* 1901, Paris, † 1981, Paris) Jacques Lacan genoss wie sein Bruder, der später Benediktinermönch in Hautecombe wurde, eine Jesuitenerziehung, wandte sich der Medizin zu, beschäftigte sich mit Philosophie und wurde schließlich Psychiater. Er knüpfte Kontakte zu den Surrealisten, begegnete den Schriften Freuds und begann 1932 eine Analyse bei Rudolph Loewenstein, die sechs Jahre dauerte und die er im Dissens mit seinem Analytiker beendete. Überhaupt beanstandete er die damalige Psychoanalyse als konservativ und bürokratisch. Die langwierige Behandlung einer ungewöhnlichen Patientin führte zu seiner Dissertation über die Paranoia, in der er bemüht war, die Freud'sche Theorie in philosophischer Terminologie zu formulieren.

Seit 1934 Kandidat der Société Psychoanalytique de Paris (SSP), trat Lacan 1936 beim Kongress in Marienbad mit einem bahnbrechenden Vortrag über das Spiegelstadium auf die Bühne der internationalen Psychoanalyse. Ein weiterer Kongressbeitrag aus Rom (1953), „Funktion und Feld des Sprechens und der Sprache in der Psychoanalyse", kritisierte vor allem die Ich-Psychologie sowie Tendenzen einer Standardisierung und therapeutischen Reduktion der Psychoanalyse. 1938 wurde Lacan Mitglied der SSP, deren Präsident er 1953 kurz sein sollte. Während der deutschen Besatzung arbeitete er in einem Pariser Militärspital; politisch blieb er „neutral".

In seiner psychoanalytischen Praxis ging Jacques Lacan zu methodischen Änderungen vor allem der Deutungs- und Zeitgestaltung über: Er entschied in jeder Sitzung neu über deren Dauer und beendete sie je nach seiner Beurteilung der Situation). Auch hatte er privaten Kontakt zu seinen Analysanden (die von den Lacanianern „Analysanten" genannt werden, um ihren Subjektcharakter zu unterstreichen). Das wurde in der SSP scharf kritisiert, und Lacan versprach, von flexiblen Zeiten abzugehen, hielt sich aber nicht daran. Polarisierungen und Spaltungen begleiteten sein Wirken, das ebenso als genial wie als gefährlich eingeschätzt wurde. 1951 begann er eigene wöchentliche Seminare zu halten, die er bis 1980 fortsetzte. 1953 traten einige seiner Schüler aus der SSP aus und gründeten eine eigene Société Française de Psychoanalyse (SFP), wohin Lacan ihnen dann folgte, was zu seinem Ausschluss aus der SSP führte. 1964 gründete Lacan seine École Freudienne de Paris und schlug dort bald ein neues Ausbildungsende, die „passe" vor, die keine inhaltlichen Kriterien, sondern nur einen Verfahrensablauf kennt. Jeder Kandidat sollte zuerst mit zwei anderen „Analysanten" und dann vor einer Jury die Gründe für sein Analyseende besprechen. Die Jury sollte dann nach Anhörung aller über seinen Analytikerstatus entscheiden. Die Kritiker dieses Verfahrens monierten – ebenso wie an der variablen Sitzungsdauer – vor allem die große Gefahr der Willkür angesichts der Abhängigkeit der Kandidaten. In der École Freudienne kam es in den 1970er-Jahren, ebenfalls wegen des Vorwurfs von Willkür, zu heftigsten Auseinandersetzungen, woraufhin Lacan 1980 die École auflöste und die „Cause Freudienne" gründete, um auch diese wenige Monate vor seinem Tod am 9. September 1981 aufzulösen und durch die École de la Cause Freudienne zu ersetzen.

Als eindrucksvoller Redner fand Lacan unter der intellektuellen Pariser Jugend regen Zulauf und entwickelte seine Ideen über Jahrzehnte in öffentlichen „Seminaren" fort, die berühmt wurden. Lacan hatte zunächst unter den französischen Intellektuellen großen Einfluss, der sich dann in den Geistes- und Kulturwissenschaften auch rasch internationalisierte. Seine prinzipielle Tendenz, jede Gewissheit im Subjekt infrage zu stellen, machte seine Lehren gleichermaßen zu besonders stimulierenden Denkansätzen wie zu Quellen großer Irritation.

„Wer es nicht versteht, seine Lehranalyse bis zu jenem Punkt voranzutreiben, an dem in einer Erschütterung sich zeigt, daß alle Ansprüche, die im Verlauf der Analyse sich artikulierten, und mehr noch als jeder andere Anspruch, der an ihrem Anfang steht – Analytiker zu werden – und der damit hinfällig wird, nur Übertragungen waren, bestimmt, ein unstetes, in seinem problematischen Status nicht zweifelhaftes Begehren aufrecht zu erhalten –, wer dies nicht versteht, hat keine Ahnung, was es zu erlangen gilt vom Subjekt, damit es eine Analyse ausrichten oder auch nur eine angemessene Interpretation geben kann."

Jacques *Lacan* (1958b): Die Ausrichtung der Kur und die Prinzipien der Macht, in: ders.: Schriften I. Frankfurt am Main: Suhrkamp, 1975, 171–236, 228.

Eine von Lacan vollendete und vielleicht auch seine bekannteste Schrift ist der Beitrag über das Spiegelstadium (1949), der die projektive Entstehung des Ichs anhand einer Szene des Kleinkindes vor seinem Spiegelbild behandelt (siehe S. 183–185). Dort stellt Lacan eine Strukturierung der menschlichen Psyche nach dem Imaginären und dem Symbolischen vor. Später (1953) fügt er diesen beiden Dimensionen eine dritte, das Reale, hinzu. Er nennt sie „Register", die voneinander prinzipiell verschieden sind, aber durch ihre jeweils situative Mischung bzw. Integration das konkrete psychische Funktionieren bestimmen. Wechselnd hat zumeist ein Register Oberhand und bestimmt dann die Qualität des Verhältnisses zur Welt. Lacan, der Freuds topisch-dynamisches Modell (siehe S. 74–78) mit den Systemen Unbewusst und Vorbewusst-Bewusst nicht in vollem Umfang übernimmt, versteht die Psyche also durch drei aufeinander bezogene Register strukturiert:

Das Imaginäre bezeichnet die Welt der sinnlichen Eindrücke, der Bilder (Träume, Phantasieren, Identifizierung ...), die eine starke Anziehung ausüben und die uns etwas vortäuschen, was nicht ist – etwa dass wir allmächtig, allgeschlechtlich und unsterblich sind. Es ist auf Sinnlichkeit gegründet, dual und bildhaft organisiert, bestimmt den Narzissmus, die Identifikation und damit die Ich-Bildung. Es manifestiert sich durch Verlockung, Einbildung, Entfremdung und Täuschung des Subjekts. Die zentralen Täuschungen sind Autonomie, Ähnlichkeit und Ganzheit – Qualitäten, nach denen die Menschen sich oft sehnen, die aber eben nur als Vorstellung existieren. Die Aufgabe der Analyse sei es, die Sinnlichkeit und „Verfälschung" des Imaginären in das Symbolische zu überführen, damit der „Analysant" etwa vom Begehren nach dem vollkommenen „Objekt klein a" (das wie ein Doppelgänger nicht wirklich verschieden und getrennt ist) lassen kann. Dies kann aber niemals ganz gelingen.

Das Symbolische umfasst alles, was sich – im weitesten Sinn – auf Sprache bezieht; es ist letztlich eine linguistische Kategorie für Lacan, mittels derer die Ordnung selbst, das Gesetz usw. aufrechterhalten werden. Wohlorganisiert wie eine Sprache, verdankt es sich der Referenz des „großen Anderen" (der getrennt und ganz anders als das Subjekt ist), wodurch es eine trianguläre Struktur (weder Subjekt noch Objekt, sondern eine die beiden trennende und vermittelnde dritte Instanz) erhält. Es kennzeichnet den Bereich der Kultur und der Subjektgenese, für die die väterliche Funktion und der Ödipuskomplex von zentraler Bedeutung sind. Für Lacan ist das Symbolische völlig autonom und das eigentliche Arbeitsfeld der Psychoanalyse, in der es aus seiner Sicht dominieren soll.

Das Reale, über das nichts gesagt oder gedacht werden kann und das eben wegen seiner Beziehungslosigkeit fremd und als Bedrohung erscheint, manifestiert sich etwa im Trauma, in der Panik, in der Sexualität und im Tod. Es bezeichnet das ewig Undifferenzierte und Unveränderliche, das sich unserem Verstehen und Einfluss völlig entzieht, sich also jenseits der Sprache und jeder Symbolisierung befindet und uns daher unvermittelt entgegentritt, wenn wir es nicht abwehren können. Es macht Angst, traumatisiert, oder aber es kehrt – wenn abgewehrt – in Halluzinationen wieder. Imaginäres und Symbolisches, Sinnlichkeit (Lacan betont hier das Bild) und Sprache repräsentieren und konstituieren den aus der Natur herausgetretenen Menschen. Das Reale bleibt auf Grenzerfahrungen reduziert; es ist das, was immer gleich bleibt und sich nicht denken lässt.

In der Szene vor dem Spiegel (Spiegelstadium) erfolgt eine emotional bestimmte Identifizierung des Kindes mit seinem Spiegelbild, woraus ein „Ideal-Ich" entsteht (ich = du), das die duale Beziehung zum Spiegelbild konstituiert. Hier manifestieren sich sowohl das Imaginäre im sinnlichen Verhältnis zu Vorstellungen und Körper als auch das Symbolische durch die bildhafte und sprachliche Repräsentation und durch den affirmativen Dritten, etwa die durch Blicke und Worte die Spiegelszene bestätigende Mutter. Das Symbolische ist triangulär angelegt, während das Imaginäre durch sinnliche Unmittelbarkeit bzw. durch Narzissmus und Aggressivität geprägt ist und daher keine (Selbst-)Reflexion erlaubt. Lacan unterscheidet auch ein imaginäres Ich („le moi") und ein symbolisches Ich („le je"), die sich eben durch die Triangulierung, also die Notwendigkeit der Vermittlung unterscheiden. Für Lacan bezeichnet der Ödipuskomplex den Übergang von der imaginären zur symbolischen Ordnung, was durch die Beschränkung der mütterlichen Allmacht durch den Vater bzw. das Gesetz erfolgt, wobei die Anerkennung der symbolischen Ordnung sich strukturierend in der Psyche niederschlägt.

Die Erscheinungen der menschlichen Welt, also sämtliche Objekte, sind durch alle drei Register charakterisiert, die einander ja bedingen. Lacan veranschaulicht ihre Bedingtheit durch drei ineinander verschlungene Stoffringe, den „Borromäischen Knoten", der zerfällt, sobald man einen Ring löst. In diesem Sinn sah er etwa die Psychose als Auflösung von Ordnung, wodurch sich strukturell alles verändert. Die drei Register fallen dann auseinander und verlieren ihre Funktion, sodass differenzierende Wahrnehmungs- und Denkarbeit nicht mehr möglich ist. Lacan nennt das die „Verwerfung" des Symbolischen in der Psychose. Im Unterschied dazu bleibe die symbolische Funktion in der Neurose erhalten, wenngleich zum Imaginären hin weniger abgegrenzt.

Im lacanianischen Verständnis werden drei klinische Strukturen mit jeweils bestimmender Abwehr und Symptombildung unterschieden: Neurose (Verdrängung, neurotische Symptombildung), Perversion (Verleugnung, Fetischbildung) und Psychose (Verwerfung, Wahnbildung). Als Verwerfung der symbolischen Kastration bezeichnet Lacan das Fehlen der (triangulären) symbolischen Struktur in der psychischen Organisation des Psychotikers, wodurch zwischen Wort und Bild, innen und außen keine trennende und vermittelnde dritte Instanz aufrecht ist. Lacan versteht das letztlich als einen linguistischen Defekt, als fehlende Repräsentanz des „Namens des Vaters".

Die symbolische Ordnung wird dem Kind durch die Sprache eröffnet, die Existenzbedingung des Menschen ist. Die elterlichen Autoritäten vermitteln sie in unterschiedlicher Weise: die Mutter als „großer anderer Wille", der Vater als verbietende Instanz und Repräsentant des Gesetzes. Im Ödipuskomplex setzt er vermittels der Kastrationsdrohung Tötungs- und Inzesttabu durch und treibt das Kind aus der illusionären Geborgenheit der infantilen Welt. Lacan meint, das Unbewusste sei wie eine Sprache strukturiert (Lacan, 1964, 26), womit er die von Freud beschriebene Dynamik der Traumbildung und der Fehlleistungen um die Dimension strukturalistischer Linguistik erweitert. Verschiebung, Verdichtung usw. interpretiert er als Kontiguität, Metapher, Metonymie oder Ähnlichkeit.

An die Stelle von Freuds Triebwunsch (Spannung zwischen dem Ist-Zustand und der angestrebten Wiederherstellung eines erfahrenen Befriedigungszustandes) tritt bei Lacan das (maßlose) Begehren. Es ist die Konsequenz des anthropologisch gegebenen Mangels beim Menschen, der aus dem Verlust der Unmittelbarkeit zur Natur entsteht und als unüberbrückbare Kluft zur Kultur und zu den anderen Menschen stets aufrecht bleibt. Der Verlust der frühkindlichen sinnlichen Beziehung zur (allmächtigen) Mutter und der Beginn der symbolischen Kompetenz im Spiegelstadium fixieren eine Leerstelle des Mangels, die zu füllen ein lebenslanges Bestreben bleibt. Das Menschenkind schafft sich nun Objekte („Objekt klein a“), um diese Leerstelle zu füllen, was aber misslingen muss, weil nach Lacan die Objekte immer verfehlt werden. In der Psychopathologie werden unterschiedliche Formen und Strategien im Umgang mit dieser menschlichen Mangelkonstitution beschrieben.

Die Menschen stehen im Zwiespalt des eigenen und des fremden Begehrens, etwa im Sinne des eigenen Begehrens nach dem befriedigenden Objekt klein a und als Ziel des Begehrens des großen Anderen (der infantilen Autorität), von dem die Person sich als Subjekt bestimmt findet. Beides bleibt unerfüllbar; das Begehren „zirkuliert“. Demgegenüber steht das (sexuelle) Genießen als Befriedigungserlebnis, dem durch das (von Lacan uminterpretierte) Lustprinzip Einschränkungen auferlegt sind, die jeder ständig überschreiten will, was freilich Unlust erzeugt. Diese tendenzielle Unmöglichkeit, zu genießen, ist für Lacan der Struktur des Symbolischen inhärent und findet im Symptom seinen Niederschlag: Der Neurotiker meint, es sei da ein (allmächtiger) anderer, der ihn in seiner Lust behindert, was aber nicht stimmt, weil es keinen allmächtigen anderen gibt und der Neurotiker das Genießen, also die beschränkte, aber mögliche Lust, unbewusst vermeidet. Die Hysterika vor allem setzt alles daran, sich Versagungen aufzuerlegen und konstituiert sich über das (unerreichbare) Begehren des anderen; das so aufrechterhaltene (maßlose) Begehren hält auch sie aufrecht – sie anerkennt kein Nichts und keinen Mangel. Demgegenüber versucht der Zwangsneurotiker, das Begehren abzuschaffen und Lebendigkeit in Regeln zu kanalisieren.

Der Psychotiker, so Lacan, hat im Ödipuskomplex die Funktion des Vaters nicht integriert, was ein Loch in der symbolischen Ordnung hinterließ. Dadurch ist die Psychose nicht graduell, sondern strukturell anders als die Neurose.

Lacan nahm wesentliche Änderungen nicht nur im Verständnis, sondern auch in der Praxis der Psychoanalyse vor. Die Deutung etwa sollte nicht neues Verstehen produzieren, sondern das aktuelle Verstehen verstören und dadurch neue Möglichkeiten eröffnen. Dieses Konzept der Interpunktion (etwa eine unerwartete Intervention des Analytikers) als veränderndes Moment der Kommunikation macht für ihn deutlich, dass jedem Sprechen mehr Inhalt zukommt, als der Sprecher weiß. Eine unerwartete Antwort oder Reaktion verändert die Bedeutung des Gesagten.

Lacan erweiterte das übliche Interventionsspektrum der Psychoanalyse um die Interpunktion mittels Abbruch der Sitzung, und in der Folge wurde die variable Sitzungsdauer ein besonderes Merkmal lacanianischer Praxis. Freuds Grundsatz, dass die Psychoanalyse in der Entbehrung der gewünschten Befriedigung durchzuführen sei, wurde radikalisiert und die Beurteilung dieser Entbehrung zu einer Entscheidung des Analytikers. Sie sollte nicht tradierten Formen (50-Minuten-Sitzungen, Ausbildungsverfahren) überlassen werden. Lacan sieht den Analytiker als (im guten Fall) durch seine eigene Analyse dazu gelangt, sich selbst nicht so wichtig zu nehmen, Leere ertragen zu können und die idealisierende Bewunderung/das Begehren der anderen nicht zu sehr zu brauchen. Er sollte sich und seine neurotischen Konflikte gut kennen und auch vom „Analysanten" nichts wollen, vor allem nicht ihn „heilen" oder glücklich machen. Der Analytiker hört dem „Analysanten" zu und ist aufmerksam auch hinsichtlich des Vielschichtigen der Sprache bzw. der Signifikanten (der vom unmittelbaren Sinn befreiten Worte), um ihre Vieldeutigkeit zum Vorschein zu bringen, die Träger der unbewussten Bedeutungen ist. Dies soll den „Analysanten" von der Enge klischeehaften Wissens befreien. In diesem Sinn sind Träume, Irrtümer oder Versprecher in der Psychoanalyse geglückte Äußerungen. Der Analytiker will den Ort des Begehrens aufzeigen, indem er den Mangel, die Leerstelle, das Nichts aufzeigt, um den „Analysanten" sein eigenes Begehren finden zu lassen.

Bei diesem Unterfangen ist die Verliebtheit in den Analytiker (siehe S. 252–258, Übertragung) hilfreich, zumal sie eben nicht ihm gilt, sondern etwas jenseits von ihm. Diese Verliebtheit aktualisiert die subjektiven, intimen Bedingungen der Liebe. Liebe und Wissen schließen einander aus wie Genießen und Begehren. Erfüllte Liebe ist im Denken Lacans unmöglich, wie ja auch Freud völlige Befriedigung mit dem Tod zusammenfallen lässt. Die Aufrechterhaltung des Lebens hängt für Lacan am Begehren wie für Freud am Trieb.

Empfohlene Literatur

Bruce *Fink* (1995): Das Lacansche Subjekt zwischen Sprache und Jouissance. Wien: Turia + Kant, 2006.

Jacques *Lacan* (1966a): Schriften I. Frankfurt am Main: Suhrkamp, 1975.

Jacques *Lacan* (1966b): Schriften II und III. Olten, Freiburg im Breisgau: Walter, 1975.

Serge *Leclaire* (1968): Der psychoanalytische Prozeß. Frankfurt am Main: Suhrkamp, 1975.

Juan-David *Nasio* (1988): 7 Hauptbegriffe der Psychoanalyse. Wien: Turia & Kant, 1999.

Jean-Bertrand *Pontalis* (1999): Zusammenfassende Wiedergaben der Seminare IV–VI von Jacque Lacan. Wien: Turia & Kant.

Peter *Widmer* (1990): Subversion des Begehrens. Jacques Lacan oder Die zweite Revolution in der Psychoanalyse. Frankfurt am Main: Fischer Taschenbuch.

6 Heinz Kohut und die Selbstpsychologie

Heinz Kohut (1913, Wien–1981, Chicago) konnte nach Abschluss eines Medizinstudiums rechtzeitig aus Österreichs ausreisen. Er ließ sich 1940 in den USA nieder und absolvierte eine psychiatrisch-neurologische und eine psychoanalytische Ausbildung. Durch seine sichtlich von Sándor Ferenczi und Michael Balint beeinflusste Theorie des Narzissmus (1971) wurde er auch international bekannt. Bereits damals relativierte er die prinzipiell konflikthafte Triebstruktur des Menschen durch eine Trennung von sexuellen und narzisstischen Trieben mit jeweils eigenen Entwicklungslinien, welchen er eigene Störungsanfälligkeiten und -geschichten zuschrieb. Er geht von einem primärnarzisstischen Einheitserleben mit der Mutter aus), dem eine „Vollkommenheitsvorstellung“ entspreche, die durch (unvermeidliche) Frustration zerstört wird. Dies führt zu imaginären Ersatzbildungen in Form eines vollkommen „Selbst“-Bildes oder eines vollkommenen Objekt-Bildes, die zur Grundlage pathologischer Entwicklungen werden (können). Letztere sieht Kohut als direkte Folgen gestörter Trennungs- und Strukturbildungsprozesse im Verhältnis zur Mutter. Kohut versteht dies nicht als Konfliktgeschehen, sondern als unzulängliche Reifungsvorgänge.

Die Arbeit zum Narzissmus (Kohut, 1971) könnte man schon als einen ersten Schritt weg von seiner ursprünglichen psychoanalytischen Sicht verstehen, der eine Entwicklung einleitete, die ihn von zentralen Positionen Freuds wegführte, bis er schließlich in fortgeschrittenem Alter eine Haltung einnahm, die eine Ablehnung insbesondere der Triebtheorie und der tradierten Grundsätze der Behandlungstechnik einschloss. Tatsächlich lässt sich Kohuts Psychologie als auf narzisstischer Grundlage konstruiert verstehen. Introspektion und Empathie wurden für ihn nun zu den zentralen Kategorien einer Psychoanalyse als Wissenschaft komplexer Geisteszustände (Kohut, 1977, 293). Mit der Einführung des „Selbst“ als zentrale psychische Entität schuf er eine Kategorie, die zwar theoretisch ziemlich unklar ist, jedoch spontan verständlich wirkt. Das Selbst könne Gefühle von Selbstwert und Identität verleihen, es könne aus dem Gleichgewicht geraten und auch bis zur Fragmentierung entgleisen. Subjektiv führe das zu Gefühlen von Angst, Depression oder Zerfall. So kommen verschiedene Abwehr- und Kompensationsmechanismen ins Spiel, um das Gleichgewicht und ein Gefühl des Lebendigseins wieder herzustellen.

„Selbstobjekte“ sind Objekte, die das Selbstgefühl fördern und aufrechterhalten. Sie werden das ganze Leben hindurch gebraucht; Störungen der guten Organisation des Selbst gründen in fehlendem oder falschem Selbstobjekt-Erleben, das letztlich in elterlichem Versagen gründet. Mit einem kohärenten Selbst erlebe sich der Mensch als „harmonische Einheit in Raum und Zeit, die mit ihrer Vergangenheit verbunden ist und sinnvoll in eine kreativ-produktive Zukunft weist“ (Kohut, 1984, 84).

Menschen mit deformiertem, fragilem oder unerfülltem Selbst, so Kohut, brauchen Psychotherapie zur Stärkung. Der Therapeut ist dann der verstehende andere, der eventuell auch realitätsadäquate Grenzen setzt, vor allem aber den Patienten empathisch begleitet.

Die Überbetonung äußerer Faktoren (wobei etwa Säuglingsbeobachtung als wichtige Quelle gilt) ist häufig kritisiert worden, ebenso der unklare „Empathie“-Begriff als zentrale Behandlungskategorie.

Kohut nannte seine späteren Ideen „Selbstpsychologie“. Die Selbstpsychologie stellt den Selbstwert, das Selbstgefühl ins Zentrum, verzichtet auf wesentliche Grundlagen psychoanalytischer Theorie und zielt auch nicht mehr auf die Erkenntnis unbewusster Bedeutungen, sondern auf die Regulation des Selbstgefühls ab. In vielerlei Hinsicht scheint die Nähe der Selbstpsychologie zur Individualpsychologie Alfred Adlers größer als zur Psychoanalyse Sigmund Freuds; es gibt auch gewisse Anklänge an C. G. Jung und behandlungsmethodisch eine starke Tendenz zur korrektiven emotionalen Erfahrung. Viel diskutiert wurde auch das Aggressionsverständnis der Selbstpsychologie als ausschließlich reaktiv, was an der allgemeinen Auffassung von Konflikthaftigkeit liegt, die kaum intrapsychisch, sondern vor allem mit dem defizienten Milieu in Zusammenhang gesehen wird.

Empfohlene Literatur

Heinz *Kohut* (1977): Die Heilung des Selbst. Frankfurt am Main: Suhrkamp, 1979.
Heinz *Kohut* (1984): Wie heilt die Psychoanalyse? Frankfurt am Main: Suhrkamp.

V Psychoanalytische Entwicklungslehre

1 Das Prinzip „Entwicklung" in der Psychoanalyse

Die psychoanalytische Auffassung unterscheidet sich von anderen Entwicklungspsychologien durch die triebtheoretische Grundlage und eine komplexe, nicht linear-chronologische Sichtweise von Entwicklung. Diese besagt, dass Strukturen sich nach und nach entwickeln, dass frühere Erfahrungen auf nachfolgende einwirken (in der Nachträglichkeit auch umgekehrt) und dass die Menschen individuell und kollektiv aus diesen Erfahrungen Geschichten von Sinnzusammenhängen bilden, die sie als Referenz ihrer jeweiligen Gegenwart betrachten. Elementar ist dabei die soziale Anlage der Freud'schen Psychologie. Denken erscheint hier als prinzipiell intersubjektiv organisiert; der Mensch lernt am Nebenmenschen erkennen und sich orientieren. Erst in einer Beziehung zu anderen differenzieren sich Bedürfnisse und Bedeutungen, wodurch Bewusstsein und Gesellschaft möglich werden.

Freud hob unter anderem drei Parameter der menschlichen Entwicklung hervor:

1. *Eine Entsprechung von Phylogenese und Ontogenese* gemäß der Evolutionslehre, und zwar nicht nur im biologischen, sondern auch im kulturellen Sinn, wonach das Individuum die Phylogenese embryonal „wiederholt", das Kleinkind die Lerngeschichte seiner Kultur aber ebenfalls durchlaufen muss, um ein vollwertiges Mitglied in ihr zu werden. Im Unterschied zum Tier überlebt der Mensch nicht durch (eindeutige) Instinktsteuerung, sondern vermittels (uneindeutiger) symbolischer Kommunikation. „Instinktverlust und Symbolisierung" (Lincke, 1981) kennzeichnen seine Geschichte, die ihn auch nötigt, früher als andere höhere Säugetiere das intrauterine Entwicklungsmilieu zu verlassen. Als „symbolbildendes Wesen" und „physiologische Frühgeburt" kommt er mangelhaft ausgestattet, zwar mit Entwicklungspotenzialen, aber nicht lebensfähig auf die Welt, um im sozialen Milieu seine überlebensnotwendige psychosoziale Ausstattung zu erwerben. Die primäre Sozialisation im Verlauf des ersten Lebensjahres wird gelegentlich auch als „extrauterine Schwangerschaft" beschrieben. Am Ende des ersten Lebensjahrs ist das Menschenkind dann in der Regel so weit, dass die „arttypischen" Überlebensfähig-

keiten, vor allem aufrechter Gang, Sprache und Kreativität, erworben werden können.
2. *Eine Differenzierung vom Körper zum Intellekt* insoweit, als der menschliche Organismus den einstürmenden Reizen anfangs hilflos ausgeliefert und davon abhängig ist, dass die ihm eigenen Potenziale aktualisiert und damit erst nutzbar gemacht werden. Die Disposition zu Symbol- und Objektbildung muss durch ausreichend gute Zuwendung stimuliert werden. Dadurch wird ein Prozess lebenslanger Verdrängung und Veränderung in Gang gesetzt, den wir Entwicklung nennen, in dessen Verlauf sich der Körper von einer „Reizverarbeitungsmaschine" in eine „Bedeutungslandschaft" verwandelt. Die Psychoanalyse geht davon aus, dass frühere Strukturen zur Grundlage späterer Strukturen werden und also alles Sprechen letztlich sinnlich fundiert ist.
3. *Kultur und Subjektentwicklung als Triebverzicht* (siehe S. 104 f., Sublimierung): Der im zwischenmenschlichen Kontakt notwendige Verzicht auf umfassende sofortige eigene Befriedigung und die Anerkennung und Verinnerlichung der der jeweiligen Gesellschaft inhärenten Grenzen und Gebote gehen Hand in Hand und bewirken nach und nach eine gewisse (Selbst-)Kontrolle spontaner Triebäußerungen und ihre Umleitung auf erlaubte, sozial verträgliche Formen der Abfuhr und Befriedigung. So gehen Aneignung der Kultur und Einfügung in gesellschaftliche Verhältnisse vor sich, die dem Kulturwesen Mensch das Überleben sichern.

Zum Selbsterhalt, zur Übernahme des kulturellen Erbes und zu seiner weiteren Tradierung braucht das Menschenkind, so könnte man verallgemeinernd zusammenfassen,

- eine pflegende ‚mütterliche' Figur, die ‚zum Leben verführt', den Trieb- bzw. Abwehrprozess in Gang setzt und die Wunschdynamik aufrechterhält;
- eine einschränkende ‚väterliche' Figur, die als trennende und vermittelnde Instanz wirkt, das Gesetz repräsentiert und als ‚anderer' integriert werden kann. Damit verbunden ist die Erfahrung der
- symbolischen Kastration, die imaginäre Selbstbilder von Allmacht, Allgeschlechtlichkeit und Unsterblichkeit ‚beschneidet' und im
- Ödipuskomplex zu jeweils kulturspezifischer Anerkennung elementarer Zivilisationsgrenzen, vor allem jener zwischen den Generationen, zwischen den Geschlechtern und zwischen Tod und Leben führt. Auf dieser Grundlage kann in
- der Adoleszenz eventuell die jeweils gesellschaftsspezifische Trennung von der Primärgruppe erfolgen und ein ausreichend befriedigender Platz als Mitglied der Erwachsenengesellschaft in Aussicht genommen werden" (List, 2006, 92).

Ein weiteres Theorem der Psychoanalyse ist, dass pathologische Prozesse mit früheren Entwicklungsstadien und -konflikten in Zusammenhang stehen und dass

Symptome und Störungen auch als überformte „Kindheitsreste“ angesehen werden können. Persönlichkeit, Charakter und Symptome können demnach als in Verbindung mit bestimmten Stadien der psychosexuellen Entwicklung (z. B. Zwangssymptome und anale Phase) und allgemeine mentale Strukturen als Niederschlag früher Beziehungen zu den (verinnerlichten) Primärobjekten verstanden werden. Besonders Letzteres scheint das Milieu gegenüber der Triebentwicklung hervorzuheben, aber im Grunde sind beide Faktoren nur in ihrer Verschränktheit zu verstehen. Störungen der Entwicklung sind häufig Hemmungen, wenn traumatische Konflikte drohen, oder verlaufen als regressive Zuflucht zu früheren Fixierungen[8] angesichts drohender äußerer und innerer Überforderung.

Frühe Triangulierung (siehe S. 109 f.) und Ödipuskomplex (siehe S. 86–88) ermöglichen die entscheidenden Errungenschaften der kindlichen Entwicklung, indem sie aus narzisstischer Grenzenlosigkeit und infantiler Ohnmacht führen und die Ordnung des Denkens sowie die Verbindung zur sozialen Welt sicherstellen (siehe S. 118 f., Über-Ich).

2 Entwicklungspsychologische Konzepte

Wesentlich für die psychoanalytische Entwicklungslehre ist die enge Verwobenheit von kulturellem Erbe, Familiengeschichte und Subjektgeschichte. Das Neugeborene kommt unter jeweils bestimmten geografischen, historischen und gesellschaftlichen Bedingungen in ein konkretes Umfeld, und seine Auseinandersetzung mit der Welt bzw. seine Sozialisierung geht gemäß diesen Umständen vor sich. Es wurde von der Mutter/den Eltern/der Familie lange vor der Geburt mit Gefühlen und Phantasien aufgenommen (oder abgelehnt) und in deren eigene innere Welt eingefügt. So ist es symbolisch mit Bedeutungen versehen und Teil der Kultur geworden. Effektiv geboren, hängt sein Leben an ausreichend guter Fürsorge, und die Erfahrung zeigt, dass – sofern keine gröbere Störung vorliegt – jeder Erwachsene im Umgang mit Babys spontan aufmerksam zugewandt Blickkontakt sucht, achtsam ist und zumeist auch mit dem Baby spricht. An dieser kommunikativen Einstellung hängen „Menschwerdung“ und Überleben des Kindes. Fehlt sie, kommt die Triebgenese nicht zustande und das Kind stirbt. Die Psychoanalyse sieht in dieser Einstellung auch eine Wiederkehr der jeweils eigenen Kindheitserfahrungen des Erwachsenen in spontaner Identifizierung mit dem Baby und der damit einhergehenden projektiv-empathischen Wahrnehmung seiner Bedürfnisse. Verbreitet wird angenommen, dass zumeist die Schwangerschaft bei der leiblichen Mutter darüber hinaus eine erhöhte Auf-

---

[8] Fixierung nennt Freud das Haften der Libido an bestimmten Befriedigungserfahrungen und -vorstellungen aus der infantilen Entwicklungsgeschichte, was dazu führt, dass vorzugsweise ebensolche Erfahrungen und Vorstellungen gesucht und wiederholt werden.

merksamkeit und sinnliche Wahrnehmung dem Kind gegenüber begründet (siehe z. B. Winnicott, 1956).

Immer wieder ist es auch zur Aufstellung von verschiedenen allgemeinen „richtigen" oder wünschenswerten Entwicklungsverläufen gekommen. Die Aufgliederung in Lebensalter des Menschen findet sich schon im Rätsel der Sphinx in der Antike und war zu allen Zeiten ein beliebtes Sujet. Inzwischen kennt auch die psychoanalytische Literatur eine Vielzahl von Phaseneinteilungen, von der vorgeburtlichen bis zur Greisenphase. Sie sind jeweils unter bestimmten Voraussetzungen und Absichten entstanden, theoretisch unterschiedlich fundiert und haben entsprechend beschränkte Bedeutung. Dies nicht zuletzt auch deshalb, weil die dafür nötigen Verallgemeinerungen oft die Trieblehre und andere wichtigen Teile der psychischen Dynamik ausblenden (etwa bei Erik Erikson oder Theodore Lidz).

Empfohlene Literatur

Peter *Fonagy*, Mary *Target* (2006): Psychoanalyse und die Psychopathologie der Entwicklung. Stuttgart: Klett-Cotta.

Erika *Krejci* (1999): Psychogenese im ersten Lebensjahr. Tübingen: Edition diskord.

Psychosexuelle Phasenentwicklung

Freuds Theorie ist im Grunde eine Körperpsychologie, insofern sie sinnliche Erregungszustände und ihre Schicksale erforscht. Für ihn haben alle „höheren" menschlichen Hervorbringungen eine Grundlage in infantilen Triebstrebungen und ihrer Abwehr. Überhaupt geht im Psychischen nichts verloren; alles Erleben bleibt im Unbewussten erhalten, kann immer wieder virulent und handlungsmächtig werden und fordert immer neue Integration. Die Entwicklung, auch die infantile, kommt erst mit dem Tod zu einem Ende.

Freud fand, dass auch kleine Kinder Lust aus sexuellen Praktiken und aus Phantasien darüber beziehen. Sinnlich-körperliche Aktivität ist immer von affektiven Phantasien begleitet, die das Erlebte symbolisch verarbeiten helfen. Die jeweiligen Bedeutungen der sexuellen Aktivitäten eines Menschen sind (nur) über diese Phantasien zu erfassen, wie auch bei den masturbatorischen Praktiken am Körper die begleitenden Phantasien der Lust und Bedeutung gebende Teil sind. In seiner Theorie der infantilen Entwicklung nahm Freud also den Körper, wo über die Sinnesorgane die Reizaufnahme erfolgt, zur Grundlage und verstand die Entwicklung entlang eines Wechsels dominierender Körperzonen, für welchen er (kulturspezifisch) eine logische Abfolge annahm. Er beschrieb auf der Grundlage seiner Triebtheorie eine gemeinsame, verschränkte Entwicklung von körperlich-sinnlichem, affektiv-mentalem und sozialem Erleben und Verstehen.

Die frühinfantile polymorph-perverse Sexualität Das Neugeborene kennt noch keine differenzierten Sinne und wird umfassend von Reizen überwältigt. Es kann nur strampeln und schreien, um sich der Erregung zu erwehren, was ihm alleine nie ausreichend gelingen kann. Die notwendige fürsorgliche Zuwendung der Mutter oder einer Pflegeperson schafft erste Befriedigungsspuren und setzt zugleich die Triebdynamik (die Wunschproduktion) in Gang. Dabei entstehen besonders sensibilisierte erogene Zonen (siehe S. 72, Partialtriebe), welche nach wiederkehrender Befriedigung an den entsprechenden erogenen Zonen streben. So wird das infantile Erleben kulturspezifisch geprägt und zudem individuell einmalig organisiert. Rigide zeitliche Beschränkungen der Nahrungsaufnahme oder besonderer Zwang zur Sauberkeit etwa sind Ausdruck einer bestimmten kulturellen Einstellung zum Kind und fördern tendenziell ein anderes Menschen- und Weltbild als eine allgemein gewährende Pflege. Die Art und Weise des Umgangs der Mutter mit dem Kind begründet einen elementaren Zugang zur Welt, der prinzipiell nach dem Lustprinzip zur Aufrechterhaltung eines optimalen Erregungsniveaus (Homöostase) strebt und kulturspezifisch geformt ist.

Oralität Das Gehör ist schon intrauterin aktiviert worden; nun werden Körperoberfläche und Haut durch Berührung und Temperaturwechsel angeregt. Der Mund gewinnt als erste der Körperöffnungen durch Atmung und Nahrungsaufnahme eine zentrale Funktion in der Begegnung mit der Mutter bzw. Welt und bestimmt von Anbeginn den undifferenzierten Primärzustand. Die Lippen, die Mundhöhle, das Atmen, aber auch die Haut als Wärme- bzw. Kälteorgan dominieren das sinnliche Geschehen und die primitiven Protosymbolisierungen dieser Stufe. Die Welt besteht aus momenthaften Partialobjekten, und aus nahe liegenden Gründen haften in der Regel Gedächtnisspuren aus diesem Erleben dem globalen Mutterbild an. Die Einverleibung geht der Objektbeziehung voraus; masturbatorisches „Wonnesaugen" und halluzinatorische Wunschbefriedigung sind Vorläufer des Phantasierens. Ein Misslingen, etwa in der Form, dass Nahrung nicht geschluckt oder behalten und dass der erregte Körper nicht beruhigt werden kann, droht das Verhältnis zur Welt nachhaltig zu stören. Im günstigen Fall entstehen die Gewissheit des Gehaltenwerdens und ein primitives Vertrauen, dass Befriedigung immer wiederkehrt. Nach und nach stabilisiert sich eine solche primäre Sicherheit als primitive Organisation. Schauen und Greifen gewinnen an Bedeutung, auch Augen und Hände wollen das (Partial-)Objekt aufnehmen. Die Trieborganisation ist auf Einverleibung des oralen (Partial-)Objekts (der Brust, des eigenen Daumens usw.) und entspanntes Einschlafen gerichtet; Störungen zeigen sich als Nicht-Aufnehmen von Nahrung und Nicht-zur-Ruhe-kommen-Können.

Analität Auch die bei der Darmentleerung empfundene Erregung sucht das Kind im Dienste der Lust zu wiederholen. Die Analzone ist eine weitere Körperöffnung, um die herum sich die Sinnlichkeit neu organisiert. Muskeln und Aufmerksamkeit werden zunehmend steuerbar, Körperbeherrschung und Funktionslust gehen Hand in Hand. Das Kind kann sich vom Körper der Mutter wegbewegen, den Raum erkunden, sich selbst Lust verschaffen, etwa durch das Zurückhalten des Stuhls oder anderen „Eigensinn". Andere Personen (der Vater) erlangen größere Bedeutung; die Beziehungen werden konfrontativer. Je sicherer Befriedigung erlebt und je besser Ängste und destruktive Strebungen verarbeitet werden, umso leichter sind Trennungserfahrungen zu bewältigen. Für die Fortbewegungs- und Sprachentwicklung ist dies von großer Bedeutung. Es ist eine sehr expansive Phase, die Welt wird „erobert", und dabei wird „allmächtige" Lust ebenso erlebt wie schmerzliches Scheitern. Der aufrechte Gang bringt viele Stürze, die Erkundung des weiteren Raums Verletzungen, die Aneignung der Welt des Symbolischen (der Sprache) das Nichtverstandenwerden. Es ist ein ebenso magisches wie kränkendes Universum, das mit aller Kraft beherrscht werden soll und das immer wieder Hilflosigkeit und Wut hervorruft. Nicht nur die (Partial-) Objekte und vor allem eigene Körperteile sind Befriedigungsquellen, sondern auch die Funktionen selbst, das Machen, Erobern, Beherrschen. Das Eigenleben der Menschen und Dinge wird noch nicht anerkannt und ist oft eine Quelle von Misserfolg und Kränkung. Es herrscht Verwirrung zwischen triebhafter Eroberung der Welt und Ohnmacht gegenüber den Dingen und Menschen, die eben noch gar nicht ganz getrennt erlebt werden. Es ist die Zeit, wo nichts vor dem Kleinkind sicher ist, am wenigsten es selbst, und wo die Erfahrung der Grenzen zu exzessiven Attacken von Wut und Verzweiflung führt („Trotzalter").

Phallizität Mit fortschreitender Selbstständigkeit und Unterscheidungsfähigkeit werden die Welt und der eigene Körper als Lustquellen differenzierter wahrgenommen. Die eigene Geschlechtlichkeit verhilft etwa durch genitale Masturbation zu höchster autonomer Befriedigung, die von Phantasien über die Eltern und primäre Bezugspersonen begleitet wird (siehe S. 113 f., Urszene). Andererseits rückt der Geschlechtsunterschied ins Zentrum der Aufmerksamkeit und bedeutet eine massive Erschütterung des (egozentrischen) Weltbildes. Kulturbedingt und möglicherweise wegen seiner deutlicheren Sichtbarkeit wird besonders der Penis zum Symbol körperlicher und narzisstischer Integrität (er wird zum „Phallus"), und vor allem um ihn kreisen alle Ängste vor Verlust und Beschädigung (Kastration). Auf dem Spiel stehen zugleich die eigene Lust und Unversehrtheit und die (Phantasie-)Beziehungen zu den Eltern als Quelle von Liebe und Sicherheit. Im Zusammenhang mit den komplexen realen und phantasierten Beziehungen zu den Eltern kulminiert diese Phase nach Freud im

Ödipuskomplex, der die Integration elementarer normativer Kulturgrenzen zum Inhalt hat. Er macht die gesamten Liebes- und Hassverhältnisse des Kindes virulent und führt im guten Fall zur Anerkennung der Geschlechterdifferenz, des Generationenunterschieds und des Tötungsverbots sowie zu Lustaufschub und Affektbeherrschung (siehe S. 86–88, Ödipuskomplex).

Latenz Nach den heftigen Stürmen der ödipalen Konflikte und zur Befestigung gegen ihre Wiederkehr folgt eine Periode relativer Beruhigung. Körperliche Veränderung und offensichtliche sexuelle Aktivität treten zurück zugunsten mentaler und intellektueller Entwicklung; die Fähigkeit zur Sublimierung entsteht. Die Aufrichtung der Gewissensinstanz sowie die Herausbildung ethischer und ästhetischer Grenzen und Formen tragen zur Triebbeherrschung und zur individuellen Differenzierung bei. Ekel, Scham usw. finden persönliche Ausprägungen. Man kann von einer gewissen Desexualisierung des Verhältnisses zur Welt sprechen bei gleichzeitiger Entwicklung zärtlicher Bindungen und starker Identifizierungsbereitschaft. Gesellschaftliche Institutionen verstärken diese Tendenzen. Typischerweise fallen in vielen Kulturen erste Initiationsschritte in diese Phase (Trennung der Kinder nach Geschlecht, religiöse Initiationen, Schuleintritt usw.).

Adoleszenz Durch die körperlichen Veränderungen der Pubertät kommt es zu einem Ende der relativen Ruhe und zum zweiten Entwicklungsschub der für Freud prinzipiell zweizeitig angelegten sexuellen Entwicklung des Menschen. Frühkindliche Schwierigkeiten und ödipale Konflikte, die unzureichend gelöst wurden, werden wiederbelebt und wirken nun, im Unterschied zur frühen Kindheit, in einem ausgewachsenen Körper. Dies führt zu massiver Verunsicherung und auch häufig zu dissozialem Verhalten oder Depression. Der Wunsch nach einem erwachsenen Sexualpartner und die Unsicherheit hinsichtlich der eigenen Sexualität sowie narzisstische Ängste paaren sich mit dem Generationenkonflikt. Heftige sexuelle Impulse und hoch affektive Phantasien sowie Angst vor Einsamkeit, Schwäche und Versagen in der fremden, bedrohlichen Erwachsenenwelt bei gleichzeitig hohen realen Anforderungen machen die Adoleszenz leicht zu einer Krisenzeit. Die Aufgabe, sich endgültig von den primären Objekten zu trennen, eine endgültige Geschlechtsidentität und einen Platz in der Erwachsenenwelt zu finden, wird umso schwieriger, je weniger sie durch Institutionen, Rituale und Traditionen abgesichert ist. Dies und das Alter des Eintritts ins Erwachsenenleben variieren je nach Kultur erheblich.

Das Fortleben infantiler Funktionsweisen im Erwachsenen Die psychosexuelle Entwicklung kann nicht als einfache Chronologie verstanden werden. Im Psychischen geht nichts verloren; vielmehr bleibt alles Erleben im Unbewussten erhalten und kann immer wieder aktuell werden und Erleben und Verhalten bestimmen. Das alltägliche Leben zwingt dazu, unterschiedliche Aspekte und Ebenen der eigenen psychosexuellen Entwicklungsgeschichte immer wieder zu durchleben. Unter besonderer (innerer oder äußerer) Belastung dominiert die Regression, mit welcher kindliche Wünsche und Ängste unmittelbar reaktiviert werden können. Diese verhindern dann unter Umständen jenes Maß an Erregungshemmung, das für bewusstes Denken und symbolisierende Orientierung in der Welt erforderlich ist. Dies geht beispielsweise mit jeder Sexualisierung[9] einher, die eine Rückkehr zu körperlich-sinnlichem und phantasmatisch-bildhaftem

---

[9] Unter Sexualisierung versteht man die Besetzung einer Vorstellung oder eines Objekts mit psychischer Energie, die nicht neutralisiert bzw. desexualisiert ist und daher nach unmittelbarer (sexueller) Abfuhr strebt.

Erleben bewirkt. (Das ist in jeder akuten Verliebtheit, aber auch bei jedem Durchbruch von Wut und Hass erlebbar.)

Polymorph-perverses Verhalten etwa, also das lustvolle Ausleben von Partialtrieben an entsprechenden Partialobjekten, ist in der Regel integraler Teil „erwachsener“ sexueller Beziehungen und dominiert meist das Vorspiel zum Koitus. Als dominante Fixierung eines Erwachsenen und hauptsächliche Befriedigungsform erscheint es als eine Abweichung vom „normalen“ Sexualleben; sein (lebensgeschichtlicher) Sinn kann aber erst über die Phantasien solcher Vorlieben erschlossen werden. Generell ist das Erwachsenenleben durchsetzt von infantiler Sexualität, die sich freilich nicht immer gleich als solche zeigt. In der Charakterbildung (siehe S. 190–193) etwa verfestigen sich oft dauerhaft Merkmale oder Merkmalkomplexe einer frühen psychosexuellen Entwicklungsphase und werden dann nicht als fremd erlebt – etwa der starke Wunsch nach Geliebtwerden durch die Autorität bei manchen Zwangscharakteren oder das besondere Streben nach Hautkontakt bei „oralen“ Charakteren.

Empfohlene Literatur

Sigmund *Freud* (1905c): Drei Abhandlungen zur Sexualtheorie. GW V, 27–145.

Primitive Ängste und Symbolisierung

In ihrer Arbeit mit sehr jungen Kindern entdeckte Melanie Klein einen elementaren Zusammenhang zwischen Angstentwicklung und ihrer kreativen Verarbeitung in Symbolbildungen. Sie begann das kindliche Spiel als Ausdruck symbolisierenden Denkens zu begreifen, das es zu verstehen galt. Dabei gelangte sie zu der Überzeugung, dass jede Art der Triebabfuhr von Phantasien begleitet werde und verstand diese Phantasien als szenische Symbolisierungen der verinnerlichten Objektbeziehungen. Wie alles Psychische sind auch diese inneren Szenen konflikthaft, und Klein interessierte sich für die Phantasieinhalte.

Symbolisierung und Phantasien gehen letztlich auf Sinnlichkeit und Körperrepräsentanzen zurück und sind zugleich Abwehr der Angst und Ausdruck primärer Kreativität. Beziehungen zu inneren Objekten, auch zu Partialobjekten und Körperteilen, die quasi lebendige Qualität haben, und die damit verbundenen Phantasien bestimmen und färben die Wahrnehmung der Welt und damit auch die Objekte der äußeren Realität. Angstbewältigung ist die Triebfeder aller Symbolisierung, und Symbole sind Ausdrucksmöglichkeiten der unbewussten Phantasien. Sie helfen dem Ich, sich mittels Externalisierung von unerträglichen Vorstellungen und Erregungen zu distanzieren und schaffen dadurch Entlastung.

Melanie Klein sieht mächtige Impulse von Hass und Begehren in der frühesten Beziehung zur Mutterbrust wirksam. Die sinnliche Befriedigung ist Grundlage der infantilen Sexualität und Lust; ihr Fehlen bewirkt ein radikales Gegenteil: Das Kind wird von maßlosem Hunger, Hass und aggressiven Triebstrebungen beherrscht und trachtet nur danach, diesen qualvollen Zustand zu zerstören, was sich in diesem ungetrennten Universum ebenso gegen sich selbst wie gegen das (ungetrennte) Objekt der Mutter-Brust richtet. Dies kann in diesem protosymbolischen Stadium nur als körperliches Leiden (Krämpfe, Atemnot usw.) und primitive Todesangst empfunden werden. Das Stillen der Begierden (durch die Mutter) und die dadurch herbeigeführte Befriedigung schaffen immer wieder das Erleben von Beruhigung und Lust und in der Wiederholung dieser lustvollen Entlastung nach und nach Empfindungen von Sicherheit und Liebe. Diese gute Entwicklung hängt an der real erlebten Befriedigung und an der Fähigkeit des Kindes, die Lust-Unlust-Diskrepanzen immer wieder zu überbrücken. Hierin liegt zugleich der Ursprung der Symbolisierungsfähigkeit, die nämlich durch halluzinatorische Ersatzbildung die immer wiederkehrende Unlust lindert. Dafür muss zugleich die Mutter-Brust-Welt (das ganze Universum des Säuglings) den Hass des verzweifelt wütenden Säuglings ertragen, etwa auch die zerstörerischen Bisse in die Brust, muss ihn beruhigen, zudem weiter dabei helfen, diesen Hass zu mildern und muss immer wieder zum Erleben der Liebe gegenüber der befriedigenden Mutter-Brust verhelfen.

Paranoid-schizoide Position nennt Melanie Klein diese frühe Organisation der infantilen Psyche, die auf Polarisierung und Spaltung der Welt in Gut und Böse beruht, wobei mittels omnipotenter Phantasien alles Böse in bestehende Teilobjekte entladen wird. Mittels projektiver Identifizierungen werden unerträgliche Inhalte ausgestoßen und in die (Teil-)Objekte (die Mutter-Brust-Welt) gezwungen. Leicht werden dadurch das primitive Subjekt und das Objekt beschädigt, sodass die archaische Angst nicht ausreichend gebunden werden kann und keine entlastende Symbolisierung gelingt.

Auch im Erwachsenenleben ist bei paranoid-schizoidem Funktionieren echte Symbolisierung nicht möglich; vielmehr kommt es zu (pseudo-)symbolischen Gleichsetzungen, d. h. zur Gleichsetzung des Symbols mit dem Symbolisierten. Diese sind ein Hinweis auf das Fehlen der triangulären Struktur (siehe S. 109 f., Triangulierung), die die Unmittelbarkeit beendet und ein Maß von Getrenntheit verlangt, welches nur im depressiven Funktionieren ausreichend erreicht wird.

Die depressive Position setzt ein ausreichendes Maß an Sicherheits- und Liebeserfahrung voraus, mittels derer die Mutter-Brust nach und nach nicht mit jedem Befriedigungsverlust zerstört werden muss, sondern vielmehr die Verlusterfahrung als Mangel ertragen werden kann. Dann kann die Leerstelle des Mangels durch ein Symbol kreativ überbrückt werden. Damit geht anstelle des projektiv-omnipotenten ein depressiver Affekt einher, und das Objekt (die Mutter) kann auch als unbefriedigendes erhalten und schließlich als gleichermaßen gut und böse erlebt werden. Echte Symbolisierungen treten dann an die Stelle des ursprünglichen (Teil-)Objekts, ohne mit diesem verwechselt zu werden oder es zu beschädigen.

Dies setzt das Aufgeben omnipotenter Identifizierungen voraus, die Anerkennung von Getrenntheit und die Trauer über die verlorenen Objekte als Grundlage dafür, dass der leere Platz, den sie hinterlassen, durch eigene kreative Hervorbringungen gefüllt wird. Sobald diese innere Differenzierung aufrechterhalten werden kann, besteht auch die Möglichkeit, beschädigte innere (und äußere) Objekte wiederherzustellen. Dies wird durch die Wortsprache sehr befördert. Der Ödipuskomplex sichert den triangulierten Raum zwischen Mutter, Vater und kindlicher Psyche und bleibt Grundbedingung aller Denk- und Symbolisierungstätigkeit, in der Getrenntheit anerkannt werden und das abwesende äußere Objekt als inneres dennoch und eben deshalb erhalten bleiben kann. Neben den libidinösen Strebungen sind es die frühen Ängste, die Kreativität und intellektuelle (symbolisierende) Leistungen ermöglichen (Klein, 1930). Die Fähigkeit der Angstbewältigung wird gleichsam zur Prämie erfolgreicher Ich-Entwicklung mittels Verarbeitung emotioneller Erfahrungen in Phantasietätigkeit und Symbolisierung.

Für die Entwicklung bedeutet – im kleinianischen Verständnis – die Fähigkeit zu Schuldgefühl und Wiedergutmachung einen wesentlichen Schritt. Dies bezieht sich insbesondere auf frühe destruktive Impulse aufgrund archaischer Neid- und Hassgefühle gegenüber der vereinigten Elternimago (siehe S. 113 f., Urszene), welche zugleich ja auch Gegenstand primitiver Identifizierungen ist. Für Melanie Klein beginnt die ödipale Entwicklung, sobald das Kind die elterliche Beziehung bzw. die Hinwendung der Mutter zu einem anderen wahrnimmt und darüber Phantasien bildet; sie setzt dies im ersten Lebensjahr an. Der Kampf um Akzeptanz, Erhaltung und Internalisierung dieser Dreiecksbeziehung entspricht dem Ringen um die depressive Position und ist begleitet von der Angst, die monströsen Affektstürme könnten zerstörerisch für das Kind und/oder die Eltern sein. Erst das Vermögen, die eigenen Destruktionswünsche als schuldhaft zu erleben und die (imaginäre und reale) Elternbeziehung bestehen zu lassen, schafft die Basis eigener Beziehungsfähigkeit sowie die Fähigkeit, überhaupt Realität und kulturelle Normen anzuerkennen, ohne sie durch omnipotente Vorstellungen unter Verleugnung ebensolcher Ängste zerstören zu müssen.

In kleinianischer Perspektive ist das postödipale psychische Leben auch der Erwachsenen durch ein ständiges Oszillieren zwischen paranoid-schizoidem und depressivem Funktionieren charakterisiert, wobei je nach situativer Gegebenheit mehr primitive Gier- und Neidaffekte, regressive Ängste, Denkstörungen und Destruktion vorherrschen oder eher Affekte der Trauer, der Angst vor Objektverlust, reparative Wünsche und kreative Wiedergutmachung.

Empfohlene Literatur

Melanie *Klein* (1928): Frühstadien des Ödipuskomplexes. GS I/1, 287–305.

Melanie *Klein* (1959): Die Welt der Erwachsenen und ihre Wurzeln im Kindesalter. GS III, 387–411.

Bindungstheorien

Die „Bindungstheoretiker", eine lose verbundene Gruppe psychoanalytischer Entwicklungspsychologen, untersuchten zumeist empirisch das kindliche Bindungsverhalten und suchten ihre Erkenntnisse mit Befunden aus Erwachsenenanalysen und anderen wissenschaftlichen Studien, mitunter auch aus der Verhaltensforschung zusammenzubringen, um daraus allgemeine Einsichten in die Bedeutung früher Eltern-Kind-Beziehungen für die allgemeine Entwicklung zu beziehen. Als wichtigste Erkenntnis resultierte wohl die Bestätigung der überragenden Bedeutung der Mutter (oder ihres Äquivalentes) für die Entwicklung des Kindes und in einem weiteren Schritt die eigene infantile Bindungserfahrung der Mutter als Grundlage dafür.

Imre Hermann (* 1889, Budapest, † 1984, Budapest) kann man vielleicht als den ersten Bindungstheoretiker bezeichnen. Er untersuchte das Verhältnis von Triebhaftigkeit und Denken (Hermann, 1929) und nahm in Säuglings- und Primatenbeobachtungen Erkenntnisse der später berühmten Affenexperimente Harry Harlows (Harlow/Zimmermann, 1959) vorweg. Er verstand die Trennung vom mütterlichen Körper und den natürlichen Anklammerungsdrang (Hermann, 1936) des Säuglings als Triebgrundlage einer Fülle späterer Entwicklungen. Unter anderem wies er auf die Bedeutung der Mund-Hand-Augen-Zone hin, deren unterschiedliche Triebschicksale er in individuellen und kulturellen Entwicklungen beschrieb. Die stark empirische, oft auf Langzeitbeobachtungen gründende Untersuchungsmethode zeichnet seither viele psychoanalytische Bindungstheorien aus.

Michael Balint (* 1896, Budapest, † 1970, London) kam durch sein Interesse an regressiven Zuständen auf frühe Ich-Entwicklungsprozesse und auf sein Konzept einer „primären Liebe" (Balint, 1966), welches die frühe Mutter-Kind-Beziehung und in der Folge die gesamte Entwicklung entscheidend bestimme. Als Urbild bleibender Sehnsucht präge sie auch jede spätere Liebesbeziehung. Auf Mangel oder Behinderung der primären Liebe führte Balint auch jene psychischen Schwierigkeiten zurück, die er in seiner Theorie der „Grundstörung" untersuchte und als deren Hauptmerkmal er einen elementaren Mangel an Sicherheitsgefühl beschrieb. Dies führe zu vielfältigen Unruhezuständen und einem unstillbaren Hunger nach Zuwendung.

Margaret Mahler (* 1920, Sopron, † 1985, New York) beschrieb ein Entwicklungsmodell, das von einer Einheit von Ich und Nicht-Ich über verschiedenen Stadien der Getrenntheit zu Separation und Individuierung führt. Dabei bedeutet die befriedigende Absolvierung der jeweils früheren Phase eine gute Basis für die Bewältigung der nächsten. Entscheidend ist die mütterliche Wahrnehmung dessen, was dem Kind entspricht bzw. auch wodurch es behindert wird. Auch Wünsche und Hemmungen der Mutter können stören. Unterschiedliche Stadien des Verhältnisses des Kindes zur Mutter und zur Welt bedingen unterschiedliche

John Bowlby (* 1907, London, † 1990, Isle of Skye)
Als Sohn einer britischen Oberschichtfamilie erhielt er die traditionelle Erziehung ohne engen Elternkontakt und hauptsächlich in Institutionen, was er später als äußerst leidvoll beschrieb. Nach einem brillanten Psychologiestudium im Trinity College in Cambridge, dessen Präsident er später war, arbeitete er mit verwahrlosten Kindern, um dann in London Medizin zu studieren und die psychiatrische sowie die psychoanalytische Ausbildung zu absolvieren. Mit seiner Supervisorin Melanie Klein hatte er grundsätzliche Meinungsverschiedenheiten, da er die realen Lebensverhältnisse zumindest für ebenso entscheidend hielt wie unbewusste Phantasien und daher etwa bei Kinderanalysen auch Beratung der Eltern vorschlug.

Nach dem Krieg begann Bowlby umfangreiche Forschungen über die Folgen frühkindlicher Trennungserfahrungen. 1952 drehte er mit John Robertson den Dokumentarfilm „A Two-Year Old Goes to the Hospital“, der die schwierigen Folgen selbst kurzfristiger Trennung von den Primärobjekten zeigte. Dies war Teil einer Kampagne zugunsten einer Öffnung der Kinderspitäler für die Eltern.

Die negativen Folgen der Entbehrung elterlicher Zuwendung blieben sein Lebensthema, dem er umfangreiche Studien widmete. Die ausreichend befriedigende Bindung an eine erwachsene Pflegeperson sah er als überlebenswichtig an und verstand spezifisches Bindungsverhalten als mit den primären Objekten früh erworbenes Modell zwischenmenschlichen Verhaltens. Störungen der Bindung fasste er als nachhaltige Bedrohung von Sicherheit und sozialen Befriedigungsmöglichkeiten im späteren Leben auf. Er arbeitete an der klinischen Fundierung dieser Bindungstheorien und verfasste schließlich eine große interdisziplinäre Studie über Bindung, Trennung und Verlust, die er als Trilogie (1969; 1972; 1980) publizierte (Bowlby, 2006).

„Es gibt im wesentlichen zwei Gruppen von Einflüssen, die für die Art des Funktionierens der sich entwickelnden Persönlichkeit entscheidend sind. Die erste Gruppe bezieht sich auf die – partielle oder totale – Anwesenheit oder Abwesenheit einer vertrauenswürdigen Person, die bereit und in der Lage ist, als die Art von sicherer Basis zu dienen, die in jeder Phase des Lebenszyklus erforderlich ist. Dies sind die äußeren oder Umwelteinflüsse. Die zweite Gruppe bezieht sich auf die relative Fähigkeit oder Unfähigkeit eines Individuums, erstens zu erkennen, wann eine andere Person vertrauenswürdig sowie bereit ist, als Basis zu dienen, und zweitens – wenn sie dies ist – mit jener Person so zu kollaborieren, dass eine für beide Seiten lohnende und dauerhafte Beziehung entsteht. Dies sind die inneren oder organismischen Einflüsse.“

John *Bowlby* (1979): Das Glück und die Trauer. Herstellung und Lösung affektiver Bindungen. Stuttgart: Klett-Cotta, 1982, 131.

Schwierigkeiten im Umgang mit sich und der Welt. In diesem Sinn werden verschiedene psychische Störungen des Erwachsenen mit entsprechenden kindlichen Bindungsschwierigkeiten in Zusammenhang gebracht. Mahler beschrieb altersmäßig zugeordnete Subphasen der Entwicklung: autistische Phase (1. Lebensmonat), symbiotische Phase (2.–5. Lebensmonat), Differenzierungsphase (6.–12. Lebensmonat), Übungsphase (12.–15. Lebensmonat) und Wiederannäherungsphase (16.–24. Lebensmonat). Die einzelnen Subphasen stellen auch Fixierungsstadien etwaiger späterer Erkrankungen dar. Jeder Phase entsprechen bestimmte kritische Entwicklungskonflikte, deren mehr oder weniger gute Bewältigung die Grundlage für spätere psychische Gesundheit bildet.

John Bowlby ist der vielleicht bekannteste Bindungstheoretiker, der in mehreren umfangreichen empirischen Studien Bedingungen und Folgen der frühen Mutter-Kind-Beziehung ebenso wie von Bindung, Beziehungsverlust und Trennungserleben erforschte. Dabei bemühte er sich, allgemeinpsychologische und psychoanalytische Erkenntnisse zu vereinen. Er identifizierte schon früh Unterbrechungen der Mutter-Kind-Beziehung als die größte Gefährdung der seelischen Gesundheit und beschrieb eindrücklich die schlimmen Folgen mangelnder oder gestörter früher Bindungssicherheit – vor allem vielfältige Entwicklungsretardierung, Depression, Lebensunlust und destruktive Tendenzen.

Peter Fonagy und Mary Target betonen im Anschluss an frühere Bindungsforschungen die Fähigkeit, persönliche Bindungen einzugehen und zu erhalten als Voraussetzung für die Entwicklung eines Verständnisses seiner selbst und anderer. Ebenso ist dies die Grundbedingung für Symbolisierung und spielerische Kreativität, für das Denken und die Fähigkeit zur Realitätsprüfung. Fonagy und Target entwickelten in den 1990er-Jahren Theorien über Bedingungen und die Bedeutung von Mentalisierungsprozessen für die infantile Entwicklung und über deren Konsequenzen für die Psychotherapie. Ihnen geht es vor allem darum, interpersonales Verhalten unter dem Blickwinkel der vom Kind (oder vom Patienten) erlebten psychischen Zustände zu begreifen bzw. darum, wie die Fähigkeit dazu bei der Mutter (aber etwa auch beim Analytiker) entstehen und erhalten werden kann. Dabei kommt es darauf an, wie die Mutter sich selbst in ihrer kindlichen Verbundenheit mit den eigenen Eltern und im Zusammenhang mit entsprechenden eigenen psychischen Zuständen wahrnehmen kann bzw. wie sie sich in Bezug auf das nun eigene Kind daran zu erinnern vermag. Dies ist zugleich ein interpersonaler und ein selbstreflexiver Prozess der Mutter, den sie mimisch, gestisch und emotional auch dem Kind vermittelt. Er erlaubt dem Kind im guten Fall, sich selbst und seine psychische Befindlichkeit im Zusammenhang mit seiner Verbundenheit mit der Mutter zu erleben, und damit kann es auch ein Selbsterleben und rudimentäre Affektkontrolle entwickeln. Sehr vereinfacht könnte man sagen, dass eben die Mutter (oder die Analytikerin) in einer bestimmten Situation mit ihrer eigenen Selbstreflexion die Fähigkeit zur affektiven Selbstreflexion im Kind befördert oder dies eben nicht kann.

Empfohlene Literatur

Peter *Fonagy*, Mary *Target* (2003): Frühe Bindung und psychische Entwicklung. Gießen: Psychosozial.
Margaret S. *Mahler*, Fred *Pine*, Anni *Bergmann* (1975): Die psychische Geburt des Menschen: Symbiose und Individuation. Frankfurt am Main: S. Fischer, 1984.

Ich-Entwicklung und Abwehrmechanismen

Mithilfe des Strukturmodells (siehe S. 95–97) wurde eine Entwicklungstheorie konzeptionalisiert, welche das Ich als psychisches „Exekutivorgan" ins Zentrum stellte. Ausgangspunkt ist die Vermittlerfunktion des Ichs als Organisator zwischen Es, Über-Ich und Realität, wobei sich die Geschichte der konkreten Anforderungen an das Ich strukturell in dessen Qualität niederschlägt, indem es zur Bewältigung der Arbeitsanforderungen von Es, Über-Ich und Realität schließlich bestimmte Fähigkeiten (denken, urteilen, planen, entscheiden usw.) entwickelt.

Potenziale der Wahrnehmung und Sinnlichkeit sind von Geburt an vorhanden, ebenso die Fähigkeit der motorischen Spannungsreduktion. Ausgehend von diesem „Körper-Ich" entsteht über Konfliktverarbeitung und Anpassung eine komplexe psychische Instanz. Dieses „Ich" ist dann gewissermaßen das Produkt der von ihm geleisteten Konfliktverarbeitung. In seinen Kämpfen mit den Triebrepräsentanzen bildet das Ich im Verlauf der Zeit und in Übereinstimmung mit den psychosexuellen Entwicklungsphasen jeweils bestimmte, immer komplexer werdende Schutz- und Verarbeitungsmöglichkeiten und verändert sich dabei. Dies hat Anna Freud in einer chronologischen Hierarchie der Abwehrmechanismen zusammengefasst, welche helfen sollen, intrapsychische Konflikte einzudämmen und Angst zu reduzieren.

Hauptkategorien der Ich-Entwicklung sind Reifung (der Triebe und Ich-Funktionen), Anpassung (an die Umwelt und in Objektbeziehungen) sowie Organisation (bezogen auf die innerpsychischen Strukturen). Die wichtigsten Errungenschaften sind die Abwehrmechanismen (siehe S. 91–95), die sich nach der psychosexuellen Reife, der Umwelt und den Objektbeziehungen und ebenfalls phasentypisch entwickeln.

Anna Freud fasste Ich-Entwicklung und Abwehr gemeinsam und definierte folgende Abwehrmechanismen: Verdrängung, Regression, Reaktionsbildung, Isolierung, Ungeschehenmachen, Projektion, Introjektion, Wendung gegen die eigene Person, Verkehrung ins Gegenteil, Sublimierung, Identifikation mit dem Angreifer, altruistische Abtretung und Intellektualisierung. Dieser Zugang ist kulturspezifisch, weil er weniger die Dynamik der inneren Konflikte, sondern bestimmte Umgangsweisen mit der Realität beschreibt. Anna Freud konzipierte auch den Erwerb bestimmter Fähigkeiten als „Entwicklungslinien" (1962) von einfachen zu immer komplexeren Bewältigungsformen. Beispielsweise hat sie das Fortschreiten „von der Autoerotik zum Spielzeug und vom Spiel zur Arbeit" oder jenes „vom Egoismus zur Freundschaft und zur Teilnahme an einer menschlichen Gemeinschaft" in mehreren Schritten detailliert vorgezeichnet. Dies war natürlich für verschiedene pädagogische und therapeutische Zusammenhänge überaus hilfreich, etwa was die Gestaltung von Aufgaben und Ausstattung von Kindergärten anlangt. Dieser Zugang birgt aber auch die Gefahr einer Tendenz zum Normativen (in diese Richtung ging die Kritik am System der Ich-Psychologie). Eine weitere Entwicklungslinie „von der infantilen Abhängigkeit zum erwachsenen Liebesleben" umfasst die gesamte psychosexuelle Entwicklung bis zur Pubertät einschließlich mancher Aspekte der Objektbeziehungstheorien, was ein überaus komplexes Gefüge möglicher Entwicklungen enthält.

Empfohlene Literatur

Anna *Freud* (1936): Das Ich und die Abwehrmechanismen. Schriften I, 193–355.
Anna *Freud* (1965): Wege und Irrwege in der Kinderentwicklung. Schriften VIII.

Objektbeziehungstheorien

„Objekte" sind in der Psychoanalyse alle Menschen und Dinge – unter Umständen auch Vorstellungen –, auf die Triebstrebungen gerichtet werden, welche an ihnen Befriedigung finden sollen.

Befriedigende Objekterfahrungen stabilisieren Beziehungen und sichern das Vertrauen in ihren Erhalt, während wiederkehrende Frustrationen am Objekt zu dauerhafter Schädigung der Beziehung zur Welt führen können. Die Vorstellungen über das Verhältnis zur Mutter und zu den frühesten (Proto-)Objekten wirken entscheidend auf die Gestaltung der Verhältnisse zu sich selbst und zur Welt. Als Bedingung der Triebbefriedigung erhalten die Objekte eine überlebensnotwendige Bedeutung, werden zu regelrechten Organisatoren des psychischen Lebens und determinieren die Qualität späterer Beziehungen.

Vorläufer einer Objektbeziehungstheorie wurden schon von Margarethe Hilferding, jedenfalls aber von Otto Rank und Sándor Ferenczi entwickelt, die zuerst die elementare Bedeutung der frühen Mutter-Kind-Beziehung beschrieben. Genau genommen aber formulierte erst Melanie Klein eine effektive Theorie der Objektbeziehungen. Auf der Grundlage der Freud'schen Triebtheorie begründete sie die Bildung von (Partial-)Objekten aus dem ursprünglichen Konflikt zwischen Lebens- und Todestrieb, was sich als Dichotomie von guten und bösen Objekten niederschlägt, die geliebt oder gehasst werden. Sie können im günstigen Fall allmählich zu „ganzen" Objekten werden, die realitätsgerecht als sowohl gut als auch böse erlebt und denen gegenüber auch ambivalente Gefühle ertragen werden. Die ursprünglich an sinnlichen Strebungen gebildeten Partialobjekte (die Brust; siehe S. 73), die noch ganz ungetrennt erlebt werden, entwickeln sich nach und nach zu immer komplexeren ganzen Objekten, die das Kind schließlich auch als getrennt von sich wahrnimmt, sodass zuletzt im Fall einer gelungenen Entwicklung sowohl eine vielschichtige, komplizierte andere Persönlichkeit als auch die eigene Kompliziertheit ertragen und geschätzt werden können. Diese Entwicklung ist von Konflikten gekennzeichnet, die verinnerlicht werden, sich als Basis aller weiteren Beziehungen niederschlagen und diese bestimmen natürlich auch die Beziehungen in der analytischen Kur. Die Dynamik von Übertragung und Gegenübertragung als Aktualisierung des Verhältnisses zu den inneren Objekten wird in der analytischen Deutungsarbeit ins Zentrum gestellt.

Das Konzept eines (Trieb-)Objekts ist der Triebtheorie immanent, insofern sich der Trieb (das Streben nach lustvoller Wunschbefriedigung) notwendig Objekte schafft. Damit ist auch klar, dass Objekte Schöpfungen des Subjekts sind und dass es um die Beziehungen zu diesen somit inneren Objekten geht, die auf äußere Objekte übertragen oder von diesen aktualisiert werden. Ein Objekt ist Mittel der Befriedigung und potenziell endlos ersetzbar.

Gelegentlich werden den psychosexuellen Phasen bestimmte Qualitäten der Objektbeziehungen zugeordnet. Man postuliert „Typen" der Objektbeziehung (oral, anal, phallisch, sadomasochistisch, narzisstisch usw.), wobei implizit eine gewisse Konstanz des Befriedigungsmodus' gemeint ist und die jeweilige situative Einmaligkeit des Triebobjekts außer Acht gelassen wird.

Es besteht bei Psychoanalytikern dieser Richtung eine Tendenz, die Triebfundierung der Objektbeziehungen weniger zu beachten. Dies ist aber durchaus nicht bei allen der Fall. „Objektbeziehung" bezeichnet jedenfalls die komplexe libidinöse und/oder aggressive Verbindung eines Subjekts zu Menschen, Dingen und Vorstellungen, in welcher die gesamte psychische Organisation des Subjekts ihren Niederschlag findet. Diese Grundidee haben einige Autoren in verschiedener Weise ausgebaut. Das Wesentliche der Objektbeziehungstheorien, das sie von diversen anderen Beziehungs- und Interaktionsmodellen unterscheidet, ist jedoch, dass es sich nicht um Beziehungen zu realen äußeren, sondern zu inneren Objekten handelt, welche eben aus der Geschichte des Subjekts geformt sind. Solche infantilen Objekte können auch stark fixiert werden und schränken dann die Möglichkeiten einer weiteren (Ersatz-)Objektfindung stark ein.

Besondere, weitgehend eigenständige Ausarbeitungen von Objektbeziehungstheorien sind die Theorien von Edith Jacobson und Otto Kernberg.

Edith Jacobson (* 1897, Haynau, † 1978, New York) beschrieb die Entstehung des kindlichen Ichs als Entwicklung von primitiven, fusionellen Zuständen des „psycho-physischen Urselbst" hin zu einem Oszillieren zwischen Introjektion und Identifizierung, wodurch Qualitäten des Objekts zu Selbstanteilen werden. Selbst- und Objektrepräsentanzen libidinöser und aggressiver Art finden Eingang in die Art und Weise, wie das Kind sich und die Welt der Objekte erlebt. Selbst-

und Objektrepräsentanzen in Form sinnlich-affektiver innerer Bilder differenzieren sich im Lauf der Zeit zu stabilen Imagines von sich und anderen. Insbesondere verzerrte Repräsentanzen haben oft pathogenen Charakter. Jacobson arbeitete auch die Objektbeziehungsrepräsentanzen als Grundlage von Stimmungszuständen heraus, wobei sie den Wechsel von libidinöser und aggressiver Besetzung für Stimmungsschwankungen verantwortlich machte (Jacobson, 1971).

Otto Kernberg (* 1928, Wien) unternahm eine interessante diagnose- und therapieorientierte Intergration von Strukturtheorie und Objektbeziehungsansatz, wobei Einflüsse von Edith Jacobson und Margaret Mahler deutlich werden. Den Affekten und ihrer Integration misst er zentrale motivationale Bedeutung bei. Nach der ersten Phase undifferenzierter, wechselnder Lust- und Unlustzustände kommt es nach Kernberg zum Prozess der Trennung von Selbst und Objekt (d. h. zur Trennung von innen und außen), indem Lust- und Unlusterfahrungen sich zu guten und schlechten Selbstobjektrepräsentanzen polarisieren. Dem folgt günstigenfalls die Überbrückung der Spaltung von Gut und Böse der schon recht differenzierten Selbst- und Objektrepräsentanzen. In einem weiteren Entwicklungsschritt geht die Zusammenführung von libidinösen und aggressiven Strebungen vonstatten, wie sie im Ödipuskomplex typisch sind, um schließlich eventuell zu einer Integration des Über-Ichs in einer differenzierten Persönlichkeit zu gelangen. Kernberg sieht bei jedem dieser Entwicklungsschritte die Möglichkeit des Scheiterns und ordnet entsprechend die verschiedenen Erkrankungsgruppen eben den jeweiligen unbewältigten Integrationsniveaus zu. Daraus ergibt sich ein allgemeines Modell der Beurteilung von Störungen. Aufgrund von Kernbergs umfassender Ausarbeitung für Diagnose und Therapie ist dieses Modell vor allem im stationären psychotherapeutischen Bereich recht verbreitet.

Insgesamt erfreut sich der Objektbeziehungsansatz seit etwa zwei Jahrzehnten großer Beliebtheit und hat heute von allen Zugängen zur Psychoanalyse vielleicht die größte allgemeine Akzeptanz. Damit verbunden ist auch, dass zumeist Übertragung und Gegenübertragung als Zentrum der analytischen Arbeit verstanden werden.

Empfohlene Literatur

Salman *Akhtar* (Hg.) (1997): Die innere Mutter. Zur theoretischen und klinischen Bedeutung der Objektkonstanz. Frankfurt am Main: Fischer Taschenbuch.

Edith *Jacobson* (1965): Das Ich und die Welt der Objekte. Frankfurt am Main: Suhrkamp, 1973.

Otto *Kernberg* (1976): Objektbeziehungen und Praxis der Psychoanalyse. Stuttgart: Klett-Cotta, 1985.

Joseph *Sandler*, Anne-Marie *Sandler* (1999): Innere Objektbeziehungen. Entstehung und Struktur. Stuttgart: Klett-Cotta.

Containment und Denken

Wilfred Bion beschrieb nicht, etwa wie Anna Freud, Entwicklungen im konventionell beobachtbaren Sinn, sondern fragte mit der Entwicklungsbeschreibung zugleich nach den Bedingungen von psychischer Entfaltung, emotionaler Differenzierung und „Lernen durch Erfahrung". Er konzipierte Entwicklung als einen fortschreitenden Mentalisierungsprozess, der eingebettet in Gruppenstrukturen vor sich geht. Dabei können immer komplexere Verbundenheit und immer differenziertere Denkfähigkeit entstehen. Bion setzt bei dem Umstand an, dass Inhalte einen Behälter brauchen und entwirft davon ausgehend das „Container-Contained" genannte Modell, welches die Dynamik der Entwicklung des Denkens und des Denkapparats beschreibt. Gedanken entstehen für Bion aus Sinneseindrücken und primitiven emotionalen Erfahrungen, die mithilfe des primären Objekts symbolisierend verarbeitet werden.

Triebstrebungen sind wie böse Inhalte, die das Baby loswerden muss, und nur die reale Befriedigung kann Grundlage einer guten Objekterfahrung sein. Der Säugling muss für ihn selbst unerträgliche (Affekt-)Inhalte abführen, und er muss – um zu einem lebensfähigen Menschen zu werden – mit der Zeit auch lernen, unerträgliche Inhalte selbst zu verarbeiten. Entscheidend dafür ist die Protogruppe Mutter-Brust, die durch haltende und erhaltende Empfänglichkeit sowie durch ihre Fähigkeit zur mentalen Verarbeitung (α-Funktion) der in sie evakuierten Inhalte diesen überlebenswichtigen Prozess in Gang setzt. Der dauernde pflegende, nährende, liebkosende und denkende Umgang der Mutter mit dem Kind ist jener Behälter, der die vom Kind ausgeschiedenen Affekte auffängt und verarbeitet. Dies ist möglich, weil dieser Umgang aufseiten der Mutter nicht nur durch Aufnahmebereitschaft gekennzeichnet ist, sondern auch von Strömen tagträumender, zärtlicher Erotik („rêverie") und liebevoll an das Kind gerichteter Plauderei. Dies ist die Art, wie die Mutter das Kind an ihrer gemeinsamen psychischen Verdauung teilhaben lässt. Dabei transformiert sie sinnliche Eindrücke, Gedanken und Phantasien in erfahrbare und erträgliche Informationen, die sie dem Kind in allen ihren an es gerichteten Handlungen und Vorstellungen vermittelt und zugleich – günstigenfalls – den kindlichen Denkapparat und seine Liebe zum Denken etabliert. Im ungünstigen Fall ist die Mutter dazu nicht in der Lage, fühlt sich selbst nicht gehalten und kann vielleicht die eigenen Affekte nicht halten, ist neidig auf das Kind und will nicht aufnehmen, sondern selbst Unverdauliches (in das Kind) evakuieren. Es ergießt sich dann ein Strom psychischen Schutts (β-Elemente) über das Kind, zerstört den Denkapparat in statu nascendi und bewirkt Hass auf das Denken sowie Denkunfähigkeit.

Empfohlene Literatur

Wilfred *Bion* (1962): Lernen aus Erfahrung. Frankfurt am Main: Suhrkamp, 1992.

Spiegelstadium und Ich-Bildung

Analog zu René Spitz' Interpretation der Reaktion des infantilen Lächelns auf die Gestalt eines Gesichts als Organisator der kindlichen Psyche deutete Jacques Lacan die erregte Reaktion eines Kleinkindes auf sein Spiegelbild. Lacan sieht darin „*eine Identifikation* ... eine beim Subjekt durch die Aufnahme eines Bildes ausgelöste Verwandlung" (Lacan, 1949, 64; Herv. i. Orig.), die er in der Folge als Schlüsselszene der Subjektgenese begreift. Erst nach und nach erkennt das Kind über mimetische Anpassung im Spiegelbild seinen Doppelgänger und entwirft dann projektiv eine Vorstellung von sich und seinem Körper, den es noch gar nicht als ganzen und eigenen begreift, als „Ideal-Ich". Dazu braucht es die anerkennende Anwesenheit einer/eines Dritten, die/der seinen fragenden Blick bestätigt. Die Reaktion des Kindes, die Lacan „jubilatorisch" nennt, gilt ihm als Evidenz für das Begehren des Kindes, in welchem die Antizipation und die Idealisierung der eigenen ganzen Person enthalten seien. Das „Drama", dem – im Erleben des Kindes – ein „zerstückelter Körper" vorausgeht, überdeckt das Gefühl der Unzulänglichkeit durch das Phantasma der Ganzheit, das im Spiegel angeboten scheint. Die entstehende „Imago", Produkt rudimentärer Symbolisierungsprozesse, stellt zwischen dem Organismus und der Realität, zwischen innen und außen Beziehungen her und vermittelt so den noch disparaten kindlichen Körper und die dürftige mentale Ausstattung mit der sinnlich erfassten „Ganzheit" im Spiegel. Dieses Körperbild dient dann als haltgebender Rahmen, der im Verein mit der versichernden, schauenden und sprechenden Stütze durch den (wichtigen erwachsenen) anderen in der Folge tatsächlich zu einer kohärenteren Identität hinführt. Diese Identität ist und bleibt freilich immer von einem Bruch gezeichnet, wie eben das Bild im Spiegel und die Zustimmung des Erwachsenen etwas – eine Ganzheit – vorwegnehmen, die tatsächlich für das Kind noch gar nicht besteht. Das Kind will sein, wie der andere es sehen will; es richtet sich nach den Idealbildern seiner Eltern. Lacan handelt diese Entwicklung philosophisch ab, indem er sie logisch deduziert, und will keinesfalls ein Erleben des Kindes suggerieren.

Später, als er die historische Betrachtungsweise zugunsten einer strukturellen aufgibt, betrachtet Lacan das Spiegelstadium nicht mehr wie ursprünglich als eine Entwicklungsphase, sondern sieht es als kennzeichnend für die Eigenart der menschlichen Subjektivität überhaupt, welche eben stets im Imaginären verhaftet bleibe. Das Spiegelstadium wurde zur Darstellung jener verhängnisvollen Verstricktheit dualer Beziehungen, welche etwa auch im Mythos von Narkissos illustriert ist und diverse regressive Zustände beherrscht. Sie ist im Imaginären angesiedelt, entzieht sich der symbolischen Ordnung und ruft immer aggressive Regungen hervor. Die Identifizierung sei häufig Abwehr dieser Aggression und zugleich eine vorausgreifende „manische" Aneignung idealer Zustände. Die Lösung aus dieser Verstricktheit kann nur durch den trennenden anderen herbeigeführt werden, der zwischen Mutter und Kind tritt, sodass sich mit seiner Hilfe im Ödipuskomplex die duale zu einer triangulären Struktur erweitert. Es ist die „Funktion des Vaters" (die nicht mit dem leiblichen Vater zu verwechseln ist!), der die duale Beziehung zwischen Mutter und Kind dadurch öffnet, dass er einerseits dem Kind mit einem ordnenden Verbot („le nom/non du père") entgegentritt und andererseits das Begehren der Mutter auf sich lenkt. Dem entspricht die Struktur der Sprache, welche ebenfalls zwischen das Kind und die Welt der Dinge tritt, sodass ein Wort zugleich trennt und das Getrennte indirekt wieder in eine geordnete Beziehung setzt. Dadurch ermöglicht und sichert er den Übertritt vom imaginären ins symbolische Universum und etabliert so die Herrschaft der Differenz über jene der Gleichheit und Unmittelbarkeit.

Lacan sah später die Mutter-Kind-Beziehung als imaginäres Dreieck von Mutter, Kind und dem idealen Objekt des Begehrens, das er „Phallus" nennt. Das Kind versuche, für die Mutter dieser Phallus zu sein; ihr Begehren wird so quasi zum Gesetz, was ihr Allmacht verleihe, das Kind notwendig mit seinem Scheitern konfrontiere und den verbietenden Vater zum Retter werden lasse. Insoweit die Mutter dem Verbot Macht zuerkennt sowie durch die reale Rivalität mit dem realen, mächtigen Vater kann das Kind davon lassen, Phallus der Mutter zu sein. Das Ich-Ideal und der Phallus können zugunsten des Ichs des Subjekts und zugunsten konkreter Objekte zurücktreten, wenngleich sie niemals ganz verschwinden.

Um die hypothetische Situation des Kleinkindes vor dem Spiegel konstruierte Lacan die Ambivalenz der menschlichen Entwicklung: Anders als das Affenjunge reagiert das Kind, das noch nicht gehen kann, auf sein Spiegelbild mit einem erkennenden Aha-Erlebnis, das es durch Gestik und Mimik bezeugt. „Man kann das Spiegelstadium *als eine Identifikation* verstehen im vollen Sinne, den die Psychoanalyse diesem Terminus gibt: als eine beim Subjekt durch die Aufnahme eines Bildes ausgelöste Verwandlung" (Lacan, 1949, 64; Herv. i. Orig.). Der Blick auf das Spiegelbild gebe dem Kind erstmals eine einheitliche Gestalt seiner selbst, die zugleich ein Projekt sei, das durch die zustimmenden Blicke des Erwachsenen Bestätigung finde. Das Spiegelstadium, in welchem sich diese Szene vielfach wiederhole, werde als narzisstische Matrix Grundlage der Ich-Bildung auf Basis eines Ideal-Ichs. Das Kleinkind habe noch keine sinnliche Evidenz für sein kohärentes Ich, sodass das bestätigte Spiegelbild auch Grundlage einer Spaltung werde in ein ideales Ich (moi) und ein soziales Ich (je) als Grundlage der Entfremdung: „... ein Drama, dessen innere Spannung von der Unzulänglichkeit auf die Antizipation überspringt" (Lacan, 1949, 67). Das Kind sieht sich bzw. will so sein, wie die elterliche Autorität es sehen will.

Lacan unterschied später drei Stadien des Spiegelstadiums: eine imaginäre Ich-Bildung durch globale mimetische Identifizierung mit einem sinnlichen Erleben etwa im sechsten Monat, ein triangulierendes Stadium, wenn das Kind eine einfache symbolische Beziehung zwischen seinem Körper und dem sinnlichen

Eindruck, etwa dem Spiegelbild, herstellt, und ein drittes, das mit dem beginnenden Ödipuskomplex zusammenfällt, was für Lacan vor allem die Integration des „Namens des Vaters" bedeutet, die den Eintritt in die symbolische Ordnung bestimmt.

Empfohlene Literatur

Françoise *Dolto* (1984): Das unbewußte Bild des Körpers. Wernheim, Berlin: Quadriga, 1987.

Jacques *Lacan* (1949): Das Spiegelstadium als Bildner der Ichfunktion, wie sie uns in der psychoanalytischen Erfahrung erscheint. Schriften I. Frankfurt am Main: Suhrkamp, 1975, 61–70.

Entwicklungskrisen und Übergangsphänomene

Die psychosoziale Entwicklung ist kein stetiger Prozess, sondern vollzieht sich ungleichmäßig und in Schüben, die auch eine große Belastung bedeuten. Solche Veränderungen sind als Krisenpotenziale verstehbar, und erfahrungsgemäß werden typische Veränderungsperioden oft krisenhaft erlebt und geraten mitunter zum Ausgangspunkt maligner Entwicklungen. Dieser Umstand gehört zum kulturellen Erfahrungsschatz und wird in vielen Gesellschaften zum Anlass umfassender Unterstützungs- und Zuwendungsrituale aus Anlass einer sozialen bzw. institutionellen Neuorientierung des Kindes (Initiationen).

Donald W. Winnicott hat für unsere Kultur, die bekanntlich auf Individualisierung beruht, das Phänomen der Übergangsobjekte beschrieben, welches für die individuellen frühkindlichen Trennungserfahrungen eine zentrale Bedeutung hat und auch im späteren Leben unter besonderer Belastung eine hilfreiche Überbrückungsfunktion erfüllen kann. Trennungen und überhaupt Veränderungen, die ja Trennung von Gewohntem bedeuten, werden oft von heftigen Affekten begleitet, die irgendwie ertragen und verarbeitet werden müssen, was beim Erwachsenen hauptsächlich mittels Phantasien erfolgt. Verlust, Trennung und Wandel werden in Erinnerung gerufen, verleugnet, beklagt und betrauert, indem die verlorenen Objekte in vielfältigen Szenen als gegenwärtig und abwesend vorgestellt werden. Häufig erfolgt dabei eine Regression, mit der eine Externalisierung der Objektvorstellungen einhergeht, sodass zu bestimmten Gegenständen der Erinnerung (Geschenke, Fotos etc.) wie zu unterstützenden Übergangsobjekten Zuflucht gesucht wird. Dies hat seinen Ursprung in frühkindlichen Erfahrungen. Während das Kind sich anfangs als Einheit mit der Mutter erlebt und eine „ausreichend gute" Mutter (siehe S. 106 f.) die Verbindung zur Welt bestimmt, muss das Kind bei fortschreitender Trennung immer mehr dieser Funktionen selbst übernehmen. Dabei entwickelt es eben Übergangsobjekte, die im

Donald W. Winnicott (* 1896, Plymouth, † 1971, London) Der Sohn einer reichen, adeligen Kaufmannsfamilie mit nonkonformistisch-liberaler Einstellung wurde nach einer von Frauen dominierten Kindheit mit 13 Jahren ins Internat geschickt. In Cambridge studierte er erst Biologie und dann Medizin und arbeitete im Ersten Weltkrieg als Schiffsarzt bei der Marine. Ab 1923 wandte er sich der Kinderheilkunde zu und trat ins Paddington Green Children's Hospital ein, wo er 40 Jahre arbeiten sollte. Er war zuerst mit der Künstlerin Alice Taylor und ab 1951 mit der späteren Psychoanalytikerin Claire, geb. Britton, verheiratet; er hatte keine Kinder. Bei James Strachey und Joan Riviere unterzog er sich zwei langen Analysen, und obgleich Melanie Klein seine Kontrollanalytikerin war, ordnete er sich der unabhängigen „middle group" der Britischen Psychoanalytischen Vereinigung zu.

Seine Unabhängigkeit spiegelt sich auch in einer eigenständigen Theorieentwicklung, die – ausgehend vom kindlichen Spiel – die kreative Entwicklung des „wahren Selbst" und der Objektbeziehungen zum Inhalt hatte. Seine Theorie der Übergangsphänomene ist zu einem wichtigen Teil der psychoanalytischen Entwicklungspsychologie geworden. Die Mutter-Kind-Beziehung untersuchte er intensiv, wobei er den kreativen und haltenden Fähigkeiten der Mutter große Aufmerksamkeit widmete und darauf bestand, dass Babys ohne ihre Mütter nicht behandelbar seien. Das Fehlen der ausreichend guten Mutter (siehe S. 106 f.) ist für ihn Voraussetzung für die Entwicklung eines „falschen Selbst", das andere unbedingt an sich zu binden trachte und hinter dem sich ein unerträglicher Mangel an Halt und Verständnis verberge. Technisch vertrat er bei solchen Störungen eine Position des Nicht-Deutens, die nicht unumstritten war. Zahlreiche seiner Fallgeschichten wurden publiziert. Sein wohl begabtester Schüler und lebenslanger Freund Masud Khan brachte ihn früh mit den Vorstellungen Jacques Lacans in Kontakt und trug viel zur Verbreitung der Ideen Winnicotts bei.

„Der Säugling erschafft immer wieder aus seiner Liebesfähigkeit oder (wie man sagen kann) aus seinem Bedürfnis heraus die Brust aufs neue. Im Baby entwickelt sich ein subjektives Phänomen, das wir die Brust der Mutter nennen. Die Mutter stellt die wirkliche Brust gerade dort bereit, wo der Säugling sie zu erschaffen bereit ist, und noch dazu im richtigen Augenblick.

Der Mensch ist also von Geburt an vor das Problem gestellt, die Beziehung zwischen dem, was er objektiv wahrnimmt, und dem, was er sich subjektiv vorstellt, zu erhellen: kein Mensch jedoch, dem seine Mutter keinen ausreichend guten Anfang ermöglicht hat, kann dieses Problem auf gesunde Weise lösen."

Donald W. *Winnicott* (1958): Von der Kinderheilkunde zur Psychoanalyse. Frankfurt am Main: Fischer Taschenbuch, 1983, 314.

Grenz- bzw. Zwischenbereich von Kind und Mutter-Welt – „zwischen dem Daumen und dem Teddybär" (Winnicott, 1958, 301) – angesiedelt sind. Diese Übergangsobjekte sind gleichermaßen real und imaginär bestimmt, zeichnen sich üblicherweise durch bestimmte typische Merkmale aus (flexibel, beständig, weich, wie lebendig, aber unzerstörbar) und dienen als Träger der Objektvorstellungen und Ziele der Triebwünsche und Affekte des Kindes, werden gehasst und geliebt, attackiert und behütet, bieten Schutz und Abfuhr und werden mit der Zeit überflüssig. Das Übergangsobjekt repräsentiert die frühe Mutter bzw. die Brust und die magisch-omnipotente Macht über sie ebenso wie die wachsende Realitätsprüfung; es bewegt sich zwischen dem (leblos-stereotypen) Fetisch und einem lebendigen Menschen. Je nachdem wird es zum Träger perverser oder differenzierter Selbstvorstellungen und Objektbeziehungen.

In klinischen Fallstudien untersuchte Winnicott die helfende Funktion echter, guter Übergangsobjekte in ihrer Beziehung zur Trennung von der Mutter und zur Symbolisierungsfähigkeit der Kinder. Dabei erwies es sich, dass mit der Fähigkeit, das Bild der Mutter sicher verinnerlicht zu halten, die äußeren Übergangsobjekte an Bedeutung verloren und ihre tröstende Funktion eben an die inneren, sicheren Objektvorstellungen abgaben. Gelingt dieser Schritt nicht, so verfestigt sich das Übergangsobjekt leicht zum Fetisch (siehe S. 117 f.) als Sicherungsersatz angesichts einer Realität, die auch verleugnet werden muss.

Empfohlene Literatur

Caroline *Neubaur* (1987): Übergänge. Spiel und Realität in der Psychoanalyse Donald W. Winnicotts. Frankfurt am Main: Athenäum.

Donald W. *Winnicott* (1958): Von der Kinderheilkunde zur Psychoanalyse. Frankfurt am Main: Fischer Taschenbuch, 1983.

Familienroman und Adoleszenz

Die Zweizeitigkeit der (psycho-)sexuellen Entwicklung des Menschen, wie sie von der Psychoanalyse beschrieben wurde, hat mit der Besonderheit des Menschen als Symbole bildendem, sprachbegabten sozialen Wesen zu tun und ist vom damit zusammenhängenden Inzesttabu geprägt.

Der Familienroman ist ein besonderer, vor allem in der Adoleszenz regelmäßig auftretender Phantasietypus mit Deckcharakter, in dem die Jugendlichen sich romanhaft eine andere Abstammung und neue Eltern erfinden. Er hat zum Inhalt, dass die eigenen Eltern nicht die richtigen seien, man aus irgendwelchen besonderen Umständen heraus frühzeitig von ihnen getrennt und zu den jetzt als Eltern bezeichneten Menschen gekommen sei. Diese Phantasie hat deutliche Parallelen zum Ödipusmythos, findet sich überhaupt, wie Otto Rank (1909) zeigte, wiederholt in verschiedenen Heldenmythen und stammt natürlich auch aus dem ödipalen Kindheitsdrama, das in der Adoleszenz eine Wiederbelebung erfährt. Körperliche und soziale Veränderungen sowie die endgültige Trennung von den ödipalen Objekten reaktivieren ungelöste frühkindliche und ödipale Konflikte und bewirken heftige Regressionsängste. Wenn die Eltern, die man liebt und hasst und mit denen man auch erotisch verstrickt ist, nicht die wahren Eltern sind, bleibt auch die ödipale Schuld erspart. Darüber hinaus sind die phantasierten Eltern zumeist mächtiger oder sozial höher stehend als die tatsächlichen, wodurch auch narzisstische Wünsche befriedigt werden, was von real erfahrenen Enttäuschungen entlastet. Zusätzlich ist diese Vorstellung eine symbolische Hilfskonstruktion bei Geschwisterrivalitäten und bei der real notwendigen Trennung von den Eltern. Im sozialen Kontext ist der Familienroman eine häufige Phantasie des sozialen Aufstiegs und hat die „Aufgabe, die geringgeschätzten Eltern loszuwerden und durch in der Regel sozial höher stehende zu ersetzen" (Freud, 1909c, 229) was auch eine Möglichkeit ist, aggressive Affekte unterzubringen, vor allem Neid und Rache.

Die Suche nach einem befriedigenden Sexualpartner und nach einem Platz in der Erwachsenengesellschaft induzieren die Angst, zu versagen sowie grandiose Vorstellungen als deren Abwehr. Der Familienroman thematisiert Inzestwünsche und deren Abwehr ebenso wie Wünsche, angstfrei zu einer privilegierten Position in der gesellschaftlichen Hierarchie zu kommen.

Empfohlene Literatur

Peter *Blos* (1962): Adoleszenz. Eine psychoanalytische Interpretation. Stuttgart: Klett-Cotta, 2001.

Sigmund *Freud* (1909c): Der Familienroman der Neurotiker. GW VII, 227–231.

Erika *Mertens* (2007): Klippen weiblicher Adoleszenz. Frankfurt am Main: Brandes & Apsel.

Psychoanalytisch beeinflusste Entwicklungspsychologen

René Spitz (* 1887, Wien, † 1974, New York), ein Schüler Sándor Ferenczis und Analysand Sigmund Freuds, versuchte schon früh eine Integration von Psychoanalyse und Methoden der experimentellen und empirisch-psychologischen Forschung wie strukturierte Beobachtungen, Filmaufnahmen, Tests und Tiervergleiche. Er nahm eine theoretische Position ein, die Triebtheorie und Strukturmodell der Psychoanalyse vereinte. Sein besonderes Interesse galt den frühen und frühesten Lebensphasen des Kindes und darüber hinaus den allgemeinen Strukturen von Entwicklung. Dafür beschäftigte er sich auch intensiv mit den Forschungen Kurt Lewins und Jean Piagets. Er verstand den Entwicklungsprozess als Abfolge von Integrationsschritten, wobei jeweils bestimmte „Organisatoren" neue Formen der Erfahrung und des mentalen Funktionierens kennzeichneten. So verstand er etwa die Lächelreaktion des Säuglings auf die Struktur eines menschlichen Gesichts, die ab dem dritten Lebensmonat zu beobachten ist, als Indikator psychischer Differenzierung und eines neuen Verhältnisses zur Welt. Ähnlich interpretierte er das „Fremdeln" im Rahmen der Achtmonatsangst. Dem dialogischen Wechselspiel in der Mutter-Kind-Dyade schrieb er entscheidende Bedeutung für die kindliche Ich-Bildung und Selbstregulierung zu (Spitz, 1957).

Jean Piaget (* 1896, Neuchâtel, † 1980, Genf), Professor für Psychologie an den Universitäten Genf, Neuchâtel und an der Sorbonne in Paris war ein Kritiker des Behaviorismus und der statistisch und experimentell orientierten Schulpsychologie. Die Psychoanalyse lernte er früh in Zürich kennen und machte dann bei Sabina Spielrein in Genf eine Lehranalyse. Weiters beeinflussten ihn die Gestaltpsychologie und Alfred Binets Intelligenzforschungen. Er untersuchte detailreich die Entwicklung der unterschiedlichsten Fähigkeiten im Kind, wozu er besondere Formen des diagnostischen Spiels entwickelte. Er verstand den Organismus in ständiger Suche nach Ausgleich mit der Umwelt, was durch Assimilation (Fremdeinpassung) oder Akkomodation (Selbstanpassung) erfolge. Für die Entwicklung kognitiver Fähigkeiten beschrieb er fünf Stadien der Intelligenz von sinnlicher Wahrnehmung zu kritischer Reflexion: sensomotorisches Funktionieren, präoperationales Funktionieren, konkrete Operationen, formale Operationen und methodenkritisches kognitives Funktionieren. Mit ähnlichen Methoden untersuchte er auch die Symbolfähigkeit, die moralische Urteilsfähigkeit usw. und entwickelte so eine umfassende strukturgenetische Entwicklungspsychologie.

Erik H. Erikson (* 1902, Frankfurt am Main, † 1994, Harwich, Massachusetts) kam als Kunsterzieher über die Arbeit mit Kindern zur Psychoanalyse, absolvierte bei Anna Freud eine Lehranalyse und besuchte das „Kinderseminar" der WPV. 1933 emigrierte er über Dänemark in die USA und arbeitete an den Universitäten Harvard und Yale, ehe er nach Kalifornien übersiedelte. Neben der Kunst hatte er zwei große Interessengebiete: die Entwicklungsgeschichte der Kindheit und die Identitätsbildung. In mehreren großen biografischen Studien, etwa über Hitler, Gandhi und Luther, versuchte er einen Zusammenhang zwischen Kindheit und späterem historischen Wirken herzustellen, worauf sich später die sogenannten Psychohistoriker berufen sollten. Aus politisch-historischem Interesse und aus seiner klinischen Arbeit mit Kindern formulierte er die (Über-Ich-)Entwicklung als genetische Hierarchie menschlicher Tugenden, die aus phasenspezifischen Anforderungen und Konflikten entstehen. Für seine berühmte Studie „Kindheit und Gesellschaft" (1950) entwarf er ein achtstufiges Reifungsmodell der Identitätsentwicklung auf Grundlage der Freud'schen Entwicklungsphasen in Auseinandersetzung mit gesellschaftlichen Anforderungen. Dieses Modell umfasst die gesamte Lebensspanne.

Daniel Stern (* 1934, New York), Schüler des britischen Psychoanalytikers William R. D. Fairbairn, brachte durch seine Säuglingsbeobachtungen wichtige neue

Befunde und beschrieb eine Entwicklungspsychologie des Selbstgefühls im frühen Lebensalters. Er unterschied fünf Phasen vom auftauchenden Selbst im zweiten bis dritten Lebensmonat bis zum verbal differenzierten Selbst im dritten bis vierten Lebensjahr. Obgleich deutlich von der Psychoanalyse inspiriert, verzichtete er völlig auf das Konzept der Triebentwicklung und auch weitgehend auf die Idee der Konflikthaftigkeit, wodurch Entwicklung bei ihm mehr als Werden und Wachsen erscheint. Seine Untersuchungen betonen ein weit größeres Repertoire an Fähigkeiten und Aktivitäten bereits beim Säugling, als weithin angenommen worden ist.

Empfohlene Literatur

Erik *Erikson* (1950): Kindheit und Gesellschaft. Stuttgart: Klett-Cotta, 1984.
Jean *Piaget* (1926): Das Weltbild des Kindes. Stuttgart: Klett-Cotta, 1978.
René *Spitz* (1965): Vom Säugling zum Kleinkind. Stuttgart: Klett-Cotta, 1980.
Daniel *Stern* (1985): Die Lebenserfahrung des Säuglings. Stuttgart: Klett-Cotta, 2000.
Phyllis *Tyson*, Robert L. *Tyson* (1990): Lehrbuch der psychoanalytischen Entwicklungspsychologie. Stuttgart: Kohlhammer, 1997.

3 Charakterbildung

Für die Charakterbildung typisch ist, dass sich bestimmte intrapsychische Ungleichgewichte nicht konflikthaft, sondern „geronnen" in der Struktur der Persönlichkeit niederschlagen und diese prägen. Dies führt weniger zu akuten Leiden als vielleicht zu generalisierten Schwierigkeiten und zu sekundären Konflikten mit der Umwelt, weniger zu Konflikten mit sich selbst. In seiner endgültigen Form tritt der Charakter erst nach der Adoleszenz auf.

Wie die Symptombildung fußt auch der Charakter auf Trieb-Abwehr-Konflikten; er wird jedoch durch dauerhafte Verfestigungen bestimmter Triebwünsche und deren Abwehr bestimmt, sodass nicht dynamische Abwehrkonflikte, sondern chronische Veränderungen der Persönlichkeit die Folge sind. Als ursächlich dafür gelten besonders starke Triebstrebungen und Fixierungen und ebenso starke gegen dieselben gerichtete Abwehrkräfte, was besonders heftige Konfliktängste bedingt, sodass es dann eben statt zum dynamischen Konflikt zur strukturellen Verfestigung in Form der Charakterbildung kommt. Ein gewisses gesellschaftliches Moment darf nicht vernachlässigt werden: offenbar sind kulturspezifisch unterschiedliche Triebstrebungen gesellschaftlich akzeptabler oder weniger akzeptabel, woraus jeweils (implizite und explizite) Verbote in bestimmte Richtungen folgen.

Für die Charakterbildung wird eine rigidere, weniger vermittelte Abwehr vermutet als für die Symptombildung. Im Unterschied zum Symptom, das als abgegrenzt und störend („ichfremd") erlebt wird, ist die Charakterbildung umfassend und ichsynton. Während bei der Symptombildung die Verdrängung oft nicht ausreichend wirkt, es dann zur Wiederkehr des Verdrängten, zur Regression und zum Symptom als Fortsetzung des Konflikts kommt, ist bei der Charakterbildung die Verdrängung erfolgreich, weil sie durch Regression und strukturelle Veränderungen sekundär dauerhaft gestützt bleibt. Letztlich ist aber kein Charakterzug dauerhaft stabil, weil das „Nachdrängen" der Triebimpulse das stets verhindern kann.

Besonders zwei Abwehrprozesse liegen der Charakterbildung zugrunde: Identifizierung und Reaktionsbildung. Letztere sichert die Abwehr durch Verfestigung des Gegenteils der abgewehrten Triebwünsche (z. B. besonderes Asketentum zur Abwehr überstarker Gier). Die Identifizierung wirkt vor allem über die Bewältigung von Trennungen durch teilweise Verinnerlichung der verlorenen Objekte, und dies führt von frühester Kindheit an zu dauerhaften Veränderungen der Persönlichkeit. Unter objektbeziehungstheoretischem Aspekt sind für die Charakterbildung die internalisierten Objektrepräsentanzen entscheidend, ebenso wie die Selbstrepräsentanzen und die sie begleitenden Affektzustände.

Freud brachte bestimmte typische Merkmale und Verhaltensweisen mit libidinösen Entwicklungsstufen in Zusammenhang. In seiner Arbeit zu „Charakter und Analerotik" (1908b) leitete er etwa Ordnungsliebe, Sparsamkeit und Eigensinn aus der Trieborganisation in der analen Phase her. Charaktertypen werden zumeist nach ihrem genetischen Zusammenhang mit Stadien der psychosexuellen Entwicklung benannt:

Der anale Charakter ist mit dem Gegensatzpaar Festhalten und Loslassen sowie mit den Themen Abhängigkeit und Kontrolle befasst, woraus sich eben auch die von Freud genannten Merkmale herleiten. Entwicklungspsychologisch besteht ein Zusammenhang mit der analen, auch anal-sadistisch genannten psychosexuellen Entwicklungsphase. Diese ist charakterisiert durch eine rapide motorische und verbale Entwicklung (gehen und sprechen lernen), Eroberung der Welt und Konfrontation mit ihrer einschränkenden Macht. Dies führt zu Erfahrungen von Hilflosigkeit und Ohnmacht beim Kind, zu Trotz, Wut und Verzweiflung. Die entscheidende Trennung von den primären Objekten ruft immer wieder massive Angst hervor. Eine besondere Fixierung führt häufig zu einem starken (unbewussten) Fortleben solcher Strebungen und Verhaltensweisen im Erwachsenenleben.

Die sadomasochistische Einstellung beschreibt einen verinnerlichten Objektbeziehungstypus nach dem Modus oben/unten, wie er sich aus der Generationendifferenz ergibt, die im „Trotzalter" erstmals erfahren und erlitten wird. Manche Gesellschaftsstrukturen und Institutionen fördern diese Einstellung, um sie entsprechend in Dienst zu nehmen (Meister-Schüler-Verhältnisse, Bürokratien, Hierarchien, Militär). Manche Menschen wechseln zwischen der sadistischen und der masochistischen Position, während andere eher auf eine festgelegt scheinen. Chronischer Sadismus wird gesellschaftlich ob seiner Destruktivität in der

Regel nur in Sonderfällen (etwa beim Militär oder bei Gericht) akzeptiert, vor allem weil die Tendenz zum körperlichen Ausagieren ihn so besonders asozial macht.

Der Masochist hingegen will behandelt werden wie ein schlimmes Kind und nimmt dabei zugleich unbewusst die Rolle der strafenden Autorität ein. Eine chronisch masochistische Charaktereinstellung entsteht aus dem verfestigten Entwicklungskonflikt um Schuld, unbewusste Selbstbestrafung und Aggressionshemmung. Diese sind eine Reaktionsbildung zu heftigen gegenläufigen Tendenzen. Die sichtbare Symptomatik ist in der Regel eine depressive, lustlose, pessimistische Grundbefindlichkeit, geringer Selbstwert, Selbstvorwürfe, Selbstentwertung und eine Tendenz zur Selbstbestrafung. Masochistische Charaktere sehen Autoritäten (den Analytiker) als mächtige, kritische Über-Ich-Figuren, denen sie sich (identifikatorisch) unterwerfen. Gesellschaftlich wird die masochistische Einstellung geduldet und ausgenützt, wenngleich nicht unbedingt geschätzt. Der springende Punk ist die gehemmte Aggressivität, die, wenn aktiviert, destruktiv oder aber – im günstigen Fall – auch sehr kreativ umgesetzt werden kann.

Der orale Charakter ist demgegenüber bestimmt durch die Trias Fressen, Gefressenwerden und Schlafen (Lewin, 1961, 99 ff.), und dazu gehören auch Lust und Angst. Davon leiten sich etwa das Gehalten- und Versorgtwerdenwollen, Ungeduld und Optimismus ab, die ihm eigen sind. Die orale Fixierung ist mit Varianten von Geben und Nehmen befasst und hat einen maßlosen Zug, der mitunter auch die Qualität von „alles oder nichts" annimmt. Dazu gehört auch ein Objekthunger, der im exzessiven Fall zur „Verlassenheitsneurose" führen kann, die unbedingte und sofortige Befriedigung fordert und an der Unerfüllbarkeit dieser Forderung leidet.

Der phallische, auch phallisch-narzisstisch genannte Charakter entstammt dem (ödipalen) Kastrationskomplex und ist mit Vollkommenheitswünschen und Beschädigungsängsten befasst. Geschlechtsunabhängig bekommt der ganze Körper phallische Qualität, was sich auch auf Produkte und Leistungen erstrecken kann. Phallisch-narzisstische Menschen zeichnen sich durch großes Bewunderungs- und Bestätigungsbedürfnis aus und sind besonders kränkbar. Dies äußert sich in zwei Varianten: durch Selbstentwertung und Depression als Unterwerfung unter die Kastrationsdrohung bei gleichzeitig heimlichem Festhalten an der eigenen Grandiosität oder im kontraphobisch geprägten Eroberungstypus, etwa der Don-Juan-Figur, die ihre Potenz und Wirkung ständig aktiv beweisen muss, um die heimliche Kränkungsangst unter Kontrolle zu halten.

In Anlehnung an die Neurosenlehre haben sich die Begriffe von „Zwangscharakter" (anale Fixierung) und „hysterischer Charakter" (phallische und orale Fixierung) durchgesetzt, die die für die jeweilige Neurose typischen Merkmale als strukturell dauerhaft verfestigt annehmen.

In der psychoanalytischen Kur wird die Charakterstruktur auch als Widerstand gegen die Analyse neurotischer Symptome spürbar. Deswegen hat etwa

Wilhelm Reich (1933) der Charakteranalyse besondere Aufmerksamkeit geschenkt. Er fasste den Charakter auch deutlicher als gesellschaftliches Phänomen, weil „jede Gesellschaftsordnung sich diejenigen Charaktere schafft, die sie zu ihrem Bestande benötigt“ (Reich, 1933/1949, 12), und verstand in diesem Sinne auch die Analyse der verhärteten Abwehr des Charakters als Beitrag zur Auflösung verhärteter gesellschaftlicher Abwehrformationen.

Empfohlene Literatur

Sigmund *Freud* (1908b): Charakter und Analerotik. GW VII, 201–209.
Sven O. *Hoffmann* (1996): Charakter und Neurose. Frankfurt am Main: Suhrkamp.
Wilhelm *Reich* (1933): Charakteranalyse. Frankfurt am Main: Fischer Taschenbuch, 1976.

VI Psychoanalytische Kultur- und Sozialpsychologie

Die Psychoanalyse, die von der Behandlung von Nervenkrankheiten ihren Ausgang nahm, ist zu jener Psychologie geworden, die den Menschen in seiner sinnlichen, emotionalen und intellektuellen Entwicklung ebenso wie die Entstehung und Funktionsweisen der Kultur am umfassendsten zu den Gegenständen ihrer Forschung machte. Sigmund Freud behandelte Grundfragen der Kultur und ihrer Institutionen, Strukturen und Bedeutung von Gesellschaft, Religion, Kunst und Krieg, Motive und Gesetzmäßigkeiten menschlichen Sozialverhaltens. Genuin psychoanalytische Konzepte wie beispielsweise Verdrängung, Übertragung oder Identifizierung ermöglichten gänzlich neue Einsichten und haben längst auch außerhalb der Psychoanalyse im engen Sinn Eingang in die Sozialwissenschaften gefunden.

Obwohl Freuds Schriften zu Fragen von Kultur und Gesellschaft fast sein halbes Werk umfassen, werden sie von Sozialwissenschaftern selten und auch von Psychoanalytikern in der Regel nur nebenher behandelt. Dies liegt am klinischen Alltag der meisten Psychoanalytiker, aber großteils auch an der Komplexität der Inhalte. Vermutlich spielen auch manche kontroversielle Thesen eine Rolle, und schließlich eignet sich die psychoanalytische Sozialpsychologie für Markt- und Legitimierungszwecke nicht so gut wie andere Zugänge (etwa die empirische Sozialforschung). Ihre Befunde sind nicht leicht operationalisierbar und verhelfen zumeist nicht zu Optimismus und Selbstzufriedenheit.

Ausmaß und Stellenwert öffentlicher psychoanalytischer Stellungnahmen zu Fragen von Politik und Gesellschaft sind in verschiedenen Ländern sehr unterschiedlich. In Frankreich etwa gibt es diesbezüglich eine lange Tradition; Psychoanalytiker treten oft und gerne in den Medien in Erscheinung, und es gibt, wie etwa auch in England, einen allgemeinen Konsens, dass Psychoanalytiker zum Verständnis aktueller Themen Wesentliches beizutragen haben. In anderen Ländern ist das gar nicht so. Dennoch wirken psychoanalytische Erkenntnisse und viele Fragestellungen über die Kultur, gesellschaftliche Konflikte oder die Kunst und wären ohne Psychoanalyse gar nie gestellt worden.

Empfohlene Literatur

Helmut *Dahmer* (Hg.) (1980): Analytische Sozialpsychologie. 2 Bde. Frankfurt am Main: Suhrkamp.
Eveline *List* (2013): Psychoanalytische Kulturwissenschaften. Stuttgart: UTB.

1 Sozialisation und Gesellschaft

Die Psychologie der Individuen war für Freud (1921c, 73) „von Anfang an auch gleichzeitig Sozialpsychologie". Da die Psyche und ihr Funktionieren prinzipiell intersubjektiv organisiert sind, braucht der Mensch den Nebenmenschen als Referenz, um erkennen und sich orientieren zu können. Erst in Beziehung zum anderen differenzieren sich Bedürfnisse und Bedeutungen. Das führt zu der Frage, was die Menschen zusammenhält, wenn sie einander über Raum und Zeit verbunden sind und sich als „ich" und „wir" fühlen. Der Zusammenhalt der Menschen, wie sie einander beeinflussen und steuern, auch wie sie unbemerkt aufeinander wirken, all dies hat weitreichende Implikationen. Der interpersonale Transfer von Affekten oder sogar von Körperzuständen ist jedem bekannt, aber schwer zu interpretieren. Auch das massenweise Auftauchen irrationaler Urteile, archaischer Affekte oder zerstörerischer Gewalt in der Kultur ist vom isolierten Einzelnen her nicht zu verstehen.

Um psychisch überleben zu können, entwickeln die Menschen individuelle Abwehrmechanismen, die in Entsprechung und Ergänzung zu den gesellschaftlichen (Abwehr-)Strukturen wie Tradition, Institutionen, Formenwelt, Gesetz, Ideologien usw. wirksam sind. Sie helfen dem Einzelnen, sich zu orientieren, sich zu kontrollieren und Befriedigung zu finden. Individuelle und kollektive/kulturelle Strukturen wirken komplementär, bis zu einem gewissen Grad auch kompensatorisch. Die Bedingungen der (primären) Sozialisation, wie sie etwa von der psychoanalytischen Entwicklungspsychologie theoretisiert und in psychoanalytischen Kuren untersucht werden, beschreiben jene Verhältnisse, unter denen die jeweils Nachgeborenen sich das kulturelle Erbe aneignen und weiterführen.

Unter ausreichend stabilen Verhältnissen wirken gesellschaftliche Institutionen wie Rechtsordnung, Verwandtschaft, Religion usw. als gute Container im Sinne Bions. In Krisensituationen hingegen versagen institutionelle Strukturen tendenziell, und die Individuen sind mehr auf ihre subjektiven Abwehrpotenziale zurückgeworfen, die nun leichter fehlschlagen. Daraus entsteht – sehr verallgemeinert – ein doppelter Effekt: Einerseits steigt die psychische Belastung der Einzelnen, was eine Regression einleitet und Angst freisetzt. Differenziertere Abwehrformen wie Nachdenken, Rationalisieren, Ironisieren, Rückzug usw. werden zugunsten weniger differenzierter Mechanismen wie Spaltungen, Projektionen, Verleugnungen aufgegeben. Die Menschen ersetzen die intrapsychische durch interpsychische, also nach außen gerichtete, sozial belastende Abwehr. Die

Ängste manifestieren sich entsprechend in Verfolgungsphantasien, die den öffentlichen Austausch beherrschen.

Anna Freud, Sophie Dann: Gemeinschaftsleben im frühen Kindesalter

(Fallstudie über sechs Kleinkinder aus dem KZ Theresienstadt)

1951 wurde ein „Experiment in Gruppenerziehung" publiziert (Freud/Dann, 1951a). Die Studie beschreibt die Entwicklung von sechs deutsch-jüdischen Waisen der Shoah, die im Alter von sechs bis zwölf Monaten nach Theresienstadt in die Abteilung für mutterlose Kinder kamen und in diesem kargen und bedrohten Rahmen „gewissenhaft versorgt und gepflegt wurden" (Freud/Dann, 1951b, 1161). Bald nach der Befreiung kamen sie im August 1945 in ein Empfangslager in England, das den „Hampstead Nurseries" Anna Freuds nahestand. Wegen ihrer außerordentlichen Bindung aneinander organisierte man ab Oktober für ein Jahr ein Haus und Betreuung, wodurch die Kinder beisammen bleiben konnten. Es wurden Aufzeichnungen über ihr Verhalten gemacht und nach verschiedenen Aspekten systematisiert dargestellt.

„Die Kinder waren überempfindlich, ruhelos, aggressiv, schwierig zu behandeln." (Freud/Dann, 1951b, 1227) Sie wehrten sich gegen jede Trennung voneinander und reagierten dysphorisch, wenn ein Kind auch nur kurz fehlte. Sie verhielten sich untereinander gleichberechtigt, beeinflussten einander stark und sorgten füreinander, ganz ohne Neid, Eifersucht, Rivalität und Wettstreit (Freud/Dann, 1951b, 1171). Ihre Fähigkeit, einander psychisch und sozial zu unterstützen, war ungewöhnlich groß. Die Erwachsenen spielten zunächst keine Rolle in ihrem Gefühlsleben. Sie suchten aufgrund der großen oralen Entbehrung sehr stark (autoerotische) Befriedigung am eigenen Körper und verlangten heftig nach Süßem. Alle Kinder zeigten phobische Reaktionen und verschiedene Ängstlichkeiten angesichts des Schreckensmilieus, in dem sie aufgewachsen waren, jedoch in erstaunlich geringem Ausmaß, und keines von ihnen wies maßgeblich Defekte oder psychotische Züge auf.

Die Kinder mussten erst spielen lernen und halfen einander dabei und teilten miteinander, was sie bekamen. Nur allmählich entwickelten sich Individualitäten, spezielle Freundschaften untereinander und schließlich besondere Beziehungen zu den Erwachsenen, die als „Muttterersatz" verstanden wurden. Alle entwickelten eine enge Bindung an ihre Puppen. Im Denken und Sprachgebrauch waren zunächst alle retardiert und eingeschränkt, holten aber im Laufe des Jahres auf und lernten nach und nach die üblichen Kindergartenaktivitäten. Sie verlernten Deutsch, sprachen nach dem Jahr nur mehr Englisch und erinnerten sich auch nicht mehr daran, wo sie hergekommen waren.

Die Kinder waren ohne Elternbilder, ihre Libido war ganz in der Altersgruppe gebunden und weitgehend frei von Ambivalenzen und komplizierten

Reaktionsbildungen. Die Entbehrung mütterlicher Fürsorge schienen sie untereinander durch eine erhöhte Identifizierung mit- und Aufmerksamkeit füreinander teilweise zu ersetzen.

„Wie oben berichtet, zeigten die Kinder von ihrer Ankunft an starke und unkontrollierte Aggression gegen die Erwachsenen. Diese Aggression war unpersönlich, nicht gegen ein Individuum gerichtet und konnte nicht als ein Zeichen von Interesse an der Erwachsenenwelt genommen werden, die Kinder reagierten nur defensiv gegenüber einer Umgebung, welche sie als fremd, feindlich und störend erlebten."

Anna *Freud*, Sophie *Dann* (1951b): Gemeinschaftsleben im frühen Kindesalter. Die Schriften der Anna Freud IV, 1161–1228, 1183.

Generationenübergreifend betrachtet ist anzunehmen, den Eltern einer überforderten Generation mangle es in besonderem Ausmaß an Sicherheit und Befriedigung, sodass sie ihren Kindern – unbewusst und daher nicht steuerbar – auch weniger Sicherheit und Befriedigung vermitteln. Das belastet die nächste Generation. Als individuelle Einzelschicksale gibt es in jeder Generation negative Entwicklungen und subjektive Katastrophen, doch haben sie unter „normalen" Bedingungen keinen gesellschaftlichen Dauereffekt. Unter umfassenden Krisenbedingungen jedoch – etwa in und nach Kriegen oder Katastrophen – herrschen allgemein überfordernde Lebensverhältnisse und prägen die Entwicklungsbedingungen der nächsten Generation. Diese hat tendenziell noch weniger Kapazität bezüglich Affektkontrolle und Angstverarbeitung. Das psychosoziale Leben wird dann von noch mehr Angst und Aggressionsbereitschaft und „primitiveren", vor allem spaltenden und projektiven Abwehrformen bestimmt, was Kreisläufe von Angst, Aggression, Entwertung sowie Verfolgungsprozesse fördert. Solche Entwicklungen zerstören nicht nur das persönliche Glück der Menschen und machen krankheitsanfälliger und weniger leistungsfähig, sondern sie reduzieren insbesondere auch Selbstwert, Zuversicht und Denkvermögen der Menschen. Immerhin ringt bereits die dritte Generation mit den Folgen von zwölf Jahren NS-Regime, und die politische und gesellschaftliche Situation mancher Teile der Welt ist seit Generationen durch Krieg, Hunger und Katastrophenfolgen bestimmt, sodass es eigentlich verwundern muss, wie irgendeine Form von Alltag dort noch funktionieren kann.

Was also macht Menschen und Gesellschaften überlebensfähig? Immer die Qualität der frühen Objektbeziehungen, die in jeder Gesellschaft ausreichendes Grundvertrauen und Symbolisierungsfähigkeit vermitteln müssen, und das Bestehen einer zumindest minimalen sozialen Organisation, die unter Umständen auch geheim oder als Gegenkultur eine Form von Gesetzlichkeit aufrechterhält. Die Geschichte des Judentums oder die der Roma und Sinti sind Beispiele für solche Kontinuitäten.

Empfohlene Literatur

Salman *Akhtar* (1999): Immigration und Identität. Psychosoziale Aspekte und kulturübergreifende Therapie. Gießen: Psychosozial, 2007.

Erik *Erikson* (1950): Kindheit und Gesellschaft. Stuttgart: Klett-Cotta, 1961.

Jacques *Lacan* (1938): Die Familie. Schriften III. Weinheim, Berlin: Quadriga, 1966, 39–100.

Donald W. *Winnicott* (1986): Der Anfang ist unsere Heimat. Essays zur gesellschaftlichen Entwicklung des Individuums. Stuttgart: Klett-Cotta, 1990.

2 Massenpsychologie

Das Kind bildet unter ausreichend guten Verhältnissen über Interaktionsprozesse von Anfang an zugleich auch innerpsychische und Beziehungsstrukturen; wenn das nicht gelingt, stirbt es. Auch für die Masse gilt: Entweder ist ein Strukturierungsprozess möglich, der innen und außen ordnet, oder aber nicht. Im letzteren Fall herrscht das destruktive Chaos so lange, bis diese Massenbedingungen – oder im schlimmsten Fall auch die Menschen – beseitigt sind.

Den überwiegenden Teil der Zivilisationsgeschichte haben die Menschen in überschaubar geordneten Kollektiven verbracht. Der Einzelne existierte dort de facto nur als Teil des Kollektivs, das ihm strenge Einordnung abverlangte, dessen Schutz er aber auch unter extremen Bedingungen kaum verlieren konnte. Demgegenüber sind die modernen Gesellschaften der Individuen und Massen beständig von Zerfall bedroht, gegen den eine massive Abwehr wirkt. Erste wissenschaftliche Theorien über die Psychologie der Massen, etwa von Gustave Le Bon (1895), Gabriel Tarde (1890; 1910) oder William McDougall (1920) fallen in die Zeit der entstehenden Massengesellschaften.

Die Fähigkeit zu differenziertem Wahrnehmen und Denken gelingt den Menschen nur, solange sie in Beziehungen zu anderen stehen. Wo – wie unter Isolation oder in der unstrukturierten Masse – persönliche Beziehungen verloren gehen, schwinden auch die normalen psychosozialen Funktionen, und es wächst die Angst. Das Ich ist auf den Mitmenschen bezogen, die primäre Sozialisation geht in allen Kulturen in weitgehend stabilen, vertrauten Klein(st)gruppen vor sich, und es besteht eine allgemeine (Abwehr-)Tendenz, die Bedingungen der primären Sozialisation stets wiederherzustellen, sich also einer vorgegebenen, überschaubaren Ordnung einzufügen oder eine solche in der Phantasie zu konstruieren.

Unter Massenbedingungen ist die Intersubjektivität aufgehoben und mit ihr die Fähigkeit zu differenzierter Selbstwahrnehmung, kohärentem Denken und organisiertem Handeln. Die Unerkennbarkeit der Einzelnen in der Masse und damit die Unmöglichkeit, sich untereinander als getrennt zu erfahren und in Beziehung zu setzen, begründet Unordnung im Individuum, Angst und Regression. Typischerweise verschwimmen Körpergrenzen und Selbstgefühl. Affektivität, fehlende Selbstständigkeit und umfassende Denkhemmungen nannte Sigmund

Freud (Freud, 1921c, 91) die Merkmale der Individuen in der Masse, und er verstand alle Bemühungen, eine Masse zu organisieren, als Versuche, diese regressiven Wirkungen im Individuum aufzuhalten und den Einzelnen wieder mit den Ich-Fähigkeiten eines normalen Individuums auszustatten.

Dies geschieht durch Ersatzbeziehungen mittels Identifizierungen: entgrenzende Identifizierung mit den anderen Massenmenschen (ein „Wir-Gefühl" der Stärke) und idealisierende Identifizierung mit einer Führerfigur (der Führer als Ich-Ideal). In dem Maß, in dem in der Masse persönliche Beziehungen unmöglich werden, zerfallen im Einzelnen mit diesen Beziehungen auch die intrapsychischen Strukturen (Melanie Kleins „innerer Raum", Winnicotts „Übergangsbereich" oder Lacans „symbolische Ordnung"), und die Symbolisierung kann nicht mehr gelingen. Durch den großen Orientierungsbedarf der Menschen in der Masse erklärt sich auch ihre hohe Manipulierbarkeit. Realitätswahrnehmung und innere Struktur gehen nach und nach verloren. Pseudosymbolische Zeichensysteme werden zur Angstabwehr benutzt, sie haben Signalcharakter und setzen unmittelbar affektive Abfuhr und motorisches Reagieren in Gang. Die real formulierte Rede entspricht nicht sekundärprozesshaftem Denken, sondern ist Ausdruck primärprozesshafter Kommunikation mit dem Ziel narzisstischer Übereinstimmung. „Wollt ihr den totalen Krieg" ist ein Kommando, das nach Bestätigung heischt, und das massenweise „Ja!" ist die lustvolle Bekundung undifferenzierter Übereinstimmung. Gedacht im effektiven Sinn wird dabei nicht; der sachliche Inhalt hat keine Bedeutung.

In der Masse werden auch Glücksgefühle, ja Euphorie erlebt; die Energie, welche sonst als Kontrolle und Selbstdisziplin gegen die eigenen Triebimpulse gerichtet ist, kann lustvoll nach außen freigesetzt werden, und Feststimmung kommt auf. Diese Euphorie schwindet aber bei Verlust der identifikatorischen Bindungen, um heftiger Angst Platz zu machen. Um dies zu verhindern, halten alle Beteiligten, Führer und Massenmitglieder, erbittert an den Identifizierungen fest, verleugnen alle diese Überzeugung relativierenden Wahrnehmungen und streben danach, die Destruktivität nach außen abzulenken. Ohne Realitätsprüfung bleiben der Bezug zur realen Welt und der Sekundärprozess nicht aufrecht; die Masse wirkt wie ein Rauschmittel. Die Gefahr einer Massenpanik, einer über jedes Maß anwachsenden Angst ohne mentale Verarbeitungsmöglichkeit wächst, sodass zuletzt nur mehr schreiend oder um sich schlagend jeder gegen jeden – vergeblich – sich Erleichterung zu verschaffen sucht. Um das zu verhindern, bedarf es einer gemeinsamen Ausrichtung.

Die idealisierende Identifizierung unterstellt dem Führer alle Fähigkeiten, welche die Einzelnen in der Masse verlieren. Er ist dann jener, der für alle denkt, an den nicht nur das Über-Ich delegiert wurde, sondern dem auch alle Ich-Funktionen zugeschrieben werden. Dies geschieht durch das Festhalten am infantilen Wunsch nach einer guten Autorität, der zumeist erst nach dem Scheitern dieser Autorität deutlich wird und dann Depression und Wut hervorruft.

Innerhalb der Masse werden alle Verschiedenheiten und Konflikte verleugnet („Wir-Gefühl") und durch Projektion auf äußere „Feinde" gelenkt. Das erzeugt und erhält Vorurteile, Sündenböcke, rassistische, nationalistische und ähnliche paranoide Abwehrsysteme, wo alle destruktiven Strebungen ausgelebt werden.

Ein spezifischer, die Massendynamik charakterisierender Zusammenhang besteht zwischen Allmachtsphantasien, Verleugnung, Fetischismus, perverser Körpermanipulation, sadomasochistischer Beziehungsstruktur und Realitätsverlust. Auf der Ebene der Geschichte entsprechen diesen Individualpathologien etwa Heils- und Erweckungsvorstellungen, putschistische Lösungsmuster, triumphale Rache- und Siegesinszenierungen, enthusiastische Idealisierungen, Trophäen, rituelle Unterwerfungen, kollektive Körperkulte, Einsatz der Sprache zur Affektabfuhr und Angst vor Verschiedenheit.

Empfohlene Literatur

Sigmund *Freud* (1921c): Massenpsychologie und Ich-Analyse. GW XIII, 71–161.

Serge *Moscovici* (1984): Das Zeitalter der Massen. Eine historische Abhandlung über die Massenpsychologie. Frankfurt am Main: Fischer Taschenbuch, 1986.

3 Psychoanalyse als Kulturtheorie

Freud dachte den Menschen im evolutionstheoretischen, historischen und sozialen Zusammenhang; etwa dass die Ontogenese die Phylogenese nachvollziehe, dass die „Menschwerdung des Affen" sich in der primären Sozialisation des Menschenkindes wiederhole und gesellschaftliche Institutionen und Psychostrukturen komplementär zueinander stehen würden. Für die Psychoanalyse gründet die Kultur im Triebverzicht, womit die Menschen ihr immer auch feindlich gegenüberstehen. Das Paradigma der Konflikthaftigkeit regiert innerhalb jedes Menschen, zwischen den Menschen und zwischen Mensch und Kultur. Luststreben und Kulturforderung sind antagonistisch zueinander.

Die Kulturtheorie Freuds umfasst zwei große Bereiche: Theorien über den Zivilisationsprozess bzw. die Entstehung und Entwicklung der Kultur und ihrer Institutionen sowie Theorien über die menschliche Kreativität und ihre Hervorbringungen.

Bezüglich der Kulturentwicklung sah Freud „als tiefste Wurzel der mit der Kultur fortschreitenden Sexualverdrängung die organische Abwehr der mit dem aufrechten Gang gewonnenen neuen Lebensform gegen die frühe animalische Existenz" (Freud, 1930a, 466, FN). Die phylogenetische Entwicklung erfolgte als Instinktverlust, als Entwicklung der Sinne und der Symbolbildung, der Hände, des aufrechten Ganges, als relative Verkümmerung des Geruchssinns und Verfeinerung des Gesichtssinns, Affekthemmung, aktiver Spracherwerb und Denkvermögen. Dieser Evolution entsprechen Triebschicksale in der Ontogenese; Kultur

Jacques Derrida *1930, Algier, † 2004, Paris
Als Kind sephardischer Juden bekam Derrida im französisch besetzten Algerien den Antisemitismus des Vichy-Regimes zu spüren. 1949 übersiedelte er nach Frankreich, wo er dann u. a. bei Louis Althusser studierte und nach dem Diplom ein Stipendium nach Harvard erlangte. Seit 1960 lehrte er Philosophie an der Pariser Sorbonne, wo er auch in intensiver Auseinandersetzung mit Paul Ricœur, Jean Hyppolite, Pierre Bourdieu und anderen stand und sich der Gruppe „Tel Quel" anschloss. In der engen Vermischung von Literatur und Philosophie wuchs die Bedeutung der Ästhetik für sein Denken und bald auch sein Interesse für den Strukturalismus. Seine Frau, die Psychoanalytikerin Marguerite Aucouturier, und eine Begegnung mit Jacques Lacan förderten seine Auseinandersetzung mit der Psychoanalyse. Die Publikation dreier seiner Bücher brachte ihm 1967 größere Bekanntheit (in deutscher Übersetzung: „Die Schrift und die Differenz", 1972; „Grammatologie", 1974; „Die Stimme und das Phänomen", 1979). In der Folge hatte er mehrere internationale Gastprofessuren inne sowie eine feste Professur an der „École des Hautes Études en Sciences Sociales" in Paris. Ab 1986 war er Professor an der „University of California" in Irvine. Seine Theorien erlangten in literatur-, kultur- und sozialwissenschaftlichen Diskursen erheblichen Einfluss und sind auch ein wichtiger Beitrag aktueller psychoanalytischer Textanalyse.

Ein zentrales Moment Derrida'schen Denkens ist die Dekonstruktion, wobei er – im Anschluss an psychoanalytische Konzepte wie „Unbewusstes", „Verdrängung", „Ambivalenz" – Texte wie Kunstwerke auf ihren latenten Gehalt untersucht. Der Text wird gleichzeitig auseinandergenommen und (neu) zusammengesetzt, jedes Wort hat einen weiten, letztlich unergründbaren Bedeutungshorizont, den er aktualisiert und so das nicht Gesagte und auch in der traditionellen Philosophie nicht Mitteilbare zu erfassen sucht. Diese Komplexität macht seine Arbeiten keineswegs leicht lesbar. Derrida kritisiert den „Logozentrismus" (den er auch als Ausdruck männlichen Begehrens sieht) und besteht darauf, dass jede Aussage immer zugleich eine andere sei, die sich über das tatsächlich Ungesagte partiell erschließe. Die Wahrheit entzieht sich abschließender Benennung, die Dekonstruktion ist letztlich unendlich, aber sie ist immer auch ein Aufsuchen des Anderen in sich selbst. Er propagiert ein Denken „von den Rändern her" bzw. überhaupt eines, „das nichts will", womit er gewissermaßen die „gleichschwebende Aufmerksamkeit" der Psychoanalyse als philosophische Methode in neuer Weise etabliert.

Derrida befasste sich auch mit den institutionellen Bedingungen von Erkenntnis und vertrat einerseits einen komplexen Textbegriff, der etwa auch die Performanz und den jeweiligen Rahmen in die dekonstruierende Interpretation einbezog und andererseits die politische Dimension nicht ausklammerte. Seine Philosophie der Differenz will nicht politisch neutral sein, vielmehr kritisiert er traditionelle Ethik-Systeme wegen ihrer anthropologisierenden Verallgemeinerungen, denen er eben die Vieldeutigkeit seines „différence"-Konzepts entgegensetzt als Grundlage einer Praxis nicht reduktiven Denkens. Dieses beansprucht keine zwingende Kohärenz, was es wieder in die Nähe des Literarischen rückt und dabei auch vielen (auch missverständlichen) Interpretationen und Weiterentwicklungen Raum lässt.

Eine besondere Rolle misst Derrida der Schrift bei. Diese sei nicht – wie das Wort im situativen Sprechakt – auf einen bestimmten Sinn festzulegen, weshalb auch kein eindeutiger Interpretationsrahmen beansprucht werden könne.

Derrida nähert sich auch dem Rechtssystem konstruktivistisch und hebt das Verschwommen-Relative und Uneindeutige aller Werte und Gesetze hervor. Ähnlich dekonstruiert er auch den Subjektbegriff. Singuläres könne nicht in Begriffen von Allgemeinheit erfasst werden und ist letztlich uneinholbar. Dies trifft insbesondere für „den Anderen" zu, aber etwa auch für „Gerechtigkeit" und überhaupt für „Bedeutung". Dies führe auch zur Relativierung aller präsumtiven Eindeutigkeiten gesellschaftlicher Institutionen und Wissenschaftssysteme, wenngleich diese historische Gültigkeit behielten. Letztlich sei uneinholbare Nachträglichkeit die tragische Bedingung aller Identität und jeglichen Sinns („différence").

„Die Entblößung der Entblößung, so wie sie Freud vorschlägt, die Entblößung des Motivs der Nacktheit, so wie es sekundär bearbeitet wäre oder verkleidet (eingekleidet) *durch das Märchen von Andersen, dieses wird sie in voraus zur Schau gestellt/verheimlicht haben in einer Schrift, die also nicht mehr dem Raum angehört der entscheidbaren Wahrheit. Gemäß einer zu bestimmenden Struktur wird dieser Raum überbordet von Trugbildmächten".*

Jacques *Derrida* (1975): Der Facteur der Wahrheit. In: ders. (1980): Die Postkarte von Sokrates bis an Freud und jenseits. 2. Lieferung, Berlin: Brinkmann & Bose, 1987, 183–281, 190.

und individuelle Psyche greifen ineinander. Die unterschiedlichen Ausprägungen in verschiedenen Gesellschaften belegen die Beweglichkeit des Triebes und das Ineinanderspielen von sozialen und psychischen Strukturen im Sublimierungsprozess.

Mit dem Mythos vom Vatermord in der Urhorde und dem Ödipusmythos entwarf Freud ein komplexes Gefüge der Entstehung von Zivilisation: Unter archaischen Verhältnissen wurde die despotische Herrschaft des Urvaters von dessen Söhnen durch Mord beendet; anschließend erfolgte die Einverleibung des Urvaters und seiner väterlichen Autorität. Schuldgefühl und Identifizierung erzwangen die Unterwerfung unter das Inzestverbot, Gesetz und Gewissensinstanz bedeuteten die Grundlegung einer symbolischen sozialen Ordnung.

Freud schätzte die Darstellungsform der Mythen als traumähnlich gestaltete, wunscherfüllende Erinnerungskomplexe von Kollektiven. Sie erscheinen als geschlossene Geschichten, die zwar unrealistisch, aber in sich logisch sind und elementare menschliche Konflikte allgemeingültig thematisieren: etwa wie das Überleben in einer Kultur möglich ist und welche Traumen dabei bewältigt werden müssen. Mythen dienen dem psychosozialen Stoffwechsel, der Trieb und Abwehr im Kollektiv organisiert und die Institutionen sichert. Inzest- und Mordwunsch bleiben im Unbewussten aufrecht; ihr Verbot konstituiert die Zivilisation, und der Kampf um die Aufrechterhaltung dieses Verbots kennzeichnet ihr Überleben und wird zum Thema ihrer kreativen Schöpfungen.

Die Zivilisation ist der Niederschlag menschlicher Kreativität im fortschreitenden Prozess der Sublimierung, d. h. im Sinne von Umformungen von Triebimpulsen zu mehr oder minder sozial verträglichen Hervorbringungen. Wegen ihrer großen Beweglichkeit kann die Triebhaftigkeit des Menschen vom sinnlichen Ursprung abgelenkt und an immer neue Objekte – etwa auch Ideen – geheftet werden. Darin sah Freud einerseits das außerordentliche Kulturpotenzial, andererseits aber auch das Reservoir gefährlicher destruktiver Kräfte. Entscheidend ist, wie weit das Luststreben mit dem Realitätsprinzip in Einklang gebracht werden kann. Die Psyche beschrieb Freud als Triebunterdrückungsapparat, der die Kultur und das Leben in ihr ermöglicht. Die Sprachen, die großen Mythensysteme, Bauformen, Gesetze oder Interaktionsformen, Riten, Literatur usw. bilden das je spezifische kollektive Kulturerbe, das von jeder Generation neu angeeignet werden muss. Durch diese konflikthafte Aneignung erfolgt auch der kulturelle Wandel zwischen den Generationen.

Ein Teil der Kulturtheorie ist die Untersuchung dieser menschlichen Hervorbringungen. Dazu gehören die Institutionen wie Gesetz, Familie oder Religion, aber auch alle Riten und Sitten des Alltags oder Schätze der Kunst.

In der Anwendung der Psychoanalyse auf die Kultur ergeben sich manchmal methodische Probleme. Für die Interpretation kann man in der Regel nicht auf freie Assoziationen zurückgreifen, außer vielleicht auf die des Forschers, was aber allein nicht genügen kann. Meist werden allgemeine psychoanalytische Konzepte und Konstruktionen auf den Untersuchungsgegenstand angewandt und dabei auch interdisziplinäre Zugänge gesucht.

Empfohlene Literatur

Mario *Erdheim* (1988): Psychoanalyse und Unbewußtheit in der Kultur. Frankfurt am Main: Suhrkamp.

Sigmund *Freud* (1930a): Das Unbehagen in der Kultur. GW XIV, 419–506.

Joachim *Küchenhoff* (2005): Die Achtung vor dem anderen. Psychoanalyse und Kulturwissenschaften im Dialog. Weilerswist: Velbrück Wissenschaft.

4 Psychoanalyse, kritische Gesellschaftstheorie und Politik

Die Psychoanalyse war und ist auf mehreren Ebenen mit Politik befasst: als Analyse allgemeiner und konkreter Verhältnisse (z. B. „Krieg und Tod“ [Freud, 1915b]), als Gesellschaftskritik mit Bernfeld, Fenichel, Fromm und Reich als frühen Protagonisten, als Kritik konkreter Sozialisationsbedingungen und als Theorie politischer Institutionen und Verhältnisse (Autorität, Religion), als sozialpsychologische Durchleuchtung kollektiver Abwehrprozesse (Massen, Vorurteile, Rassismus, Nationalismus), gelegentlich als Analyse konkreter politischer Situationen und ihrer Akteure und nicht zuletzt als Ziel vielfältiger Angriffe seitens politischer und religiöser Ideologen. Dem NS-Regime oder den stalinistischen Totalitätsansprüchen fiel sie auch (fast) gänzlich zum Opfer. Bedauerlicherweise hat Freud keine ausformulierte Theorie des Menschen als vergesellschaftetem Wesen hinterlassen, wenngleich Psychoanalyse genau genommen immer nur davon handelt.

Im Zentrum kritischer Gesellschaftstheorie steht seit jeher die Diskrepanz zwischen den enormen kulturellen Möglichkeiten der Menschen und deren Behinderung durch reale Herrschaftsverhältnisse. Freud äußerte einen klaren Standpunkt zu diesem Zusammenhang:

> „Wenn aber eine Kultur es nicht darüber hinaus gebracht hat, daß die Befriedigung einer Anzahl von Teilnehmern die Unterdrückung einer anderen, vielleicht der Mehrzahl, zur Voraussetzung hat (und dies ist bei allen gegenwärtigen Kulturen der Fall), so ist es begreiflich, daß die Unterdrückten eine intensive Feindseligkeit gegen die Kultur entwickeln, die sie durch ihre Arbeit ermöglichen, an deren Gütern sie aber einen zu geringen Anteil haben. Eine Verinnerlichung der Kulturverbote darf man aber dann bei den Unterdrückten nicht erwarten, dieselben sind vielmehr nicht bereit, diese Verbote anzuerkennen, bestrebt, die Kultur selbst zu zerstören, eventuell selbst ihre Voraussetzungen aufzuheben [...]. Es braucht nicht gesagt zu werden, daß eine Kultur, welche eine so große Zahl von Teilnehmern unbefriedigt läßt und zur Auflehnung treibt, weder Aussicht hat, sich dauernd zu erhalten, noch es verdient.“ (Freud, 1927c, 333)

Daraus sind leicht Anforderungen an die Politik abzuleiten, nämlich jene Rahmenbedingungen zu schaffen und sicherzustellen, in welchen die psychosozialen Potenziale der Menschen optimal ausgebildet und wirksam werden können, um Lebensumstände und Reproduktionsbedingungen aller Menschen auf der Höhe der kulturellen Möglichkeiten zu sichern. Als Grundbedingungen dafür, dass die Menschen weitgehend auf der Höhe ihrer kulturellen Fähigkeiten funktionieren können, müssen aus psychoanalytischer Sicht zumindest körperliches Wohlergehen der Einzelnen, ein gutes, verlässliches Rechtssystem und allgemeine differenzierte Denkfähigkeit genannt werden.

Erich Fromm (* 1900 Frankfurt am Main; † 1980 Muralto/Schweiz)
Erich Pinchas Fromm wuchs in einer streng religiösen jüdischen Familie auf, studierte Jus und Soziologie und weiterhin den Talmud und promovierte über „das jüdische Gesetz"; dennoch entfernte er sich von seinen orthodoxen Wurzeln und zionistischen Interessen. 1924 begann er eine Psychoanalyse bei seiner späteren ersten Frau, Frieda Reichmann, und setzte sie dann bei Karl Landauer fort. 1929 wurde er Mitbegründer des dortigen „Süddeutschen Instituts für Psychoanalyse" und praktizierte und publizierte als Psychoanalytiker. Er absolvierte eine Ausbildung am Psychoanalytischen Institut in Berlin und gehörte dort u. a. mit Otto Fenichel, Wilhelm und Annie Reich, Siegfried Bernfeld und Edith Jacobsen der Gruppe marxistischer Psychoanalytiker an, zu deren Diskussionen und Publikationen er wichtige Beiträge leistete. Ab 1930 leitete er auch die sozialpsychologische Abteilung des von Max Horkheimer geführten „Instituts für Sozialforschung" in Frankfurt am Main. In dieser Funktion führte er u. a. mit Hilde Weiß und Paul Lazarsfeld die erste große empirische psychoanalytisch-sozialpsychologische Untersuchung durch, die später unter dem Titel „Arbeiter und Angestellte am Vorabend des Dritten Reichs" (Fromm, 1980) publiziert wurde.

Nach der der Machtübernahme durch die NSDAP emigrierte er 1934 in die Vereinigten Staaten, lehrte an der Columbia University/N. Y. und erarbeitete den sozialpsychologischen Teil der großen Studie über Autorität und Familie des (exilierten) „Instituts für Sozialforschung", von dem er sich 1939 im Konflikt trennte. Er wurde Staatsbürger der USA und übersiedelte 1950 nach Mexiko, wo er an der Universität lehrte und ein eigenes, nicht mehr psychoanalytisches Psychotherapie-Institut aufbaute. Ab 1957 beteiligte er sich an der US-amerikanischen Friedens- und Bürgerrechtsbewegung und schrieb zahllose Artikel zu gesellschaftlichen Themen und zur aktuellen Politik. 1974 verlegte er seinen Wohnsitz ins Schweizer Tessin, wo er 1980 starb.

Fromms größte Leistungen liegen in seinen psychoanalytischen-sozialpsychologischen Arbeiten. Ab 1929 publizierte er zu gesellschaftlichen Themen, 1932 in einem programmatischen Artikel „Über Methode und Aufgaben einer analytischen Sozialpsychologie" die Grundlagen psychoanalytisch-empirischer Sozialforschung, die dann auch Basis aller einschlägigen großen Studien wurden. In etlichen Aufsätzen befasste er sich mit sozialen und aktuell politischen Fragen unter psychoanalytischer Perspektive. Sein Begriff des „Sozialcharakters", der ebenso eingängig wie ungenau blieb, wurde für etliche seiner sozialpsychologischen Essays zentral. In „Die Furcht vor der Freiheit" (Fromm, 1941) erläuterte er 1941 die für die Psychodynamik der Furcht und Flucht vor der Freiheit wesentlichen Züge – Autoritarismus, Destruktivität,

Rückzug, Selbstinflation und automatenhafte Konformität – und konzipierte damit das psychoanalytisch-sozialpsychologische Konzept des autoritären Charakters.

Fromm entfernte sich im Laufe seines Lebens von der Freud'schen Theorie, ab den späten 30er-Jahren kritisierte er sie als patriarchalisch und stellte die Gültigkeit des Ödipuskomplexes infrage. Er lehnte jede rigide Technik ab und sympathisierte mit Sándor Ferenczi und vor allem Georg Groddeck. In der Emigration war er Clara Thompson und Harry Stack Sullivan nahe, wandte sich der „humanistischen Psychologie" zu und entwickelte eine eigene Methode.

Er verfasste etliche populäre sozialpsychologische Bücher wie den Weltbestseller „Die Kunst des Liebens" (1956), oder „Haben und Sein" (1976). Bis zu seinem Lebensende kommentierte er politische und psychosoziale Verhältnisse und nahm auch deutlich persönlich Stellung. Sein durchaus normatives Humanismusverständnis postulierte universell gültige Grundbedürfnisse der Menschen. Deren Befriedigung sei Basis ebenso universeller menschlicher Tugenden und Indikator für die Gesundheit einer Gesellschaft. Diese Ideen führten ihn auch zu vergleichenden Gesellschaftsanalysen und in diesem Sinn verstand er psychische Störungen als Symptome gesellschaftlicher Defekte und das Über-Ich als Niederschlag gesellschaftlicher Gewaltverhältnisse.

„Der ideologische Überbau bleibt oft länger bestehen, als es der ökonomisch-soziale Unterbau notwendig machte. Indem die Psychoanalyse als Theorie geeignet ist, gewisse gesellschaftlich relevante Illusionen genetisch zu erklären und zu zerstören, kann sie in gewissen gesellschaftlichen Situationen auch eine politische Funktion bekommen, eine Funktion, die auch die wesentliche Ursache ihrer Ablehnung durch die offiziellen Stellen der Gesellschaft und insbesondere deren wissenschaftliche Beamte sein dürfte."

Erich Fromm (1931b): Politik und Psychoanalyse. Gesamtausgabe, hg. v. Rainer Funk. Band I: Analytische Sozialpsychologie. Stuttgart: dtv, 1989, 3136, 36.

Dies bedeutet vor allem die Entwicklung und Sicherung entsprechender ge-sellschaftlicher Institutionen, sodass die jede Ordnung sprengende Macht destruktiver Strebungen neutralisiert werden kann. Aus einem konservativen Blickwinkel auf die gesellschaftliche Realität könnte dagegen angeführt werden, die jeweils bestehenden Verhältnisse seien eben Ausdruck der realisierten kulturellen Potenziale, und Ungleichheit und Gewalt seien eben Ausdruck des Ausmaßes möglicher Integration von Destruktivität.

Sigmund Freud hoffte auf die massenweise Wirkung psychoanalytischer Erkenntnisse zur Aufklärung und Verbesserung gesellschaftlicher Verhältnisse (Freud/Pfister, 1963a, 129, Brief vom 18. 1. 1928), machte sich andererseits aber

Theodor W. Adorno, Else Frenkel-Brunswick, Daniel J. Levinson, R. Nevitt Sanford: Studien zum autoritären Charakter

1950 wurde in den USA eine monumentale Studie über die psychosozialen Grundlagen der Anfälligkeit für faschistische Propaganda publiziert, eine Gemeinschaftsarbeit von Theodor W. Adorno, Else Frenkel-Brunswick, Daniel J. Levinson und R. Nevitt Sanford aus dem Jahr 1950, die später in einer gekürzten Fassung (Adorno, 1973) weite Verbreitung fand.

Die Studie baut auf einer früheren auf, die in den 1930er-Jahren am Frankfurter Institut für Sozialforschung unter dem Titel „Autorität und Familie“ durchgeführt worden war und die, unter Max Horkheimers Leitung und der Mitarbeit von Erich Fromm, eine Theorie der Familiensoziologie auf psychoanalytischer Grundlage entwickelte (Horkheimer et al., 2001). Dabei war durch Erhebungen mit Methoden empirischer Sozialforschung in bis dahin nicht gekanntem Umfang psychoanalytisch orientiert gearbeitet worden. Die Untersuchung des Typus „autoritäre Persönlichkeit“ stützte sich weitgehend auf die Sozialisationstheorien Sigmund Freuds. Mithilfe komplexer qualitativ-empirischer Erhebungen wurden Familienstruktur, Weltbild, Vorurteile, politische Vorstellungen und Neigung zu Antisemitismus und Fremdenfeindlichkeit untersucht. Psychoanalytische Konzepte und klinische Erkenntnisse wurden hier auf breiter empirischer Basis evaluiert und sozialwissenschaftlich praktisch angewandt, wobei die psychodynamischen Erklärungszusammenhänge der Psychoanalyse häufig als qualitativ-soziologische formuliert wurden. Ideologieanfälligkeit und Persönlichkeitsstruktur erschienen hier in engem Zusammenhang, und antidemokratische Tendenzen fanden eine starke sozioökonomische und entwicklungspsychologische Erklärung.

„Das Individuum, das zum Verzicht auf fundamentale Wünsche und in einem System strenger Selbstbeschränkung zu leben gezwungen wurde und das sich betrogen fühlt, neigt nicht nur dazu, nach einem Objekt zu suchen, an dem es ‚sich schadlos halten‘ kann, es wird sich auch besonders über Vorstellungen ärgern, andere könnten ‚besser wegkommen‘. […] Autoritäre Aggression kann daher als die sadistische Komponente des Autoritarismus bezeichnet werden, so wie Autoritäre Unterwürfigkeit seine masochistische Komponente bildet.“

Theodor W. *Adorno* (1973): Studien zum Autoritären Charakter. Frankfurt am Main: Suhrkamp, 50.

keine übertriebenen Vorstellungen, zumal er die „Stimme des Intellekts“ als beharrlich, aber leise und die Rückkehr der Barbarei als ständige Gefahr einschätzte. Dies immer wieder aufzuzeigen, sah er als Aufgabe der Psychoanalyse.

Wiederholt (u.a. Bernfeld, Fenichel, Reich, Benjamin, Fromm, Landauer, Simmel) und auch in jüngster Zeit (Zepf, 2000, III, 197–252; List, 2013) wurde eine immanente Verwandtschaft von marxistischer und psychoanalytischer Forschung thematisiert. Hauptsächlich lassen sich die gemeinsame materialistische Grundlage, die historische Ausrichtung und ähnliche kritische Methoden ausnehmen. Die besonderen Stärken beider wissenschaftlicher Zugänge sind kritische Analysen konkreter gesellschaftlicher und psychosozialer Zusammenhänge. Ihre problematischen Tendenzen liegen jeweils in Versuchen teleologischer Ausrichtungen, die bei beiden umgehend zu Ideologien normativ-utopischen Zuschnitts wurden, so als ließe sich ein richtiges Ende der Geschichte entwerfen (etwa durch eine revolutionäre Automatik auf die Realisierung des Kommunismus hin oder die angestrebte Entwicklung eines „gesunden genitalen Charakters").

Als kritische Gesellschaftstheorie wirkte und wirkt die Psychoanalyse in viele andere „Schulen", wobei sie für die Kritische Theorie der Frankfurter Schule und dadurch in der sozialwissenschaftlichen Diskussion vor allem der zweiten Hälfte des 20. Jahrhunderts einen besonderen Stellenwert einnahm, der bis heute nachwirkt.

Empfohlene Literatur

Helmut *Dahmer* (Hg.) (1980): Analytische Sozialpsychologie. 2 Bde. Frankfurt am Main: Suhrkamp.

Thanos *Lipowatz* (1998): Politik der Psyche. Eine Einführung in die Psychologie des Politischen. Wien: Turia + Kant.

Otto *Fenichel* (1938): Psychoanalyse und Gesellschaftswissenschaften. Psyche 35 (1981), 397–434.

VII Klinische Psychoanalyse

1 Psychoanalytische Krankheitslehre

Die Psychoanalyse nahm ihren Ausgang bei „Nervenkrankheiten" und Störungen des gesunden psychischen Funktionierens. Es stellte sich aber bald heraus, dass sich psychische Norm und Abnormalität wissenschaftlich nicht seriös voneinander abgrenzen lassen. Auch „normale" Menschen sind durchdrungen von neurotischen Symptomen, und zumindest kurzfristig kann es bei jedem Menschen gelegentlich zu neurotischem Funktionieren oder auch zu psychotischen Episoden kommen. Letztlich forscht die Psychoanalyse nach den subjektiv krankmachenden Bedeutungszusammenhängen.

Ursprünglich unterschied Freud 1. Aktualneurosen, die aus konkreten Behinderungen „normaler" Befriedigung – etwa durch unfreiwillige sexuelle Abstinenz – resultieren, 2. Abwehrpsychoneurosen, die in intrapsychischen Konflikten gründen, und 3. narzisstische Neurosen, die heute Psychosen genannt werden. Obwohl Sigmund Freud natürlich der nosologischen Tradition der Schulmedizin entstammte, gelangte er bald an deren Grenzen. Er suchte zu den konkreten Krankheitszuständen seiner Patienten individuelle Zugänge und kam so zu unterschiedlichen Entstehungszusammenhängen verschiedener Neurosen. Aufgrund praktischer Erfahrung ergaben sich ätiologische Konstellationen, aus welchen sich typischerweise bestimmte neurotische Symptomkomplexe und Abwehrstrukturen ergaben. Dabei zeigte sich, dass „normal" und „pathologisch" relative Größen und nicht prinzipiell, sondern quantitativ verschieden bestimmt sind. Es gibt auch sehr differenzierte Versuche der Systematisierung, im Grunde aber ist die psychoanalytische Diagnose (siehe S. 238–242) angemessener als Beschreibung der Trieb-/Abwehr- und Übertragungsdynamik formuliert denn als Einordnung in eine Krankheitssystematik. Eine endgültige psychoanalytische Beschreibung und Klassifizierung psychischer Erkrankungen gibt es nicht und kann es eigentlich nicht geben; gleichwohl hat sich in der Tradition Sigmund Freuds und Otto Fenichels und auch in gewisser Anlehnung an die Psychiatrie heute eine relativ einheitliche Terminologie durchgesetzt.

Klassifizierung psychischer Störungen

<table>
<tr><th>bis 1915</th><th>ab 1924</th><th>heute üblich</th></tr>
<tr><td>Aktualneurosen</td><td>Aktualneurosen</td><td>psychosomatische Störungen</td></tr>
<tr><td rowspan="3">Neurosen
1. Übertragungs-</td><td>Neurosen</td><td>Neurosen</td></tr>
<tr><td rowspan="2">Perversionen</td><td>Perversionen</td></tr>
<tr><td rowspan="2">Persönlichkeitsstörungen</td></tr>
<tr><td rowspan="4">2. narzisstische</td><td rowspan="2">narzisstische Neurosen</td></tr>
<tr><td rowspan="2">Psychosen
1. manisch-depressive</td></tr>
<tr><td rowspan="2">Psychosen</td></tr>
<tr><td>2. paranoide
3. schizophrene</td></tr>
</table>

Empfohlene Literatur

Otto *Fenichel* (1945): Psychoanalytische Neurosenlehre. 3 Bde. Gießen: Psychosozial, 1997.
Siegfried *Zepf* (2000): Allgemeine psychoanalytische Neurosenlehre, Psychosomatik und Sozialpsychologie. 3 Bde. Gießen: Psychosozial, 2006.

Trieb, Abwehr und Konflikt

Von Anbeginn stehen den prinzipiell maßlosen und egoistischen Triebstrebungen die kulturellen Anforderungen scharf entgegen, woraus sich ein Grundkonflikt ergibt, der zur Bildung des vermittelnden psychischen Apparats führt. Eine neurotische Störung entsteht, wenn Triebstrebungen sich aufgrund unlösbarerer innerer Konflikte regressiv an (überholte) infantile Befriedigungsformen heften und dadurch mit Anforderungen erwachsenen Funktionierens kollidieren. Die Triebstrebungen, welchen der direkte Zugang zum Bewusstsein versperrt ist, suchen sich andere Abfuhrwege, etwa in Form von Symptomen. Diese Symptome sind dann Kompromissbildungen zwischen Wunsch und Abwehr. Sie verhindern das Bewusstwerden des Konflikts sowie der daraus entstehenden Ängste, Scham- und Schuldgefühle und sollen im Sinn der Lust-/Unlustdynamik das psychische Gleichgewicht wiederherstellen.

Unbewusste Konflikte entstehen zwischen Triebabkömmlingen (Kindheitswünschen) und der Zensur (siehe S. 69 f.) (elterlichen Verboten), zwischen Es und Über-Ich. Sie erzeugen Unlust und Angst und setzen Abwehroperationen in Gang.

Im neurotischen Geschehen wird einer Triebregung die Aufnahme ins Ich durch Verdrängung verwehrt, sodass sich das Verdrängte eine Ersatzvertretung im Symptom sucht, wodurch eine partielle Triebbefriedigung möglich wird. In weiterer Folge bekämpft das Ich dieses Symptom. Die Art der Symptombildung richtet sich nach dem jeweiligen Triebkonflikt und der Abwehr mit unterschiedlich typischen Erscheinungsformen in Hysterie, Phobie, Zwangsneurose usw. In der Psychose führt der Konflikt um die (infantilen) Triebstrebungen zu einer regressiven Verweigerung der Realitätswahrnehmung und zur (wahnhaften) Schaffung einer Ersatzwelt.

Während also Neurosen Folgen innerpsychischer Konflikte sind, nämlich solchen zwischen den Systemen Unbewusst und Vorbewusst – Bewusst bzw. zwischen Ich und Es oder Über-Ich, gründen die Psychosen in Konflikten zwischen innen und außen, zwischen dem Ich und der Realität. Dabei wird die Unerträglichkeit der Realität durch Rückzug und Erschaffung einer imaginären (halluzinatorischen) Ersatzwelt „bewältigt“. Die Abwehr richtet sich nach dem Triebkonflikt und kann innerpsychisch – etwa als Verdrängung – oder interpersonal, beispielsweise als Projektion wirken.

Obgleich Triebkonflikte natürlich nur bei einzelnen Individuen auftreten können, kann man in leicht übertragenem Verständnis auch von kollektiven Abwehrformationen sprechen. Sigmund Freud (1907b) beschrieb etwa die Religion als kollektive Zwangsneurose und fand in den Ritualen mancher Zwangshandlungen „Zerrbilder einer Privatreligion“. Allgemein kann man Institutionen als kollektive Organisations- und Abwehrformationen verstehen, mit deren Hilfe die Mitglieder einer Gesellschaft die sie potenziell gefährdenden Triebwünsche und Ängste zu kontrollieren suchen. Eine ähnliche Funktion wie die Religion erfüllen Mythen, Riten, Regierungsformen usw. Im günstigen Fall sind individuelle und kollektive Abwehr komplementär, wirken einander verstärkend zusammen und bieten dem Einzelnen dadurch das Gefühl von Sicherheit und Verbundenheit mit der Welt. Dieses Gefühl, das in der primären Sozialisation über Beziehungen grundgelegt und in der Adoleszenz fixiert wird, geht in der Psychose verloren, kann aber auch durch die Veränderung der realen Verhältnisse (Krieg, politische Krisen, gesellschaftliche Deklassierung) sehr beeinträchtigt werden, was dann zumeist die allgemeine psychische Gefährdung drastisch erhöht.

Empfohlene Literatur

Sigmund *Freud* (1926d): Hemmung, Symptom und Angst. GW XIV, 111–205.
Sigmund *Freud* (1933a): Neue Folge der Vorlesungen zur Einführung in die Psychoanalyse. XXXII. Vorlesung: Angst und Triebleben. GW XV, 87–118.

Symptombildung

Ein Symptom ist die manifeste Erscheinungsform einer latenten Verursachung, die nur erschlossen werden kann. Symptome sind nichts Fixes, sondern Begleiterscheinungen einer Konfliktdynamik, sind vorübergehende oder dauerhafte Kompromisse zwischen widerstreitenden psychischen Kräften und jedenfalls Ausdruck dafür, dass die Verdrängung nicht ausreichend wirksam ist. Als Ersatzbildungen stellen sie zugleich den abgewehrten Inhalt wie auch die Kraft der Abwehr selbst dar. In – vereinfachter – Abfolge verläuft der Prozess wie folgt:

Infantile Triebwünsche können dem Erwachsenen nicht direkt bewusst werden. Die Nichterfüllung einer (infantilen) Triebstrebung bedingt oft Regression und dann aufgrund des inneren Konflikts Signalangst. So kommt es zu weiterer abwehrbedingter Regression und zur Wiederkehr des Verdrängten in Form eines Kompromisses zwischen Abwehr und Triebstrebung – als Symptom. Symptome entstehen also durch einen in der Regression aktualisierten infantilen Triebwunsch, der vom Ich des Erwachsenen nicht akzeptiert wird und zum Konflikt führt, und sie sind psychogene Schöpfungen zur Abwehr dieses inneren Konflikts. Sie können als Funktionsstörung, körperliche Veränderungen, Hemmungen, spezifische Gewohnheiten und Vermeidungen oder auch als neue Leistungen auftreten. Sie sind Ersatz für den abgewiesenen Triebwunsch und zugleich Manifestation der gegen den Triebwunsch gerichteten Abwehr. Symptome können die Person wenig einschränken, wie beispielsweise beschränkte Vermeidungszwänge, aber auch sehr stark behindern, wie etwa eine hysterische Taubheit. Sie mindern häufig Befriedigung und Leistung und/oder führen zu sozialen Problemen. Für die Symptombildung ist die Signalangst, mit welcher das Ich auf eine eventuell drohende Gefahr reagiert, wichtig. Sie „alarmiert" und führt je nach situativer Disposition entweder zu Abwehroperationen mit Symptombildung oder zu depressiver Verstimmung, der dann auch Symptomcharakter zukommt.

Jede Symptombildung ist, wie überhaupt jeder psychische Prozess, von Phantasien begleitet, die jene Wunschregungen zum Inhalt haben, die das Symptom in abgewehrter Form zum Ausdruck bringt, weshalb sich die Bedeutung der Symptome eben erst über diese Phantasien erschließt, die zum zugrunde liegenden Konflikt führen und die die psychoanalytische Kur bewusstmachen und verstehen soll. Hier wird die Ähnlichkeit zur Traumbildung deutlich.

Freud betonte, dass bloße Symptomheilung nicht das besondere Anliegen der Psychoanalyse sei, dies könne auch durch allerlei andere Methoden, unter Umständen auch durch Handauflegen, erzielt werden, sondern eben die Erforschung des Unbewussten einer Person. Häufig verdankt sich das Verschwinden eines Symptoms nur einer Symptomverschiebung oder auch einer „Übertragungsheilung“, wo an die Stelle des Symptoms die Abhängigkeit vom Analytiker als Ersatzsymptom tritt. In diesem Sinn unterscheidet auch Lacan Struktur und Symptom und insistiert, die Analyse müsse auf die Struktur und nicht auf das Symptom gerichtet sein, das er als Signifikant versteht, also als Element des Sprachsystems. Für Melanie Klein sind alle Symptome auch angstbindende Symbolisierungen von Objektbeziehungen unterschiedlicher Qualität, weshalb in der Analyse die zugrunde liegenden Objektbeziehungsvorstellungen und die sie begleitenden Ängste verstanden werden müssen. In diesem Sinne ist ein Symptom eine metaphorische Botschaft, während Lacan das diese bestimmende Genießen als „Sinthom“ bezeichnet.

Empfohlene Literatur

Sigmund *Freud* (1926d): Hemmung, Symptom und Angst. GW XIV, 111–205.
Melanie *Klein* (1932): Die Psychoanalyse des Kindes. Gesammelte Schriften, Band II. Hg. v. Ruth Cycon. Stuttgart-Bad Cannstatt: frommann-holzboog, 1997.
Stavros *Mentzos* (1976): Interpersonale und institutionalisierte Abwehr. Frankfurt am Main: Suhrkamp.

Trauer und Melancholie

Depression ist einerseits ein „normaler“ reaktiver Gemütszustand und andererseits effektiv eine Krankheit, die auch sehr maligne Ausmaße haben kann. In seiner Arbeit „Trauer und Melancholie“ hat Sigmund Freud 1916–17 beide Formen und die Unterschiede in ihrer Genese dargestellt: Der Verlust einer geliebten Person oder eines wichtigen Lebensinhalts bringt die Notwendigkeit mit sich, die entstehende Lücke in der Innenwelt zu verarbeiten. Die Trauer wiederholt in Gedanken den Verlust und schreibt ihn in alle Erinnerungszusammenhänge ein: „Da wird er fehlen, das werden wir nicht mehr gemeinsam tun, dieses Projekt wird nicht mehr realisiert, jener Wunsch nicht erfüllt werden …“. Diese psychische „Trauerarbeit“, die auch allen minimalen Enttäuschungen folgt, zieht die Aufmerksamkeit nach innen, reduziert die Lebenslust, macht eben traurig bzw. deprimiert. Am Ende dieses Prozesses fühlt sich die Trauernde jedoch befreit, wieder am Leben und an neuen Objekten interessiert.

In der Melancholie – so nennt Freud in alter Tradition die moderne Krankheit Depression – gelingt die Trauer nicht, und anstelle einer Trennung vom verlorenen Objekt kommt es zu einer Identifizierung mit ihm. Statt sich zu befreien, trägt der Kranke dann quasi eine Leiche in sich. Für diese Entwicklung zur Depression sind bestimmte Faktoren ausschlaggebend, wobei die wichtigsten eine infantile Disposition und eine ambivalente Beziehung zum verlorenen Objekt sind – Faktoren, die häufig durch Regression wiederbelebt werden. In der Regel sind Trennungsprozesse dort besonders schwierig, wo das Objekt nicht nur geliebt, sondern unbewusst auch besonders gehasst wurde, und in der Identifizierung mit dem verlorenen Objekt nimmt der Melancholiker dann eben auch diese Hassbeziehung in sich auf, was zu Selbsthass und autodestruktiven Tendenzen führt. Je stärker die Selbstkritik (je rigider das Über-Ich) und je stärker die (orale) Abhängigkeitsbereitschaft, umso stärker wirkt die Neigung zur Depression. Nach Freuds Verständnis werden in der Depression ambivalente Strebungen so „gelöst", dass der Betreffende die aggressiven Anteile gegen die eigene Person richtet.

Es gibt auch die Auffassung (Greenson, 1959), Depression sei eine allgemeine affektive Einstellung, welche der ängstlichen gegenübersteht. Bei schwierigen Erfahrungen (Liebesverlust, Objektverlust, Kastrations- und Strafdrohung) herrsche die Tendenz, entweder ängstlich („phobisch") oder depressiv zu reagieren. Beides seien grundsätzliche Dispositionen des Menschen. Während der ängstliche Mensch sich vor dem Verlust fürchtet, in der (illusionären) Annahme, noch alles zu haben (oder haben zu können) und sich eben vor kommenden Veränderungen fürchtet, weiß der Depressive, dass er die Vollkommenheit nicht (mehr) hat und bleibt in der Trauer um das Verlorene befangen und also mit der (idealisierten) Vergangenheit beschäftigt. Insgesamt ließe sich sagen, dass der Depressive dem Ängstlichen die Erfahrung des Verlustes voraus hat und der Realität näher ist, auch wenn er sie schlecht erträgt. Im Alltag sind die Reaktionen zumeist Kompromisse zwischen Ängstlichkeit und Depressivität. Die Extreme haben freilich pathologischen Charakter.

Melanie Klein (1935) meinte, dass das Kind mit etwa sechs Monaten gute und böse Anteile der Mutter introjiziert, die dann Träger der „guten" und „bösen" Triebstrebungen des Kindes repräsentieren. Wenn das Kind seiner destruktiven Strebungen gegen die Mutter gewahr wird, führt das zu Verlustängsten und leitet die „depressive Position" ein, in der die Ambivalenz, also das Nebeneinander von Gut und Böse, mehr und mehr ertragen werden kann. Klein (1940) vermutete ein Naheverhältnis zwischen der Realitätsprüfung in der normalen erwachsenen Trauer und während frühkindlicher Trennungserfahrungen.

Die neurotische Depression, die etwa mit Lustlosigkeit, Rückzugstendenzen, Verstimmtheit und Leistungsstörungen einhergeht, kann reaktiv nach einem Verlust (einer Person, eines Ideals oder einer Hoffnung) auftreten. Meist reaktivieren solche akuten Belastungen auch infantile Konflikte und Verlusterfahrungen, was nachträglich verstärkend wirkt. Die Melancholie gründet auf einem Konflikt zwischen Ich und Über-Ich, in welchem das Ich unterliegt. Unbewusste Konflikte mit depressiver Symptomatik sind solche um Schuld und Destruktivität (Über-Ich), die depressiv abgewehrt werden, oder es geht um Störungen des Selbstwertgefühls (beschädigtes Ich-Ideal) im Zusammenhang mit narzisstischer Kränkung. Im ersten Fall erliegt das Ich dem übermächtigen Über-Ich, im zweiten Fall kommt es zu einer Schwächung des Ichs und zu einer übergroßen Diskrepanz mit dem Ich-Ideal, was auch als narzisstische Depression bezeichnet werden kann.

Die psychotische Depression, charakterisiert durch chronische oder zyklische Verstimmungen, Selbstentwertung, Unsicherheit, Apathie und eventuell körperliche Symptome, kann (abwechselnd) in agitierter oder gehemmter Form auftreten. Sie kann zu Realitätsverlust führen und zu wahnhaften Vorstellungen von Schuld oder Verarmung. In alternierenden manischen Phasen regiert eine Hochstimmung der Allmacht und Erregtheit mit Größenvorstellungen, Schlaflosigkeit, Rede- oder Schaffensdrang und dem Verlust sozialer Hemmungen. Psychodynamisch kommt es zu einem Kreislauf von Depression und ihrer manischen Verleugnung. Während in der depressiven Phase ein übermächtiges, triebhaft aufgeladenes Über-Ich das Ich massiv überwältigt, verdeckt in der manischen Phase ein narzisstisch aufgeblähtes Ich das Über-Ich.

Als häufigste Ursachen einer depressiven Prädisposition gelten infantile Verlusterlebnisse. Edith Jacobson (1971) betonte den Einfluss ungelöster und von der Mutter unverstandener aggressiver Konflikte auf das Selbstwertgefühl des Kindes im Sinne einer depressiven Disposition. Für Melanie Klein (1940) belebt jeder Verlust frühe Konflikte um die depressive Position: Schuld und Kummer um den Verlust der Brust und ödipale Konflikte, insbesondere Ängste, beraubt und bestraft zu werden. Dies hängt mit der kindlichen Ambivalenz zusammen, die massive Gier und Hass einschließt. In der manisch-depressiven Erkrankung wendet sich der Hass einmal triumphal-verleugnend gegen die geliebten bzw. gehassten Objekte und dann strafend gegen die eigene Person; es herrschen Verfolgungs- und Vergeltungsängste.

In einer an Lacan orientierten Sicht ließe sich die Depression etwa als ein Leiden am unerfüllbaren Begehren nach der umfassend sinnlichen imaginären Einheit mit der Mutter („Objekt klein a") verstehen, die jenseits der symbolischen Kastration liegt. Dieses Leiden könnte nur um den Preis der Anerkennung dieser Unerfüllbarkeit, also der Kastration gelindert werden – oder, wie Lacan vielleicht sagen würde, indem es zum Gegenstand des (eben immer beschränkten) Sprechens gemacht würde. Der weitgehend verfehlten Kastration entspricht auch die Liebesunfähigkeit des Depressiven, der, auf sein Genießen (= Leiden) beschränkt, keine Beziehungen halten kann. Dem psychotisch Depressiven, dem „echten" Melancholiker, steht die Kastration gar nicht zur Verfügung; der wichtige Mitmensch ist ihm idealisierte Stütze der fehlenden Struktur, keine eigene Person; sein Verlust ist Selbstverlust. Der Melancholiker kann eben nicht trauern und wird tendenziell (etwa im Selbstmord) selbst zur Leerstelle, die nur durch das

Sprechen hätte überbrückt werden können. Die Identifizierung des Melancholikers ist – wie jene des Massenmenschen – von perverser Art und soll das Loch in der Struktur stopfen, das dort entstand, wo die Anerkennung der eigenen Mangelhaftigkeit vermieden worden ist.

Empfohlene Literatur

Sigmund *Freud* (1916–17g): Trauer und Melancholie. GW X, 427–446.
Melanie *Klein* (1940): Die Trauer und ihre Beziehung zu manisch-depressiven Zuständen. GS I/2, 159–199.
Bertram D. *Lewin* (1961): Das Hochgefühl. Zur Psychoanalyse der gehobenen und manischen Stimmungen. Frankfurt am Main: Suhrkamp, 1982.
Julia *Kristeva* (1997): Schwarze Sonne. Frankfurt am Main: Brandes & Apsel, 2007.

Neurosen

Die Neurosefähigkeit des Menschen hängt einerseits an seiner verlängerten infantilen Abhängigkeit und andererseits an seiner Sprachbegabung bzw. Symbolisierungsfähigkeit. Neurosen sind psychische Störungen, die unbewusste Konflikte mit infantilen Wurzeln spezifisch abwehren und/oder mittels Symptomen darstellen. Es herrschen intrapsychische Konflikte vor – beispielsweise zwischen einem Triebwunsch und einem moralischen Verbot –, aus denen eventuell sekundär bzw. durch Übertragung Schwierigkeiten mit der Realität resultieren. Oft sind die Schwierigkeiten auf bestimmte Bereiche konzentriert (z. B. Autoritätskonflikte, Arbeitshemmungen).

Alle Menschen reagieren situativ „neurotisch“, was die Krankheitswertigkeit bis zu einem gewissen Grad relativiert. Von einer neurotischen Erkrankung spricht man, wenn in einem oder mehreren Lebensbereichen infantile Strebungen dauerhaft zu Störungen oder Einschränkungen führen bzw. wenn sich eine bestimmte neurotische Form der Konfliktbewältigung generalisiert.

Fixierungen, die mit unbewussten Befriedigungserinnerungen zu tun haben, werden leicht zu „Fluchtpunkten“ der Regression; zu ihnen zieht sich der Triebwunsch im neurotischen Prozess zurück, sodass etwa orale Befriedigungs- und Abwehrformen dann vorherrschen, wenn ein ödipal bestimmter Konflikt zur Regression geführt hat.

Neurosen resultieren aus Konflikten, die mit dem Ödipuskomplex zu tun haben, aber seine Beschränkungen anerkennen; deshalb nannte Freud sie auch das „Negativ der Perversion“, welche eben die ödipalen Beschränkungen nicht anerkennt (Freud, 1905c, 65). Die mit dem Ödipuskomplex verbundenen Entwicklungsschritte wurden vom Neurotiker im Großen und Ganzen unternommen, aber nicht sicher etabliert. Unter spezifischen Belastungen kommt es deshalb in abgegrenzten Bereichen zu regressiven Wiederbelebungen infantiler Triebwünsche, was zu Konflikten führt, die nicht ertragen werden können und deshalb verdrängt werden müssen. Wenn diese Verdrängung misslingt, müssen sekundäre Abwehrmanöver einsetzen, die sich nach der aktuellen Situation und der psychosexuellen Entwicklungsgeschichte des Einzelnen richten.

Die verbreitete Dynamik lässt sich folgendermaßen verallgemeinern:

- Es kommt zu starker körperlicher (sexueller und aggressiver) Erregtheit in Bezug auf die Eltern/die primären Objekte, was auch als „Verführung" betrachtet werden könnte, die vergessen wird.
- In oder nach der Adoleszenz kommt es zu einer assoziativen Erinnerung an dieses infantile Erleben, das nun nachträglich potenziell traumatische Qualität erlangt. Dies setzt eine Regression in Gang. Die Fixierungsstelle liegt in der phallischen oder ödipalen Phase.
- Diese Erinnerung bleibt für das Bewusstsein bzw. das Über-Ich inakzeptabel und wird damit zum Unlustfaktor, obgleich der unbewusste Wunsch, der an der infantilen Erregtheit beteiligt war, weiter besteht.
- Jedes Ereignis, das im Erwachsenenleben an diesen verdrängten Erlebniskomplex rührt, wird bedrohlich hinsichtlich der unbewussten Wünsche und Konflikte und erregt daher Angst.
- Das jeweilige konkrete Symptom ist schließlich jener Kompromiss, der die unbewussten konflikthaften Wünsche bannt, sie aber zugleich lebendig hält und zur Fixierung des Konflikts beiträgt.

Die Entstehung der Übertragungsneurose kann mit Freud (1924a, 388) folgendermaßen beschrieben werden: Das Ich nimmt eine Triebstrebung aus dem Es nicht auf, sondern verdrängt sie, worauf das Verdrängte sich eine Ersatzvertretung verschafft. Dadurch entsteht das Symptom, gegen welches das Ich weiter ankämpft. Die speziellen Neurosen unterscheiden sich durch ihre besondere Nähe zu jeweils bestimmten psychosexuellen Entwicklungsphasen und zu den Konflikten, die für jede dieser Phasen typisch sind und deren Ausdruck die Neurose ist. Die Regression angesichts des Triebkonflikts führt bis zu besonderen Fixierungspunkten, und die Neurose äußert sich dann in der für die jeweilige Fixierung gemäßen Form, also oral, anal, phallisch-narzisstisch usw.

Die Hysterie Der seit der Antike beschriebene und vielfach ideologisierte hysterische Symptomenkomplex (Schaps, 1992) stand auch an der Wiege der Psychoanalyse. Hippokrates meinte, die Hysterie werde von dem im Körper umherwandernden Uterus verursacht, der im Gehirn die Krankheitssymptome der Hysterie auslöse. Sie galt als ausschließlich Frauen betreffende Krankheit. Wegen des extrem vielfältigen Erscheinungsbildes ist diese Neurosengruppe besonders interessant, aber mitunter auch schwer zu diagnostizieren und hat sehr unterschiedliche Behandlungsprognosen. Die auffälligste Form, die auch Freuds erste Patientinnen aufwiesen, ist die Konversionshysterie, wo psychische Konflikte nicht in Erinnerung gerufen werden können und stattdessen in Körperveränderungen Ausdruck finden. Die Bedeutung, die in einem Konversionssymptom in primitiven, nichtverbalen, körperlichen Symbolen untergebracht ist, bleibt unverständlich, solange nicht die Überführung in wortsprachliche und daher differenziert denkbare Symbole erfolgt.

Konversion ist ein regressiver Abwehrprozess, der das Körperbild verändert und eine traumähnliche, sinnliche Symbolbildung erzeugt, womit eine verschobene Wunscherfüllung ermöglicht wird. Können sich die Patienten in der Psychoanalyse an die Phantasien bewusst erinnern, zeigen sich die verdrängten Triebwünsche, die mit den bewussten Normen, den Forderungen des Über-Ichs, nicht vereinbar sind.

Je besser die Ätiologie der Konversionen zugänglich wurde, umso deutlicher wurden auch andere hysterische Phänomene verstehbar, die sich nicht direkt körperlich äußerten. Es finden sich häufig Wahrnehmungs- und Erinnerungsstörungen sowie Beziehungsinszenierungen. Auch dabei handelt es sich um symbolische Ausdrucksweisen unbewusster Phantasien, die manchmal wenig differenziert und „konkretistisch" sein können. Für die Hysterie sind Fixierungen im oralen und im phallisch-narzisstischen Bereich typisch. Häufig sind oralsadistische Verhältnisse, in denen Hilflosigkeit und Abhängigkeit ausgelebt werden und Fürsorge eingefordert wird, die aber, wenn sie gewährt wird, zuletzt nie als befriedigend erlebt werden kann. Der Partner kann es nie recht machen und fühlt sich leicht in seinen sexuellen und zärtlichen Fähigkeiten „kastriert". In einer anderen Variante herrscht die Überzeugung, es sei einem Unrecht geschehen, woraus die Berechtigung abgeleitet wird, sich durch Rache, Forderungen oder Vorwürfe schadlos zu halten. Unsicherheit bezüglich der eigenen Männlichkeit oder Weiblichkeit werden oft narzisstisch erlebt und können das Selbstwertgefühl erheblich beeinträchtigen.

Auch wenn sich hinter diesen Beziehungskollusionen leicht Eltern-Kind-Verhältnisse vermuten lassen, bleiben den Hysterikern die infantilen Verhältnisse, die sie wiederherstellen, verborgen, oder sie fühlen sich dazu berechtigt und unverstanden. Häufig zeigen sich schon in der Adoleszenz typische Anzeichen, die man zusammenfassen könnte als: in Beziehungen (wegen starker, eher oraler Ambivalenzen) hoch kompliziert mit einem Hang zum Depressiven, was auf unverarbeitete Objektverluste hinweist, und chronisch unzufrieden. Es kommt zur sekundären Abwehr, etwa zur Verschiebung des Konflikts auf einen Körperteil, wo jener symbolisch zu Darstellung kommt, aber dem Bewusstsein fern bleibt. Oft werden auch bestimmte Lebensbereiche zu Schauplätzen der Symptombildung (etwa Mutterschaft, Studium, Arbeit, gesellschaftlicher Erfolg), und Dysfunktionen führen oft zu Einschränkungen des alltäglichen Lebens, ermöglichen aber auch sekundären Krankheitsgewinn, etwa durch pflegerische Zuwendung seitens der Umwelt.

Allgemein gelten bestimmte Dispositionen als für die Hysterie typisch: orale und phallische Fixierungen, ein spezifischer Affektausdruck, Inszenierungen,

Identifizierungsneigung, Dissoziations- und Übertragungsbereitschaft, die oft als Beeinflussbarkeit und rasche Begeisterung erscheint – Dispositionen, die die gesamte Lebensweise oder abgegrenzte Bereichen prägen. Verschiedenste Störungen der Wahrnehmung oder Motorik sind typisch. Die großen hysterischen Anfälle, die Freud bei Jean-Martin Charcot in Paris beobachtete, sind heute in Mitteleuropa kaum zu finden, weil eben andere Ausdrucksformen sich eher anbieten.

Inhaltlich dominieren Konflikte hinsichtlich der Geschlechterdifferenz, verkürzt formuliert die Frage: „Bin ich eine Frau oder ein Mann?“ Dabei haben Hysteriker die elementare Bedeutung der Geschlechterdifferenz durchaus akzeptiert, phantasieren und beanspruchen aber für sich selbst die Ausnahme einer gewissen Trans- bzw. Allgeschlechtlichkeit, die mit einer Tendenz zur Grenzüberschreitung verbunden ist. Dies wird etwa in hysterisch begründeter Homosexualität deutlich. Auch der von Freud vermutete „Penisneid“ der Frauen ist Ausdruck solcher Verhältnisse, wobei der durchaus anzutreffende Neid auf die Männer sich klarerweise nicht auf das konkrete Organ, sondern auf den Phallus richtet, der unmöglich zu haben ist, unerreichbar bleiben muss. Im Zusammenhang mit diesem Komplex bilden Exhibitionismus und Scham ein wichtiges Paar von Partialtriebstrebung und Reaktionsbildung. Phallischer Neid bezieht sich auf Attribute weiblicher und männlicher Potenz und tritt eben bei Männern und Frauen auf.

Jacques Lacan versteht die Hysterie als spezifische Struktur rund um die Frage „Was ist es, eine Frau/ein Mann zu sein?“, die natürlich nur als Frage nach der eigenen Beschränktheit zu beantworten ist. Er betont die traditionell mit der Hysterie verbundene Identifizierungsbereitschaft und präzisiert sie als Identifizierung mit dem Begehren des anderen, wobei es die Hysterikerin schlecht erträgt, selbst Objekt dieses Begehrens zu sein. Die identifikatorische Teilnahme an den Liebesabenteuern anderer – etwa als eifrige Vertraute und Zuhörerin – ist dafür charakteristisch.

Im kleinianischen Verständnis sind Hysteriker oft von starkem Neid bestimmt und befinden sich häufig im Kampf um die depressive Position, die ihnen immer wieder entgleitet. Von diesen Konflikten stammen verbreitete Affektdurchbrüche, Symbolisierungs- und Denkstörungen und der Hang zu projektiven Identifizierungen. Dies beschreibt ein durchaus als schwierig zu bezeichnendes klinisches Bild. Tatsächlich wird die hysterische Neurose in sehr verschiedenen Erscheinungsformen manifest, und eine traditionelle Einteilung in „benigne“ und „maligne“ Formen versucht dem nicht sehr erfolgreich Rechnung zu tragen.

Die Zwangsneurose Anders als bei Hysterikern sind körperliche Symptome bei Zwangskranken verhältnismäßig selten und beschränken sich hauptsächlich auf Muskeltonus und Motorik, die oft sehr angespannt und kontrolliert wirken. Die markantesten Symptome finden sich vor allem im Denken und in einer gewissen Beschränktheit, auch Ritualisierung des Lebens. Wie der Name sagt, leiden Zwangsneurotiker unter einem oder mehreren inneren Zwängen, etwas Bestimmtes zu denken, zu tun oder zu unterlassen, und die Nichtbefolgung dieser

Zwänge löst bei ihnen heftige Angst aus. Der Kampf gegen die Zwänge und gegen die Angst beherrscht das Geschehen. Daraus können komplizierte Rituale werden, etwa als zwingende Voraussetzung, damit etwas Bestimmtes unternommen werden kann oder als Bedingung, dass der Kranke sich nur nach bestimmten Gedanken bzw. nach ihrer mehrmaligen Wiederholung mit etwas befassen darf. Ein junger Mann etwa kann keine Frau treffen, obwohl ihn der Wunsch danach ständig beschäftigt, weil die Zwänge, die er durchlaufen müsste, um es sich gestatten zu können, so langwierig sind, dass eine Realisierung des Wunsches de facto unmöglich ist.

Typisch sind auch Reinigungsrituale, die unter Umständen mehrmals am Tag Stunden in Anspruch nehmen können. Selbstschädigende Impulshandlungen kommen ebenso vor, die sich gewissermaßen aus dem Hinterhalt des Unbewussten durchsetzen. So beschimpfte ein Student während eines Referats scheinbar ohne Grund den Professor als „blöden Nasenbohrer" und meinte damit natürlich eine infantile Autoritätsperson. Gerade aggressive Durchbrüche sind relativ häufig und Ausdruck der zugrunde liegenden und als sehr bedrohlich empfundenen aggressiven Strebungen. Idealtypisch geht es um Feindseligkeit und Tötungswünsche gegen den Vater.

Die Genese zeigt eine Regression zum Fixierungsniveau auf der analen Stufe, wo Körperbeherrschung und Kontrolle der Objekte wichtige Themen sind. Liebe und Hass sind teilweise noch undifferenziert, was die hohe Ambivalenz bedingt, die durch die Frustration der Allmachtswünsche noch verschärft wird. Als Abwehrmechanismen (siehe S. 91–95) finden sich neben einem Hang zu magischem Denken hauptsächlich Reaktionsbildung, Affektisolierung, Ungeschehenmachen (einer Handlung folgt unmittelbar eine entgegengesetzte oder ein Gedanke wird durch sein Gegenteil aufgehoben) und Affektverschiebung auf immer weiter vom bedrohlichen Konflikt entfernte Ersatzobjekte oder auf assoziative Gedanken bis hin zur völligen Verallgemeinerung des Konflikts. Berührungsängste mit verbotenen Vorstellungen führen zu neuen Verboten; in einem nächsten Schritt wird verboten, was mit dem Verbotenen Kontakt hat, dann alles diesem Benachbarte usw., bis die Welt durch unzählige Tabubereiche eingeschränkt ist.

Sexuelle und aggressive Wünsche werden zumeist von umfassenden Hemmungen oder Reaktionsbildungen abgewehrt, weiters durch Ungeschehenmachen oder Isolierung. Bei letzterem Vorgang werden bestimmte Gedanken oder Handlungen von anderen getrennt, abgekapselt, wodurch sie ihren Zusammenhang verlieren und unintegriert erscheinen. Das hängt in der Zwangsneurose mit der Furcht vor „Ansteckung" zusammen. Eine Erfahrung, deren Verdrängung nicht gelingt, wird dann von anderen Inhalten und/oder den zu ihr gehörenden Affekten getrennt, sodass Zusammengehörendes unverbunden erscheint. Mitunter kommt es zu pseudorationalem Zerlegen und Verengen des Universums bis hin zu Grübelzwängen und schweren Denkstörungen. Es herrscht ein struktureller Konflikt zwischen Ich und Es und besonders zwischen einem grausamen

Über-Ich und einem noch unreifen Ich. Der Zwangsneurotiker ist im Konflikt mit den ödipalen Grenzen, ohne frühere Konflikte ausreichend integriert zu haben. Dadurch wird Sexuelles vor allem anal wahrgenommen. Er ist besonders in Kämpfe um die Generationendifferenz und das Tötungsverbot verstrickt, was sich in sadomasochistischen Beziehungskonstellationen und einem Hang zu Hierarchisierungen zeigt. Meist gibt es auch eine starke narzisstische Komponente. Zwangsneurotiker neigen besonders zu Idealisierungen, haben hohe Ansprüche und sind sehr kränkbar.

Laut Lacan ist der Zwangsneurotiker damit beschäftigt, die Kastration des anderen, die er als Katastrophe fürchtet, zu verhindern. Man könnte auch sagen, er bekämpfe die väterliche Autorität ständig und leide zugleich unter der Angst, sie zu verlieren und von den Schuldgefühlen überwältigt zu werden. Strukturell ist es ein Kampf um die symbolische Ordnung, welche der Vater repräsentiert und die zu verlieren die Psychose bedeuten würde.

Die frühkindlichen Objektbeziehungen zwangsneurotischer Menschen präsentieren sich in Analysen als Bindungen an ein tendenziell oral verwöhnendes und verführendes, aber wenig einfühlsames mütterliches und an ein abweisendes, strafendes väterliches Objekt. Mit der analen Phase, die körperliche, räumliche und intellektuelle Expansion umfasst, scheint besondere disziplinierende Einschränkung verbunden gewesen zu sein. Dies führt häufig zu narzisstischen Verletzungen durch die idealisierten Elternobjekte und zu depressiven Selbstzweifeln. Die unterdrückte (verdrängte und verleugnete) Wut richtet sich teils gegen die eigene Person, teils führt sie zu den bekannten Todeswünschen gegen die Autoritäten, was Ursache der verbreiteten Schuldproblematik und Selbstbestrafungstendenzen ist.

In seiner Studie zur Analyse des „Rattenmannes" (1909d) beschrieb Freud eingehend die unbewussten Konflikte, die die Zwangssymptome bildeten. Der Patient, ein junger Akademiker, wurde von Angstvorstellungen, dem Vater oder der Geliebten könnte etwas Schlimmes zustoßen (die „Rattenstrafe", bei der einem Verurteilten ein Behälter mit Ratten über das Gesäß gestülpt wird, sodass die Ratten sich schließlich in den After des Betreffenden bohren); weiters litt er unter dem Zwangsimpuls, sich selbst den Hals aufzuschneiden, sowie unter verschiedenen Verboten in Bezug auf Alltagshandlungen. Im Zuge der Analyse wurden seine feindseligen Regungen gegenüber dem Vater und der Geliebten deutlich, und die Symptome konnten als abwehrende Reaktionsbildungen gegen diese feindseligen Regungen verstanden werden. Die selbstbeschädigenden Impulse rührten von der Wunschvorstellung, eine bestimmte alte Frau umzubringen, die gerade dann krank geworden war, als der Patient sie dringend gebraucht hatte. Allgemein war der Konflikt zwischen den eigenen Wünschen und dem Willen des Vaters überwältigend, und die heftige Ambivalenz bestimmte viele widersprüchliche Handlungsimpulse im Alltag. So etwa stieß er einmal mit

„dem Fuß gegen einen auf der Straße liegenden Stein und *musste* ihn nun auf die Seite räumen, weil ihm die Idee kam, in einigen Stunden werde ihr Wagen auf derselben Straße fahren und vielleicht an diesem Stein zu Schaden kommen, aber einige Minuten später fiel ihm ein, das sei doch ein Unsinn, und er *musste* nun zurückgehen und den Stein wieder an seine frühere Stelle mitten auf der Straße legen" (1909d, 412; Herv. i. Orig.).

Phobie und Angstneurose Angst kommt in allen psychischen Erkrankungen vor. Wenn ein psychischer Inhalt eine Gefahr bedeutet, löst das Angst aus als Signal für den Abwehrprozess, der nun das Bedrohliche – etwa durch Verdrängung – aus dem Bewusstsein schafft und die Angst zum Verschwinden bringt. Wenn die Abwehr misslingt, können die angstauslösenden Inhalte nicht ganz vom Bewusstsein ferngehalten werden, und die Angst droht traumatisch zu werden. Häufig kommt es dann zum Kompromiss der Symptombildung. Die Symptome ermöglichen verborgene Abfuhr und/oder Bindung der Erregung. Erst wenn auch dies nicht ausreicht, kommt es zu immer weiteren Symptomverschiebungen bzw. immer weiteren Vermeidungen, um der Angst zu entgehen.

In der Phobie wird Angst – bzw. die Angst vor der Angst – zum dominierenden Symptom. Es geht darum, dass eine ursprüngliche Angst nicht bewusst werden darf und dass, wenn die Verdrängung misslingt, Externalisierung, Verschiebung und Vermeidung zum Tragen kommen. Dadurch, dass die Angst nach außen und auf konkrete Dinge verlagert wird, scheint sie kontrollierbarer: Eine aktuelle Situation oder ein Ding verbindet sich assoziativ mit verpönten aggressiven Wünschen und unbewussten Angstvorstellungen, die dann auf ein äußeres Objekt verschoben werden, etwa auf ein Tier. Dieses Objekt kann/muss dann vermieden werden, um die Angst nicht aufkommen zu lassen. Das Resultat ist etwa eine Tierphobie, die den Bewegungsradius des Individuums einschränkt, um Angst zu verhindern. Häufig gibt es bei Angstkrankheiten ein generelles Gefühl der Unsicherheit, des Nichtgehaltenseins, was oft auch von großer Wut auf das als unverlässlich erlebte Objekt begleitet ist. Die Objekte werden in regressiven Zuständen zu Teilobjekten, die immer wieder als böse und verfolgend erlebt werden, was paranoid-schizoides Funktionieren anzeigt.

Ein Beispiel: Eine junge Frau mit Flugangst konnte unter der Bedingung fliegen, dass sie während des gesamten Fluges mit höchster Anstrengung an ihren Armlehnen zog und das Flugzeug „oben hielt", was zu sehr schmerzhaften Verkrampfungen führte und etwa einen Toilettenbesuch unmöglich machte. Die Analyse ergab u. a. die Phantasie, dass sie dadurch alle anderen Passagiere retten würde, womit sie sich den eigenen Flug gewissermaßen durch eine gute Tat verdiene, obwohl er ihr aufgrund ihrer vielen schlechten Eigenschaften nicht zustehe.

Angstneurosen im engeren Sinn zeichnen sich durch markante körperliche Beschwerden aus, häufig Herzleiden, starke vegetative Symptome, Schweißausbrüche, asthmaähnliche Anfälle, Zittern usw. bis hin zu Panikattacken. Organisch sind diese Patienten in der Regel ohne Befund. Das Ich kann bei dieser Neurose oft auch generell die Kontrolle nicht aufrechterhalten, woraus dauernde Spannung und „frei flottierende" Angst entsteht, die von körperlichen Symptomen begleitet werden. Häufig sind auch Vorstellungen allgemeinen Unheils und Hoffnungslosigkeit; Angstkranke sind Pessimisten. Ebenso können Panikattacken auch als Ausdruck eines drohenden (inneren) Objektverlusts verstanden werden. Eine Frau hatte zum Beispiel nach dem erfolgreichen Abitur ihrer Tochter nach vielen Jahren wieder eine Panikattacke. Es stellte sich in der Folge heraus, dass diese in der Idee gründete, die Tochter könnte von zu Hause ausziehen, was die Frau auch als Strafe für ihr Versagen als Mutter empfand.

Empfohlene Literatur

Otto *Fenichel* (1931): Hysterien und Zwangsneurosen. Psychoanalytische spezielle Neurosenlehre. Darmstadt: Wissenschaftliche Buchgesellschaft, 1982.

Sigmund *Freud* (1910h): Die psychogene Sehstörung in psychoanalytischer Auffassung. GW VIII, 93–102.

Sigmund *Freud* (1913i): Die Disposition zur Zwangsneurose. Ein Beitrag zum Problem der Neurosenwahl. GW VIII, 441–452.

Lucien *Israël* (1976): Die unerhörte Botschaft der Hysterie. München, Basel: Reinhardt, 1993.

Perversionen

Ursprünglich galt die Perversion als Dominieren des nichtgenitalen Sexualverhaltens aufgrund eines Fortbestehens infantiler Befriedigungsvorstellungen. Inzwischen wird damit auch ein spezifisches Verhältnis zur Welt auf der Grundlage eines partialtriebhaft verschobenen Körperbildes verstanden, da die Sexualität nie isoliert, sondern eben als psychosexueller Gesamtkomplex aufzufassen ist. Jede menschliche Sexualität ist „polymorph-pervers" fundiert, denn jeder Körperteil kann prinzipiell in jeder Weise zur Lustquelle werden, und als Vorbereitung zum Koitus etwa erscheint das ganz normal. Auch ist Perverses im „normalen" Alltag aller Menschen direkt und in vielfältigen Verschiebungen präsent. Massengesellschaften etwa legen beständig gewisse perverse Funktionsweisen nahe (Verdinglichung von Beziehungen, die Instrumentalisierung von Menschen) und suggerieren eine Welt unbegrenzter Möglichkeiten. In der Praxis gibt es viele Abstufungen zwischen perversen Gewohnheiten durchschnittlich normaler Menschen bis hin zu schwersten pathologischen kriminellen Handlungen.

Als klinische Perversion gilt eine Persönlichkeitsstruktur, die am Ödipuskomplex scheiterte, dies aber durch triebhaft-rituell inszenierte und allmächtig aufrechterhaltene Herrschaftsphantasmen bezüglich der Objekte verdeckt hält, ohne die kulturellen Grenzen wirklich anzuerkennen. Um in einer Kultur, die Triebverzicht fordert und in der insbesondere den Partialtrieben nur sehr eingeschränkte Freiheit gewährt wird, am infantilen Sexualleben festzuhalten, müssen große Teile ihrer Realität ausgeklammert werden. Verleugnung ist entsprechend auch der Hauptabwehrmechanismus der Perversion. Inhalte dieser Verleugnung sind wesentliche Aspekte des Ödipuskomplexes, die Geschlechter- und Generationendifferenz sowie die eigenständige Lebendigkeit der Objekte.

Nach meiner Erfahrung sind „echte" Perversionen immer durch das Zusammenwirken zumindest folgender Faktoren charakterisiert:

1. Fetischbildung: ein Ding, eine Handlung oder eine Phantasie wird zur Lustbedingung mit dem Ziel, ein Wissen bzw. eine Wahrnehmung ausgeklammert zu halten, also zu verleugnen;
2. Vorherrschen des Abwehrmechanismus der Verleugnung, vor allem als Verleugnung der Generationen- und Geschlechtergrenzen sowie der Getrenntheit der Objekte;
3. manipulativer Umgang mit der Welt und entsprechende Störung der Realitätsprüfung: Es herrscht ein eigennütziges Rechtsverständnis, die Realität und andere Menschen werden aus der Perspektive egoistischer Lustmotive wahrgenommen, oft fehlt Mitgefühl; bei der Realisierung sexueller Rituale kommt es häufig zu Täuschungsmanövern wie Verkleiden, rigide Inszenierungen herstellen usw.;
4. Dominanz des sadomasochistischen Beziehungstyps.

Ad 4: Die sadomasochistische Einstellung sucht einen Beziehungstyp, der hierarchisch und im Sinne eines Herr-Knecht-Verhältnisses gestaltet ist, wie es die anale Phase bestimmt. Dabei sind – real oder in der Phantasie – zwei Menschen oder Menschengruppen komplementär mittels Dominanz-/Unterwerfungsverhältnis aneinander gebunden. Da die Subjekt-Objekt-Grenzen verschwimmen, wird stets eine Rolle manifest gelebt und die komplementäre Position unbewusst mitgenossen. Ein Sadist ist unbewusst auch masochistisch identifiziert und umgekehrt. Im Urbild ist die sadomasochistische Einstellung ein erotisiertes Verhältnis zwischen dem Kleinkind und der (überwältigenden) elterlichen Autorität, wobei einerseits die völlige, hingebende Unterwerfung unter die überlegene Macht und zugleich identifikatorisch auch die allmächtige Herrschaft über den Unterworfenen genossen wird. Diese Teilhabe an beiden Positionen wirkt zugleich als intensives Bindungsmittel zwischen den Beteiligten. Eine zusätzliche Dimension tritt hinzu, sobald die unbewusste Phantasie die Vermengung der Körper als eine schmerzhafte bzw. Schmerz zufügende gestaltet, womit der Schmerz erotisiert wird und quasi die Stelle der sexuellen Lust einnimmt. Diese Beziehungskonstellation gibt es ganz nahe am ursprünglichen infantilen Geschehen als Perversionen, die ausgelebt werden und die aus psychiatrischen und kriminologischen bzw. forensischen Zusammenhängen bekannt sind. In situationsgebundener, nicht chronifizierter, auch kaum merkbarer Form sind sadomasochistische Konstellationen ubiquitär und beherrschen als schwierige oder auch weitgehend „normale" Verhaltensweisen den Alltag der Menschen.

Häufig finden sich neben den genannten Merkmalen der Perversion noch die Vorherrschaft einer oder mehrerer Partialtriebstrebungen (Fixiertsein auf das Schauen, Riechen usw.) sowie ein sexualisierter Zugang zur Welt (sie wird weitestgehend unter dem Aspekt sinnlicher Befriedigung wahrgenommen). Idealtypisch könnte man sagen, der Perverse müsse panische Kastrationsangst abwehren, weshalb er die Penislosigkeit der Mutter, also den Geschlechtsunterschied nicht akzeptieren kann. Er lebt in der Illusion, seiner Mutter ein gleichwertiger (Sexual-)Partner sein zu können und den Vater nicht zu brauchen. Er verleugnet die eigene Hilflosigkeit und trachtet voll Hass (unterschiedlich erfolgreich), die Urszene (siehe S. 113 f.) zu zerstören. Um diese illusionäre Welt aufrechterhalten zu können, versucht er die Realität unter seine Kontrolle zu bringen. Er muss Unpassendes ausklammern, sich in Ritualen immer wieder beweisen, dass seine Sicht richtig ist, dass die Menschen und Dinge nach seinen Wünschen funktionieren. Dafür sind auch vielfältige Einschränkungen nötig. Ist dieses Bollwerk von Abwehren nicht erfolgreich, droht nicht nur unerträgliche Angst, sondern auch der psychotische Zusammenbruch. Dies erklärt die zwingende Unbedingtheit, mit welcher der Perverse seine Inszenierungen durchzusetzen sucht.

Strukturell ist das schwache Ich den Forderungen von Es und Über-Ich nicht gewachsen; es gibt dem Trieb *und* der Abwehr nach, was zur Ich-Spaltung führt, die sich etwa in der Realitätsverleugnung zeigt. Eine Regression auf das anale Entwicklungsniveau ist für die starke Destruktivität verantwortlich. Häufig wird auch eine traumatische Komponente angenommen, wonach Pathologien der primären Objekte für Hass und Gewaltbereitschaft verantwortlich seien.

Melanie Klein sah in verfrühter (Pseudo-)Genitalisierung einer eigentlich noch partialtriebhaften psychosexuellen Organisation eine Ursache manifester Erwachsenenperversion. In diesem Zusammenhang ist auf die Überlegungen ihres Lehrers Sándor Ferenczi hinzuweisen, der eben dieses Zusammentreffen von Erwachsenensexualität mit infantiler Partialtriebhaftigkeit und Liebesbedürftigkeit als potenziell traumatische Missbrauchsgefahr darstellte. Klein beschrieb hypererregte Zustände, die Angst und destruktive Abwehr mobilisieren und die die Objektbeziehungen und das Denken immer wieder paranoid-schizoid bestimmen. In diesem Sinn verstand sie Perversionen als unter der Herrschaft des Todestriebs stehend. Pathologische projektive Identifizierungen halten einen destruktiven Kreislauf hilfloser Abhängigkeit aufrecht und den Perversen in Beziehungen zu den Primärobjekten gefangen.

Lacan beschreibt eine perverse Struktur, die unabhängig davon existiere, ob perverse Handlungen vollzogen werden oder nicht. Sie sei durch eine Verleugnung der Kastration gekennzeichnet. Das Kind identifiziere sich mit dem imaginären Phallus der Mutter und setze sich selbst als Mittel ihres Genießens; es bietet sich gewissermaßen zum Missbrauch an. Auch für Lacan geht es um einen intergenerationellen Komplex. Interessant ist sein Konzept von der „passage à l'acte" (zu deutsch etwa Impulshandlung), ein Handeln, das ein automatisches Überspringen des Affekts in die Motorik ohne Zwischenschaltung von Denkprozessen meint und das Lacan als Flucht vor dem anderen beschreibt, also als Übertritt in das Register des Realen, das eben unerfassbar ist und quasi einen Austritt aus der Kultur bedeutet.

Ein besonderes Phänomen perverser Dynamik ist die Masse. Solange sie ausreichend geordnet besteht, wird sie durch Verleugnung, Illusion, Schaffung fetischartiger Klischees und durch Hierarchisierung (sadomasochistische Beziehung) bestimmt. Diese Prozesse halten – wie beim einzelnen Perversen – die psychotischen Anteile unter einer gewissen Kontrolle. In der Massenpanik und dem ihr folgenden Chaos kommt das Psychotische zum Durchbruch.

Empfohlene Literatur

Louise J. *Kaplan* (1991): Weibliche Perversionen. Von befleckter Unschuld und verweigerter Unterwerfung. Hamburg: Hoffmann & Campe.

Jean-Bertrand *Pontalis* (Hg.) (1972): Objekte des Fetischismus. Frankfurt am Main: Suhrkamp.

Robert J. *Stoller* (1975): Perversion. Die erotische Form von Haß. Gießen: Psychosozial, 1998.

Sucht

Obgleich Krankheitswertigkeit stets eine gesellschaftliche Komponente hat, lässt sich eine solche bei Suchtsymptomen in besonderem Maß annehmen. In diesem Sinn könnte man etwa bei einem Großteil der erwachsenen Bevölkerung des industrialisierten Westens eine Kaffeesucht diagnostizieren, und es lässt sich aufgrund drastischer rechtlicher Maßnahmen ein erheblicher Rückgang der Nikotinabhängigkeit feststellen. Das drastisches Ansteigen von Fettleibigkeit, das im Zusammenhang mit sozialen und Ernährungsproblemen eine „Sucht- Epidemie" genannt werden könnte, wird kaum als solche gesehen. Während die Alkoholsucht zwar heute verbreitet als Krankheit gewertet wird, findet anderer Suchtmittelgebrauch vor allem aus kriminalistischer Sicht Beachtung oder wird – wie viele „alltägliche" Süchte, etwa nach Schokolade, Einkaufen, Computerspiel oder auch gewisse Sportarten – gar nicht in seinem Suchtcharakter wahrgenommen. In jedem Fall gilt, dass wahrscheinlich alles als Suchtmittel fungieren kann und dass das Suchtverhalten lediglich ein Symptom ist, dem sehr verschiedene Ursachen zugrunde liegen können.

Die Psychoanalyse hat Suchtmittelgebrauch zunächst unter dem Lustaspekt als Onanie-Äquivalent angesehen, auch als hysterische Inszenierung oder dann häufig als Perversion. Letzteres verweist auf die tiefgreifende Störung, deren Ausdruck das Suchtverhalten sehr häufig ist. Als perverses Symptom hat Sucht Barrierecharakter in Form ritualisierter Abwehr gegen psychotische Ängste und als Flucht vor der Realität in Größenvorstellungen. Ernst Simmel (1948) betonte den regressiven Aspekt und Verbindungen zu Narzissmus und Depression. Die Sucht ist evident, wenn das jeweilige Verhalten über längere Zeit (scheinbar) erfolgreich zur Herstellung oder Erhaltung eines anders nicht erreichbaren psychophysischen Zustands dient, der sonst schmerzlich vermisst würde. In derRegel kommt es dabei zu einem Gewöhnungseffekt, der fortschreitende Steigerung der Dosis verlangt.

Unter Objektbeziehungsperspektive kommt dem Suchtmittel auch eine – je nachdem gute oder böse – Objektfunktion zu, und es wird dementsprechend entweder unter einem Selbstheilungs- oder einem Selbstzerstörungsaspekt zur Affektregulierung benützt.

Sucht ist immer Symptom einer Beziehungsstörung, in schweren Fällen stets mit Fixierungen in zum Teil sehr frühen Entwicklungsstadien. Schwere chronische Suchterkrankungen werden heute zumeist als Persönlichkeitsstörungen diagnostiziert. Entscheidend ist dabei das zugrundeliegende psychische Strukturniveau. Im Zentrum steht die symbolische Bewältigung der frühen Trennungs- und Objektwiederfindungserfahrungen, sodass das Verlorene phantasmatisch bewahrt und als innerer Bezug genützt werden kann. Gelingt dies nicht, dann steigt die Notwendigkeit, konkreten Ersatz zu suchen, der ebenfalls nicht bewahrt werden kann, sondern eben durch immer neuerlich wiederholte konkretistische Verinnerlichung hergestellt werden muss. Entwicklungshistorisch ist die ausreichend bedeutungsgebende Vermittlung der unvermeidlichen Verlusterfahrungen entscheidend, um eine Integration der sie begleitenden Ambivalenzgefühle zu ermöglichen, sodass sich eine sichere Zuversicht in Bezug auf eine immer mögliche Befriedigung etabliert und zuletzt auch die Kastration angenommen werden kann. Dann kann die narzisstische, an Absolutheit orientierte Position verlassen und begrenzte, aber wiederkehrende Befriedigung akzeptiert und die innere Zerrissenheit vermieden werden.

Die großen Schwierigkeiten, Frustrationen zu verarbeiten, bestimmen zumeist auch die Dynamik psychoanalytischer Suchttherapien, wo die Übertragungen häufig durch Verführung, Hass und Instrumentalisierung geprägt sind und die „symbolische Nahrung“ des Analytikers immer wieder an den idealen Befriedigungsvorstellungen des Suchmittelkonsums gemessen wird. Die Therapie schwerer Sucht ist langwierig und erfolgt häufig stationär und/oder unter zusätzlichen Rahmenbedingungen (z. B. Abstinenzbedingungen).

Empfohlene Literatur

Klaus W. *Blitza* (Hg.) (2008): Psychotherapie der Sucht. Psychoanalytische Beiträge zur Praxis. Göttingen: Vandenhoeck & Rupreht.

Wolf-Detlef *Rost* (1987): Psychoanalyse des Alkoholismus. 6. Auflage, Stuttgart: Klett-Cotta, 2001.

Leon *Wurmser* (1997): Die verborgene Dimension. Psychodynamik des Drogenzwangs. Göttingen: Vandenhoeck & Ruprecht.

Persönlichkeitsstörungen

Die Gruppe der Patienten mit Persönlichkeitsstörungen gilt heute neben der mit Neurosen als jene, die sich am häufigsten in psychoanalytischer Behandlung befindet. Von Sigmund Freud noch nicht und von Otto Fenichel unter Charakterstörungen beschrieben, wurden Persönlichkeitsstörungen auf der Grundlage struktureller Überlegungen verschiedentlich für die klinische Praxis klassifiziert. Ichpsychologisch entsprechen sie verschiedenen Ich-Schwächen oder einer defekten Ich-Entwicklung, insofern wesentliche Ich-Funktionen wie die Etablierung komplexer Abwehrmechanismen, Angstbewältigung, Realitätsprüfung und Denken unzureichend gelungen sind. Aus Sicht der Objektbeziehungstheorien geht es um Identifizierungsschicksale und Affektzustände im Zusammenhang mit frühen Objektrepräsentanzen und um die Überwindung von Spaltungen. Für die Entwicklung der Theorie der Persönlichkeitsstörungen waren auch Erkenntnisse psychoanalytischer Psychosetherapien wesentlich, etwa hinsichtlich pathologischer Abwehrkonstellationen und Denkstörungen.

Otto Kernberg (1976) hat für Persönlichkeitsstörungen schon früh eine strukturelle und diagnostische Systematik entwickelt, die vielfach Anerkennung fand, aber auch Kritik an der Tendenz zur Operationalisierung der Psychotherapie auslöste. Ihr liegt eine Klassifizierung zugrunde, die triebdynamische, ichpsychologische und Objektbeziehungsaspekte integriert. Je nach Ich- und Über-Ich-Pathologie, Qualität der internalisierten Objektbeziehungen und der Entwicklung libidinöser und aggressiver Triebabkömmlinge unterscheidet Kernberg drei Strukturniveaus: neurotisch, Borderline und psychotisch.

Die neurotische Persönlichkeitsorganisation ist durch ein strukturiertes Ich mit stabilen Selbst- und Objektrepräsentanzen sowie durch ein integriertes, aber überstrenges Über-Ich charakterisiert. Es dominieren ödipale Konflikte und Verdrängung sowie die Reaktionsbildung als Charakterabwehr gegen verdrängte Triebwünsche. Ambivalenz kann ertragen werden; es bestehen eine gute soziale Integration und stabile Objektbeziehungen. Die Betroffenen können angemessen Schuldgefühle empfinden und Wiedergutmachung erbringen.

Als Borderline-Persönlichkeitsorganisation werden heute viele klinische Phänomene zusammengefasst, die früher etwa Als-ob-Persönlichkeiten oder multiple Persönlichkeiten usw. genannt wurden. Die Ätiologie der Borderline-Struktur wird beschrieben als durch vorzeitige Ödipalisierung und Vermischung präodipaler (vor allem oral-aggressiver) und ödipaler Konflikte bestimmt, wodurch der Ödipuskomplex besonders aggressiv aufgeladen sei, was zu verstärkter (Kastrations-)Angst führe. Häufig finden sich defiziente Beziehungen zu den primären Objekten und/oder traumatische infantile Erfahrungen. Als Abwehr dagegen erscheinen oft übersteigerte Idealisierung der ödipalen Liebesobjekte und in der Folge allgemein geringe Objektkonstanz, wechselhafte affektive Zustände und Selbstbilder sowie schwache Frustrationstoleranz. Kernberg (1975) beschrieb typische Symptomkonstellationen (diffuse Angst, polymorph-neurotische Symptome wie Phobien, Zwänge, Dissoziationen, polymorph-perverses Sexualverhalten, Denkstörungen), „Low-Level"-Abwehrmechanismen (Spaltung, primitive Idealisierung, projektive Identifizierung, Verleugnung), Pathologien verinnerlichter Objektbeziehungen (unintegrierte gute und böse Objektanteile) und charakteristische Triebschicksale (ein Übermaß oraler Aggression). Eine besondere Gruppe bilden üblicherweise narzisstische Persönlichkeiten, die Kernberg durch eine grobe Störung des Selbstwertgefühls, problematische Objektbeziehungen und pathologischen Narzissmus im Sinne von Selbstbezogenheit, Bestätigungsbedürftigkeit, Kränkbarkeit und Mangel an Empathie gegenüber anderen charakterisiert.

Salman Akhtar (1992) unterscheidet Identitäts- und Persönlichkeitsstörungen und beschreibt bei Letzteren gemäß dem internationalen Diagnoseschema narzisstische, schizoide, paranoide, hypomanische, antisoziale, histrionische und schizotypische Formen. Damit wird ein wichtiger Aspekt bei dieser Art des Zugangs deutlich, nämlich dass seine Herkunft in den psychodynamischen Traditionen der Psychiatrie liegt und dass sein Ziel eben auch in einer gewissen Operationalisierung im psychiatrisch-klinischen Alltag besteht und zumeist mit einer deutlichen Prognoseabsicht verbunden ist.

In der Diskussion um die Gruppe (schwerwiegender) Persönlichkeitsstörungen spielen häufig traumatische Erfahrungen eine wichtige Rolle. Das Vorherrschen von Spaltung, Dissoziation und projektiven Mechanismen und der häufig starke Hang zum Agieren werden auch als Folgen chronisch traumatisierender Entwicklungserfahrungen angesehen. Mit dem Zusammenbruch der integrierteren psychischen Struktur und dem regressiven Dominieren paranoid-schizoider Mechanismen herrschen archaische Phantasien von Zerstörung und Fragmentierung, die von ebenso archaischen Ängsten begleitet werden (Garland, 1998). Dadurch speisen sich aktuelle traumatische Erfahrungen infolge früher Phantasien, während eine quasi dauerhafte Retraumatisierung das aktuelle Geschehen beherrscht. Es ist das Zusammenspiel traumatischer Reminiszenzen und struktureller (Symbolisierungs-)Defizite, das die schweren Persönlichkeitsstörungen dann bestimmt, die mit ihrer Innenwelt und deren Projektionen in ständigem Kampf liegen.

Im psychoanalytischen Prozess zeigen Menschen mit pathologischen Persönlichkeitsstörungen bzw. Borderline-Strukturen häufig eine starke Regressions-

Otto F. Kernberg (* 1928, Wien)
Als Elfjährigem gelang Otto Kernberg mit seiner Familie die Flucht vor dem NS-Regime nach Chile. Er studierte Biologie und Medizin und absolvierte eine analytische Ausbildung bei Ignacio Matte-Blanco in der Chilenischen Psychoanalytischen Gesellschaft. Nach einem Studienaufenthalt in den USA emigrierte er 1961 ganz dorthin. Er arbeitete an der berühmten Menninger-Klink, deren Direktor er lange war, und am Topeka-Institut für Psychoanalyse. 1974 wurde er Professor an der Columbia University und 1976 an der Cornell University. In seiner Funktion als Präsident der Internationalen Psychoanalytischen Vereinigung setzte er sich ab 1995 besonders für eine Reform der Ausbildungsverhältnisse der Psychoanalyse sowie für eine klare integrative Politik ein, wodurch es zu einer starken Erweiterung der IPA kam.

Theoretisch entwickelte Kernberg ein Modell, in welchem die Ideen Freuds und Kleins und die modernen Erkenntnisse der Affektforschung integriert werden sollten. Kernberg ist um die Berücksichtigung vieler wissenschaftlicher Überlegungen, auch aus anderen Disziplinen, bemüht. Dies führte zu einer eigenwilligen Synthese unterschiedlichster Konzepte. Er erweiterte das Trieb-Abwehr-Konfliktmodell um Selbst- und Objektrepräsentanzen, sodass jeder Anteil eines Konfliktszenariums – sowohl der Triebimpuls als auch die Abwehr – aus triebhaft aufgeladenen Selbst- und Objektrepräsentanzen besteht. Besonders bekannt wurde er durch seine Forschungen auf dem Gebiet der Persönlichkeitsstörungen, vor allem durch seine Arbeiten zu narzisstischen und Borderline-Persönlichkeiten (1975). Er interessierte sich auch schon früh für wissenschaftlich fundierte Methoden psychoanalytischer Psychotherapie und entwickelte ein spezielles Diagnoseverfahren und schließlich die „übertragungsfokussierte Psychotherapie" als eigenes therapeutisches Verfahren. Dieses fand wegen seiner hohen Strukturierung viele Anhänger, wurde aber gerade deswegen auch sehr kritisiert.

Mittels seiner großen Erfahrung mit Institutionen forschte Kernberg intensiv zu psychoanalytischen Organisationstheorien und wurde einer der bekanntesten Experten auf diesem Gebiet sowie Autor einschlägiger Werke. Sein Werk, das sich durch Originalität und besonders gute Lesbarkeit, aber auch durch eine Tendenz zu Rigidität auszeichnet, umfasst zahllose Artikel und Bücher.

„Wahrscheinlich hat sich die Psychoanalyse so auf das Primat der Genitalität im Zusammenhang mit der Überwindung des Ödipuskomplexes und der Entwicklung emotionaler Reife konzentriert, weil diese Bedingungen die günstigste Indikation für die Psychoanalyse bieten und weil sich die Psychoanalyse im Kontext ihrer Erforschung entwickelt hat."

Otto F. *Kernberg* (1976): Objektbeziehungen und Praxis der Psychoanalyse. Stuttgart: Klett-Cotta, 1985, 228.

tendenz, häufige Abwehr durch Spaltung und projektive Identifizierung, eine mangelhafte Unterscheidungsfähigkeit von Phantasie und Realität, eine intensive Übertragung sowie die Induktion einer starken Gegenübertragung, wechselnde bis geringe Symbolisierungsfähigkeit, eine Neigung zum Agieren und mangelhafte Selbstreflexionsfähigkeit.

Empfohlene Literatur

Salman *Akhtar* (1992): Broken Structures: Severe Personality Disorders and Their Treatment. New Jersey, London: Northvale.

Caroline *Garland* (Hg.) (1998): Understanding Trauma. A Psychoanalytic Approach. London: Karnac.

Otto F. *Kernberg* (1975): Borderline-Störungen und pathologischer Narzißmus. Frankfurt am Main: Suhrkamp, 1980.

Christa *Rohde-Dachser*, Franz *Wellendorf* (Hg.) (2004): Inszenierungen des Unmöglichen. Theorie und Therapie schwerer Persönlichkeitsstörungen. Stuttgart: Klett-Cotta.

Psychosen

Die Frage der Psychosen beschäftigte die Psychoanalyse von Anbeginn. Freud beschrieb, wie am Ursprung aller psychischen Störungen eine Versagung steht, die sich gegen „unbezwungene Kindheitswünsche" richte (Freud, 1924a, 390). Während Neurotiker an unbewussten inneren Konflikten, vor allem zwischen Ich und Es – Melancholiker zwischen Ich und Über-Ich – leiden, befinden sich Psychotiker in einem Konflikt mit der Realität, also einem Konflikt zwischen Ich und Außenwelt, den sie dadurch lösen, dass sie sich von Letzterer abwenden und sie halluzinatorisch durch eine selbst erschaffene Realität ersetzen. Die Wahrnehmung der äußeren Welt wird verweigert, und auch der Innenwelt als Abbild der Außenwelt wird die Besetzung entzogen, genauer: Vielen Triebabkömmlingen wird im Vorbewussten die Besetzung entzogen, sodass gar keine Repräsentanzen entstehen. „Das Ich schafft sich selbstherrlich eine neue Außen- und Innenwelt" (Freud, 1924a, 389), deren Charakter der Wunscherfüllung im Traum ähnelt, für welche ja auch die Abwendung von der Außenwelt (im Schlaf) Bedingung ist. Die Halluzination bzw. der Wahn sind eigentlich Heilungsversuche des Risses, der durch die unerträgliche Versagung aufgetreten ist.

Bezüglich der strukturellen Bedeutung der Psychosen gibt es zwei unterschiedliche Auffassungen. Die eine sieht die Psychose als eigene, von den Neurosen scharf abgetrennte eigene Struktur, während die andere Sichtweise das Psychotische und das Neurotische als immer präsent versteht – wenngleich in unterschiedlichen Verhältnissen – bzw. auch in jeder „normalen" Person einen psychotischen Kern annimmt, der gelegentlich manifest werden kann. Metapsychologisch werden psychotische Episoden und Psychosen je nach Perspektive als

Außerkraftsetzung der Zensur und Durchbruch primärprozesshafter Inhalte verstanden, als Regressionen zu sehr frühen Stadien der Entwicklung oder als dauerhafte Unfähigkeit des Ichs, integrierend und neutralisierend zu wirken. Manche sehen in der Psychose auch einen Grunddefekt der Strukturbildung.

Als Entstehungsgrund für die Psychose ist eine Kette von einander verstärkenden inneren und äußeren Ursachen anzunehmen, die schließlich zum Realitätsverlust des Psychotikers führen. Freud unterscheidet beim Neurotiker eine Triebunterdrückung im Dienste der Realität von einer Realitätsunterdrückung im Dienste des Es in der Psychose (Freud, 1924e, 363). Diese bricht mit der Realität und ersetzt sie durch den Wahn, wohingegen die Neurose von der Realität, die sie prinzipiell akzeptiert, nur mitunter nichts wissen will und in Phantasien flüchtet.

Freud meinte, Psychosen würden sich von Neurosen durch eine Unfähigkeit zur Übertragung unterscheiden. Seither hat die Erfahrung gezeigt, dass nicht ein Mangel, sondern vielmehr der Exzess und der archaisch-affektive Charakter der Übertragung die Ursache der Schwierigkeit in der Arbeit mit Psychotikern ist. Dies hat mit dem Ausmaß der Regression und der damit verbundenen „Triebentmischung" zu tun: Im Zuge der Entwicklung kann nämlich immer mehr an destruktiven Strebungen durch Libido und Objektsicherheit gebunden werden. Dieser Vorgang wird bei der Psychose regressiv umgekehrt, wodurch Destruktivität „frei" wird und sich im Verhältnis zu anderen – auch in der Übertragung – Ausdruck verschafft. Die Welt zerfällt wieder in Gut und Böse (Spaltung). Weiters verwischen sich die Grenzen zwischen der eigenen Person und den anderen, zwischen innen und außen. Daher dominieren Abwehrformen, die andere (Teil-) Objekte zur Hilfe nehmen, wie Projektion und Identifizierung, besonders auch in der primitiven Form der projektiven Identifizierung. Der Psychotiker „scheitert" am Ödipuskomplex in dem Sinn, dass er zuletzt vor den Anforderungen der Realität kapituliert. Die konkrete Ausprägung der psychotischen Erkrankung – man könnte auch sagen: die Qualität des Wahns – ist bedingt durch frühe und früheste Fixierungen (José Bleger; siehe S. 50) und durch die damit verbundenen dominierenden Abwehrmechanismen.

Melanie Kleins wichtigster Beitrag zum Verständnis der Psychosen lag vor allem in ihrer Beschreibung schizoider und anderer primitiver Abwehrmechanismen, besonders der projektiven Identifizierung. Nachdem sie diese bei Kindern angetroffen hatte, fand sie auch in erwachsenen Psychotikern überwältigende destruktive Impulse, ein sadistisches Über-Ich und daraus resultierende Symbolisierungsdefizite. Etliche ihrer Schüler (Herbert Rosenfeld, Hanna Segal, Donald Meltzer, Wilfred Bion) erweiterten das psychoanalytische Verständnis psychotischer Zustände und Abwehrmechanismen wie pathologische Spaltung und Verleugnung, Introjektion, Idealisierung und Identifizierung erheblich.

Bion (1962, 78) unterschied eine pathologische und eine nichtpathologische projektive Identifizierung und hielt Erstere für die Grundlage nichtsymbolischer Kommunikation, wie sie zwischen Mutter und Kind dominiert und bei Psychotikern teilweise fortlebt. Er nahm an, dem Psychotiker fehle die (ausreichende) α-Funktion, weshalb er nicht differenziert symbolisieren und nicht denken könne. Weil er konflikthafter Erfahrung keine persönliche Bedeutung geben könne, überfalle ihn diese unvermittelt und erzeuge sinn-lose Furcht („nameless dread“), die er nicht verarbeiten, sondern nur abspalten könne. Durch eine Serie solcher Abwehrprozesse entstünden vielfach fragmentierte Selbst- und Objektvorstellungen, die entweder zu dauerhafter Verwirrtheit führen oder sekundär durch omnipotente Abwehrmanöver wahnhaft zu grandiosen Selbstvorstellungen zusammengebaut würden.

In der Regel bestehen bei psychotischen Personen neurotische und psychotische Anteile; unterschiedliche Entwicklungsstadien, die assoziativ mit bestimmten Wunscherfüllungs- und Angstvorstellungen verbunden sind, existieren nebeneinander. Dies führt seinerseits immer wieder zu Angstzuständen, ermöglicht gelegentlich aber auch eine ausreichende Anpassung, um etwa phasenweise den Alltag zu bewältigen.

Jacques Lacan verstand die Psychose als eine eigene klinische Struktur, die durch die Verwerfung der Kastration bzw. des „Namens-des-Vaters“ bestimmt sei. Damit ist die Ordnungsfunktion der väterlichen Autorität gemeint, die im Ödipuskomplex des Psychotikers nicht integriert werden konnte. Der Vater existiert vielleicht als Bild, aber seine Funktion als Repräsentant des Gesetzes und der symbolischen Ordnung konnte nicht wirksam werden. Dies bewirkte ein Loch in der symbolischen Ordnung. Für Lacan sind Psychose und Neurose scharf voneinander unterschieden, und er hielt Erstere für mit Psychoanalyse und Couch nicht behandelbar.

Schizophrenie Unter Schizophrenie wird eine ganze Gruppe psychischer Krankheitskomplexe zusammengefasst, die ursprünglich (und in der Psychiatrie teilweise auch heute noch) als rein organisch bedingt aufgefasst wurden und durch die Psychoanalyse als bedeutungsvoll, wenngleich schwer verständlich erkannt wurden. Man kann Psychosen mit eng umgrenzter Symptomatik, solche mit einer stabilen Abwehr mittels Spaltung und Fusion sowie solche, die durch chronische Fragmentierungsprozesse bestimmt sind, unterscheiden. Psychotische Identifizierung führt dann zur Einverleibung zerstörter Selbst- und Objektfragmente. Häufig wirkt ein psychotisches, verfolgendes Über-Ich, was unter Umständen die Flucht in die narzisstische Autarkie einer wahnhaften Privatwelt fördert.

Paranoia ist eine Wahnform, die um den Komplex des Verfolgens und Verfolgtwerdens kreist und in der die Projektion als Abwehr einen besonderen Stellenwert hat und das Verhältnis zur Welt bestimmt. Männliche und weibliche Paranoiker haben ungewöhnlich starke ödipale Konflikte mit dem gleichgeschlechtlichen Elternteil, aus welchen auch heterosexuelle Schwierigkeiten resultieren, die dann regressiv zu einer ambivalenten und besonders sexuellen und aggressiven Bindung an diesen Elternteil führen. Diese Wünsche und Bindungen werden aber als sehr bedrohlich erlebt und daher paranoid, also projektiv abgewehrt. Freud sah in der Paranoia die Dominanz der Reaktionsbildung gegen homosexuelle Strebungen; heute würde man sagen: gegen die Akzeptanz der Kastration, des Ödipuskomplexes und des Geschlechtsunterschiedes. Je nach Regression wechseln einfache Projektionen mit projektiven Identifizierungen.

Nach Melanie Klein ist der Paranoiker in der paranoid-schizoiden Position festgehalten, und die Wahngebilde sind Heilungsversuche in der Abwehr heftiger Fragmentierungsangst. Die zwischen innen und außen nicht ausreichend unterschieden werden kann, werden eigene destruktive Wünsche leicht nach außen abgewehrt, was dazu führt, dass sie als gegen das Objekt gerichtet erscheinen, das sich dann wie durch böse (Partial-)Objekte verfolgt fühlt. Unter solchen Verhältnissen kann beispielsweise eine überforderte paranoide Mutter ihr Baby als Mörder erleben.

Psychotische Depression Bei der psychotischen Depression handelt es sich um schwere chronische Verstimmungen und Störungen der Affektivität, die bis zu stuporöser Apathie reichen können, häufig auch zyklisch wechselnd manisch-depressiv auftreten. Dazu kommen eine ganz besonders große narzisstische Verletzbarkeit und die ständige Angst vor Verlust- und Zerfallsgefahren. Es fehlt die verinnerlichte Struktur eines haltenden Objekts, und aufgrund der übergroßen destruktiven Tendenzen werden gute, nährende, haltende Erfahrungen umgehend zerstört.

Manie Zumeist als Teil zyklothymer manisch-depressiver Erkrankungen gefasst, stellt die Manie die „gelungene" Verleugnung der psychotisch-depressiven Verstimmtheit dar, den Triumph über das primitive, sadistische Über-Ich. Sie kann in Extremen wie grandioser Agitiertheit und allmächtigem Hochgefühl auftreten, mit unaufhörlichem Taten- und Rededrang, der auch mehrere Tage und Nächte anhält. Der Maniker erlebt quasi traumhaft die (infantile) Wunscherfüllung und dabei sich selbst in Übereinstimmung mit Idealvorstellungen von sich und den Objekten. Dieser Zustand stößt unweigerlich an (physische) Grenzen und führt damit zum depressiven Zusammenbruch.

Empfohlene Literatur

Gaetano *Benedetti* (1983): Todeslandschaften der Seele. Göttingen: Vandenhoeck & Ruprecht.

Edith *Jacobson* (1971): Depression. Eine vergleichende Untersuchung normaler, neurotischer und psychotisch-depressiver Zustände. Frankfurt am Main: S. Fischer, 1977.

Herbert *Rosenfeld* (1965): Zur Psychoanalyse psychotischer Zustände. Frankfurt am Main: Suhrkamp, 1981.

Marguerite *Sechehaye* (1954): Eine Psychotherapie der Schizophrenen. Stuttgart: Klett-Cotta, 1986.

Peter *Widmer* (Hg.) (2007): Psychosen: eine Herausforderung für die Psychoanalyse. Strukturen – Klinik – Produktionen. Bielefeld: Transcript.

2 Klinische Erkenntnisgewinnung

Sigmund Freuds „technische“ Überlegungen lassen sich zu folgenden praktischen Richtlinien komprimieren:

Als „Grundregel“ für die Patienten gilt: alles aussprechen, was ihm/ihr einfällt; nichts soll weggelassen werden, auch wenn es unwichtig, peinlich, beschämend oder unpassend erscheint. Daraus soll freies Assoziieren entstehen. Die Entsprechung für den Analytiker lautet: Allem dargebotenen Material soll zunächst mit „gleichschwebender Aufmerksamkeit“ entgegengetreten werden, und nichts soll nach Interesse oder Erwartungen ausgewählt werden. Weder sollen eine systematische Erzählung noch irgendein bestimmtes Thema oder Problem erwartet werden. Das, was sich „an der Oberfläche“ darstellt, sind Entstellungen der unbewussten Zusammenhänge, sind Anspielungen auf die infantilen Erinnerungsspuren und die gegenwärtige Situation. Alles Mitgeteilte ist Ausdruck des Unbewussten und assoziativ zeitlich, sachlich und logisch durch andere Zusammenhänge erweiterbar. Die Abfolge der Einfälle und ihre zeitliche Nähe sowie der sprachliche Ausdruck sind bedeutungsvoll. Weiters ist alles Material in Bezug auf den Analysanden und hinsichtlich seiner Übertragung auf den Analytiker zu untersuchen. Auch ist nicht nur sprachliches Material, sondern sind auch Handeln und Ausdruck die Manifestationen unbewusster infantiler Vorstellungsinhalte. Wortgebrauch, Sprachstruktur, Interpunktionen und Unterbrechungen des Redeflusses fordern besondere Aufmerksamkeit.

Diese Anleitungen umfassen freilich nicht den gesamten Erkenntnisprozess, weil eben unsere Wahrnehmung und Informationsverarbeitung weitgehend ebenfalls primärprozesshaft vor sich gehen und wir Aspekte zu wissen scheinen, die sich dieser logischen Struktur widersetzen. Man spricht dann von „intuitivem“ Erfassen. Wir nehmen vom Patienten eine „Gesamtheit“ wahr, etwa seinen Zustand bei einer ersten Begegnung. Darauf stützen wir eventuell eine – vorläufige – Diagnose. Dies ist dann eine Formulierung des augenblicklichen Zustandes hinsichtlich bestimmter Aspekte, die uns wichtig scheinen mögen, um die Möglichkeit psychoanalytischen Arbeitens einschätzen zu können. Es liegt nahe, dass solch ein Eindruck nicht unverändert bleiben kann, und tatsächlich kommt es im Verlauf psychoanalytischer Behandlungen auch immer wieder dazu, dass wir andere diagnostische Schlüsse ziehen. In aller Konsequenz könnte eine „richtige Diagnose“ erst am Ende einer Psychoanalyse gestellt werden.

Die Psychoanalyse nimmt an, dass Symptome (siehe S. 214 f.) nach ihrer Ätiologie, d. h. in ihrer ursächlichen Herleitung zu untersuchen sind. Gleich welchen Ursprungs, haben sie eine Bedeutung, und frühere Erfahrungen und deren (spätere) Bedeutungen beeinflussen die Art und Weise, wie das Individuum der Welt begegnet. So entstehen Strukturen des eigenen Erlebens (des Selbst) und der Begegnung mit anderen, die spätere Erfahrungen mitbestimmen. Ein Großteil dieser Bedeutungen ist unbewusst, ebenso wie deren Auswirkungen auf die Gegenwart. In der Übertragung (siehe S. 105 f.) auf den Analytiker wird dies wirksam, indem frühe, unbewusste Wünsche und Affekte auf ihn, der persönlich gänzlich unbekannt ist, verschoben werden, wodurch die Konflikte mit bedeutungsvollen inneren Objekten dann in die aktuelle analytische Situation gelangen und dort verstehbar werden können.

In der klinischen Forschung nehmen psychoanalytische „Fallgeschichten" eine außerordentliche Stellung ein: einerseits historisch, weil Freud in ausführlichen Beschreibungen mehrerer psychoanalytischer Behandlungen, die er durchgeführt hatte, Symptomatik, Dynamik und Verlauf des Bewusstwerdungs- und Erkenntnisprozesses dokumentiert hatte, andererseits weil Falldarstellungen in der supervisorischen und kollegialen psychoanalytischen Auseinandersetzung zentrale heuristische Bedeutung haben. Freuds besondere schriftstellerische Begabung, für die er ja 1930 auch den Goethe-Preis der Stadt Frankfurt erhielt, machte aus seinen Krankengeschichten „Novellen" mit „eingehender Darstellung der seelischen Vorgänge, wie man sie vom Dichter zu erhalten gewohnt ist" (Freud, 1895d, 227). Das war für ihn keine ästhetische Frage, sondern lag in der assoziativen Natur der Hervorbringungen des Unbewussten und ihrer narrativen Vermittlung selbst, die den psychoanalytischen Prozess bestimmen. Dazu gehört auch, dass jede Psychoanalyse durch die beteiligten Personen geprägt ist und dass es keinen „zu Ende durchanalysierten" Menschen geben kann. Die Fallgeschichte hat den Sinn, die Entwicklung der konkreten Übertragungs-/Gegenübertragungskonstellation und die Assoziationsstränge zu verstehen und nicht, objektive oder endgültige Daten zu liefern.

3 Psychoanalytische Diagnostik

Die Diagnose bedeutet für den Psychoanalytiker etwas anderes als für den Arzt oder den Therapeuten einer anderen Denkrichtung. Die bewusst erlittenen Symptome, welche die Menschen zumeist zu einem Analytiker führen mit dem Ziel, sie zu verlieren, sind bewusste – wir könnten auch sagen: oberflächliche – Zeichen unbewusster Zusammenhänge. Ziel eines diagnostischen Verfahrens ist es, zumindest so viel von der aktuellen Lage der Person und diesen unbewussten Zusammenhängen zu begreifen, dass eine Entscheidung über eine weitere Vorgehensweise möglich ist. Der Analytiker ist dabei sowohl jemand, der selbst zu verstehen sucht, als auch „Experte" (für die Dynamik unbewusster Prozesse).

Die institutionelle Realität der Gesundheitssysteme kann den Analytiker außerdem dazu bringen, eine Diagnose bestimmten festgesetzten Schemata einzupassen (ICD-10, DSM-IV ...), etwa um dem Patienten eine bestimmte finanzielle Unterstützung zu ermöglichen. Dann ist es wichtig, im Auge zu behalten, dass *diese* Diagnostik *nicht* zur Psychoanalyse gehört, sondern dass der Psychoanalytiker in diesem Fall in Ausübung einer anderen Funktion, zum Beispiel als

Angehöriger des Gesundheits- bzw. Kassensystems handelt und für dieses System, nicht aber für die Psychoanalyse eine standardisierte Diagnose in einem beschränkten, formalisierten Rahmen erstellt, dem in psychoanalytischer Hinsicht genau genommen kein Aussagewert zukommt. Wenn ein Analytiker jedoch eine solche Diagnose stellt, dann hat das natürlich eine Bedeutung und Konsequenzen für eine in der Folge durchgeführte Analyse.

In der Geschichte der Psychoanalyse hat diese Art des Diagnostizierens eine gewisse Tradition, weil Freud ja aus dem medizinischen System kam und die Psychoanalyse zu einer allgemein anerkannten Methode machen wollte, weshalb er sich auch bemühte, medizinische Ordnungskategorien psychoanalytisch zu überprüfen und zu verstehen. Er hat auch die psychoanalytische Krankheitslehre (siehe S. 211 f.) in Anlehnung an die Terminologie der Psychiatrie formuliert. Sigmund Freuds Differenzialdiagnostik entstand im Spannungsfeld von traditioneller Medizin, psychoanalytischem Forschergeist, Ängsten und Kontrollwünschen. Dieses Spannungsfeld hat sich verschoben, ist aber nach wie vor bestimmend. Diagnosesysteme sind Festschreibungen, die das Wahrnehmen und Denken zwangsläufig auch einschränken. Sie dienen der Reduktion von Komplexität, der Kontrolle der Ängste des Analytikers und der Beherrschung der Situation. Politisch legitimieren Diagnoseprofile auch gewisse Vorstellungen von „Regierbarkeit" und Verwertbarkeit.

Die Fähigkeit zum Diagnostizieren kann man nicht durch das bloße Erlernen und Anwenden bereits vorformulierter Muster und Regeln erwerben. Die Befindlichkeit eines Menschen zu erfassen, impliziert hochkomplexe Wahrnehmungs- und Denkprozesse, wobei auch nicht formal taxierbare Aspekte wie Spürsinn und Intuition im Spiel sind, die mit Sinnlichkeit und Symbolisierungsfähigkeit, also mit unbewussten Prozessen zu tun haben und daher nicht a priori gesteuert werden können. Wohl aber können und müssen sie im Nachhinein überdacht und verstanden werden.

Zunächst steht eine Frage im Zentrum: Kann die Hilfe suchende Person fähig sein, den Analytiker und die psychoanalytische Methode für sich zu nützen? Die Erfahrung legt dafür gewisse Indikatoren nahe, auf welche die Fragen des Analytikers abzielen werden. Das dabei gewonnene Verstehen des Analytikers muss mit dem potenziellen Analysanden geteilt werden, um zu der notwendigen Verständigung über die Situation zu kommen. Eine so hergestellte gemeinsame Einsicht bildet dann den Rahmen für ein gemeinsames Nachdenken über weitere sich ergebende Themen. Obgleich die Frage der „Analysierbarkeit" häufig als objektives Problem formuliert wird, hängt sie doch vor allem stark von den jeweils beteiligten Personen und den konkreten Umständen ab.

Seit Freud, der etwa Psychosen für nicht analysierbar hielt und der bei älteren Menschen von der Kur abriet, hat die Entwicklung von Theorie und Technik der psychoanalytischen Behandlung aufgrund der vielen klinischen Erfahrungen den Kreis der „analysierbaren" Personen sehr erweitert. Die kritische Prüfung des

Wissens um den Patienten sowie die Prüfung der eigenen Fähigkeiten und Möglichkeiten im Rahmen der psychoanalytischen Erfordernisse sind entscheidend. Es gibt auch wissenschaftliche Untersuchungen darüber, welche Personengruppen gut, weniger gut oder kaum von einer Psychoanalyse profitieren können (Leuzinger-Bohleber, Stuhr, Rüger, Beutel, 2002). Häufig werden ausreichend stabile Lebensverhältnisse, die Fähigkeit, eine Beziehung einzugehen, und das Potenzial zur Introspektion genannt, letztlich aber bleiben das Verallgemeinerungen, die die Prüfung des Einzelfalls nicht ersetzen können.

Das Medium psychoanalytischer Diagnostik ist das Gespräch. Dafür muss der Analytiker einen klaren Rahmen und eine Atmosphäre der Sicherheit und des Vertrauens bieten und die allgemeinen Bedingungen der psychoanalytischen Erkenntnisgewinnung (siehe S. 237 f.) beachten, wie etwa Unvoreingenommenheit, akzeptierende Zuwendung oder Aufmerksamkeit für sprachliche, sensomotorische und szenische Informationen.

Im Zusammenhang mit einem Erstgespräch können etwa folgende Fragen wichtig sein:

Fragen an den potenziellen Analysanden:
„Was führt Sie jetzt zu mir?" (Zuweisung, Anlass, Vorgeschichte etc.)
„Was, denken Sie, kann ich für Sie tun?" (Erwartungen)
„Wie ist Ihre Lebenssituation?" (persönliche Befindlichkeit, Zusammenleben, Arbeit, Freizeit)
„Wer sind/waren die wichtigen Menschen in Ihrem Leben?" (aktuelle/infantile Beziehungen)

Fragen zur Selbstreflexion des Analytikers:
Was ist sichtbar und wahrnehmbar? (Eindruck, Kommunikationsform und Mitteilungsweise)
Was erregt mein Interesse, fällt mir auf, sticht hervor? (Verhalten, Sprache, Interpunktion)
Was geschieht zwischen uns? (Beziehungs- und Übertragungsgeschehen)
Was „drängt" die Person, „überschwemmt" oder „reißt mit"? (Affektivität)
Was ruft Irritation, Aversion, Protest hervor, was wird nicht ertragen? (Abwehr)
Was wird als schwierig, bedrohlich, als „immer dasselbe" erlebt? (Konflikte)
Wie geht es mir, was regt sich in mir, beschäftigt mich? (Erleben des Analytikers)
Welche Phantasien werden bei mir hervorgerufen?
Welche psychoanalytischen Ideen werden evoziert?

Weitere diagnostische Überlegungen:
Wie spricht die Patientin über Beziehungen?
Wie sieht die Patientin selbst ihre Symptome?
Wie ist die Realitätswahrnehmung?
Wie ist die Triebkontrollfunktion?

Hat die Patientin tief gehende Objektbeziehungen?
Welche Abwehrmechanismen werden eingesetzt?
Wie funktioniert das Über-Ich?
Kann die Patientin auf Übertragung und Selbstbeobachtung eingehen?

Fragen bezüglich der Vorgangsweise:
In welchem Rahmen scheint welche Arbeit möglich?
Wie ist Verständigung über die Situation möglich?
Kommt ein Konsens über weitere Schritte zustande?

Hermann Rorschach (* 1884, Zürich, † 1922, Herisau)
Als früh verwaister Sohn eines Kunstlehrers dachte Hermann Rorschach an eine Künstlerlaufbahn, ehe er Medizin studierte, bei Eugen Bleuler die psychiatrische Ausbildung begann und sich der Psychoanalyse zuwandte. Verheiratet mit einer russischen Ärztin, arbeitete er 1914 in Moskau und wurde Ende 1915 Oberarzt in Herisau. 1919 wählte ihn die Gründungsversammlung der Schweizer Psychoanalytischen Gesellschaft zum Vizepräsident; unter seinen Schülern waren Emil Oberholzer und Hans Zulliger. Rorschach publizierte über Sektenstifter (1927) und deren pathologische Anteile, und nur mit inhaltlichen Abstrichen und unter großen Schwierigkeiten veröffentlichte er 1920 sein Buch „Psychodiagnostik“. Darin beschrieb er jenes Verfahren, das später als Rorschach-Test in die Psychologiegeschichte Eingang finden sollte und das bis heute eines der verbreitetsten projektiven Testverfahren ist.

Bereits 1910 hatte Rorschach bei Schülern erste diagnostische Versuche mit „Klecksografien“ angestellt. Eine besondere visuelle und gestaltbildende Fähigkeit, gepaart mit Intellektualität und praktischem Alltagsverstand, ließen ihn ein scheinbar einfaches psychodiagnostisches Verfahren entwickeln, das doch in der Lage war, die Zensur der Testpersonen zu umgehen und sehr differenzierte Befunde über unbewusste Vorstellungen und affektive Zustände zu ergeben. Das Material bestand aus zehn Tafeln mit tintenklecksartigen Figuren, zu welchen die Testpersonen üblicherweise in zwei Durchgängen assoziieren.

Zunächst war der Test als Hilfsmittel in der Psychiatrie gedacht; er wurde aber sehr rasch für die Kinder- und Jugenddiagnostik, in der Arbeitspsychologie und zu forensischen Fragestellungen eingesetzt. Trotz der unaufwändigen Testsituation und des einfach zu handhabenden Einsatzes ist das Verfahren insofern sehr anspruchsvoll, als seine Qualität ganz von der interpretativen Fähigkeit des Testleiters abhängt. Diese verlangt eine intensive Ausbildung und umfassende Erfahrung.

Die besondere Qualität liegt in der geringen Belastung der Testperson und damit in der breiten Einsatzfähigkeit des Tests – auch bei stark regredierten oder zwanghaften Personen – sowie in seiner raschen und unkomplizierten Durchführbarkeit. Der Rorschach-Test ist (etwa zum Unterschied von Persönlichkeitstest in Form von Fragebögen) durch den Untersuchten absolut nicht zu beeinflussen und insofern ein „objektives" Verfahren. Allerdings ist er mehr als jedes andere Instrument der Psychodiagnostik abhängig von der Fachkompetenz des Anwenders, die nur durch intensive und langjährige Beschäftigung mit dem Verfahren erreicht werden kann.

„Für Normale und Schizophrene gilt: je mehr die Kinästhesien überwiegen, desto introvertierter ist die Versuchsperson, desto besser ist ihr intensiver, desto schlechter aber ist ihr extensiver Rapport; je mehr die Farben überwiegen, desto extravertierter, extensiv rapportfähig ist sie. Das gegenseitige Verhältnis der Bewegungs- und Farbmomente zueinander ist der direkte Ausdruck intro- und extraversiver Tendenzen, die sich in der Versuchsperson vereinigen.

Je mehr die Farben überwiegen, umso labiler, je mehr die Kinästhesien überwiegen, umso stabilisierter ist die Affektivität; dies durch alle Psychosen und alle gesunden Typen hindurch. Neurotische erleiden, wenn nach mehreren schwarzen Bildern ein farbiges erscheint, einen ‚Farbenschock', einen leicht stuporösen Zustand, Ausdruck der Affektverdrängung."

Hermann *Rorschach* (1965): Über ein Wahrnehmungsdiagnostisches Experiment, in: ders.: Gesammelte Aufsätze. Bern: Huber, 223–225.

Für die Arbeit in bestimmten Institutionen wurden verschiedentlich standardisierte Erhebungsmethoden verfasst; zwei besonders bekannte sind der Hampstead-Index für die Diagnostik mit Kindern und Jugendlichen und das strukturelle diagnostische Interview nach Otto Kernberg.

Tests spielen in der psychoanalytischen Diagnostik eine geringe Rolle. Am ehesten kommen sie in der psychoanalytischen Begutachtung zum Einsatz, häufiger in der Arbeit mit Kindern als bei Erwachsenen. Zwei qualitative Testverfahren, die in diesem Zusammenhang Bedeutung haben, sollen erwähnt werden.

Der Rorschach-Test, ein von dem Schweizer Psychoanalytiker Hermann Rorschach entwickeltes, ebenso einfaches wie ergiebiges Verfahren, das mithilfe von „Tintenklecks-Tafeln" arbeitet, zu welchen sich die Testpersonen assoziativ äußern sollen.

Der Sceno-Test umfasst ein Set, bestehend aus kleinen hölzernen Bauklötzen und Figuren (Erwachsene, Kinder, Tiere und Gebrauchsgegenstände), aus denen die Testpersonen nach freiem Belieben Szenen bauen, über die dann gesprochen wird.

Empfohlene Literatur

Ewald *Bohm* (1974): Der Rorschachtest. Bern: Huber.
John *Bolland*, Joseph *Sandler* (1964): Die Hampstead-Methode. Frankfurt am Main: Fischer Taschenbuch, 1985.
Annemarie *Laimböck* (1999): Das psychoanalytische Erstinterview. Tübingen: Edition Diskord.
Hermann *Rorschach* (1920): Psychodiagnostik. Hg. v. Walter Morgenthaler. Bern: Huber, 1992.

4 Technik und Methodik

In der psychoanalytischen Terminologie hat sich der Begriff „Technik" eingebürgert, was auch zu dem Irrtum führen kann, es gebe tatsächlich eine technische Vorgehensweise, die etwa wie eine „Technik der Gesprächsführung" gelernt werden könnte. Derartiges ist natürlich nicht möglich, obgleich es auch negative bis absurde Folgen eines solchen Missverständnisses gibt (etwa eine pseudokleinianische Deutungsmechanik, die zwischen Übertragung und Gegenübertragung des Analytikers nicht unterscheidet).

Die Geschichte der psychoanalytischen Behandlungsmethode lässt sich als Wandel von therapeutischer Aktivität zu analytischer Haltung beschreiben. Anfangs verschrieb Freud, wie damals allgemein üblich, den Nervenkranken auch Kuren, Bäder und physikalische Anwendungen und verwendete neben der Hypnose noch diverse drängende Methoden, um die Erinnerungen der Patienten zu forcieren. Nach und nach kam er davon ab, nicht zuletzt weil ihm die Rolle des Hypnotiseurs nicht behagte. Er forderte die Patienten zuletzt nur noch zum Aussprechen aller Einfälle in entspannter Körperhaltung auf. So wurde die „talking cure" (Freud, 1910a, 7) entwickelt, die später „freie Assoziation" genannt wurde. Um das Revolutionäre dieses Verfahrens zu verstehen, darf man nicht vergessen, dass Freud vor allem Arzt war und dass eine so wenig eingreifende Behandlungsweise sehr ungewöhnlich erscheinen musste. Grundlegend dafür war sein Verständnis der Neurosen, für die er eben die psychische Behandlung angemessen fand. Er beschrieb sie als

> „Behandlung von der Seele aus, Behandlung – seelischer oder körperlicher Störungen – mit Mitteln, welche zunächst und unmittelbar auf das Seelische des Menschen einwirken. Ein solches Mittel ist vor allem das Wort, und Worte sind auch das wesentliche Handwerkszeug der Seelenbehandlung" (Freud, 1890a, 289).

Ein wichtiger Schritt war die Entdeckung der Übertragung, also der Tatsache, dass Wünsche und Gefühle infantilen Ursprungs auf den Arzt gerichtet und damit in der Gegenwart zugänglich wurden. Fortan galt die interpretative Tätigkeit des Arztes nicht mehr nur den Gefühlen und Spuren des Unbewussten in den Einfällen der Patienten, sondern auch jenen, die in der Übertragung zum Arzt aufkamen. Die Beziehung zum Analytiker steht seither weitgehend im Zentrum der psychoanalytischen Behandlung. Bald darauf folgte die Erkenntnis, dass diese Gefühle den Arzt selbst nicht unberührt ließen und dass eine solche unbewusste Betroffenheit bei ihm mitunter heftige reaktive Gefühle auslöste, die seine interpretative Fähigkeit auch sehr beeinträchtigen konnte: Die „Gegenübertragung“ war entdeckt, und damit entstand die Notwendigkeit der lebenslangen Selbstanalyse des Analytikers. Ehe nämlich die reaktiven Gefühle dem Psychoanalytiker bewusst und einsichtig werden, ist er in ihnen befangen; sie behindern seine „freischwebende Aufmerksamkeit“, die notwendig das freie Assoziieren des Patienten komplettieren muss. Schließlich führte das Gebot der besonderen Selbstkontrolle des Analytikers zur Formulierung der allgemeinen Abstinenzregel (siehe S. 247–249).

Im Verlauf der analytischen Kur aktualisiert der Analysand, aktiviert durch die Übertragungsdynamik, einen Teil seiner Einfälle und Phantasien als auf den Analytiker gerichtete infantile Wünsche. Dies geschieht assoziativ und metaphorisch und wird vom Analytiker auch ebenso verstanden. Im Analysanden werden durch die analytische Situation Wünsche, Ambivalenzen und Konflikte aktiviert, und im regressiven Assoziieren gibt es häufig Schwierigkeiten, die eine Folge von Widerständen sind. Die Mitteilungen des Analysanden sind Kompromissbildungen zwischen an den Analytiker gerichteten, wunschgeleiteten Phantasien und der äußeren Wirklichkeit, in der es keine auf Wunschbefriedigung gerichtete reale Beziehung zum Analytiker gibt. Diese prinzipiell widersprüchliche Beziehung schlägt sich in der Sprache und allen anderen Symbolisierungsakten als symptomatische Spur nieder, die verstanden wird, weil ja der Analytiker das aktuelle Geschehen miterlebt. Die Psychoanalyse ist eigentlich kein Dialog, sondern eher eine Art besonderes Selbstgespräch des Analysanden, in dem der Analytiker als unsichtbares Gegenüber zur Verfügung steht und den Verstehensprozess aufrechterhält.

Die psychoanalytische Technik wurde für das spezifische Setting der Psychoanalyse entwickelt. Verschiedene Umstände führen aber auch zu Arbeitsweisen mit veränderten Bedingungen, etwa im Sitzen, mit geringer Stundenfrequenz oder mit spezifischen Parametern (wenn zum Beispiel bei der Arbeit mit Alkoholkranken Alkoholabstinenz vereinbart wird). Im Zentrum steht dabei, dass auf diese Weise ein analytisches Verstehen ermöglicht wird, wo es ansonsten nicht dazu kommen könnte.

Die Technik der Psychoanalyse hat eine lange Geschichte, im Zuge derer neue theoretische Einsichten jeweils methodische Veränderungen gebracht haben. In den 1920er-Jahren publizierten Sándor Ferenczi und Otto Rank (Rank/Ferenczi, 1924) ihre Kritik an einer technizistisch-verständnislosen und schematischen Analysetechnik und wurden dafür ihrerseits kritisiert. Mit der bald folgenden Ausarbeitung einer einheitlichen Ausbildungsordnung sollten Standards gesetzt und eine beliebige Entwicklung der „Technik“ verhindert werden. Alle Psychoanalytiker sollten eine eigene Psychoanalyse durchlaufen und unter Kontrolle selbst Analysen durchgeführt haben; so wurde ein bestimmter Standard an Theorie und Praxis die verbindliche Voraussetzung für die professionelle Anerkennung.

Es hat immer wieder Versuche gegeben, die „Technik“ zu „ordnen“, sogar zu kanonisieren, wogegen aus vielen guten Gründen Einspruch erhoben wurde.

Besonderen schulenspezifische Sichtweisen und theoretische Erkenntnisse führten zu Modifikationen der gängigen Behandlungstechnik. Die Ich-Psychologen etwa vernachlässigten die Übertragungsdeutung und kamen vielfach auch vom Arrangement des hochfrequenten Arbeitens im Liegen ab. Melanie Klein behielt das klassische Setting bei, veränderte aber die Deutungsweise entscheidend. Ihr Fokus auf früheste psychische Zustände machte die Übertragung zum eigentlichen Deutungsfeld, wo die Phantasieinhalte durchgehend in Bezug auf die Analytikerin interpretiert werden. Die Entdeckung des Mechanismus der projektiven Identifizierung rückte diese primitive Form der Kommunikation früher Affektzustände ins Zentrum. Auch Jacques Lacan stellte das traditionelle Setting infrage, ging zu einer variablen Zeitgestaltung über und verlangte in der Deutungsarbeit die ausschließliche Beschränkung auf die Sprache.

Empfohlene Literatur

Horacio *Etchegoyen* (1986): The Fundamentals of Psychoanalytic Technique. London, New York: Karnac, 1991.

Otto *Fenichel* (1945): Probleme der psychoanalytischen Technik. Gießen: Psychosozial, 2001.

Robert D. *Hinshelwood* (1994): Die Praxis der kleinianischen Psychoanalyse. Stuttgart: Verlag Internationale Psychoanalyse, 1997.

Jacques *Lacan* (1975): Das Seminar Buch I (1953–1954). Freuds technische Schriften. Olten, Freiburg im Breisgau: Walter, 1978.

Fritz, *Morgenthaler* (2005): Technik. Zur Dialektik der psychoanalytischen Praxis. Gießen: Psychosozial.

Ein „unmöglicher Beruf“[10] und sein Werkzeug

Die Frage, was ein guter Analytiker sei, findet nicht leicht Antwort. Es ist jedenfalls nicht unbedingt jener, der in der Öffentlichkeit am bekanntesten ist oder der, der alle Lehrbücher beherrscht, alle Literatur gelesen und alle prominenten Psychoanalytiker kennengelernt hat. Auch ist es gewiss nicht der, der das gesamte Material seiner Analysanden nach Kategorien sortieren und einordnen oder der das Geschehen in den Stunden entlang einer Übertragungs- und Gegenübertra-

[10] Freud, 1937b.

gungsdynamik genau wiedergeben kann – auch wenn alles dies Kriterien sind, nach denen manche Analytiker ihre Kollegen beurteilen. Die Dynamik des Unbewussten, die der Psychoanalytiker erkennen und verstehen will, braucht andere Fähigkeiten. Das Werkzeug des Analytikers besteht in der inneren und der äußeren Ordnung, die natürlich miteinander zu tun haben.

Anna Freud äußert sich dazu wie folgt:

> „Die Antwort ist vergleichsweise einfach: Wer ein richtiger Psychoanalytiker werden will, der muss die Wahrheit lieben, die wissenschaftliche ebenso wie die persönliche, und er muss diese Liebe zur Wahrheit über alle Unannehmlichkeiten stellen, die aus der Kenntnisnahme unangenehmer Tatsachen erwachsen, gleichgültig ob diese Tatsachen der äußeren oder der persönlichen inneren Welt angehören. Weiters glaube ich, dass ein Psychoanalytiker Interessen jenseits des medizinischen Feldes haben sollte. Er muss sich für Soziologie, Religion, Literatur (und) Geschichte interessieren, (…) weil sein Blick auf die Patienten (…) sonst zu eng wird. Das sind (…) die Voraussetzungen jenseits der Anforderungen, die die psychoanalytischen Institute an ihre Kandidaten stellen. Man sollte ein großer Leser sein und sich mit der Literatur fremder Länder und Kulturen vertraut machen. In den großen Figuren der Literatur begegnen uns Leute, die zumindest ebenso viel über die menschliche Natur wissen, wie die Psychiater und die Psychologen zu wissen sich bemühen." (Anna Freud, zit. nach Kohut, 1968).

Die äußere Ordnung betrifft hauptsächlich Ort, Zeit, Honorar und deren vertragliche Sicherung. Notwendig ist ein ruhiger Raum mit einer Liege (der „Couch") für den Analysanden und einem Sitzplatz dahinter für die Analytikerin sowie zumindest zwei oder drei weitere gleichwertige Sitzgelegenheiten für Besprechungssituationen. Der Raum sollte angenehm, aber nicht verführerisch sein, möglichst unverändert bleiben und vor Einflüssen von außen geschützt sein. Analytiker zu sein bedeutet, eine strenge Zeiteinteilung einzuhalten, da die Analysanden während des ganzen Arbeitsjahres bestimmte Stunden der Woche quasi „mieten" und die Kontinuität der räumlichen und zeitlichen Ordnung ein wesentlicher Teil der Methode ist. Der Analytiker muss natürlich pünktlich sein, muss seine Urlaube lange im Voraus bekannt geben und darf nur sehr selten Stunden absagen oder verschieben.

Schwieriger – jedenfalls weniger leicht zu organisieren – ist die innere Ordnung des Analytikers. Sie dient vor allem der Aufrechterhaltung seiner psychischen Funktionen: aufmerksam zuhören, differenziert wahrnehmen – auch eigene Regungen und Assoziationen – und dabei weiterhin denkfähig bleiben. Selbstreflexion, Supervision und Auseinandersetzung mit psychoanalytischen Theorien sowie der Rückhalt in einer kollegialen Gruppe sind dafür die wichtigsten Bedingungen. In der psychoanalytischen Begegnung bleibt jedoch immer etwas offen; die Subjektivität des Analytikers, sein Denken und Verstehen können nicht durch „Technik" ersetzt werden. Bei technischen und methodischen Überlegungen geht es um die Vermittlung von Erfahrung, nicht um Anleitungen von der Art, wie Ablaufpläne funktionieren.

Bei der Verstehens- und Transformationsarbeit des Analytikers spielen natürlich dessen eigene Geschichte, seine Erfahrungen mit der Psychoanalyse, sein Verständnis von ihr und seine eigenen psychoanalytischen Theorien und Modelle eine wesentliche Rolle. Die sichere Gewissheit des Analytikers, durch die eigene Analyse persönlich bereichert worden zu sein und die Erfahrung der nützlichen Hilfe durch psychoanalytische Theorien und Diskussionen sind neben dem Interesse für andere Menschen die wichtigsten Voraussetzungen für die Arbeit als Psychoanalytiker.

Die Ausbildung zum Psychoanalytiker hat sich seit den Tagen Sigmund Freuds sehr erweitert. In der persönlichen (Lehr-)Analyse, die mehrere Jahre hindurch zumindest viermal wöchentlich erfolgt, wird die Basis des Verständnisses für Phänomene des Unbewussten gelegt, und in Seminaren zu Theorie und Methodik der Psychoanalyse werden Wissen und Erkenntnis erweitert und reflektiert. Schließlich müssen mehrere Analysen unter Supervision erfolgreich durchgeführt werden. Zumeist dokumentiert der künftige Psychoanalytiker seine persönlichen Kenntnisse auch in einer klinischen und/oder theoretischen Arbeit als Vortrag und auch als Publikation.

Empfohlene Literatur

Sigmund *Freud* (1937b): Die endliche und die unendliche Analyse. GW XVI, 59–99.
Peter *Kutter* (Hg.) (1998): Weltanschauung und Menschenbild: Einflüsse auf die psychoanalytische Praxis. Göttingen: Vandenhoeck & Ruprecht.

Diskretion und Abstinenz

Diskretion im Sinne eines achtsamen Umgangs mit persönlichen Informationen aus einem Vertrauensverhältnis, insbesondere Verschwiegenheit gegenüber Dritten, gehört auch zu berufsethischen Grundsätzen von Rechtsanwälten, Ärzten, Psychotherapeuten und Angehörigen anderer Berufe. Wo intime persönliche Inhalte zum Thema werden, ist es absolut notwendig, verlässlich damit rechnen zu können, dass niemand anderer davon erfährt; wo es darüber Zweifel gibt, ist Offenheit nicht mehr möglich.

Während also Diskretion kein besonderes Spezifikum der Psychoanalyse ist, hat das, was „Abstinenz" genannt wird, unmittelbar mit dem Trieb-Abwehr-Geschehen und der Übertragung in der Psychoanalyse zu tun. In ihrer ersten Bedeutung bezeichnet Abstinenz die Haltung der Neutralität, d. h. dass dem Analysanden in der Kur keine unmittelbaren Befriedigungen geboten werden: *„Die analytische Kur soll, so weit es möglich ist, in der Entbehrung – Abstinenz – durchgeführt werden“* (Freud, 1919a, 187; Herv. i. Orig.), verlangte Freud und erläuterte, dass Symptome den Charakter von Ersatzbefriedigungen hätten, welche die Triebkraft des ursprünglichen Wunsches abschwächen würden. Die analytische Kur brauche aber die Triebkraft und dürfe nicht durch Ersatzbefriedigungen in der Kur, etwa durch Tröstungen oder Kritik, besänftigt werden. Die Abstinenz ist also ein Auftrag an Analysand *und* Analytiker.

Besonders aufmerksam sei den Verführungen des Patienten in der Übertragung zu begegnen, die natürlich Gegenstand der Deutung, aber eben nicht der unmittelbaren Befriedigung sein können, soll die Analyse nicht um ihren Erfolg gebracht werden. „Der Kranke soll, was sein Verhältnis zum Arzt betrifft, unerfüllte Wünsche reichlich übrig behalten. Es ist zweckmäßig, ihm gerade die Befriedigung zu versagen, die er am intensivsten wünscht und am dringendsten äußert.“ (Freud, 1919a, 189) Die in der Übertragung aktualisierten Wünsche sind nämlich infantile Triebstrebungen, die gar nicht wirklich befriedigt werden können, wie auch die Liebe oder der Hass, die dem Analytiker entgegengebracht werden, nicht ihm, sondern einem Objekt aus der Kindheit gelten. In der Analyse geht es darum, sie in ihrem affektiven Bedeutungszusammenhang zu erleben und in ihrer infantilen Herkunft zu verstehen. Aus diesem Grund bedeutet Abstinenz auch die umfassende Zurückhaltung des Analytikers bezüglich aller Informationen über seine eigene Person. Dies steht im Dienste der Entwicklung der Übertragungsneurose (siehe S. 253) und ihrer Analyse im Verlauf der Kur. Abkömmlinge des Unbewussten und Phantasien sollen sich möglichst ungehindert manifestieren und die damit verbundenen Wünsche an die Psychoanalytikerin gerichtet werden können. Je mehr ein Analytiker von sich zeigt, desto beschränkter sind die Übertragungsmöglichkeiten.

Die Zurückhaltung bezieht sich nicht nur auf Mitteilungen, sondern auch auf das Verhalten oder etwa auf persönliche Dinge im Behandlungsraum. Das Arrangement der psychoanalytischen Kur zielt ja darauf ab, dass vom Analysanden möglichst ungehemmt „Material“ produziert wird, also Spuren des Unbewussten. Dies erfolgt vor allem in der Übertragung, in Träumen und in den Assoziationen, zu welchen der Analysand durch den anwesenden Analytiker motiviert ist. In seinen Phantasien macht der Analysand den Analytiker zu allem, was seiner inneren (infantilen) Wunschwelt jeweils entspricht. So wird dieser, je nachdem, als aufmerksam oder abweisend, verlässlich oder unernst, gescheit oder dumm, verheiratet oder alleinstehend, mit Kindern oder kinderlos, kunstsinnig, politisch engagiert, reaktionär, religiös usw. imaginiert. Jede Information über die reale Lebenssituation oder Denkweise des Analytikers schränkt ein. Natürlich enthält auch der normale Umgang schon Informationen, die dann eben Inhalt der zu deutenden Phantasien werden. Etwas anderes ist es jedoch, wenn es Geschmacksurteile gibt, Familienfotos auf dem Tisch stehen oder ein Parteiabzeichen getragen wird; das behindert den Analysanden. Eindeutige Grenzziehungen sind manchmal schwer, etwa bei der Frage, wie prononciert ein Analytiker seine politische Meinung öffentlich kundtun darf oder soll. Hier stehen dann die klinischen Erfordernisse und die Psychoanalyse als Quelle gesellschaftlicher Expertisen im Konflikt, was nur situativ entschieden werden kann. Im Zweifel ist wohl die Zurückhaltung der geeignete Weg.

Der Analytiker braucht die Abstinenz auch, um seine Gegenübertragung wahrnehmen zu können und sie nicht zu agieren. Angesichts einer prinzipiell abstinenten Einstellung sind Impulse, sich in einer bestimmten nichtabstinenten Form zu verhalten, ein recht guter Hinweis darauf, dass es sich um Gegenübertragungsreaktionen handeln könnte.

Empfohlene Literatur

Sylvia *Zwettler-Otte* (Hg.) (2007): Entgleisungen in der Psychoanalyse. Berufsethische Probleme. Göttingen: Vandenhoeck & Ruprecht.

Karl *König* (2005): Abstinenz, Neutralität und Transparenz in psychoanalytisch orientierten Therapien. Stuttgart: Klett-Cotta.

Vereinbarungen und Rahmen der Behandlung

Damit die psychoanalytische Arbeit ermöglicht werden kann, muss es zu einer klaren Vereinbarung über die (äußeren) Bedingungen zwischen Analytiker und Analysand kommen. Sie sollte folgende Komponenten umfassen: Beginn der Behandlung, Ort, Dauer und Frequenz der Sitzungen, voraussichtliche Dauer (oder Nichtbegrenztheit) der Behandlung, Höhe des Honorars und Form der Bezahlung, Regelung bezüglich ausgefallener Sitzungen und Urlaube. Darüber hinaus gibt es noch die Zusicherung der Diskretion und die Mitteilung der „Grundregel", dass nämlich alles ausgesprochen soll, was dem Patienten durch den Sinn geht.

Der Rahmen soll einerseits die „Materialbeschaffung" sicherstellen – dass also Spuren des Unbewussten produziert werden – und andererseits die Interpretation dieser Spuren und Integration der neuen Erfahrungen und Einsichten ermöglichen. Dazu dient das klassische Arrangement: ein unaufdringlicher Raum, der Analysand auf der Couch liegend und hinter ihm, für den Analysanden nicht zu sehen, der Analytiker. Der Analysand soll assoziieren (siehe S. 250 f.), der Analytiker klären und deuten. Um das so unbeeinträchtigt wie möglich zu gestatten, werden eben die äußeren Bedingungen vorweg und möglichst dauerhaft geklärt. All das dient der Ermöglichung und Aufrechterhaltung der psychoanalytischen Arbeit, insbesondere der Arbeitsfähigkeit des Analytikers.

Begrüßungs- und Verabschiedungsrituale oder die Gepflogenheiten, die sich zwischen den beiden Beteiligten einstellen, wenn vor der Sitzung zu bezahlen oder etwas zu besprechen ist, ziehen als Grenzsituationen häufig besonderes Interesse auf sich und werden Gegenstand von Assoziationen. Das Gleichbleibende ist jene Kontinuität, von der sich Abweichungen dann markant abheben und thematisiert werden können. Über die formale Funktion hinaus hat der Rahmen noch eine wichtige symbolische Bedeutung. Er markiert eine Grenze, die einerseits schützt und andererseits die Idee des Außen bzw. des anderen außerhalb aufrecht hält, was der Triangulierung gleichkommt. Typischerweise gehen maligne Regressionen, die die Triangulierung gefährden, immer mit drastischen Verletzungen des Rahmens einher.

Jacques Lacan verwarf das Konzept des Rahmens. Mit der quasi spontan vom Analytiker zu bestimmenden Dauer der Sitzungen bzw. der ganzen Analyse wollte er das Begehren des Analysanden „zum Sprechen bringen", dadurch die Anpassung des Patienten an vorgegebene Sicherheiten und die damit einhergehende Entfremdung vermeiden und ihm zu Authentizität verhelfen. Dafür entwickelte er auch eine eigene Art der Technik.

Empfohlene Literatur

Sigmund *Freud* (1912e): Ratschläge für den Arzt bei der psychoanalytischen Behandlung. GW VIII, 376–387.

Sigmund *Freud* (1913c): Zur Einleitung der Behandlung. GW VIII, 453–478.

Leo *Stone* (1973): Die psychoanalytische Situation. Entwicklung und Bedeutung. Frankfurt am Main: Fischer Taschenbuch, 1993.

Grundregel und freies Assoziieren

In der psychoanalytischen Kur wird die Patientin aufgefordert, sich dem Strom ihrer Gedanken und Regungen hinzugeben und möglichst alles uneingeschränkt auszusprechen, gleichgültig ob es sinnlos, peinlich, unwichtig, unlogisch, unhöflich usw. erscheint. Freud entwickelte diese sogenannte Grundregel bei seinen frühen Hysterie-Behandlungen als Zugang zum Unbewussten. Diese scheinbar so einfache Methode der „Materialbeschaffung" verlangt etwas sehr Schwieriges. Die Aufforderung zielt auf das Unterlaufen von Hemmungen und Zensur ab, welche sich durch Konvention und aus persönlichen Gründen der Analyse unweigerlich in den Weg stellen.

Aufseiten des Analytikers ist die gleichmäßig schwebende Aufmerksamkeit die Entsprechung zur freien Assoziation, die ein möglichst offenes und unvoreingenommenes Zuhören gestatten soll. Beide Haltungen haben eine regressive Qualität, die unbewusste Inhalte leichter auftauchen lassen und im Alltag kaum benützte kommunikative Ebenen zugänglich machen soll. Tatsächlich ist das freie Assoziieren im strengen Sinn gar nicht einzuhalten – zumindest nicht von einer Person, die zugleich auch die Fähigkeit hat, Deutungen aufzunehmen, zu verstehen und dies zur Grundlage integrativer mentaler Prozesse zu machen. Es ist genau genommen bei beiden Beteiligten ein gespaltener Zustand nötig: Die Analysandin bemüht sich mit jenen Anteilen, die kooperieren und „gesund werden" wollen, um die freie Assoziation, während die neurotischen Anteile sich als Widerstand dagegen manifestieren, indem die Assoziationsströme immer wieder zensiert und Einfälle nicht verbalisiert werden. Die Analytikerin nimmt einerseits die ungerichtete, offene Haltung der Aufmerksamkeit ein, um Spuren unbewusster Inhalte wahrzunehmen, gibt sich ihren dadurch ausgelösten eigenen Assoziationen hin und muss zugleich ihre Denkfunktion aufrechterhalten, um verstehen und adäquate Deutungen formulieren zu können.

Die Sprache ist jenes Medium, welches die sinnlichen Erinnerungsspuren vermittelt und denkbar macht. Die Begriffe bleiben mit den Szenen, aus denen sie bekannt sind, verbunden. In Marcel Prousts Roman „Auf der Suche nach der verlorenen Zeit" etwa evoziert das Wort „Madeleine" nicht nur Erinnerungen an ein süßes Gebäck gleichen Namens, sondern auch eine ganze sinnliche Kindheitswelt, Orte, Personen, Erlebnisse, welche zu der Stimmung des Erzählers gehören. Ebenso löst unter Umständen ein Wort in der Analyse ganze Assoziationsströme aus und verbindet eine aktuelle Spur des Unbewussten mit „vergessenen" Szenen, deren Bedeutungshorizont in die Gegenwart reicht.

Die Assoziationen sind – wie (fast) alles in der Psychoanalyse – immer Übertragung oder Widerstand bzw. eine Mischung aus beidem. Das Assoziieren verlangt eine gewisse Regression und hat daher auch primärprozesshaften Charakter, ist unzusammenhängend und unlogisch. Das fällt manchen Patientinnen sehr schwer: Sie reden etwa ununterbrochen, aber sie assoziieren nicht, sondern geben Berichte oder logische Erklärungen, worin sich der Widerstand gegen die Analyse äußert.

Schon Sigmund Freud wies darauf hin, dass die Freiheit des Assoziierens relativ sei und dass man davon ausgehen kann, dass die aktuelle Situation, also die Analyse, für den Analysanden die Referenz bleibt, sodass ihm nur einfällt, was zur Grundregel und zur analytischen Situation in Beziehung steht. Das bedeutet in aller Konsequenz, dass der Analysand immer über seine unbewusste Beziehung zum Analytiker assoziiert.

Empfohlene Literatur

Antonino *Ferro* (2005): Im analytischen Raum. Emotionen, Erzählungen, Transformationen. Gießen: Psychosozial.

„Gleichschwebende Aufmerksamkeit"

Das Zuhören des Psychoanalytikers ist von besonderer Qualität. Mit dem Begriff „gleichschwebende Aufmerksamkeit" beschrieb Freud (1912e) das vom Psychoanalytiker geforderte, ungerichtet aufmerksame Zuhören, ohne sich etwas Bestimmtes merken zu wollen, als Komplement zur freien Assoziation des Analysanden. Es bedeutet eine gleichzeitig nach innen und nach außen gerichtete Aufmerksamkeit. Der Analytiker soll sowohl die Rede des Analysanden als auch die sinnliche Resonanz, die diese in ihm auslöst, ebenso wie seine Assoziationen und subjektiv-theoretischen Einfälle wahrnehmen und in der Folge für mögliche Deutungen verarbeiten. Trotz Bions legitimer Forderung, diese Aufmerksamkeit solle beim Analytiker vorbehalts- und wunschlos („refraining from memory and desire") bleiben, ist sein Zuhören keineswegs beliebig. Es ist auf ein „Verstehen" gerichtet, was natürlich nicht ohne Referenz möglich ist.

Was sind nun die Referenzen des Analytikers? Jedenfalls die persönliche psychoanalytische Erfahrung der eigenen Analyse und der Supervision, das Theorieverständnis und die situative Verfassung. Die gleichschwebende Aufmerksamkeit umfasst auch das, was gemeinhin als Empathie bezeichnet wird, wobei theoretisch jedoch keine Übereinstimmung herrscht, worin Empathie eigentlich bestehe. Es handelt sich um ein besonderes Erfassen der Situation des Analysanden aufgrund einer partiellen Regression des Analytikers. Dies lässt ihn Informationen aus dem eigenen Unbewussten und Gegenübertragungsreaktionen assoziativ mit den Mitteilungen des Analysanden verbinden. Im Strom der Assoziationen des Analysanden bewirken Stimmungen, Holprigkeiten, Interpunktionen, Pausen, ungewöhnliche Formulierungen, Veränderungen der Stimme oder der Redegeschwindigkeit usw. im Analytiker Veränderungen der Qualität des Zuhörens und fordern unmittelbar speziellere Aufmerksamkeit. Dies sind oft Ansatzpunkte des Verstehens und Deutens.

Empfohlene Literatur

Sigmund *Freud* (1912e): Ratschläge für den Arzt bei der psychoanalytischen Behandlung. GW VIII, 375–387.

Theodor *Reik* (1976): Hören mit dem dritten Ohr. Frankfurt am Main: Fischer Taschenbuch, 1983.

Wilfred *Bion* (1970): Aufmerksamkeit und Deutung. Tübingen: Edition Diskord, 2006.

Übertragung und Gegenübertragung

Die Übertragung machte sich Freud zunächst als unangemessen und befremdlich bemerkbar, etwa als besondere Erotisierung, Feindseligkeit, Bewunderung oder dergleichen dem Analytiker gegenüber – Gefühle, die in der realen Beziehung zu ihm keine Ursache haben konnten. Dies wurde anfangs ausschließlich als Störung des analytischen Prozesses gewertet, bis deutlich wurde, dass sich hier unbewusste Wünsche äußerten, die ursprünglich früheren Objekten des Patienten gegolten hatten. Die Übertragung ist also eine aktuell erlebte Wiederholung infantiler Beziehungsvorstellungen.

Im Alltag ereignen sich Übertragungen situativ oder auch dauerhaft immer wieder und prägen bzw. stören auch die aktuellen Beziehungen (etwa die Übertragung von Gefühlen der Ohnmacht und Wut, wie sie einst dem Vater gegolten hatten, auf einen Lehrer oder Vorgesetzten). In der psychoanalytischen Kur fand Freud häufig die Entwicklung stabiler „Neuauflagen" infantiler Beziehungen in Bezug auf den Analytiker über eine gewisse Zeit hinweg. Nachdem dies erkannt war, galt die besondere Aufmerksamkeit der Bearbeitung dieser sogenannten „Übertragungsneurosen", also der dauerhaften Gefühlseinstellungen infantilen Zuschnitts dem Analytiker gegenüber. Um Entwicklung und Analyse der Übertragungsneurosen zu ermöglichen, sollte der Analytiker keine persönlichen Eigenheiten zeigen, sondern in gleichmäßiger Neutralität die Übertragungszuschreibungen zulassen, mittels derer die Kindheitsgeschichte in modifizierter Form (wieder-)erlebt wird. Durch die regressive Anlage der Analyse und durch die Abstinenz des Analytikers kommt es zur partiellen Infantilisierung des Analysanden, was die Übertragung kindlicher Beziehungsvorstellungen fördert, und damit stellen sich auch die dazugehörenden Ambivalenzen und Konflikte ein.

Bitte an den Analytiker um Verschiebung einer Analysestunde
(um zu einer Sportveranstaltung zu gehen)

↑

Kompromiss von infantilem und Übertragungswunsch

↑

Übertragungsverschiebung auf den Analytiker mischt sich mit der Erinnerung an einen Ringkampf im TV
Tagtraum: Mit dem Analytiker an einer Ringkampfveranstaltung teilnehmen

↑

Triebgehemmter Wunsch nach kindlicher Vaterbindung:
mit dem Vater herumtollen und spielerisch raufen

↑

Triebwunsch
(nach Wiederherstellung der kindlichen sexuellen Vaterbindung)

↑

Erinnerungsspur
(sexuelle Rivalität mit dem und um den Vater)

↑

Triebenergie

Abbildung 9: Entstehung eines Übertragungswunsches

Die Übertragung hat immer auch Widerstandscharakter (weil anstelle der Erinnerung verdrängter Inhalte deren Wiedererleben in der Übertragung herrscht), und nur insoweit dies in der Analyse zugänglich wird, können die Abkömmlinge der infantilen Strebungen neu verstanden und (re-)interpretiert werden. Unbewusstes wird dann bewusst und das Ich erweitert. Die Übertragungsneurose ist ein symptomartiger Kompromiss zwischen Verdrängung und Erinnern, wobei die infantilen Inhalte sich an bestimmte, auch winzige Merkmale des Analytikers heften und eine neue, aktuelle Erscheinungsform erhalten. Das sogenannte Durcharbeiten (siehe S. 265–267) führt immer wieder zum Auffinden und bewussten Benennen des betreffenden Phänomens in immer anderen Zusammenhängen, wodurch es eventuell aufgelöst bzw. integriert werden kann.

Für eine junge Frau etwa war der Prozess des Erinnerns und Verarbeitens großer kindlicher Einsamkeit, in dem sie immer wieder Szenen der Verlassenheit durchlebte, sehr langwierig und schmerzlich. Ab einem bestimmten Punkt wurde er durch eine Serie von Träumen begleitet, welche, aneinandergereiht, als Entwicklung von der Ödnis einer Steinwüste über sich verstärkende Anzeichen von Vegetation bis hin zu einer belebten Landschaft reichten und als Symbolisierungsschritte der Integration dienten.

Vom Standpunkt der Objektbeziehungstheorien aus sind es die unbewussten Phantasien über die Verhältnisse zwischen den inneren Objekten, welche die realen Beziehungen bestimmen (die infantilen Vorstellungen über die Beziehung zwischen den Eltern etwa prägen die Sicht auf die Geschlechterverhältnisse in der Realität entscheidend mit). Mit den Objektbeziehungen werden auch die entsprechenden Funktionsweisen (depressiv oder paranoid-schizoid) aktualisiert, die den Prozess der analytischen Kur bestimmen.

Im Verlauf der Analyse werden schließlich eine „positive" und eine „negative" Übertragung unterscheidbar. Beide können im Dienste des Widerstandes (siehe S. 262–265) stehen und den Fortschritt der Kur behindern, insbesondere wenn eine hohe sexuelle oder aggressive Aufladung vorhanden ist. Ein gewisses Maß an positiver Übertragung ist unverzichtbar, weil für den Analysanden sonst kein Motiv zum Weitermachen besteht. Die negative Übertragung ist besonders interessant, zumal ja die Bereitschaft zur Kooperation letztlich von einer ausreichend guten und vertrauensvollen Bindung an den Analytiker abhängt, die auch Phasen von Zweifel und Hass überstehen muss. Während Ich-Psychologen dazu tendieren, die positive Übertragung im Dienste des „Arbeitsbündnisses" direkt zu fördern, hat insbesondere Melanie Klein hervorgehoben, wie wichtig es ist, die bösen Gefühle gegenüber dem Analytiker deutend bewusst zu machen. Kleinianische Analytiker unterstreichen auch, dass – vergleichbar dem kindlichen Spiel – in der Übertragung unbewusste Phantasien aktiv wiederholt würden und dass der unbewusste Wunsch bestehe, den Analytiker im Dienste des Widerstandes darin zu verstricken.

Alle Äußerungen in der Analysestunde sind auch Äußerungen über das Verhältnis zum Analytiker. Durch dieses Verständnis der Mitteilungen des Analysanden kam es dazu, dass heute manchmal die gesamte analytische Situation als Inszenierung der Übertragung betrachtet wird (Joseph, 1985b). Wenn jemand etwa eine Fülle von alltäglichen Zurückweisungen erzählt, so ist das nicht nur ein Bericht aus dem Alltag und über die eigene Verfassung, sondern bezieht sich auch auf ein Sich-vom-Analytiker-zurückgewiesen-Fühlen, das dieser für seine Deutung möglichst konkret erfassen muss.

Jacques Lacan beschreibt als eine Art Grundübertragung eine besondere Konfiguration in der analytischen Kur: die Vorstellung vom Analytiker als einem, dem unterstellt wird, (alles) zu wissen („sujet supposé savoir"). Generell unterscheidet er zwischen einem symbolischen und einem imaginären Anteil der Übertragung und versteht Ersteren als hilfreich, insofern die Geschichte des Subjekts wiederholend zugänglich gemacht wird, wohingegen Letzterer im Dienste des Widerstandes affektiv wirksam sei. Für Lacan ist die Deutung der Übertragung eine Unmöglichkeit, weil er dem Analytiker die Fähigkeit abspricht, außerhalb der Übertragung sein zu können, um die durch die Übertragung bestimmten Vorstellungen über sich zu deuten. In diesem Sinn verstand Lacan die Gegenübertragung als Widerstand des Analytikers.

Zunächst war nur die unbewusste Transferierung infantiler Vorstellungen und Wünsche seitens des Analysanden auf den Analytiker erkannt und therapeutisch nutzbar gemacht worden. Doch die Praxis zeigte, dass es auch beim Analytiker zu unbewusst motivierten Reaktionen auf den Analysanden kommt. Diese lassen sich grob in zwei Typen einteilen: Die erste Gruppe umfasst infantile Wunschregungen aus der eigenen Geschichte des Analytikers, die die analytische Arbeit stören; es handelt sich um Übertragungen des Analytikers. Manche nennen das auch „Restneurose", die der Analytiker – notfalls mit kollegialer Hilfe – analysieren muss.

Die zweite Gruppe – die eigentliche Gegenübertragung – hingegen ist beim analytischen Arbeiten nicht nur als Behinderung, sondern, sofern sie verstanden wird, vor allem als Informationsquelle von Bedeutung. Sándor Ferenczi hatte das bereits 1919 geahnt, war damals aber ohne Widerhall geblieben. Es handelt sich hier um unbewusste Reaktionen des Analytikers auf die Übertragung, Regungen, die etwas vom Patienten im Analytiker unmittelbar spürbar machen, ihn in eine bestimmte emotionale oder inhaltliche Position „drängen". Beispielsweise fühlt ein Psychoanalytiker sich in einer bestimmten Sitzung in auffälliger Weise unfähig und schuldig. Der Analysand hatte erschöpft über die Mehrarbeit durch die Krankheit seiner Frau und die Wildheit seiner Kinder erzählt. Mit der Zeit wird dem Analytiker klar, dass er selbst fühlt, was der kontrollierte Analysand ausspart, nämlich, Überforderung, Wut und Selbstvorwürfe. Nachdem er dies in einer Deutung für den Analysanden angemessen formuliert hatte, konnte dieser nun selbst Erschöpfung, Ungeduld und Ärger spüren. Diese Art des Nutzbarmachens der Gegenübertragung verlangt ein Oszillieren der Aufmerksamkeit, die

Hans Loewald (* 1906, Colmar/Elsaß, † 1993, Hamden/Connecticut)
Als Sohn eines jüdischen Arztes im Elsaß geboren, übersiedelte Hans Loewald einjährig mit seiner Mutter nach Berlin, nachdem der Vater gestorben war. Er studierte in Freiburg bei Martin Heidegger, der ihn eine Zeitlang sehr förderte. Heideggers Hitler-Verehrung war jedoch eine so schmerzliche Erfahrung, dass Loewald mit ihm brach und nach Italien ging. Nach seiner medizinischen Promotion 1934 in Rom arbeitete er bis 1939 als Psychiater in Padua. 1939 emigrierte er mit seiner ersten Frau und zwei Söhnen in die USA, wo er noch die amerikanischen Qualifikationen in Psychiatrie und Kindertherapie abschloss und die psychoanalytische Ausbildung in Baltimore absolvierte. 1955 wurde er Professor für Psychiatrie an der Yale University und Lehranalytiker in New Haven, Connecticut.

Loewald wurde eine Schlüsselfigur der Psychoanalyse, nicht nur der amerikanischen. Er war ein ebenso kreativer wie profunder Theoretiker. Eine Arbeit über therapeutisches Handeln (1960) gestaltete er vierteilig nach dem Aufbau eines Streichquartetts. Er betonte die Funktion primärprozesshaften Denkens für das wissenschaftliche Arbeiten. Seine gründlichen Kenntnisse der Philosophie halfen ihm nicht zuletzt bei seiner peniblen Freud-Lektüre als Grundlage seiner theoretischen Arbeit. Er trat gegen ein hierarchisches und verschultes Ausbildungswesen für Psychoanalytiker auf und kritisierte früh eine simplifizierende Tendenz der amerikanischen Ich-Psychologie, welche die Psychoanalyse mechanistisch verfälsche. Dagegen betonte er die Integration von Trieb-, Struktur- und Objektbeziehungstheorie. Er hob die enge Beziehung von Ödipuskomplex, Symbolisierung, der Fähigkeit zur Selbstreflexion und der Denkstruktur hervor und konnte komplexe Zusammenhänge besonders flüssig und präzise formulieren.

„Psychologisch ausgedrückt, entfernt sich das heranwachsende Kind nach und nach vom primitiveren Narzißmus, bei dem es noch keine Grenzen gab, die es von einer ‚äußeren Welt' trennten. Die Entwicklung der Beziehung zur Mutter ist für diesen Wachstumsprozeß repräsentativ, wenngleich sie nicht lange das einzige ‚Äußere' bleibt, mit dem das Kind verbunden ist. Biologisch und psychologisch emanzipiert es sich immer mehr von der Mutter, was zu ständig steigender Spannung führt. Je weniger Mutter und Kind eins sind, je mehr sie zu getrennten Einheiten werden, desto stärker wird das dynamische Wechselspiel von Kräften zwischen diesen beiden ‚Systemen'. Wenn die Mutter zum Außen wird und das Kind gleichzeitig ein Inneres entwickelt, entsteht zwischen beiden ein Spannungssystem. Anders ausgedrückt, zwischen Mutter und Kind erwachen libidinöse Kräfte."

Hans *Loewald* (1951): Ich und Realität, in: ders.: Psychoanalyse. Aufsätze aus den Jahren 1951–1979. Stuttgart: Klett-Cotta, 1986, 15–34, 18.

es dem Analytiker ermöglicht, zwischen ungerichtetem Phantasieren und kritischer Aufmerksamkeit zu wechseln.

Im Zusammenhang mit dem von Klein beschriebenen Mechanismus der projektiven Identifizierung wird eine der Übertragung sehr ähnliche Dynamik beschrieben. Dabei zwingt der Analysand Zustände, die ihm unerträglich sind, in kommunikativer und destruktiver Absicht in den Analytiker hinein, der dies erkennen, verstehen und interpretieren soll. Bion ließ die Unterscheidung zwischen Übertragung und projektiver Identifizierung überhaupt fallen.

Gegenübertragung und projektive Identifizierung Eine psychotische Frau hatte ihre Analytikerin über mehrere Monate hinweg als eigennützig und verständnislos zurückgewiesen, sodass diese sich unfähig und hilflos fühlte und dieses Gefühl immer wieder als Folge der projektiv-identifikatorischen Abwehr der Analysandin verstand. Dennoch war es kaum möglich, die abweisende Haltung deutend zu mildern; es gelang gerade nur, die analytische Einstellung aufrechtzuerhalten. Schließlich war es in einer Stunde möglich aufzuzeigen, dass die Vorwürfe an die Analytikerin eben ausdrückten, wie die Patientin selbst sich fühlte: hilflos, unfähig und einsam. In der darauffolgenden Sitzung war die Patientin deutlich ruhiger und erklärte, sie selbst könne der Analytikerin leider nicht helfen, aber sie habe sich kundig gemacht und könnte ihr zwei gute Beratungsstellen nennen. Es war nun mehr Getrenntheit möglich, und die Analytikerin musste nicht mehr destruktiv attackiert werden wie in der Phase heftiger projektiver Identifizierungen. Gleichwohl konnte die Patientin ihr eigenes Leiden nicht bei sich ertragen, sondern brachte es – nun durch einfache Projektion – bei der Analytikerin unter und versuchte, es dort zu kontrollieren. Damit konnte sie beginnen, sich mit Hilflosigkeits-, Unfähigkeits- und Einsamkeitsgefühlen außerhalb ihrer Person auseinanderzusetzen und zugleich einen Teil ihrer Schuldgefühle gegenüber der Analytikerin wiedergutzumachen, was eine neue Phase der Analyse bedeutete. Die Übertragung war während der gesamten Zeit so weit positiv geblieben, dass die Patientin regelmäßig zu den Stunden kam, obwohl sie zu diesen positiven Aspekten keinen bewussten Zugang finden konnte.

Metapsychologisch ist das Konzept der projektiven Identifizierung nicht eindeutig beschrieben, und klinisch verlangt es äußerste Sorgfalt, weil die Gefahr besteht, dass der Analytiker Inhalte seines eigenen Unbewussten dem Analysanden deutend aufdrängt.

Insgesamt aber darf man nicht vergessen, dass die Übertragung auf den Analytiker dem Analysanden ja dazu dient, die eigentlich schmerzhaften unbewussten Inhalte nicht spüren und erkennen zu müssen. Die Analyse der Übertragung kann daher nicht bei den Gefühlen, die dem Analytiker entgegengebracht werden und die letztlich den infantilen Objekten gelten, haltmachen, sondern muss auch auf das Verstehen der dadurch verborgenen unbewussten Inhalte gerichtet bleiben.

Empfohlene Literatur

Betty *Joseph* (1985b): Übertragung: Die Gesamtsituation, in: dies.: Psychisches Gleichgewicht und psychische Veränderung. Hg. v. Elizabeth Bott Spillius u. Michael Feldmann. Stuttgart: Klett-Cotta, 1994, 231–248.

Heinrich *Racker* (1960): Übertragung und Gegenübertragung. München, Basel: Reinhardt, 1982.

Moustafa *Safouan* (1988): Die Übertragung und das Begehren des Analytikers. Würzburg: Königshausen & Neumann, 1997.

Die Denkfähigkeit des Analytikers

Ein Analysand und eine Analytikerin wollen etwas verstehen – deswegen findet die Analyse ja statt –, und dazu muss Primärprozesshaftes in Sekundärprozesshaftes verwandelt werden. Die Wahrnehmungs- und Denkfähigkeit der Analytikerin ist dafür ausschlaggebend. Wenn wir annehmen, dass die Ausbildung der Analytikerin sie ausreichend qualifizierte, bleibt die Frage, welche Einflüsse und Kräfte sie bei der Anwendung dieser Fähigkeiten (situativ) behindern können. Für eine solche Behinderung gibt es unterschiedliche Gründe, wobei die Analyse so angelegt ist, dass, was nicht aus dem Unbewussten des Analysanden kommt, möglichst gering gehalten werden kann.

Die Denkfähigkeit der Analytikerin umfasst, genau betrachtet, dreierlei:

1. Herstellung und Aufrechterhaltung der analytischen Situation,
2. aufmerksame, ungerichtete Zuwendung gegenüber dem Analysanden und
3. Symbolisierungsarbeit.

Dafür braucht es in der Regel Hilfsmittel wie das sichere Setting, eine ausreichend psychohygienische Lebensweise der Analytikerin und hohe Selbstwahrnehmungs- und Selbstreflexionsfähigkeit, die man auch als Praxis der professionellen Autoanalyse bezeichnen könnte.

Denkpsychologisch heißt das, dass die Analytikerin in mehrfacher Weise „gespalten“ funktionieren muss. Gegenüber dem eigenen Unbewussten muss sie offen und empfänglich sein, und gleichzeitig muss sie die Zensur (zwischen den Systemen Unbewusst und Vorbewusst-Bewusst) bzw. die Kontaktschranke, die, mit Bion formuliert, die α-Funktion sichert, aufrecht und ausreichend stabil halten, um nicht vom eigenen Unbewussten überschwemmt zu werden. Dabei helfen ihr der äußere Rahmen des Settings und die Regeln von Abstinenz und Diskretion. Man könnte auch sagen, die äußere Ordnung unterstützt die Aufrechterhaltung der inneren Ordnung. (Viele Analytikerinnen klagen, dass etwa mehrere Stundenverschiebungen nicht nur die Analysanden, sondern auch sie selbst „durcheinanderbringen“.) Die Aufrechterhaltung der Symbolisierungs- bzw. der α-Funktion braucht neben der haltenden Ordnung auch das tagträumerische Phantasieren der Analytikerin; Bion nannte das „rêverie". Diese objektbezogene, freie Phantasietätigkeit ermöglicht Containment, also die Verarbeitung der unverdauten Partikel (β-Elemente), die der Analytikerin vom Analysanden in dessen projektiven Identifizierungen aufgezwungen werden, und auch die Verarbeitung jener Repräsentanzen, die aus dem Unbewussten der Analytikerin selbst kommen, zu bedeutungsvollen Inhalten, die dann eventuell verstanden werden können.

Wodurch kann dieser Prozess behindert werden, sodass bei der Analytikerin Denkstörungen entstehen? Es gibt natürlich viele Ursachen, etwa Besonderheiten im Leben der Analytikern, die ihre Aufmerksamkeit ablenken (beispielsweise wenn sie um ihr eigenes erkranktes Kind in Sorge ist); in solchen Fällen muss sie jeweils entscheiden, ob sie arbeiten kann.

Etwas anderes sind Denkschwierigkeiten, die sich aus dem analytischen Prozess ergeben. Diese können so weit gehen, dass die Analytikerin überschwemmt wird, etwa durch einen Schwall destruktiver, unverständlicher Angriffe (massiver Ausstoß von β-Elementen) durch den Analysanden. Dies wird bei ihr vielleicht spürbar als Angst, als Gefühl des Chaos oder der Hilflosigkeit oder als Drang zum Handeln, vielleicht sogar als Drang, die Stunde abzubrechen. Wenn es ihr gelingt, ruhig zu bleiben, ihre Unsicherheit und das Nichtverstehen zu ertragen, ohne den Analysanden innerlich attackieren zu müssen, wird sie früher oder später wieder denkfähig werden und eventuell den Zusammenhang ihrer Zustände mit der Situation des Analysanden verstehen.

Eine Denkstörung liegt eigentlich auch vor, wenn eine Analytikerin sich verführen lässt, „helfen" zu wollen, denn es ist offensichtlich ein Irrtum, wenn eine Analytikerin plötzlich nicht mehr Analytikerin, sondern mitfühlende Freundin oder Ärztin oder Nachhilfelehrerin usw. sein will. Wenn man bedenkt, dass es sich bei den heftigen Wünschen und Übertragungen des Analysanden, um infantile Wünsche an infantile Objekte, also um imaginäre Ansprüche handelt, wird deutlich, dass die Befriedigung eines solchen Begehrens egoistische Interessen der Analytikerin bedient und/oder auf einer Denkstörung beruhen, wo eigene imaginäre, vor allem narzisstische Anteile zur Arbeitsunfähigkeit führen. Auch Fälle von emotionalen und sexuellen Grenzüberschreitungen sind, abgesehen von den ethischen und rechtlichen Problemen, Manifestationen massiver intellektueller bzw. Denkstörungen der Analytikerin. Denken zu können bedeutet ja, die eigenen Triebstrebungen so weit gehemmt zu halten, dass die mentalen Funktionen des Vorbewussten bzw. des Ichs nicht erlöschen, was eben adäquate Realitätsprüfung ermöglicht.

Letztlich geht es um das Ertragen des Nicht(s)wissens hinsichtlich der Situation und der unbewussten Vorstellungen des Analysanden. Die Aufrechterhaltung der Denkfähigkeit im analytischen Prozess bedeutet immer wieder auch, das Nicht-wirklich-denken-Können aushalten zu müssen, ohne den drängenden, unverstandenen Impulsen aus dem Unbewussten nachzugeben. So kann der analytische Raum freigehalten werden für echtes Verstehen, das sich nur einstellen kann, wenn es nicht durch abwehrendes Pseudowissen (der Analytikerin) verhindert wird. Dafür sind der äußere Rahmen und das Wissen um die eigenen Grenzen wesentliche haltgebende Faktoren.

Regelmäßige Supervision der eigenen Arbeit bei Kollegen des Vertrauens sind darüber hinaus eine professionelle Notwendigkeit.

Empfohlene Literatur

Enzo *Codignola* (1977): Das Wahre und das Falsche. Essay über die logische Struktur der psychoanalytischen Deutung. Frankfurt am Main: Fischer Taschenbuch, 1986.

Wilfred R. *Bion* (1970): Aufmerksamkeit und Deutung. Tübingen: Edition Diskord, 2006.

Deutung

Analytiker versuchen ihre Patienten nicht zu beurteilen oder zu bestätigen; sie geben weder Ratschläge noch Erklärungen über das Leben. Sie sind einzig dazu da, so weit wie möglich zu verstehen und das, was sie verstehen, dem Patienten angemessen zu vermitteln.

Bei der Deutung geht es um die Fragen, wann und wie der Analytiker interpretiert und was von seinen Gedanken er dem Analysanden mitteilt. Realität und Phantasie fließen bei den Analysanden immer wieder ineinander, Identifizierungen, Projektionen und Verleugnungen werden nur schwer und langsam aufgegeben. Die Verbindung von Wort- und Sachvorstellung ist notwendig, um Phantasie von Realität, außen von innen unterscheiden zu können. Die verbalen Deutungen beabsichtigen genau das und sind also Beiträge zur Differenzierung des Vorbewussten.

Das Deuten ist die wichtigste Aufgabe des Analytikers; zugleich ist die Deutung auch sein bedeutendstes Instrument bei der gemeinsamen Erforschung des Unbewussten des Analysanden. Mittels Deutung macht der Analytiker den Analysanden/die Analysandin auf einen latenten Gehalt der Rede oder des Verhaltens aufmerksam und versucht sein Verständnis desselben zu vermitteln. Dies muss in einer Art erfolgen, die der Situation des Analysanden entspricht, sodass ihm der Zugang zu den unbewussten Bedeutungen möglich wird. Aus diesem Grund muss der Analytiker eben den richtigen Zeitpunkt finden, um seine Einsicht zu vermitteln. Nicht jede Intervention des Analytikers ist gleich eine Interpretation, oft bedarf es der Nachfrage, der Klärung oder der Konfrontation als vorausgehende Schritte, die den Boden für eine Deutung bereiten. Manche Interventionen dienen auch nur der Motivation, die Assoziation weiterzuführen oder suchen Unklarheiten zu thematisieren.

Man unterscheidet Inhalts-, Widerstands- und Übertragungsdeutungen, die jeweils eine latente Bedeutung manifest zugänglich machen; etwa dass dem Analysanden nichts einfällt, um sich an etwas Bestimmtes nicht zu erinnern (Widerstandsdeutung) oder dass ein bestimmter Einfall möglicherweise dazu dienen soll, der Analytikerin Freude zu bereiten (Übertragungsdeutung).

Freud unterschied Deutung und Konstruktion, wobei Erstere ein einziges Element erklärt, Letztere das komplexe Verständnis eines Zusammenhangs darlegt, wodurch etwa ein ganzes Stück der infantilen Geschichte neu zugänglich wird. Im guten Fall können Gedankengruppen zusammengebracht, die Abwehr vor Augen geführt, Verbindungen hergestellt und latente Bedeutungen erfasst werden. Das gelingt jedoch nur gelegentlich; ein Großteil der Arbeit erfolgt durch Deutungen des Widerstands, zu dem zumeist auch die Übertragung gehört.

Freud empfahl, immer von der Oberfläche auszugehen und meinte damit, am Naheliegenden, Bekannten anzusetzen und von da ein Element oder bestimmte Beziehungen unter Elementen oder einen narrativen Inhalt als Spur zum unbewussten Gehalt weiterzuverfolgen, um sicherzustellen, dass der Analysand die Deutung auch nachvollziehen kann. Entscheidend ist die Nähe zur psychischen Situation des Analysanden, nicht die Brillanz der Einfälle oder gar die Theorien des Analytikers. Günstig ist es, wenn der Analytiker in der Wahl seiner Worte nahe am Wortlaut des Analysanden bleibt. Im Allgemeinen sind kurze, sprachlich einfache und präzise Formulierungen am wirkungsvollsten. Der Analytiker interveniert, wenn der psychoanalytische Prozess ins Stocken gerät. Er kann das, weil seine ungerichtete Aufmerksamkeit begleitet wird von einem Prozess der Auseinandersetzung, der in ihm abläuft und zu einer emotionalen und kognitiven Verarbeitung führt, aus der ein Verstehen resultiert. Ehe er eine Deutung formulieren kann, muss er dieses vorläufige Verstehen mit seiner aktuellen Vorstellung vom Analysanden zusammenbringen, was gelingt oder eben nicht. Gelingt es, kann er eine Deutung formulieren; die Reaktion des Analysanden zeigt die Wirkung der Deutung an.

Für Lacan hat die Deutung den Sinn, die altbekannte Sicht der Dinge beim „Analysanten" zu untergraben und ihn dazu zu bringen, sich quasi selbst in neuer Weise zuzuhören. Der Analytiker soll die Mehrdeutigkeiten in der Rede aufdecken, von denen dem „Analysanten" etliche nicht bewusst sind. So gesehen ist die Deutung eine Strategie und nicht die Vermittlung eines verborgenen Verstehens, das für Lacan im Verdacht steht, dem „Analysanten" vorgefasste Theorien überzustülpen.

Empfohlene Literatur

Sigmund *Freud* (1937c): Konstruktionen in der Analyse. GW XVI, 41–56.
Olaf *Knellessen*, Peter *Passett*, Peter *Schneider* (2003): Das Deuten in der Psychoanalyse. Wien: Turia & Kant.

Widerstand

Freud stieß auf das Paradox, dass alle, auch die motiviertesten Patienten, ihre Mitarbeit in der einen oder anderen Form immer wieder verweigerten. Er erkannte darin das allgegenwärtige Phänomen des Widerstands, nämlich die Vermeidung der Begegnung mit den verdrängten Gefühlen und Inhalten in der psychoanalytischen Kur. Was von der intrapsychischen Dynamik her als Abwehr zu verstehen ist, kann aus der Perspektive der Kur die Qualität eines Widerstandes haben. Widerstand und Abwehr schöpfen aus derselben Quelle, sind Ausdruck derselben Kräfte. Freud erkannte bald, dass die Analyse des Widerstandes, wie jene der Übertragung, in der Kur der verlässlichste Weg zum Verdrängten war. „Der Widerstand in der Kur geht von denselben höheren Schichten und Systemen des Seelenlebens aus, die seinerzeit die Verdrängung durchgeführt haben." (Freud, 1920f, 17) Es scheint, als wirke die Aufhebung der Verdrängung wie eine Gefährdung für die psychische Integrität bzw. für das Ich.

Für den Patienten besteht daher eine gespaltene Beziehung zum Analytiker als demjenigen, dem er vertraut und zu dem er um Hilfe kommt und als demjenigen, den er aktuell gemäß den infantilen Objekterfahrungen erlebt und auf den er seine Triebstrebungen richtet. Der Patient im Widerstand ist mit sich im Konflikt, welchen Aspekten er sich überlassen soll. Dies bedeutet auch den Konflikt, ob die Wahrheit der infantilen Objekte angenommen oder ob dieses Wissen abgewehrt wird. Im Zuge des Durcharbeitens werden diese Konflikte gegen das Erinnern vielfach aktualisiert und die Kraft der Abwehr wie die daraus entstehenden Leiden gegeneinander gehalten.

Angeregt durch die tendenziell regressive analytische Situation und die Neutralität des Analytikers gelingt es, Wunschregungen, die unverändert als infantile Befriedigungsbilder im Unbewussten repräsentiert sind, im Vorbewussten mit aktuellen Erinnerungsresten zu verbinden; auf diese Weise streben sie nach Abfuhr. Dadurch entsteht (außer bei gewissen schweren psychischen Störungen) ein Konflikt mit der Zensur, aus dem sich der Widerstand gegen das Bewusstwerden und damit gegen die psychoanalytische Arbeit speist. Abwehr und Widerstand sind ein Schutz gegen den Schmerz des Erinnerns. Die Erinnerung hat aber der infantilen Realität voraus, dass der erwachsene Patient denken und trauern kann, was dem Kind nicht möglich war.

Personen, die sich freiwillig in Psychoanalyse begeben, haben bewusst zumeist die starke Absicht, die unbewussten Zusammenhänge ihrer Leiden aufzufinden; dennoch sträuben sie sich in vielfältiger Weise, sich zu erinnern und unangenehme Zustände wiederzuerleben. Es besteht die Angst, all das wieder durchmachen zu müssen, was die Verdrängung ursprünglich wirksam machte. Davon wissen die Betreffenden bewusst zumeist nichts, denn die Widerstände verhindern die Erinnerungen an Beschämung, Schuld, Neid und die damit verbundenen infantilen Dramen. Den Analysanden „fällt" dann „nichts ein", sie betonen das Gegenteil

Wilhelm Reich (* 1897 Dobrzanica/Galizien, † 1957, Lewisburg/USA)
Wilhelm Reich wuchs auf einem Gut in der Bukowina auf und maturierte 1915 in Czernowitz. Er verlor auf besonders tragische Weise früh beide Eltern, kam nach Kriegsende mit seinem Bruder nach Wien und inskribierte Medizin. Er besuchte Otto Fenichels „sexuologisches Seminar", war rasch dessen begabtester Schüler und teilte auch dessen Interessen für den Marxismus. 1920 wurde er Mitglied der Wiener Psychoanalytischen Vereinigung und heiratete nach seiner Promotion 1922 eine Studienkollegin, die später berühmte Psychoanalytikerin Annie Reich.

Reich war ein ausgezeichneter Kliniker und galt, nachdem er Fenichels Seminare übernommen hatte, als hervorragender Kenner und Lehrer der psychoanalytischen Theorie. Sein besonderes Interesse galt dem Zusammenhang von Triebhaftigkeit, sexueller Befriedigung und gesellschaftlichen Herrschaftsverhältnissen. Damit beschäftigte sich auch sein erstes, hochgelobtes Buch „Die Funktion des Orgasmus" (1927). Er war in der Sexualreformbewegung und in der Kommunistischen Partei aktiv; 1930 ging er nach Berlin. Reich erkannte früh die gefährliche Massendynamik des Faschismus, die er in seiner Arbeit „Die Massenpsychologie des Faschismus" (1931) unter anderem aus dominierend lustfeindlichen und autoritär-patriarchalen Herrschafts- und Familienstrukturen zu erklären suchte. 1933 erschien sein klinisch-psychoanalytisch wichtigstes Werk „Charakteranalyse. Technik und Grundlagen für studierende und praktizierende Analytiker", in dem er sein Konzept der „charakterlichen Panzerung", einer Verfestigung chronischer Abwehr in Körper und Psyche, einführte. Wegen dieses Abwehrpanzers plädierte er für den Vorrang der Widerstandsanalyse, deren besondere Bedeutung und Methode er demonstrierte.

Reichs beharrliches politisches Engagement und seine vielfältigen persönlichen Konflikte brachten ihn schließlich in Gegensatz zur IPA, aus der er 1934 ausgeschlossen wurde – ebenso wie aus der Kommunistischen Partei. Vor dem NS-Regime floh er zunächst nach Oslo und dann weiter in die USA, wo er sich bereits weit von der Psychoanalyse entfernt hatte, Körpertherapien machte und eine biophysische „Orgon"-Theorie vertrat. Nach einem aufreibenden Rechtsstreit um seine Orgon-Therapie wurde er 1956 zu zwei Jahren Haft verurteilt und starb im Gefängnis.

„Es sind die ‚Lücken' im ‚Panzer', durch die die libidinösen und sonstigen Interessen je nach der Situation gleich Pseudopodien ausgeschickt und wieder eingezogen werden. Der Panzer selbst ist aber beweglich zu denken. Seine Reaktionsweise verläuft durch-

wegs nach dem Lust-Unlust-Prinzip. In unlustvollen Situationen nimmt die Panzerung zu, in lustvollen lockert sie sich. Der Grad der charakterlichen Beweglichkeit, die Fähigkeit, sich einer Situation entsprechend der Außenwelt zu öffnen oder sich gegen sie abzuschließen, macht den Unterschied zwischen realitätstüchtiger und neurotischer Charakterstruktur aus."

Wilhelm *Reich* (1933/1949): Charakteranalyse. Frankfurt am Main: Fischer Taschenbuch, 1976, 154.

von dem, worum es eigentlich geht, überhören die Deutungen des Analytikers usw. Häufig versuchen sie, ihre Einfälle zu kontrollieren, versuchen kohärente, logische Erzählungen zu liefern, oder sie vergessen das Erinnerte wieder.

Der Widerstand gegen die Analyse, also gegen das Bewusstwerden unbewusster Inhalte, zeigt sich am offensichtlichsten an den Grenzen, etwa an den realen Bedingungen in Form vergessener Stunden, Honorare und Abmachungen oder als Zuspätkommen. Es gibt andererseits auch die schwierige Variante, bei der die Vereinbarungen mit äußerster Genauigkeit eingehalten werden und der Analysand (scheinbar) bemüht an der Analyse festhält und arbeitet, zugleich aber jede echte Bewusstwerdung vermeidet und den effektiven Stillstand nicht beklagt. Solche Scheinanalysen sind oft sehr langwierig und mühsam aufzudecken, zumal sie mitunter als Abwehrstruktur in den gesamten Lebensalltag integriert scheinen, auf dass alles beim Alten bleibe.

Widerstand gegen die Übertragung bzw. dagegen, sie bewusst wahrzunehmen, ist verbreitet und äußert sich oft darin, dass jeder Zusammenhang zwischen der Rede des Analysanden und seiner Beziehung zur Analytikerin negiert wird. Widerstand existiert auch in Form der Übertragung, etwa als negative Übertragung, die den Analytiker abwertet oder attackiert, im Extremfall auch als „negative therapeutische Reaktion" im Sinne der Verweigerung jeder Veränderung, wenn die Analyse und der Analytiker als nicht hilfreich erlebt und keine Hoffnung auf künftige Hilfe erwartet werden oder wenn der Patient nicht die Empfindung hat, die Genesung wert zu sein (Schuldgefühl). Widerstand in Form positiver Übertragung, etwa als Verliebtheit, besonders in offen sexualisierter Form, kann die analytische Arbeit fast lahm legen, weil er besonders hartnäckig auf unmittelbare Befriedigung drängt. Einseitig positive oder negative Übertragung hält jeweils einen Teil der Ambivalenz verdrängt. Bewunderung und dauerhafte Idealisierung des Analytikers verhindern oft beharrlich jede echte Einsicht und werden eine Gefahr für die analytische Arbeit, sobald sie vom Analytiker unbewusst gewünscht und genossen werden.

Typisch ist das sogenannte „Acting-out", wenn, statt sich in Worten zu erinnern, unbewusste Vorstellungen real in Szene gesetzt werden – etwa wenn über orale Wünsche an den Analytiker nicht gesprochen, vielleicht nicht einmal nach-

gedacht und stattdessen vermehrt Zuflucht zu Süßigkeiten genommen wird oder wenn die Gefühle für den Analytiker durch neugierige Recherchen über sein persönliches Leben befriedigt werden und nicht in der Analyse zur Sprache kommen. Eine besondere Widerstandsquelle kann im „sekundären Krankheitsgewinn" liegen, d. h. in den realen oder imaginären Vorteilen, die mit dem Kranksein einhergehen. Das ist der Fall, wenn etwa Schwindelanfälle dazu führen, dass man aller Verpflichtungen enthoben ist – weshalb sie unbewusst auch herbeigesehnt werden – oder wenn durch ein Leiden dem Kranken plötzlich besondere Aufmerksamkeit und Pflege zuteil werden, sodass dafür das Kranksein unbewusst gerne in Kauf genommen wird.
Genau genommen kann alles Widerstandszwecken dienen, unaufhörliches Reden ebenso wie Schweigen, Regression und Vernünftigsein, Liebe, Hass und Gleichgültigkeit gegenüber dem Analytiker und vieles mehr. Entscheidend ist die Funktion des jeweiligen Verhaltens im psychoanalytischen Prozess.

Empfohlene Literatur

Karl *König* (1995): Widerstandsanalyse. Göttingen, Zürich: Vandenhoeck & Ruprecht.
Wilhelm *Reich* (1933/1949): Charakteranalyse. Frankfurt am Main: Fischer Taschenbuch, 1976.

Der psychoanalytische Prozess: „Erinnern, Wiederholen und Durcharbeiten"[11]

Die Psychoanalyse nimmt an, dass, was der Patient der Analytikerin mitteilt, Bedeutungen enthält, die ihm nicht bewusst und die nicht manifest sind, sondern indirekt, assoziativ und durch Interpretation erschlossen werden können. Sie geht davon aus, dass diese Bedeutungen durch psychischen Aufwand (siehe S. 82–84, Verdrängung) vom Bewusstsein ferngehalten werden, um Unlust zu vermeiden, und dass dieselben Kräfte (siehe S. 91–95, Abwehr) sich auch der Interpretation und letztlich der Therapie entgegenstellen (siehe S. 262–265, Widerstand).

In der Beziehung zum Analytiker werden diese unbewussten Bedeutungen aktualisiert (siehe S. 252–257, Übertragung), weshalb gerade diese Beziehung und die sich in ihr manifestierenden Wünsche und Affekte im Zentrum der Verstehens- und Deutungsarbeit stehen. Unter Vermeidung aller direkten Befriedigung und mithilfe der kontinuierlichen Deutung des Redeflusses im jeweiligen aktuellen Beziehungsgefüge zwischen Analysand und Analytiker werden sich aktualisierende unbewusste Inhalte bewusst und verstehbar. Dies, so ist die Annahme (und Erfahrung) der Psychoanalyse, habe therapeutische Wirkung, brin-

[11] Freud, 1914g.

ge Symptome zum Verschwinden und „löse" Denk- und Beziehungsprobleme, und damit nähere sich der Analysand seiner subjektiven persönlichen Wahrheit.

„Erinnern, Wiederholen und Durcharbeiten" (Freud, 1914g) ist eine knappe Beschreibung der intrapsychischen Arbeit des Analysanden, die mithilfe des Analytikers letztlich der Aufhebung von Verdrängungen und der Erweiterung des Vorbewussten (des Ichs) dient.

Der Analysand kommt mit einem Leiden und in der Hoffnung, der Analytiker werde ihn davon befreien. Er findet sich – auch wenn er sich davor theoretisch informiert hat – befremdet von der neuen Situation und in der Regel irritiert durch die in ihm ausgelösten diffusen Vorgänge wieder. Die konsequente psychoanalytische Haltung des Analytikers führt nach einiger Zeit zur Bildung einer Übertragungsneurose, deren Analyse, also deren Aufdeckung der ihr zugrunde liegenden infantilen Wünsche und Ängste, den Großteil der analytischen Arbeit in der Psychoanalyse ausmacht. Diese geht unter vielfachen Widerständen vor sich, mittels derer sich der Analysand unbewusst gegen die Veränderungen sträubt.

Die Übertragung ist eine Form der Erinnerung sowie eine Wiederholung, allerdings nicht mit Worten, sondern handelnd und erlebend – und unbewusst. Nun geht es darum, dieses Handeln und Erleben zur Sprache zu bringen und es in den assoziativen Verknüpfungen und Beziehungen bis zum infantilen Wunsch zu verfolgen. Durcharbeiten heißt, die ständig produzierten Repräsentanzen der infantilen Triebwünsche in immer neuen Formen und Zusammenhängen aufzudecken und die an sie gebundenen Konflikte und Ängste zutage zu bringen, was zugleich Enttarnung, Verausgabung und Umlenkung der Triebwünsche bedeutet (siehe S. 104 f., Sublimierung). Der Analytiker muss fähig sein, das Fremde, Misssymbolisierte, Unerträgliche (β-Elemente nach Bion) des Analysanden aufzunehmen, es als eigenes Fremdes behalten zu können und eventuell so zu verarbeiten, dass der Analysand sich mit diesem Fremden vertraut machen und es sich dann als nun Vertrautes oder als eigenes Fremdes zu eigen machen kann.

Alles Erleben schlägt sich in sinnlichen Erinnerungsspuren nieder, die als Affekte erlebbar werden und auch psychisch wirksam sind. Zu bewussten Erinnerungen und damit denkbar werden sie aber erst in Verbindung mit Wortvorstellungen. Durch die Sprache wird etwas ganz Subjektives anderen kommunizierbar. Psychoanalyse bedeutet, Empfindungen, Stimmungen, Ängste, Symptome usw. im vollen Sinn „zur Sprache zu bringen". Sprechen im vollen Sinn evoziert die subjektive Bedeutungsgeschichte. Durch Übertragung, Assoziation und sprachliche Deutung werden subjektiv bedeutsame Erinnerungsspuren in der aktuellen Beziehung zum Analytiker zu Inhalten, über die nachgedacht werden kann. Dies bewirkt eine situative Erkenntnis, die dann in immer neuen Konstellationen aktualisiert, gedeutet und verstanden werden kann, bis zuletzt ein ganzer unbewusster Zusammenhang bewusst und Gegenstand des Nachdenkens geworden ist. Das braucht allerdings Zeit. Einmal erkannte Einsichten verschwinden wieder, die Zuversicht weicht immer wieder dem Zweifel, längst „Verstandenes" tritt in neuer Verkleidung auf, der Widerstand nährt sich immer wieder neu. Dies verlangt Geduld und kann kaum beschleunigt werden. Das Durcharbeiten der Übertragungsanalyse muss die Entidealisierung des Analytikers einschließen.

Zuletzt läuft jede Analyse auf Trennungen hinaus, vor allem von Illusionen, natürlich aber auch vom Analytiker. Das verlangt einen Prozess des Trauerns, im Zuge dessen im guten Fall mittels Identifizierungen Aspekte des psychoanalytischen Prozesses selbst verinnerlicht werden, sodass die analytische Selbstreflexion als eine Art „unendliche Analyse" weiter aufrechterhalten werden kann.

Empfohlene Literatur

Sigmund *Freud* (1914g): Erinnern, Wiederholen und Durcharbeiten. GW X, 125–136.
Sigmund *Freud* (1937b): Die endliche und die unendliche Analyse. GW XVI, 57–99.

Die Analytikerin bei der Arbeit – eine Falldarstellung

Für die Klinik der Psychoanalyse kommt den sogenannten „Fallgeschichten", also Beschreibungen und Protokollen aus Psychoanalysen, traditionell große Bedeutung zu. Sie sind Material für Besprechungen der Arbeit von Analytikern, methodische Reflexionen und Theorieentwicklungen.

Aus einer Psychoanalyse:

Frau A., 39 Jahre, Juristin, verheiratet; Anlass für den Analysewunsch: Bemühen um Schwangerschaft, die ohne medizinische Begründung ausbleibt. Weiters: langjährige Entscheidungsschwierigkeiten in der Beziehung zu ihrem Mann mit vielen Affären auf beiden Seiten, Anfälle von Sozialangst.

> Aus der ersten Analysestunde:
>
> **Frau A.** (*zögert, nachdem sie die Türe geschlossen hat, schaut zur Couch und dann fragend zur Analytikerin*): Also, dann leg' ich mich hin ... Wenn ich hier so liege ... das ist wie die Situation bei den Untersuchungen ... ich mein', beim Gynäkologen ... vielleicht sogar wie eine Geburt ... oder wie aufgebahrt. Ich fühl mich jetzt ganz ausgeliefert ... irgendwie so offen ... sogar das Körperinnere entblößt ... überhaupt alles. (Schweigt.) Es ist ein unangenehmes Gefühl. ... Ich habe keine Worte dafür. (Schweigt.) Jetzt ist mir mulmig.
>
> **Analytikerin:** Das Neue und Ungewisse hier macht Sie ängstlich. Wohin wird die Analyse führen: zum Leben oder zum Tod? Das mischt sich wohl mit dem Wunsch, hier schwanger zu werden.
>
> **Frau A.:** Ja, irgendwie schon ... Ich bin heute fast zu früh weggegangen von zu Hause. Eigentlich habe ich immer Angst, es könnte sich nicht ausgehen – dabei geht sich dann zuletzt immer alles aus. Auch die Psychoanalyse ist

sich heute ausgegangen. … Meine Mutter ist in Wien … die weiß gar nichts von meinen Versuchen, schwanger zu werden. … Hab' überlegt, ob ich sag', wo ich hingeh', aber wie soll ich der erklären, was Psychoanalyse ist. Überhaupt, wenn ich jemanden treff', der keine Ahnung hat … mir fehlen die Worte … Es ist ein komisches Gefühl … Auch unheimlich. … Ich weiß gar nicht, was ich hier alles erzählen soll.

Analytikerin: Es geht darum, dass Sie alles sagen, was Ihnen in den Sinn kommt, möglichst ohne auszuwählen.

Frau A.: Ja, ich weiß, so ist die Regel. … Aber ich hab' nicht die richtigen Worte.

Analytikerin: Vielleicht fürchten Sie ja auch, es könnte etwas „Falsches" herauskommen.

Frau A.: Ich wünsch' mir, ich brauch' hier nicht arbeiten, ich muss mir nichts überlegen … dass ich nicht so formulieren muss wie für einen Vortrag, sondern dass mir jemand die Knochenarbeit abnimmt. Die Vorträge sind immer so eine Quälerei, hab' solche Angst, mich vor dem Publikum offenzulegen … dabei hab ich mich freiwillig bereiterklärt … Jetzt auch, ich hab' für eine Fortbildungstagung ein Referat angeboten. Zuerst bin ich so … ich mein', ich will das machen, und dann fürcht' ich mich … ich glaub' dann, ich kann nicht mehr weiter oder es kommt etwas Falsches heraus … wenn ich so verwirrt bin. Der X. (*ihr Mann*) sagt, ich hab' so einen hohen Selbstanspruch. (*Längeres Schweigen.*) Jetzt hab' ich den Vögeln zugeschaut. … Die Aussicht vom Fenster hier wird jetzt viermal in der Woche die gleiche sein … irgendwie ist das eine Sicherheit … das beruhigt. Wie die Entspannungsübungen, die ich machen sollte und auf die ich immer vergess' … an nichts denken … Aber ich wünsch' mir immer was zum Anhalten … Diese Aussicht auf Regelmäßigkeit gibt mir auch ein Gefühl von Hoffnung. Immer wieder diese Dächer sehen, diese Rauchfanglandschaft und den Himmel, das tut gut als Perspektive.
Im Verlauf der beiden folgenden Jahre entwickelte Frau A. eine starke, idealisierende Übertragung und identifizierte sich mit einem Bild von der Analytikerin als kinderloser, erfolgreicher Frau mit Freude am Beruf. Damit suchte sie sich auch von ihrer Mutter abzugrenzen, die sie als „oral bedürftig" und „überfürsorglich aus Eigennutz" empfand.

Anfang des dritten Analysejahres:

Frau A. (*kommt fast 15 Minuten verspätet, war für sie sehr ungewöhnlich ist*): *Langes Schweigen.*

Analytikerin (*nach etwa 20 Minuten*): Sie schweigen … und das, nachdem Sie sich sehr verspätet haben.

Frau A.: Ja – ich habe heute auf die Psychoanalyse vergessen. Das heißt, ich bin dann zwanzig vor draufgekommen, war selbst ganz überrascht. Und dann ist es sich eben nicht mehr ausgegangen … (*langes Schweigen unter stei-*

gender Spannung). Ich hab' Sie am Samstag mit Ihren Kindern gesehen ... am Naschmarkt. ... Ich hätte Sie nie mit dem Naschmarkt in Verbindung gebracht ... Irgendwie passt das nicht zu Ihnen. ... Ich geh' fast jede Woche, eigentlich geh' ich immer am Freitag, sozusagen als Einstieg ins Wochenende, aber letzte Woche hab' ich nicht können, weil ja meine Cousinen da waren, und die wollten nicht. Ich hatte ja gedacht, wir würden alle drei gehen und dort auch gleich essen. Dabei ... (*Schweigen*).

Analytikerin: Sie haben gesagt, Sie hätten mich mit meinen Kindern gesehen.

(*Schweigen.*)

Analytikerin: Die Erinnerung und was Sie damit verbinden, ist Ihnen so schwierig, dass Sie gar nicht darüber sprechen wollen.

Frau A.: Ich weiß nicht.

Aus der folgenden Stunde:

Frau A. (*kommt pünktlich*): Gestern war ich nach der Stunde wie erschlagen, ganz vernebelt im Kopf, und irgendwie ist es mir den ganzen Nachmittag schlecht gegangen. Am Abend war ich dann allein zu Hause, weil der X. noch eine Verabredung hatte, und dann bin ich irrsinnig böse auf Sie geworden. Ich bin mir wie verraten vorgekommen ... und auch irgendwie blöd. Böse, dass Sie mir nie gesagt haben, dass Sie Kinder haben, und ich war ganz sicher ... Sie hätten mir das sagen sollen ... Aber natürlich sagen Sie mir so etwas nicht, Sie sagen überhaupt nie etwas. Aber ich komm' mir jetzt irgendwie lächerlich vor.

Analytikerin: So, als schämten Sie sich für Ihre Gefühle.

Frau A.: Sie haben wahrscheinlich gar keine Ahnung.

Analytikerin: Es scheint Ihnen nun unvorstellbar, dass ich verstehen könnte, wie's Ihnen geht, wie schmerzlich Sie Ihre Kinderlosigkeit empfinden und wie enttäuscht und gekränkt Sie darüber sind, dass es hier zwischen Ihrer und meiner Situation Unterschiede geben könnte.

Kommentar:
Der Beginn der Behandlung steht sehr im Zeichen des Wunsches nach einer Schwangerschaft, der Frau A. auch in die Analyse gebracht hat. Die Ambivalenz diesem Wunsch gegenüber mischt sich in der ersten Stunde mit den zwiespältigen Gefühlen gegenüber der Analyse und gegenüber der Mutter der Patientin. Ihre Unsicherheit versucht sie in der Analyse, aber offenbar auch sonst dadurch zu bekämpfen, dass sie sich bemüht, immer alles richtig zu machen. Auf diese Weise gerät sie in Konflikte mit ihren Wünschen, sich ganz auf jemanden (die Analytikerin) verlassen zu können, von ihren Ambivalenzen geheilt zu werden und zu bekommen, was sie möchte. Daraus speisen sich in der Folge auch die wunschgeleitete Idealisierung der Analytikerin (als eine, die keinen Mangel kennt) und eine positive Übertragung, die die Konkurrenz (mithilfe der Phanta-

sie der Kinderlosigkeit der Analytikerin) und den Konflikt (mithilfe der Phantasie der Gleichgesinntheit mit der Analytikerin) ausklammert.

Durch einen Zufall wird die Analysandin dann mit etwas konfrontiert, was sie zu zwingen scheint, ihr bisheriges Bild von der Analytikerin zu ändern. Eine Änderung wäre weniger abrupt früher oder später auch durch die Deutungen dieser Übertragungsphantasien notwendig geworden, und es ist anzunehmen, dass die Interpretation der Analysandin, sie habe die Analytikerin mit deren Kindern beobachtet (wobei sie ja nicht wissen kann, ob es sich dabei wirklich um deren Kinder handelte), erst aufgrund der bis dahin erfolgten Deutungen in der Analyse möglich geworden war. Jede Aufgabe von Übertragungsvorstellungen bringt es mit sich, dass viele Aspekte, die durch diese Vorstellungen unbewusst gehalten werden, zum Bewusstsein drängen – in diesem Fall etwa Neid auf die Analytikerin, Wut über den unerfüllten Kinderwunsch und Vorwürfe an die Analytikerin, die dafür verantwortlich gemacht wird. Das verstärkt in der Übertragung die unbewussten Konflikte und den Widerstand der Analysandin gegen die Auseinandersetzung mit diesen Aspekten. Die virulent gewordenen Vorstellungen und Gefühle scheinen so unerträglich, dass Frau A. sie zunächst nicht denken kann, sondern sie agierend abwehrt, indem sie auf die Stunde vergisst, zu spät kommt und schweigt bzw. von Nebensächlichem (ihren Einkaufsgewohnheiten) spricht. Da die Analytikerin diese sehr konflikthaften Aspekte aber anspricht und zugleich die Gefühle, welche dadurch bei Frau A. ausgelöst werden, ernst nimmt, können sie der Verdrängung entzogen bleiben und Gegenstand der Analysearbeit werden. Das Phantasma ihrer Beziehung zur Analytikerin als harmonisches Einverständnis zweier zufriedener, emanzipierter Freundinnen konnte nicht mehr aufrechterhalten bleiben. Das warf sie auf jene Wünsche und Konflikte zurück, welche durch diesen Übertragungswiderstand verborgen hätten bleiben sollen.

Im Verlauf der weiteren Analyse wurden bis dahin abgewehrte negative Gefühle und Zweifel von Frau A. gegenüber der Analytikerin deutlich, schließlich auch heftige Ambivalenzen in Bezug auf ihre Mutter und auf eine mögliche eigene Mutterschaft und den Kinderwunsch. Diese Konflikte mussten dann nicht mehr als unbewusste Behinderungen wirken, sondern konnten schließlich verstanden und Grundlage bewusster Lebensentscheidungen werden.

5 Organisationsformen psychoanalytischer Therapie

Klinische Anwendungsgebiete

Obgleich die psychoanalytische Methode anhand des von Freud entwickelten „Zeremoniells" mit einer Frequenz von fünf- bis sechsmal wöchentlich entwickelt wurde, hat es natürlich immer auch andere Organisationsformen gegeben, in welchen psychoanalytisch gearbeitet wurde. Damit psychoanalytisch gearbeitet werden kann, braucht es einen qualifizierten Analytiker und eine Übereinkunft über die Rahmenbedingungen mit dem Patienten. Das heißt nicht, dass das „klassische" Setting einfach weggelassen werden kann; im Gegenteil, es ist durch die Intensität und Muße, die damit einhergehen, üblicherweise natürlich die beste Form, um Zugang zu unbewussten Inhalten zu finden. Aber es gibt Umstände, die diese Form nicht zulassen, und dann muss der Analytiker jeweils entscheiden, auf welche Weise er analytisch arbeiten kann. Analytiker zu sein bedeutet, die Phänomene des Unbewussten erfassen und verstehen zu wollen, und dies kann unter vielen Umständen der Fall sein, nicht nur hinter der Couch. Die sogenannte „angewandte Psychoanalyse" findet fast immer unter Bedingungen statt, die nichts mit dem klassischen Setting zu tun haben.

Im klinischen Bereich haben sich verschiedene Therapievarianten durchgesetzt, die im ambulanten oder stationären Kontext aus organisatorischen Gründen – oder weil für die betroffenen Patienten eine klassische Analyse nicht möglich ist – weite Verbreitung finden.

„Klassische" Psychoanalyse

Schon früh, nicht zuletzt auch in seiner Selbstanalyse, erkannte Freud die große Bedeutung von Regelmäßigkeit und Verlässlichkeit, aus der sich der äußere Rahmen ergab. Er sah seine Patienten dann in der Regel täglich, außer Sonntag, für eine Stunde. Häufig passierte es auch, dass seine Patienten ihm an seinen Urlaubsort nachreisten, um die Analyse nicht zu unterbrechen. Später reduzierte er auf fünf Sitzungen in der Woche und vereinbarte gelegentlich auch Sonderbedingungen aufgrund der speziellen Lebensumstände mancher Analysanden – dies vor allem, wenn sie aus großer Entfernung, häufig etwa aus Amerika, anreisten. Marie Bonaparte zum Beispiel übersiedelte mehrmals für Wochen und Monate nach Wien, um ihre Analyse bei Freud in Blöcken zu absolvieren; sie hatte dann auch mehrere Sitzungen täglich.

> „Der neurotisch Kranke bringt uns ein zerrissenes, durch Widerstände zerklüftetes Seelenleben entgegen, und während wir daran analysieren, die Widerstände beseitigen, wächst dieses Seelenleben zusammen, fügt die große Einheit, die wir sein Ich heißen, sich alle die Triebregungen ein, die bisher von ihm abgespalten und abseits gebunden waren." (Freud, 1919a, 186)

Das ist ein idealer Verlauf, und die klassische Analyse bietet durch ihre Anlage ideale Voraussetzungen für die Untersuchung psychischer Vorgänge, die sonst kaum zugänglich wären. Wesentliche Faktoren sind: die sichere Vereinbarung über die Häufigkeit der Begegnungen zu fixen Stunden, der gleichbleibende Ort, die trotz eingeplantem Ende nicht konkret begrenzte Dauer der Kur. Das Arrangement des liegenden Analysanden, der den hinter ihm sitzenden Analytiker nicht sehen kann, dient der Regression. Dies gilt auch für die Grundregel, die besagt, der Analysand möge ohne Einschränkung alles aussprechen, was ihm durch den Sinn geht, gleich ob es passend, klug, beschämend, angenehm usw. scheint oder nicht. Regression und reduzierte Kontrolle führen dazu, dass die innere Zensur verringert wird und der Denk- und Redefluss primärprozesshafter erfolgt als sonst, wodurch er auch mehr Spuren des Unbewussten enthält. Diesen und ihren unbewussten Bedeutungen in Rede, Handlungen, Träumen, Phantasien oder Halluzinationen gilt die Aufmerksamkeit des Analytikers. Sobald er etwas für den Analysanden Relevantes und seiner Meinung nach aktuell Bedeutsames verstanden hat, teilt er ihm dies in einer geeigneten Formulierung mit. Eine Deutung ist die Mitteilung einer Einsicht über unbewusste Zusammenhänge, die, wenn sie dem Analysanden annehmbar und einsichtig ist, das Erleben eines neuen Verstehens bewirkt. Die Deutungen können sich auf Assoziationen, Symptome oder auf Widerstände gegen die analytische Arbeit beziehen.

Eine klassische Psychoanalyse ist bei allen psychischen Leidenszuständen indiziert, die auf unbewussten Konflikten basieren. Sie verlangt ausreichende Motivation vom Analysanden sowie vom Analytiker die Einschätzung, dass er mit dieser Person dauerhaft psychoanalytisch arbeiten kann. Verschiedentlich werden Hinderungsgründe angegeben; etwa mangelnde Affektkontrolle, hohe Frustrationsintoleranz oder stark verminderte Fähigkeit zur Realitätsprüfung. Letztlich ist aber entscheidend, dass ein angemessener Rahmen eingehalten werden, der Analysand Einfälle produzieren und der Analytiker arbeitsfähig bleiben kann. Weitere Beschränkungen, wie etwa Alter oder anstehende Lebensentscheidungen, spielen heute kaum noch eine Rolle. Personen mit neurotischen Störungen, die auf Psychoanalyse besonders gut ansprechen, kommen am häufigsten in Analyse. Weiters kommen zunehmend Patienten mit zum Teil schweren Persönlichkeitsstörungen, seltener auch psychotische Personen in hochfrequente Psychoanalyse.

Kinder- und Jugendlichenanalyse

Die Entdeckung der infantilen Sexualität sowie das Grundverständnis der Psychoanalyse, dass der Erwachsene von seinen infantilen Strebungen entscheidend (mit-)bestimmt wird, haben das Interesse an der kindlichen Entwicklung maßgeblich befördert. Der Beginn der Kinderanalyse wird manchmal mit Sigmund Freuds Analyse der 18-jährigen Dora, zumeist aber mit seiner Darstellung einer infantilen Phobie aus dem Jahr 1909 angesetzt, obgleich diese eher einer psychoanalytischen Erziehungsberatung gleichkam. Freud hat Kinder behandelt, aber nie psychoanalytisch, wohingegen mehrere Adoleszente bei ihm in Therapie waren. 1920 beschrieb er eine Kleinkinderbeobachtung, welche als „Fort-da-Spiel" mit der Zwirnspule zu einer historischen Szene wurde, die Freud den Sinn des kindlichen Spiels erschloss: Dieses Verhalten konnte als aktive symbolische Verarbeitung dessen verstanden werden, was das Kind zuvor passiv erlitten hatte, im genannten „Fort-da" etwa das Weggehen und Wiederkommen der Mutter.

Erste Schritte einer „heilerziehlichen Analyse" machte um 1912 Hermine Hug-Hellmuth. Sie sah auch bei Kindern den Ankerpunkt der Behandlung in der Übertragung und lenkte die Aufmerksamkeit auf die Kränkbarkeit der Kinder, was die vorherrschenden Erziehungspraktiken damals ignorierten. Insgesamt gab es bis in die 20er-Jahre kaum Kinderbehandlungen; dann freilich wurden sie etwa bis Mitte des 20. Jahrhunderts zu einem bevorzugten Forschungs- und Behandlungsfeld.

Melanie Klein wurde 1919 mit einem Vortrag zur Fallgeschichte einer Kinderanalyse Mitglied der Ungarischen Psychoanalytischen Vereinigung. Sie dachte – wie viele Analytiker damals –, analytische Arbeit mit Kindern sollte auch präventiv durchgeführt werden, um spätere Neurosen zu verhindern. Allein in Berlin behandelte sie in den Jahren 1921 bis 1926 22 Kinder und Jugendliche. Da sie bald mit psychotischen und Kleinkindern arbeitete, musste sie eine Methode entwickeln, auch dort zu verstehen, wo verbal wenig stringente Mitteilungen möglich waren. Mit ihrer „Spieltherapie" verstand sie schließlich das gesamte Verhalten der Kinder während der Therapiestunde als Manifestation unbewusster Phantasien und Ängste sowie als Ausdruck der Übertragung und entwickelte eine Deutungsweise nach ihrem Verständnis der symbolischen Darstellungen dieser unbewussten Phantasien im Verlauf der Therapiestunden. Dabei zielte sie auf elementare, sinnliche Vorstellungen über den eigenen Körper, die Körper der Eltern, über sexuelle und destruktive Wünsche und Ängste.

Einen anderen Zugang zur Kinderanalyse hatte Anna Freud, die selbst Lehrerin war. Als Ziel der Behandlung von Kindern sah sie die Lösung störender Konflikte und die Unterstützung der Entwicklung. Ihre Grundlage waren die phasenspezifische Entwicklungspsychologie, der Ödipuskomplex und die Ich-Entwicklung im Verständnis ihres Vaters. In „Das Ich und die Abwehrmechanismen" stellte sie 1936 phasenspezifisch typische Trieb-Abwehr-Konflikte dar. Im Londoner Exil entwickelte sie später den „Hampstead-Index", ein Diagnoseschema für Entwicklungsstörungen auf psychoanalytischer Grundlage. Sie suchte die negative Übertragung aus der Arbeit mit Kindern auszuklammern, während Melanie Klein gerade diese als zentrales Geschehen erkannte, das verstanden und auch gedeutet werden musste. Die insgesamt konträren Positionen von Anna Freud und Melanie Klein spitzten sich besonders am Thema der Kinderanalyse zu und begründeten zuletzt auch zwei bis heute bestehende unterschiedliche Auffassungen und methodische Zugänge zu psychoanalytischer Arbeit mit Kindern.

Psychoanalyse mit Kindern zielt – ebenso wie jene mit Erwachsenen – auf das Bewusstmachen und Verstehen unbewusster Inhalte; die besonderen mentalen, sozialen und emotionalen Bedingungen der Kinder verlangen aber besondere Rücksichten und methodische Modifikationen. In aller Regel kommt die Initiative zur Therapie nicht vom Kind, sondern von einer erwachsenen Person, und auch die finanziellen und andere äußere Bedingungen werden nicht primär mit dem Kind abgemacht. Das führt dazu, dass neben dem eigentlichen Patienten noch eine Person aus dessen nächstem Umfeld zumindest punktuell aktiv beteiligt ist. Zumeist erweist es sich als sehr hilfreich, wenn auch die Mutter/die Eltern erziehungsberaterisch oder therapeutisch Betreuung durch eine psychoanalytisch geschulte Person erfahren. Die Vertraulichkeit gilt jedenfalls auch für die Arbeit mit Kindern.

Ein entscheidender Unterschied zur Erwachsenenanalyse liegt in der Technik, da die klassische freie Assoziation eben als Methode des Zugangs zum erwachsenen Unbewussten entwickelt wurde. Kinder können nicht 50 Minuten lang still liegen und laut phantasieren, was erfahrungsgemäß sogar vielen Erwachsenen schwer fällt. Kind und Analytiker interagieren daher, tun Dinge zusammen, spielen, haben natürlich immer wieder auch Körperkontakt. Die Abstinenzregel gilt aber auch hier, und die Analytikerin muss ihre analytische Haltung entsprechend wahren und weiter denken und verstehen können. Da Konventionen bei Kindern viel weniger habituell sind als bei Erwachsenen, gilt es, zunächst die verbalen und Verhaltensäußerungen als Kommunikation zu verstehen. Die adäquate Verbalisierung des Verstandenen bleibt weiterhin die Aufgabe der Analytikerin.

Die psychoanalytische Arbeit mit Kindern erfolgt vor allem im Spiel, wo sich das Triebgeschehen in Handlungen und Inszenierungen durchsetzt und wo mitunter auch recht unmittelbare Körperlichkeit regiert. Der passende Raum und seine Ausstattung mit geeigneten Spielsachen sind wichtig. Hier bildet sich auch ein „potenzieller Raum" (Winnicott, 1971), eine Art Zwischenreich zwischen Phantasie und Realität, innen und außen, in welchem Vorstellungen ausprobiert und Affekte erlebt werden können, ohne dass reale Katastrophen geschehen. Ängste und Aggressionen des Kindes werden gehalten, seine Kreativität kann sich entfalten und damit auch die emotionalen, sozialen und intellektuellen Fähigkeiten. Das Spiel ist ein traumähnlicher Zustand und fließt günstigenfalls wie der Strom der freien Assoziationen in der Erwachsenenanalyse.

Kinderanalysen sind nicht nur eine besondere methodische Herausforderung, sondern auch ein besonders fruchtbares Feld psychoanalytischer Forschung. Ein großer Teil der Theorieentwicklung und viele empirische Untersuchungen finden heute im Bereich der Säuglings- und (Klein-)Kinderforschung statt.

In der Adoleszenz (siehe S. 171) wird neben der Intensivierung genitaler Sexualität die regressive Wiederbelebung polymorph-perverser Triebregungen wichtig. Sie führt in Verbindung mit der körperlichen und willensmäßigen Kraft eines nun Erwachsenen zu vielfältigen inneren und äußeren Konflikten. Starke Triebhaftigkeit trifft auf eine schwache, im Umbruch befindliche psychische Struktur. Daraus resultiert vor allem ein starker Hang zum Agieren und zur Scham und nicht selten eine reaktive Abwehr durch Rückzug und Hemmung. Dies steht den analytischen Bestrebungen eigentlich entgegen und prägt den Widerstand. In der therapeutischen Arbeit mit Jugendlichen wird natürlich nicht gespielt und in der Regel auch nicht agiert, sondern ausschließlich über die Sprache gearbeitet. Die Klarheit des Rahmens und seine Einhaltung sind hier von besonders großer Bedeutung. Weiters ist es wichtig, Jugendliche in ihrer Erwachsenheit zu respektieren und zugleich ihre kindlichen Anteile ernst zu nehmen, ohne zu beschämen.

Empfohlene Literatur

Annie *Anzieu*, Christine *Anzieu-Premmereur*, Simone *Daymas* (2003): Das Spiel in der Kindertherapie. Tübingen: Edition Diskord, 2006.

John *Bolland*, Joseph *Sandler* (1964): Die Hampstead-Methode. Frankfurt am Main: Fischer, 1985.

Françoise *Dolto* (1982): Praxis der Kinderanalyse. Stuttgart: Klett-Cotta, 1985.

Melanie *Klein* (1955): Die psychoanalytische Spieltechnik: Ihre Geschichte und Bedeutung. GS III, 201–226.

Psychoanalytische Psychotherapie

Gelegentlich wird für manche Patientengruppen Psychoanalyse nicht als die Methode der Wahl erachtet. Das stimmt zwar mit Freuds Überlegungen hinsichtlich psychotischer Patienten sogar überein, lässt aber Weiterentwicklungen der Psychoanalyse außer Acht. Frequenz, Übertragungsverständnis und Deutungsform sind die entscheidenden Kriterien für die Möglichkeit, auch psychotische, sehr narzisstische oder perverse Patienten zu behandeln, sofern diese das möchten. Es sind in aller Regel nicht diagnostische oder therapeutischen Gründe, sondern äußere, organisatorische, finanzielle Gründe oder überhaupt Abwehrgründe, weshalb keine Analyse gewählt wird. Manche dieser praktischen Gründe schließen eine Analyse de facto oft aus, während eine weniger intensive und aufwändige Therapieform möglich ist. Schon Freud hatte vermutet:

> „Wir werden auch sehr wahrscheinlich genötigt sein, in der Massenanwendung unserer Therapie das reine Gold der Analyse reichlich mit dem Kupfer der direkten Suggestion zu legieren, und auch die hypnotische Beeinflussung könnte dort wie bei der Behandlung der Kriegsneurotiker wieder eine Stelle finden." (Freud, 1919a, 193)

Leider ist es zu einer massenweisen Anwendung der psychoanalytischen Therapie nie gekommen, aber Freuds Ahnung hat sich insofern bewahrheitet, als es zu einer weit über die Verbreitung der klassischen Psychoanalyse hinausgehenden Anwendung psychoanalytischer Psychotherapien kam. Allgemein gilt für die meisten Fälle psychischer Störungen eine psychoanalytische Psychotherapie oder eine psychoanalytisch orientierte Unterstützung auch dann als Methode der Wahl, wenn Psychoanalyse im engen Sinn – aus welchen Gründen auch immer – nicht infrage kommt. Außerdem werden heute bei Personen mit psychotischer Persönlichkeitsstruktur hauptsächlich psychoanalytische Psychotherapien empfohlen bzw. angeboten, die, je nach der Situation des Patienten, mehr expressiven oder mehr unterstützenden Charakter haben.

Jedenfalls bezieht sich Psychotherapie auf eine explizit therapeutische Vereinbarung zwischen einem Patienten und dem Analytiker-Therapeuten, was in der klassischen Analyse oder einem psychoanalytischen Beratungsgespräch nicht der Fall sein muss. Psychoanalytische Psychotherapien unterscheiden sich weiters oft durch Frequenz, Dauer, Fokus und Orientierung (mehr stützend oder mehr aufdeckend). Alle diese Faktoren haben natürlich mit den Umständen und dem Anlass für die jeweilige Psychotherapie zu tun und richten sich selbstverständlich auch nach den beteiligten Personen. Die diversen Varianten der Praxismodelle darzustellen ist nicht möglich, zumal sie in der Regel gar nicht schriftlich festgehalten sind. Aber es gibt Kriterien dafür, ob eine Therapiepraxis psychoanalytisch genannt werden kann, sowie Überlegungen zu den Auswirkungen therapeutischen Arbeitens von Angesicht zu Angesicht bei geringerer Sitzungshäufigkeit.

Die Häufigkeit der Sitzungen schlägt sich direkt in der Dynamik jeder Sitzung nieder, ebenso wie in Einstellung und unbewussten Phantasien des Patienten zur Therapie und zum Analytiker. Es ist offensichtlich ein großer Unterschied, ob am Ende einer Stunde die Gewissheit des „Morgen komm' ich wieder" vorhanden ist oder ob bis zur nächsten Begegnung mehrere Tage oder auch Wochen vergehen. Für die Haltung des Analytikers folgt daraus keine direkte Veränderung, aber es lässt sich auch nicht sagen, dass für ihn die Frequenz gleichgültig ist. Das zentrale Problem sind Entwicklung und Handhabung der Übertragung. Unbewusste Konflikte, die in einer Sitzung virulent werden, müssen ausreichend gehalten und ertragen werden können. Bei niedriger Frequenz (und natürlich oft auch bei inadäquater Deutung) kann das dem Patienten eventuell nicht gelingen und dann Probleme schaffen, etwa wenn er die Konflikte aus der Analyse auf Alltagspartner „verschiebt" oder die Triebspannungen durch übertriebenes Essen, Geldausgeben oder vergleichbares Verhalten abreagiert und eben nicht zum Nachdenken kommen kann.

Ein Analytiker kann sein Verstehen natürlich in unterschiedlicher Weise einsetzen: Unbewusstes aufdeckend, beruhigend-stützend, beratend usw. Wenn etwa jemand in einer akuten Krise um Hilfe kommt, ist es angeraten, von einer Psychoanalyse, aber auch von einer aufdeckenden Psychotherapie vorerst Abstand zu nehmen. Beides setzt wohlüberlegte Entscheidungen voraus, die unter solchen Umständen nicht frei getroffen werden können und belasten in einer Situation der Überforderung noch zusätzlich. Sinnvoller erscheint eine zurückhaltend stützende und vorsichtig deutende Vorgangsweise, bis die akute Krisensituation ausreichend beruhigt und analytisches Arbeiten möglich ist.

Verschiedentlich gibt es schematisierte Zuordnungen bestimmter Diagnosen zu bestimmten Therapiesettings und Forderungen nach klaren Therapiezielen oder Interventionstechniken. Das verändert die Grundhaltung gleichschwebender Aufmerksamkeit, unter Umständen auch die der Neutralität und impliziert eine Erfolgsorientierung, in welcher der Therapeut Wünsche und Forderungen an den Patienten hat. Mitunter erscheint ein offenes beratendes Gespräch dann angemessener, ein Gespräch, in dem der Analytiker dem Patienten möglichst weitgehend seine psychoanalytisch fundierten Überlegungen darlegt, vielleicht auch erklärt und mit dem Patienten über dessen Situation gewissermaßen laut nachzudenken versucht. Ein solches Arbeiten kann einen späteren Wechsel zu einer klassischen Analyse jedoch erschweren oder sogar unmöglich machen. Der Patient müsste dann an einen Kollegen weiterempfohlen werden.

Otto F. Kernberg (1975, 92) entwickelte ein modifiziertes psychoanalytisches Verfahren für die Therapie von (Borderline-)Persönlichkeitsstörungen, für die er folgende Grundsätze empfahl, die freilich gelegentlich auch als „unanalytisch" kritisiert wurden:

- konsequente Deutung der negativen Übertragung;
- Konfrontation mit und Deutung von pathologischer Abwehr;
- klare Strukturierung der analytischen Situation (Vereinbarungen);
- Nutzung äußerer Strukturierungshilfen (z. B. Tagesklinik);
- Fokus auf Probleme, die das Ich und die Realitätsprüfung schwächen;
- Nutzung positiver Übertragung zur Aufrechterhaltung der Therapie;
- Förderung „adäquater" Sexualität in realen Beziehungen.

Empfohlene Literatur

Karl-Albrecht *Dreyer* (Hg.) (2008): Niederfrequente psychoanalytische Psychotherapie. Theorie, Technik, Therapie. Stuttgart: Klett-Cotta.

Otto F. *Kernberg* (1975): Borderline-Störungen und pathologischer Narzißmus. Frankfurt am Main: Suhrkamp, 1978.

Jerome D. *Oremland*: Interpretation and interaction. Psychoanalysis or Psychotherapy? Hillsdale, London: The Analytic Press, 1991.

Gruppenanalyse

Der Vorteil der Gruppenanalyse liegt nicht, wie manche glauben, in einer quantitativen Rationalität, sondern in den spezifischen Gruppenbedingungen, die für die Therapie genützt werden können. Analytisch relevant ist, dass die Funktionsweisen der Einzelnen sich in der Gruppe verändern (siehe S. 199–201, Massenpsychologie), dass komplexere soziale Beziehungen deutlich werden und dass in der Gruppe abwechselnd unterschiedliche Positionen eingenommen werden können.

Sigmund Freud (1912–13a; 1921c) lieferte mit seinen Überlegungen zu Bindungsverhältnissen zwischen Menschen, zur Regression und zur organisierenden Funktion von Autorität die theoretische Grundlage für das Verstehen von Gruppenprozessen. Die „normalen" psychosozialen Fähigkeiten des Menschen, seine kohärenten Ich-Funktionen, gründen in einer ausreichend sicheren Bezogenheit auf andere, schwinden mit deren Verlust in jeder neuen und/oder fremdartigen Situation und müssen dann stets neu errungen werden. Ob und wie das gelingt, hängt von den innerpsychischen Bedingungen der Individuen und von äußeren Faktoren ab.

Die Gruppenanalyse untersucht über die Assoziationen der Gruppenmitglieder eben diese Prozesse der Regression und symbolisierenden (Re-)Integration. Üblicherweise werden Kleingruppen von 6–10 Personen und Großgruppen ab etwa 20 Personen unterschieden, wobei die Unmöglichkeit des direkten persönlichen (Blick-)Kontakts eine entscheidende Grenze markiert und die Intensität der Regression und die Grenzen der Symbolisierungsfähigkeit bestimmt. Traditionellerweise ist außerhalb besonderer Intensivveranstaltungen die Frequenz selten höher als einmal wöchentlich angesetzt, was, wie Modelle von zwei- bis dreimal wöchentlich stattfindenden Gruppenanalysen in England zeigten, ein großer Mangel ist.

Eine (Klein-)Gruppenanalyse beginnt als Ansammlung einander fremder Individuen unterschiedlichen Hintergrunds, wodurch die Einzelnen unter Druck geraten, Verdrängungen regressiv bedroht und Angst und Widerstand in Gang gesetzt werden. Als Abwehr dagegen setzt über Identifizierungsprozesse untereinander früher oder später ein Gruppenbildungsprozess ein. Zwangsläufig richten sich die infantilen und aktuellen Wünsche auf den Gruppenanalytiker, dessen Neutralität und Deutungsarbeit auf die Manifestationen des Unbewussten und ihr Verstehen gerichtet ist. Die Gruppensituation hat natürlich auch Einfluss auf die Deutungen. Die Einzelnen sind Gruppenmitglieder, und ihr Sprechen ist Ausdruck des Übertragungsgefüges und richtet sich in komplexer Weise an Gruppenmitglieder und Analytiker. Je nach theoretischer und methodischer Position werden Assoziationen einzelner Gruppenmitglieder, Interaktionsprozesse oder Gruppenphantasien gedeutet. Deutungen, die auf die Einzelpersonen zielen, klammern tendenziell den Gruppenaspekt aus und suggerieren eine Zweiersituation in der Gruppe, ohne die dafür nötige Intimität herstellen zu können. Gruppendeutungen gehen von identifikatorisch hergestellten unbewussten Gruppenphantasien aus, an welchen die Gruppenmitglieder – wenngleich nach subjektiver Trieb- bzw. Abwehrdynamik in unterschiedlicher Weise – Anteil haben. Darin liegt ein besonderer Vorteil. So kann etwa jemand mit großen Symbolisierungsschwierigkeiten sich identifikatorisch am Sprechen anderer beteiligen, oder unerträgliche Affekte können abwechselnd projektiv in andere Gruppenmitglieder oder in die Gruppe evakuiert wurden. Dies ermöglicht mitunter auch solchen Menschen eine Therapie, die etwa unter anderen Bedingungen größere Schwierigkeiten hätten.

In seinem speziellen Modell versteht Bion die Dynamik in Gruppen als Abwehr psychotischer Ängste und als Ringen um die (letztlich nie ganz erreichbare) depressive Position (siehe S. 148). In diesem Geschehen beschreibt er drei „Grundannahmen", die spezifische, immer vorhandene, aber unterschiedlich akut unbewusste Phantasiekomplexe und Abwehrkonstellationen bedeuten: Abhängigkeit, Paarbildung und Kampf/Flucht, die auch als spezifische Denkstörungen zu verstehen sind. Gemäß diesem Zugang einigen sich die Gruppenmitglieder unbewusst auf einen aktuell möglichen Angstabwehrmodus, womit zugleich die individuellen destruktiven Regungen unter Kontrolle und die Gruppenkohäsion sichergestellt bleibt. Diese Abwehr stört – in je spezifischer Weise – Denk- und Arbeitsfähigkeit der Gruppenmitglieder und der Gruppe insgesamt.

Das Gruppenmodell von Sigmund H. Foulkes (1948) geht von einer Interaktionsmatrix in der Gruppe aus, lässt im Übertragungsgeschehen die Regression auf präödipale Funktionsweisen weitgehend außer Acht und schreibt dem Leiter vor allem die Funktion zu, den Interaktionsprozess („freifließende Diskussion") in Gang zu halten.

Auf psychoanalytischer Grundlage entwickelten Enrique Pichón-Rivière (1999) und Armando Bauleo (1988) das Modell der operativen Gruppen für die therapeutische Arbeit in psychiatrischen Institutionen, das eine Integration von (politischer) Selbstorganisation und der Einsicht in unbewusste (psychotische) Ängste und Phantasien anstrebt. Dadurch soll eine gleichermaßen differenzierte und sozial praktischere Form des Denkens erworben werden. Die Gruppe hat jeweils eine Aufgabe zu erfüllen und wird dabei sowohl von einem „Koordinator" begleitet, der fortlaufend das Verhältnis zur Aufgabe interpretiert, als auch von einem „Beobachter", der den Gruppenprozess verfolgt und (eher gegen Ende des Gruppenprozesses) unbewusste Inhalte und Affektkonstellationen deutet.

Empfohlene Literatur

Armando *Bauleo* (1988): Ideologie, Familie und Gruppe. Zur Theorie und Praxis der operativen Gruppentechnik. Berlin: Argument.

Wilfred R. *Bion* (1961): Erfahrungen in Gruppen und andere Schriften. Stuttgart: Klett-Cotta, 2003.

Rolf *Haubl*, Franziska *Lamott* (Hg.) (1994): Handbuch Gruppenanalyse. Berlin, München: Quintessenz.

6 Psychoanalytische Therapie und Medikation

In Bezug auf die Psychoanalyse als Therapie sah Freud früh ein potenzielles Problem: „Ihr Hauptmangel liegt darin", meinte er, „dass die Energiequantitäten, die wir durch die Analyse mobilisieren, nicht immer von der Größenordnung jener Faktoren sind, die im neurotischen Konflikt miteinander streiten". Für dieses Ungleichgewicht antizipierte er auch medikamentöse Abhilfe: „Als derzeit noch statthafte Möglichkeit der Zukunft darf man von der Endokrinologie die Mittel erwarten, auch diesen quantitativen Faktor zu beeinflussen, wo dann der Analyse das Verdienst gewahrt bliebe, dieser organischen Therapie die Wege gewiesen zu haben" (Freud/Pfister, 1963a, 129, Brief vom 18. 1. 1928). Die Einführung von Psychopharmaka auf breiter Basis war dann tatsächlich ein mächtiger Einschnitt. Im Bereich schwerer psychischer Erkrankungen konnten Leiden dramatisch verringert werden, doch ging damit zumeist eine drastische Schwächung des psychodynamischen Verstehens einher.

Psychopharmaka haben, wie alle Medikamente, eine chemische und eine psychische Wirkung sowie soziale Effekte, die natürlich in Wechselwirkung stehen. Psychodynamisch greifen sie ins Trieb-Abwehr-Geschehen des Patienten ein, verändern Energie- und Abwehrdynamik und restrukturieren das Verhältnis zu Realität bzw. sozialer Umgebung. Antipsychotische Medikamente (Neuroleptika) können in manchen Fällen zweifellos eine psychoanalytische Behandlung auch erst ermöglichen, indem primärprozesshaftes Funktionieren eingeschränkt und Ich-Funktionen und Symbolisierung gestärkt werden. Zugleich greifen sie aber auch massiv in die innere Welt des Patienten ein und (zer-)stören das oft mühsam gefundene Gleichgewicht des psychotischen Menschen. Jedem Medikament kommen vielfältige bewusste und unbewusste Bedeutungen zu. Im günstigen Fall kann es als „Übergangsphänomen" (siehe S. 185, 187) eine hilfreiche Funktion erfüllen oder, etwa unter Bedingungen maligner Regression, als verfolgendes, zerstörerisches inneres Objekt erlebt werden und entsprechende Abwehr hervorrufen. In der psychoanalytischen Behandlung bedeutet die Gabe eines Medikaments ein besonderes Übertragungsproblem. Der Analytiker wird, je nach Medikament und Übertragungsgeschehen, etwa zur beruhigend-nährenden, vergiftend-zerstörenden oder auch manipulativ unterwerfenden Autorität. Aus diesem Grund hat sich die Praxis eingebürgert, die Funktionen des Analytikers und des medikamentösen Behandlers zu trennen, um Beeinträchtigungen der analytischen Beziehung gering zu halten.

Empfohlene Literatur

Theo *Meißel* (2001): Übertragungsprozess und Medikamentengabe, in: texte 21 (2), 60–91.

VIII Anwendungsgebiete

1 Die Psychoanalyse im sozialen Feld

Von Beginn an entwickelte und erweiterte sich die Psychoanalyse durch Auseinandersetzungen in Gruppen. Die Arbeit mit Patienten wurde unter Kollegen besprochen, neue Forschungsfelder wurden erschlossen und Theorien geprüft. Die Arbeit von Psychoanalytikern in Institutionen einerseits, vor allem in Krankenhäusern und Erziehungsinstitutionen, und in der ethnologischen Feldforschung andererseits machte die psychoanalytische Untersuchung dieser speziellen Arbeitsbedingungen fast zwingend, und nach und nach wurden geeignete Modelle und Theorien entwickelt. Die Arbeiten von Bernfeld, Bion, Pichón-Rivière und Devereux waren diesbezüglich wichtige Meilensteine.

Supervision

Das kollegiale Gespräch stand am Beginn der psychoanalytischen Supervision; später wurde es zur regelmäßigen Ausbildungskomponente. War der Grund dafür zunächst die Formulierung der Technik aus der Reflexion einer neuen Praxis und ihrer Theorie, so stand nach ihrer Entdeckung die Übertragung im Mittelpunkt. Das wachsende Wissen um die Wirkung der Übertragungsdynamik und auch der Gegenübertragung auf den Analyseverlauf erhöhte die Notwendigkeit der Selbstreflexion des Analytikers noch. Die oft schwierige Aufrechterhaltung der Abstinenz führte dazu, dass der Sicht eines qualifizierten Außenstehenden bald spezielle Bedeutung zukam, was in besonders hohem Grad für jene Analysen gilt, in welchen es um sehr regressive Zustände geht und wo daher die Gefahr von Verstrickungen besonders groß ist. Heute ist psychoanalytisches Arbeiten unter Supervision („Kontrollanalysen") ein zentraler Teil der Ausbildung künftiger Analytiker, und man kann sagen, dass seriöserweise kein Analytiker ohne Supervision dauerhaft gut arbeiten kann.

Die psychoanalytische Supervision nutzt insbesondere die Aktualisierung unbewusster Zusammenhänge im Gespräch über die analytische Situation mit konkreten Patienten, wobei die Aufmerksamkeit sowohl der sprachlichen Gestaltung als auch mimisch-gestischen und „klimatischen“ Inszenierungen gilt. Berichte und Protokolle des Analytikers können als Manifestationen seiner Gegenübertragung bzw. als „geronnene“ Übertragungs- und Gegenübertragungsdynamik verstanden werden, die durch den real anwesenden Analytiker und seine Mitteilungen an den Supervisor nochmals konkret aktualisiert werden.

Supervision ist vor allem auch eine Denkhilfe und eine Unterstützung für die Aufrechterhaltung der analytischen Fähigkeiten. Wenn etwa eine Analytikerin erzählt, dass sie sich bei einem bestimmten Analysanden immer „ganz dumm im Kopf“ fühle und sich insgesamt Vorwürfe macht, wie wenig sie ihm zu helfen vermag, kann die vom direkten Erleben ungetrübte Aufmerksamkeit des Supervisors wahrnehmen, dass sich eine „Vernebelung“ der Situation bei diesem Patienten immer wieder finden lässt. Durch weitere Einfälle der Analytikerin wird der Supervisor dann vielleicht sehen, dass, im Kontext verstanden, widersprüchliche und unvollständige Mitteilungen sowie häufige Stimmungswechsel möglicherweise dazu dienen sollen, die Analytikerin „dumm“ zu machen, damit die latenten, Unlust verheißenden Vorstellungen des Patienten nicht deutbar werden und nicht der Patient daran „schuld“ ist, sondern die Analytikerin. Sobald die Analytikerin diesen unbewussten Zusammenhang erfassen und verstehen kann, lösen sich ihre Behinderungen, und sie kann ihre analytische Funktion wieder selbstständig erfüllen, was sich in der Regel in einer Veränderung des davor stockenden analytischen Prozesses zeigt. Darüber hinaus ist die Supervision auch ein wichtiger Beitrag zur Psychohygiene und Erhaltung der Arbeitskraft des Psychoanalytikers.

Da vergleichbare Störungen in allen psychosozialen Arbeitsfeldern auftreten, hat psychoanalytische Supervision, die ja auf das Verstehen unbewusster Zusammenhänge zielt, in vielen Bereichen auch außerhalb analytischer Behandlungsräume Wesentliches beizutragen. Der ungarische Analytiker Michael Balint hat schon früh Ärzte in Gruppen supervidiert („Balint-Gruppen“ von ca. acht Ärzten mit einem Analytiker) und deutlich gemacht, wie auch in der Schulmedizin viele diagnostische und therapeutische Schwierigkeiten und Fehler vermeidbar sind, wenn die unbewussten Prozesse zwischen Ärzten und Patienten erforscht und verstanden werden. Vergleichbares gilt etwa auch für Juristen, Lehrer, das Pflegepersonal, Sozialarbeiter und ebenso für Manager.

Empfohlene Literatur

Susanne *Graf-Deserno*, Heinrich *Deserno* (1998): Entwicklungschancen in der Institution. Psychoanalytische Teamsupervision. Frankfurt am Main: Fischer Taschenbuch.

Robert *Langs* (1994): Doing Supervision and Being Supervised. London: Karnac.

Psychoanalytische Organisationsanalyse

In „Massenpsychologie und Ich-Analyse“ (1921c) beschrieb Freud Heer und Kirche als besondere Institutionen, und seither hält die psychoanalytische Untersuchung von Organisationen und Institutionen einen speziellen Platz an der Grenze von Psychoanalyse und Politik. Ursprünglich vor allem in den Bereichen Militär und Gesundheitswesen entwickelt, hat die psychoanalytisch orientierte Untersuchung von Organisationen heute einen eigenen sozialwissenschaftlichen Status. Der sozialpsychologischen Grundsatz Freuds (1921c), dass unter veränderten Beziehungsbedingungen sich die psychischen Funktionsweisen der Individuen verändern, ist für die Analyse größerer Organisationszusammenhänge wegweisend. Weiters gibt es eine ganze Reihe theoretischer und praxisorientierter Arbeiten zu dem Thema, von denen viele auf Melanie Klein und Wilfred Bion zurückgreifen.

Institutionen sind spezifische, historisch tradierte soziale Gebilde mit offenen und geheimen Binnenstrukturen von Beziehungs-, Informations- und Arbeitsverläufen. In der Regel herrschen eigene Ordnungsstrukturen, die den Individuen jeweils bestimmte Plätze, Rechte und Pflichten zuweisen, sowie sinnstiftende und legitimierende Zielsetzungen, an die sich die Vorstellungen der Individuen und (Sub-)Gruppen anlehnen. Sie repräsentieren bestimmte (bewusste) Interessen und werden zudem von unbewussten Wünschen und Phantasien sowie komplexen Affektkonstellationen bestimmt. Diese vielschichtigen Zusammenhänge prägen jede Arbeit in einer Institution und machen daher ihre Reflexion notwendig, was insbesondere für Supervisionen wichtig ist. Prinzipiell ist psychoanalytisches Arbeiten mit Angehörigen einer Organisation, etwa als persönliche Beraterin oder Supervisorin – was sehr verbreitet ist – etwas anderes als die Analyse einer gesamten Organisation, die nicht so häufig vorkommt. Für die Psychoanalytikerin bleibt die prinzipielle Aufgabe gleich: das Verstehen (unbewusster) Bedeutungszusammenhänge, was angesichts der Komplexität von Betrieben und anderen Organisationen besondere Schwierigkeiten mit sich bringt. Umso wichtiger sind Eigenständigkeit und Abstinenz. Jede Involviertheit, faktisch oder emotional, beeinträchtigt die Wahrnehmung und Denkfähigkeit. Sobald die Analytikerin etwas persönlich will, etwa die Produktivität eines Betriebs erhöhen oder die Mitarbeiter zufriedener machen, verengt sich ihr Horizont.

Das psychoanalytische Verstehen einer Institution umfasst im Idealfall eine historische und soziokulturelle Untersuchung ihrer gesellschaftlichen Bedeutung, eine Analyse ihrer internen Ordnung (Hierarchien und Kommunikation) sowie latente und manifeste Motivationszusammenhänge. Üblicherweise werden sowohl die Vorstellungen der einzelnen Personen als auch die organisatorische Struktur sowie Phantasien über sie in ihrem unbewussten Bedeutungszusammenhang untersucht. Methodisch kommen vor allem Interviews, offene Gruppengespräche, Soziogramme, Ablaufanalysen und unterschiedliche Formen strukturierter Arbeitsgruppen zum Einsatz.

Prinzipiell werden in Anlage und Ablauf der Untersuchung Hierarchien und Autoritätsfunktionen, die den Bestand einer Institution sichern, sorgfältig und explizit berücksichtigt, und bei der Handhabung von Informationen und der Deutung unbewusster Inhalte und Zusammenhänge werden die bestehenden Beziehungen auch dann respektiert, wenn der Analytiker die Vorstellung hat, dass sie verändert werden sollen.

Die Arbeit des Organisationsanalytikers umfasst zumindest

- die Vereinbarung eines Vertrags mit einem klaren Arbeitsauftrag;
- die Planung der Vorgehensweise und der Arbeitsbedingungen;
- die Beschaffung des nötigen zu interpretierenden „Materials";
- das Ordnen von Assoziationen, Übertragungs- und Gegenübertragungswahrnehmungen;
- das Verstehen von Bedeutungen und Zusammenhängen;
- das Formulierung von Deutungen;
- die Vermittlung dieser Interpretationen an die Auftraggeber.

Empfohlene Literatur

Rolf *Haubl* (Hg.) (2005): Gruppenanalytische Supervision und Organisationsberatung. Gießen: Psychosozial.

Gerhard *Lenz* (Hg.), Wolfgang *Mertens*, Hans-Jürgen *Lang* (1991): Die Seele im Unternehmen. Psychoanalytische Aspekte von Führung und Organisation im Unternehmen. Berlin et al.: Springer.

Burkard *Sievers*, Dieter *Ohlmeier*, Bernd *Oberhoff*, Ullrich *Beumer* (Hg.) (2003): Das Unbewusste in Organisationen. Freie Assoziationen zur psychosozialen Dynamik von Organisationen. Gießen: Psychosozial.

Psychoanalytische Sozialarbeit

Auch in der Sozialarbeit ist das psychoanalytische Untersuchungsfeld das Wirken des Unbewussten; die unbewusste Dynamik zwischen dem Einzelnen und seinem sozialen Umfeld muss verstanden werden, um etwa Konflikte und Defizite erkennen und zu ihrer Lösung beitragen zu können. Naturgemäß geht es um die Auseinandersetzung mit gesellschaftlicher Ungleichheit und damit auch um Politik.

Psychoanalytische Sozialarbeit geht ursprünglich auf Siegfried Bernfeld zurück, und ihre Geschichte ist eng mit dem „roten Wien" verbunden. Otto Fenichel, August Aichhorn und Wilhelm Reich folgten. In den USA erlebte die psychoanalytische Sozialarbeit durch emigrierte Psychoanalytiker wie Otto Rank, Rudolf Eckstein, Bruno Bettelheim und andere eine Professionalisierung und Weiterentwicklung und fand auch Eingang in die Universitäten. Bereits 1926 hatte Sigmund Freud dies – wenn auch unter anderen historischen Bedingungen – erhofft:

> „Unsere Kultur übt einen fast unerträglichen Druck auf uns aus, sie verlangt nach einem Korrektiv. Ist es phantastisch zu erwarten, dass die Psychoanalyse trotz ihrer Schwierigkeiten zur Leistung berufen sein könnte, die Menschen für ein solches Korrektiv vorzubereiten? Vielleicht kommt noch einmal ein Amerikaner auf den Einfall, es sich ein Stück Geld kosten zu lassen, um die *social workers* seines Landes analytisch zu schulen und eine Hilfstruppe zur Bekämpfung der kulturellen Neurosen aus ihnen zu machen.“ (Freud, 1926e, 285; Herv. i. Orig.)

Leider blieb diese Entwicklung nur auf eine Minderheit beschränkt. Nach 1945 wurde psychoanalytische Sozialarbeit aber etwa durch Dorothea Simon und Elisabeth Schilder in Wien wieder installiert. 1976 kamen Ernst und Hilde Federn aus den USA zurück und verstärkten diese Bemühungen.

Die traditionelle bevormundende und sozial disziplinierende Rolle der Wohlfahrtspflege war mit der Psychoanalyse natürlich nicht vereinbar, weshalb eine Revision der Aufgaben und des Rollenverständnisses nötig war. In der Arbeitsmethode des psychoanalytischen Sozialarbeiters geht es darum, Beziehungen und Situationen psychoanalytisch zu verstehen und dieses Verstehen in der Folge dazu einzusetzen, dass sich für den Klienten bzw. sein soziales Beziehungssystem eine hilfreiche Einsicht mit Veränderungspotenzial ergibt.

Die psychoanalytische Sozialarbeit ist mit dem aufgrund seiner Sozialisationsgeschichte in einem bestimmten sozioökonomischen und politischen Milieu in Schwierigkeiten geratenen Individuum befasst. Das Ziel ist die Herstellung angemessener Selbständigkeit und ausreichend befriedigender Beziehungen im sozialen Feld. Der notwendige multidimensionale Ansatz der Einzelfallhilfe verlangt oft enge Kooperationen mit anderen Institutionen, was häufig ein wichtiges Feld psychoanalytischen Verstehens eröffnet, um die üblichen bürokratischen Dysfunktionen gering zu halten. Der sozialarbeiterische oder sozialtherapeutische Ansatz sieht eine Arbeitsweise im sozialen Feld vor. Dadurch unterscheidet er sich vom analytisch-psychotherapeutischen, der einen von der alltäglichen Welt abgeschirmten eigenen Raum herstellt, um die psychosozialen Konflikte in der Übertragung zu aktualisieren. Auch in der Sozialarbeit erfolgt eine Übertragung, die dem Sozialarbeiter dort aber hauptsächlich als Informationsquelle dient. Dazu muss sich der Sozialarbeiter – im Unterschied zum Analytiker – vorübergehend auch persönlich involvieren lassen, sich zeigen und deklarieren, freilich stets unter Wahrung seines selbst- und situationsreflexiven Anteils. Das Einbezogensein in einen jeweils konkreten Handlungszusammenhang erhöht die Gefahr des „Agierens“, also des unbewussten Reagierens auf eine Situation; diese besondere Gefahr zeichnet jede Sozialarbeit aus, egal ob Alten-, Psychiatrie-, Eltern-, Rechts-, Arbeitslosen- oder Migranten-Sozialarbeit, und auf ihr beruhen die erhöhten Belastungen des Sozialarbeiters und daher die Notwendigkeit regelmäßiger Supervision.

Empfohlene Literatur

Isca *Salzberger-Wittenberg* (1973): Die Psychoanalyse in der Sozialarbeit. Stuttgart: Klett-Cotta. (Neu aufgelegt als: Isca *Salzberger-Wittenberg* (2002): Psychoanalytisches Verstehen von Beziehungen. Wien: Facultas.)

Magdalena *Steller-Lück* (2004): Beziehungsarbeit in der Sozialarbeit. Stuttgart: Kohlhammer.

2 Die Psychoanalyse und andere Wissensgebiete

Die Psychoanalyse gilt als eine Grundlagenwissenschaft vom Menschen mit eigenen Forschungsfeldern; darüber hinaus liefert sie anderen Disziplinen wichtige neue Fragestellungen sowie Konzepte und Modelle für die Erforschung psychosozialer und kultureller Themen im weitesten Sinn. Prinzipiell lassen sich alle menschlichen Hervorbringungen psychoanalytisch untersuchen, auch wenn das mitunter methodische Anpassungen erforderlich macht. Für die Interpretation kultureller Phänomene und größerer psychosozialer Zusammenhänge kann man in der Regel nicht auf freie Assoziationen zurückgreifen, außer natürlich auf die der Forschenden. Meist wird mit allgemeinen psychoanalytischen Konzepten und Konstruktionen gearbeitet, die je nach Untersuchungsgegenstand angewandt werden können. Üblicherweise sind Probleme umso geringer zu halten, je besser die Kenntnisse aller nötigen Fachbereiche sind und je verlässlicher und kompetenter die interdisziplinären Kooperationen funktionieren.

Medizin

Nicht zuletzt aus der Empfindung des Ungenügens der Medizin heraus entwickelte Sigmund Freud die Psychoanalyse, und wenngleich er sich selbst stets als Arzt verstand, konzipierte er die neue Wissenschaft doch als weit über die Grenzen seiner Ausgangsdisziplin hinausreichend. Er hat sich in der Folge ausdrücklich – wenngleich letztlich nicht ganz erfolgreich – dafür eingesetzt, dass die Psychoanalyse keine medizinische Disziplin sei und dass ein Medizinstudium keineswegs als die optimale Voraussetzung für den Beruf des Psychoanalytikers gelten solle. Tatsächlich verfasste er die programmatische Arbeit über „Die Frage der Laienanalyse“ (1926e) aus Anlass eines Verfahrens wegen Kurpfuscherei gegen einen seiner Schüler, den Literaturwissenschafter Theodor Reik. Darin hob er hervor, im Medizinstudium sei nichts über Psychoanalyse zu lernen, und diese habe auch eher besondere Verbindungen zu den Geisteswissenschaften als zur Medizin. Außerdem betonte er, dass ein analytisch ausgebildeter Nichtarzt besser sei als ein Arzt ohne analytische Ausbildung. Dieser Position mochten sich vor allem die amerikanischen Psychoanalytiker nicht anschließen. Dass die gesellschaftlichen Machtverhältnisse Freuds Urteil weitgehend entgegenstanden, gereichte der Psychoanalyse nicht unbedingt zum Vorteil.

Trotz dieser rechtlichen, sachlichen und standespolitischen Schwierigkeit hatte die Psychoanalyse in der Medizin – vor allem in der Psychiatrie – gerade in Amerika große Erfolge. Infolge der Entwicklung der Pharmakologie, speziell der weiten Verbreitung antidepressiver und antipsychotischer Medikamente, und mit der dadurch erleichterten Verstärkung sozialpsychiatrischer Ansätze ging dieser Trend dann stark zurück. Dafür waren einerseits Kosten- und Ausbildungsprobleme ausschlaggebend, es zeigte sich aber auch eine generelle Einstellung, nach welcher nicht so sehr verstanden, sondern primär angepasst und ruhiggestellt werden sollte.

Empfohlene Literatur

Sigmund *Freud* (1926e): Die Frage der Laienanalyse. GW XIV, 207–296.
Elisabeth *Roudinesco* (2002): Wozu Psychoanalyse? Stuttgart: Klett-Cotta.

Mythen, Literatur und Kunst

In der Traumdeutung findet sich – abgesehen von seiner früheren Auseinandersetzung mit dem Ödipusmythos – Freuds erste effektive Literaturinterpretation über Shakespeares Hamlet, dem später noch viele weitere psychoanalytische Interpretationen galten und wohl noch gelten werden. Freud nahm den literarischen Text als Tagtraum und interpretierte also einen Traum im Wachzustand. Hamlets Geschichte verstand er als dramatisch gestalteten Konflikt um den unbewussten Todeswunsch gegen den Vater aus dem inzestuösen Begehren der Mutter gegenüber. Mit Hamlet befassten sich später neben Ernest Jones (1911; 1948; 1949) und Jacques Lacan (1958/59) noch mehrere Psychoanalytiker, und insgesamt ist er vielleicht die am häufigsten interpretierte Gestalt der psychoanalytischen Literaturwissenschaft. Seine Wirkung wird auf die Allgemeingültigkeit des Ödipuskonflikts und auf die besondere emotionale und sprachliche Fähigkeit Shakespeares zurückgeführt. Freud (1908e) sah den Unterschied zwischen dem Tagtraum und der Kunst des Dichters in der sprachlichen Gestaltung, welche es ermögliche, auch Intimstes mitzuteilen, ohne Scham hervorzurufen, und dabei ästhetische Lust zu evozieren, und zwar mittels einer „Verlockungsprämie“, welche Verdrängtes zugänglich mache.

Freud beschäftigte sich immer wieder mit literarischen Themen und Schriftstellern. Die Dichtung ist dann rasch zu einem wichtigen Feld psychoanalytischer Interpretation geworden, dem sich viele Psychoanalytiker widmeten, und für manche, wie etwa Theodor Reik, wurde sie ein Schwerpunkt. Es gab unterschiedliche Zugänge; die Rezeptions- und Wirkungsforschung etwa (Holland, 1990) und regelrechte Textanalysen kamen erst spät auf. Zunächst versuchten

Otto Rank: Der Mythos von der Geburt des Helden

1908 schrieb der erst 24-jährige Otto Rank das Buch „Der Mythos von der Geburt des Helden" (Rank, 1909; im selben Jahr veröffentlichte auch Karl Abraham „Traum und Mythus. Eine Studie zur Völkerpsychologie"). Das Buch, mehrmals überarbeitet, sollte etliche Neuauflagen erfahren und umfasst zweierlei: eine psychoanalytische Theorie der Entstehung und Bedeutung von Mythen im Zusammenhang mit ihrer psychosozialen Funktion und eine Auseinandersetzung mit der Figur des Helden als hervorragende Gestalt praktisch aller Mythologien. Rank widmete den Umständen der Geburt und der infantilen Entwicklung des Helden und ihren symbolischen Darstellungen besondere Aufmerksamkeit und entwickelte daraus einen Deutungszusammenhang: Heldenmythos und Familienroman greifen, einander stützend und ergänzend, ineinander.

„Familienroman" hatte Sigmund Freud eine verbreitete Phantasie genannt, in welcher der Adoleszente sich als Kind anderer Eltern vorstellt, um seine erotische Bindung an die aktuellen Eltern abzuwehren. Bis zur Unkenntlichkeit integriert findet sich in Ranks Arbeit dieser Beitrag Sigmund Freuds, der später separat nochmals publiziert werden sollte (Freud, 1909c). Auch in den Heldenmythen sind Geburt und Herkunft oft unklar.

Rank erklärt Sinn und Wirkung von Mythen wie kollektive Mehrgenerationen-Tagträume, die Gewünschtes ebenso wie Unerträgliches durch Verschiebung, Verkehrung und Verdichtung darstellbar und nutzbar machen, sodass jeder durch höchst subjektive Identifizierungs- und Projektionsvorgänge in seiner Auseinandersetzung mit der inneren und äußeren Welt von diesen kollektiven Hervorbringungen auch persönlich Hilfe erfahre. Wie in der Traumdeutung wird Element für Element gedeutet; Rank führte das vor und verallgemeinerte dann wiederkehrende Komponenten zu einer „Durchschnittssage", die die Verhältnisse thematisch und im Bedeutungszusammenhang strukturell festhält. Damit könnte er auch der erste Strukturalist der Psychoanalyse genannt werden. Dennoch sind die Deutungen der zahllosen symbolischen Details besonders spannend und überzeugend.

Heldenmythen behandeln die männliche Generationenfolge als Versuche der Söhne, die Positionen der Väter einzunehmen, sie bei den Müttern zu ersetzen und daraus ungeschoren hervorzugehen, also die Kastration zu vermeiden.

„Die Mythen werden gewiß nicht vom Helden, am allerwenigsten vom kindlichen Helden, sondern […] von einem Volk von Erwachsenen gebildet […] indem sie dem Helden so ihre eigene Kindergeschichte unterlegen, identifizieren sie sich mit ihm […] So ist also der eigentliche Held […] das Ich, das im Helden sich selbst wiederfindet, indem es sich in die Zeit zurückversetzt, wo es selbst ein Held war durch seine erste Heldentat, die Auflehnung gegen den Vater."

Otto *Rank* (1909): Der Mythos von der Geburt des Helden. Leipzig, Wien: Deuticke, 1922, 140.

viele Literaturinterpretationen, wenn auch nicht immer die geglücktesten, Analysen von Biografie und Befindlichkeit einzelner Autoren bis hin zu regelrechten „Pathografien“ (Mitscherlich, 1982). Diese Arbeiten behandelten Werke der Dichtung wie „Symptome“ der Dichter, so als wären sie nicht vor allem gezielt gestaltete künstlerische Schöpfungen. Beliebt war bei Freud und anderen auch das „Wiedererkennen“ typischer menschlicher Entwicklungskonflikte in Werken der Dichtung, was qualitativ sehr unterschiedliche Resultate brachte. Ein Pionier der Literaturinterpretation, der sich von Anbeginn eines subtilen Zugangs befleißigte, war Otto Rank. In seinem Werk wird der immanente Zusammenhang von Traum, Mythos und Dichtung deutlich. Themen wie die Figur des Doppelgängers, das Inzestmotiv oder die Geburt des Helden usw. als Themen von Dichtung und Sage waren Gegenstand seiner Analysen.

Mythen, oft als kollektive Träume bezeichnet, sind eigentlich (frühe) Formen von Dichtung, die ursprünglich in oraler Tradition übermittelt und später schriftlich dokumentiert wurden. Zwischen den Tagträumen des Einzelnen und den Mythen der Völker ist psychodynamisch kein prinzipieller Unterschied. Mythen dienen wie die Literatur als Vorlagen für Abfuhr-Identifizierungen und andere Abwehr. Was jeden beschäftigt, aber normalerweise nicht bewusst werden darf, kann mittels mythischer, dramatischer oder anderer literarischer Werke subjektiv aktualisiert und denkbar werden. Durch ihre komplexe Struktur, die etwa chronologische Ereignisse wie gleichzeitig und Gegenteile als widerspruchsfrei erscheinen lässt, eignet sich der Mythos dafür, schwierige, auch unbewusste Bedeutungszusammenhänge darzustellen, weshalb auch Freud immer wieder auf eine mythische Darstellungsform zurückgriff, um bestimmte Konzepte der Psychoanalyse zu vermitteln, die gleichzeitig menschheits- wie individualgeschichtlich wichtige Konflikten thematisieren (Urhorden-, Ödipus-, Narcissus- oder Mosesmythos). In diesem Sinn hat Otto Rank schon früh die Grundkonflikte der Menschen als zentrale Themen von Mythos und Dichtung und die Mechanismen der Traumarbeit, also Verschiebung, Verdichtung, Widerspruchsidentität, Ungültigkeit raum-zeitlicher Ordnung usw., als die wesentlichen Stilmittel der Dichtung dargestellt. Mythen und gute Literatur zeichnen sich dadurch aus, dass die Potenziale der sprachlichen Symbolisierung in Schrift und/oder mündlicher Überlieferung so gut gelingen, dass die Prägnanz etwas klar und treffend darstellt und die Offenheit dabei eine Vielzahl unterschiedlicher subjektiver Regungen und Assoziationen unterbringen und halten kann.

Der Einfluss der Psychoanalyse auf Autoren, auf Literaturwissenschaft und Literaturkritik setzte bald nach Erscheinen der Traumdeutung ein und verbreitete sich auch außerhalb Europas. Die allgemeine Literaturwissenschaft rezipierte die Psychoanalyse schon früh und fand in ihr wichtige neue Ansätze, suchte nach Spuren verborgener Bedeutungen und Wirkungen. Mit einem allgemeinen Trend zur Theoretisierung gewannen später lacanianische Konzepte an Einfluss in der Literaturtheorie.

Kurt R. Eissler: Goethe. Eine psychoanalytische Studie 1775–1788

Der 1938 aus Wien in die USA emigrierte Psychoanalytiker Kurt Eissler arbeitete eineinhalb Jahrzehnte an seinem opus magnum, einer groß angelegten Untersuchung über Johann Wolfgang von Goethe. Es wurde eine aufwändige und umfangreiche Auseinandersetzung mit der Entwicklung und frühen Schaffensperiode des Dichters. Eissler wollte über bestimmte Problembereiche in Goethes Leben Aufschluss geben und versuchte eigentlich eine (Re-)Konstruktion der psychischen Prozesse, die ihnen zugrunde lagen. Er war sich des mitunter spekulativen Anteils in seiner Arbeit durchaus bewusst. Tatsächlich ging es ihm um das Aufspüren des psychischen Geschehens, aus welchem sich die künstlerische Kreativität des Genies speiste. (Eissler entwickelte freilich keine psychoanalytische Theorie der Kreativität.) Dafür untersuchte er mit großer Genauigkeit das Werk in Beziehung zur Lebensgeschichte und zu vielen biografischen Details. Konfikthafte Beziehungen Goethes zu seinen Eltern und zu seiner Schwester wurden ebenso beschrieben, wie sexuelle Hemmungen und paranoide Krisen vermutet wurden. Eissler hatte einen psychopathologiediagnostisch geschulten Blick und vertrat die These einer psychotischen Grundlage genialer Kreativität. Im Falle Goethes konstatierte er darüber hinaus eine außergewöhnliche Fähigkeit, persönliche Krisen sublimierend in seinem dichterischen Werk umzusetzen und diese so zu verarbeiten.

„Es scheint, als habe der ältere Goethe, trotz der Erfolge seines Sohnes, niemals das Misstrauen gegen die Feudalgesellschaft abgelegt. […] So können wir beobachten, dass auf beiden Ebenen die Identifizierung so verwirklicht wurde, dass sie weder für das sich identifizierende Subjekt noch für die Objekte, mit denen die Identifizierung vollzogen wurde, wahrnehmbar war. Infolgedessen konnte sich die identifizierende Person das Schuldgefühl ersparen, das mit dem Bewußtsein eingesetzt hätte, sich ein Privileg angemaßt zu haben, welches früher als das ausschließliche Vorrecht seines bewunderten Objektes galt. Da der Herzog nicht nur Schüler, sondern auch Herr war, konnte Goethe durch seine Arbeit in Weimar seinem Vater gegenüber Trotz zum Ausdruck bringen, so als ob er sagen wollte, dass Arbeit für ihn unannehmbar war, wenn sie einer Person galt, die einen höheren Rang als sein Vater einnahm."

Kurt R. *Eissler* (1963): Goethe Eine psychoanalytische Studie 1775–1788. Band I, München: Dtv, 1987, 223.

Die Literatur selbst kam auch direkt über Schriftsteller, Literaturwissenschafter, Kritiker, Regisseure usw. immer wieder unter den Einfluss der Psychoanalyse und nahm diese auch zum Thema (etwa Arthur Schnitzler, Rosa Chacel, Arnold Zweig, Thomas Mann, D.H. Lawrence, Tennesse Williams, Samuel Beckett und etliche Surrealisten). Viele Kapitel der Literaturgeschichte nach 1900 sind ohne Psychoanalyse nicht denkbar. Die Verdrängung des Sexuellen wurde zu einem zentralen literarischen Topos, wie überhaupt das Unbewusste. Das Unheimliche, das Geheimnisvolle und die Ambivalenz menschlicher Beziehungen waren seit jeher Inhalt der Literatur; das Geniale, Kreative, aber auch das Leidende speiste viele Künstlerlegenden. Nun gab es eine Theorie, die es erlaubte, diese Phänomene wissenschaftlich zu fassen. Die psychoanalytische Arbeit selbst hat literarischen Charakter als kreative Übersetzungsarbeit in Deutungen, und manche Fallgeschichten sind „wie Novellen" zu lesen (Freud, 1895d, 227). Psychoanalytiker entwickelten mithilfe literarischer Werke auch eigene Konzepte oder illustrierten durch sie psychodynamische Ideen.

Wie der Literatur galt das Interesse der Psychoanalyse auch der bildenden Kunst, der Musik, Theater oder der Architektur. Schon Freud und die frühen Analytiker haben sich intensiv damit beschäftigt. Dabei ging es vielleicht zu oft um die Künstler und zu selten um die spezifische Eigenart der Kunstwerke und ihrer Rezeption. Für Werkinterpretationen bediente man sich früher zumeist diverser Symbolisierungstheorien, während heute vielfach die Beziehung zwischen Kunstwerk und Betrachter bzw. dessen assoziative Reaktionen im Mittelpunkt stehen.

Ebenso wie künstlerische Hervorbringungen ist auch der schöpferische Prozess künstlerischer Kreativität immer wieder Gegenstand analytischer Untersuchungen. Dem überdurchschnittlich kreativen Menschen werden bestimmte psychische Fähigkeiten zugeschrieben – etwa die Fähigkeit, sich rasch regressiv auf unbewusste Inhalte einzulassen und im Prozess der symbolisierenden Bewusstwerdung dabei ein ganz besonderes Geschick prägnanter Formgebung wirksam werden zu lassen. So entsteht dann ein Kunstwerk (im weitesten Sinn), das höchstpersönliche, intime Affekte und Phantasien transportiert und das in einer Form, die sowohl einmalig als auch für andere verstehbar ist, jene spezifische Spannung und Befriedigung erzeugt, die dann als ästhetischer Genuss erlebbar wird.

Empfohlene Literatur

Henk *de Berg* (2005): Freuds Psychoanalyse in der Literatur- und Kulturwissenschaft. Tübingen, Basel: Francke.
Peter *von Matt* (1972): Literaturwissenschaft und Psychoanalyse. Stuttgart: Reclam.
Gerhard *Schneider* (1999): Psychoanalyse und bildende Kunst. Tübingen: Edition Diskord.
Philipp *Soldt* (Hg.) (2007): Ästhetische Erfahrung. Neue Wege zur Psychoanalyse künstlerischer Prozesse. Gießen: Psychosozial.

Geschichte

Anfang 1897 las Freud mit Begeisterung den „Malleus Maleficarum" (Hexenhammer), ein Dokument frühneuzeitlicher Hexenprozesse, und fand gewisse Ähnlichkeiten zwischen seinen Erkenntnissen über sexuelle Verführung und den mittelalterlichen Besessenheitsdiagnosen. Jahrzehnte später wurde ihm ein historisches Dokument über einen Teufelspakt vorgelegt, über dessen Analyse er seine Einsichten in „Eine Teufelsneurose im siebzehnten Jahrhundert" (Freud, 1923d) publizierte.

Tatsächlich befassen sich Psychoanalytiker und Historiker mit Vergessen und Erinnern und mit der Bedeutung des Vergangenen in der Gegenwart, und für beide ist klar, dass ein bestimmtes Ereignis oder Verhalten immer viele Determinanten und Bedeutungen hat und daher niemals vollständig entschlüsselt werden kann. Die Psychoanalyse brachte die Erkenntnis, dass die Vergangenheit mitunter umso mehr in die Gegenwart wirkt, je mehr sie aus dem Bewusstsein verbannt wird, und Freud hielt daran fest, dass dem Bewusstmachen verdrängter Erinnerungen Bedeutung stiftende und befreiende Wirkung zukomme. Seit jeher machen Menschen aus individuellen Erinnerungselementen und kollektiven Überlieferungsspuren Geschichten, die sie sich selbst und einander erzählen, um dadurch Zusammenhang und Sinn herzustellen. Ähnlich geht auch die Historiografie vor, die ihre Narrative auch noch durch spezifische wissenschaftliche Untersuchungs- und Interpretationsmethoden erweitert.

Die Psychoanalyse hat darüber hinaus etliche Konzepte erarbeitet, die zentrale Funktionsweisen der Menschen und Bedingungen ihres Zusammenlebens verstehen helfen, etwa unbewusste Motive, Erkenntnisse der Entwicklungspsychologie, Massendynamik, Strukturbedingungen von Gesetz und Gewissen, von Angst und Destruktivität, die Wirksamkeit von Regression bzw. die Macht infantiler Wünsche und der ambivalenten kindlichen Liebe zu den Eltern im Erwachsenen. Dadurch eröffneten sich den Geschichtswissenschaften viele Fragestellungen und ein weites Feld neuer Interpretationszusammenhänge. Was eine Psychoanalytikerin in die Geschichtsforschung einbringen kann, ist natürlich auch die psychoanalytische Einstellung und eine besondere Aufmerksamkeit für Spuren und Funktionsweisen des Unbewussten. Etliche Historiker haben sich auch intensiv mit der Psychoanalyse auseinandergesetzt (etwa Walter Benjamin, Saul Friedländer, Ernst Kantorowicz, Lucien Fèbvre, Carlo Ginzburg, Alain Corbin, Peter Burke). Der Rückgriff auf die Wissenschaft vom Unbewussten wurde oft dort unumgänglich, wo Verhaltensweisen und historische Entwicklungen befremdlich und irrational erschienen und wo Menschen verstanden werden sollten, die offenbar gegen ihre eigenen Interessen handelten.

Historische Entwicklungen und Lebensgeschichten historischer Persönlichkeiten haben Psychoanalytiker seit jeher besonders interessiert, und es gibt eine große Anzahl einschlägiger Publikationen. Verglichen mit anderen Disziplinen, ist das Interesse von Psychoanalytikern an der eigenen Wissenschaftsgeschichte und überhaupt an der Geschichte des 20. Jahrhunderts besonders groß, und es fällt ein Überhang biografischer Arbeiten auf. Dabei lauern auch für Analytiker all jene Gefahren, die unweigerlich mit der Erforschung der eigenen Geschichte verbunden sind.

Empfohlene Literatur

Walter *Benjamin* (1942): Über den Begriff der Geschichte. Gesammelte Schriften I/2, hg. v. Rolf Tiedemann, Hermann Schweppenhäuser. Frankfurt am Main: Suhrkamp, 1980, 691–704.

Michel *de Certeau* (1997): Theoretische Fiktionen. Geschichte und Psychoanalyse. Wien: Turia & Kant.

Norbert *Elias* (1969): Über den Prozeß der Zivilisation. Frankfurt am Main: Suhrkamp, 2007.

Saul *Friedländer* (1975): History and Psychoanalysis. An Inquiry Into the Possibilities and Limits of Psychohistory. New York: Holmes & Meier, 1978.

Jörn *Rüsen* (Hrsg.) (1998): Die dunkle Spur der Vergangenheit: psychoanalytische Zugänge zum Geschichtsbewusstsein. Frankfurt am Main: Suhrkamp.

Religion

Freud entdeckte Gemeinsamkeiten zwischen Zwangshandlungen und rituellen Religionsübungen und bezeichnete die Zwangsneurose sogar als eine Art Privatreligion. Darin zeigte sich, dass die Kultur und ihre Institutionen als kollektive Abwehr zu verstehen sind. Freud fasste religiöse und psychosoziale Strukturen als Niederschlag der menschlichen Kämpfe mit der und um die Kultur auf. Besonders betonte er die magische Fundierung religiöser Gepflogenheiten und ihre Funktion bei der Angstbewältigung (Freud, 1907b; 1912–13a) und verstand Religion überhaupt als Fortleben infantiler Wunsch- und Glaubensinhalte im Erwachsenenleben und in der Gesellschaft. Götter sind Erben der elterlichen Autoritäten, welche die kindliche Vorstellung mit einer Allmacht ausstattet, die gefürchtet und geliebt wird.

Sigmund Freuds Arbeit zur Religion und ihren Institutionen, „Die Zukunft einer Illusion“ (1927c), und jene zur historischen Entstehung der jüdischen Religion, „Der Mann Moses und die monotheistische Religion“ (1939a), stießen auf besonders heftige Polemik und massive Ablehnung seitens der katholischen Kirche. Seither hat sich die psychoanalytische Religionskritik in viele Richtungen fortentwickelt; im Zentrum stehen Theorien über die Genese und Bedeutungszusammenhänge verschiedener Religionen, die massenpsychologische Funktion der Religion und ihrer Institutionalisierung sowie ihre Indienstnahme durch andere Machtträger.

Eine andere Richtung der Forschung widmet sich der psychoanalytischen Untersuchung des individuellen religiösen Erlebens einerseits und religiös motivierter Vorurteile andererseits, die beide die regressive Tendenz des religiösen Strebens besonders dokumentieren. Der wichtige Bereich religiöser Massenpsychologie hat in jüngster Zeit an Bedeutung gewonnen.

Sigmund Freud: Der Mann Moses und die monotheistische Religion. Drei Abhandlungen

Diese vielschichtige Arbeit, die in einer ersten Fassung bereits 1934 unter dem Titel „Der Mann Moses. Ein historischer Roman" vorgelegen hatte, aber unveröffentlicht geblieben war, spannt einen Bogen über die Geschichte des jüdischen Volkes. Motiv und Ausgangspunkt war, „angesichts der neuen Verfolgung" zu ergründen, „wie der Jude geworden ist und warum er sich diesen unsterblichen Haß zugezogen hat" (Freud, 1939a, 102). Der mythische Auszug der Juden aus Ägypten und die Vertreibung Freuds aus Wien sind assoziativ verbunden.

Das Buch bietet einen originellen Ansatz der Geschichtspsychologie, die den Ursprung des Gesetzes psychoanalytisch (re-)konstruiert und mit der Entstehungsgeschichte der monotheistischen „mosaischen" Religion in Zusammenhang bringt. Kernpunkt der Überlegungen ist, dass es sich bei der jüdischen Religion um die Übernahme des Aton-Kults, d. h. der revolutionär-monotheistischen Vorstellung des ägyptischen Pharaos Echnaton handle und dass in die Gestalt des biblischen Moses zwei Personen eingeflossen seien: ein ägyptischer und ein jüdischer Moses. Die Ermordung des Ersteren und die daraus entstandenen Schuldgefühle führten in einer der Neurose vergleichbaren Dynamik nachträglich zur Entstehung einer neuen religiösen und sozialen Ordnung des jüdischen Volkes, zu Bilderverbot und „Fortschritt in der Geistigkeit" (Freud, 1939a, 557). Auch die christliche Religion fuße auf einem Mord, und so wie die ägyptische in der mosaischen, so sei die jüdische in der christlichen Religion enthalten und in hoch ambivalenter Weise wirksam. In beiden Fällen kam es gemäß Freud zum Mord am Repräsentanten der älteren Religion. Der Vorwurf, die Juden hätten Christus ermordet, verkehrt nur die Absetzung des jüdischen Gottes durch die Christen, die im Antisemitismus eigentlich sich selbst verfolgen. Das Christentum sei vom strengen Monotheismus schließlich wieder abgekommen.

Freud publizierte das unter größten Schwierigkeiten geschriebene Buch zuletzt von seinem englischen Exil aus 1939 in einem Amsterdamer Verlag.

„Beachtenswert ist, in welcher Weise die neue Religion sich mit der alten Ambivalenz im Vaterverhältnis auseinandersetzte. Ihr Hauptinhalt war zwar die Versöhnung mit Gottvater, die Sühne des an ihm begangenen Verbrechens, aber die andere Seite der Gefühlsbeziehung zeigte sich darin, dass der Sohn, der die Sühne auf sich genommen, selbst Gott wurde neben dem Vater und eigentlich an Stelle des Vaters. Aus einer Vaterreligion hervorgegangen, wurde das Christentum eine Sohnesreligion. Dem Verhängnis, den Vater beseitigen zu müssen, ist es nicht entgangen.

Nur ein Teil des jüdischen Volkes nahm die neue Lehre an. Jene, die sich dessen weigerten, heißen noch heute Juden."

Sigmund *Freud* (1939a): Der Mann Moses und die monotheistische Religion. Drei Abhandlungen. GW XVI, 101–246, 245.

Empfohlene Literatur

Sigmund *Freud* (1927c): Die Zukunft einer Illusion. GW XIV, 323–380.
Alf *Gerlach* (Hg.) (2004): Psychoanalyse des Glaubens. Gießen: Psychosozial.
Heinz *Henseler* (1995): Religion – Illusion? Eine psychoanalytische Deutung. Göttingen: von Steidl.

Anthropologie

Die sich damals eben erst etablierenden Forschungsrichtungen der Anthropologie und Völkerkunde haben Freud außerordentlich interessiert und manche seiner Arbeiten wesentlich beeinflusst. Einige Psychoanalytiker begaben sich auf das Feld der Anthropologie, einige Anthropologen unterzogen sich selbst einer Analyse und etliche übernahmen psychoanalytische Erkenntnisse und pflegten engen Kontakt mit Psychoanalytikern (Bronislaw Malinowski, Margret Mead, Charles Seligman, Alfred Hallowell, Clyde Kluckhohn).

Sigmund Freud ging von einem – heute überholten – Parallelismus psychischer Funktionsweisen von Kindern, Neurotikern und „Primitiven" aus. In diesem Sinn bezog er sich bereits in den „Drei Abhandlungen zur Sexualtheorie" (1905c) vielfach auf völkerkundliche Befunde. In Anbetracht der Geschichtslosigkeit des Primärprozesses sind natürlich auch anthropologische und ethnografische Befunde Erscheinungsformen des Unbewussten in spezifischen symbolischen Systemen, die im jeweiligen konkreten psychosozialen und historischen Zusammenhang (des Forschers) interpretiert werden.

Am eindrücklichsten befasste Freud sich in seiner Arbeit „Totem und Tabu" mit einschlägigen Forschungen, wo er – in einer ganz originellen rechtsethnologischen Studie – dem Ursprung des Gesetzes und der Kultur auf der Spur war. Freuds umfassende Interpretation des Inzesttabus und des Ödipuskomplexes sowie die enge Entsprechung von Psychostruktur und Sozialstruktur stießen auf relativ breite Anerkennung und inspirierten zur Auseinandersetzung mit anthropologischen Fragestellungen, schon sehr früh etwa Otto Rank, Karl Abraham und Géza Róheim. Einen eher ichpsychologischen Ansatz anthropologischer Feldforschung verfolgten Paul Parin und Fritz Morgenthaler sowie Abram Kardiner. Georges Devereux (1978) etablierte die Ethnopsychoanalyse als Studie des Einflusses gesellschaftlicher Kräfte auf die Menschen, auf ihre Vorstellungen und Beziehungen.

Sigmund Freud: Totem und Tabu. Einige Übereinstimmungen im Seelenleben der Wilden und der Neurotiker

1912 verfasste Sigmund Freud seine erste große kulturtheoretische Arbeit, die Thomas Mann als Meisterstück deutscher Essayistik bezeichnete. Innerpsychische und gesellschaftliche Strukturen werden als Entsprechungen untersucht. Freud fragte nach dem Ursprung des Gesetzes als Grundlage jeder kulturellen Ordnung und gelangte dabei zur Untersuchung der totemistischen Religion, ihren Heiratsbeschränkungen und magischen Denkvorgängen (Animismus) sowie zum Tabu des Totemtiers. Mit Rückgriff auf Charles Darwins „Urhorde" entwarf er einen Mythos vom Mord am despotischen „Vater" dieser Urhorde, der alle Frauen und alle Lust für sich beanspruchte, durchgeführt von den männlichen Nachgeborenen. Die Söhne, die ihn gleichzeitig bewunderten und hassten, eigneten sich seine Stärke durch Einverleibung in der Totemmahlzeit an und unterwarfen sich zum Schutz voreinander nachträglich seinem Gebot, die Frauen des gleichen Totems zu meiden (Exogamiegebot). Dieses Inzesttabu gilt seither als elementares kulturelles Verbot und ältestes Gesetz.

In „Totem und Tabu" wird deutlich, dass das Gesetz Grundlage jeder zivilisatorischen Ordnung ist, das letztlich die prinzipiell asoziale Triebhaftigkeit im Zaum halten soll. Freud verstand Phylogenese und Ontogenese als Ergänzungsreihe: Vatermord in der Urhorde, Ödipuskomplex und Familienroman bilden eine strukturelle Einheit, die die kulturelle Geburt des Menschen in phylogenetischer und ontogenetischer Sicht darstellt. Jedes Kind, jede Gesellschaft muss den Drang nach maßloser Lust und die sexuellen Wünschen gegenüber den Verwandten einschränken und kontrollieren und den Hass auf das Gesetz und auf den Vater als Agenten dieser Einschränkung bemeistern. Herrschaft, Rebellion und nachträgliche Befriedung sind Grundelemente historischer Dynamik und bestimmen nach wie vor gesellschaftliche Institutionen.

„Wo sich in dieser Entwicklung die Stelle für die großen Muttergottheiten findet, die vielleicht allgemein den Vatergöttern vorausgegangen sind, weiß ich nicht anzugeben. Sicher scheint aber, dass die Wandlung im Verhältnis zum Vater sich nicht auf das religiöse Gebiet beschränkte, sondern folgerichtig auf die andere durch die Beseitigung des Vaters beeinflusste Seite des menschlichen Lebens, auf die soziale Organisation, übergriff. Mit der Einsetzung der Vatergottheiten wandelte sich die vaterlose Gesellschaft allmählich in die patriarchalisch geordnete um."

Sigmund *Freud* (1912–13a): Totem und Tabu. Einige Übereinstimmungen im Seelenleben der Wilden und der Neurotiker. GW IX, 180.

Empfohlene Literatur

Helga *Haase* (Hg.) (1996): Ethnopsychoanalyse. Stuttgart: Verlag Internationale Psychoanalyse.
Géza *Róheim* (1919): Die Panik der Götter. Die Quellen religiöser Glaubensformen in psychoanalytischer Sicht. München: Kindler, 1975.
Georges *Devereux* (1974): Normal und anormal. Aufsätze zur allgemeinen Ethnopsychiatrie. Frankfurt am Main: Suhrkamp.

Recht

Freud verdanken wir einige elementare Einsichten in die psychosozialen Bedingungen des Menschen und in die Schwierigkeiten, die sein Verhältnis zu anderen und zur Natur ausmachen. Dies sind auch Fragen, welche die Rechtswissenschaften beschäftigen und aus welchen die Legislative verbindliche Gesetze zu formulieren sucht, über die im Konfliktfall dann Gerichte entscheiden.

Die Psychoanalyse besitzt eine ausdifferenzierte Theorie des Rechts, die gemeinsam mit den Erkenntnissen der Massenpsychologie eine solide Grundlage für das Verständnis der Demokratie, ihrer notwendigen Voraussetzungen und zwangsläufigen Unzulänglichkeiten bietet. Ihre Elemente sind die Triebdynamik bezüglich Gesetz und Übertretung, die Entwicklung des subjektiven Gewissens und der kulturellen Institution der Gesetzlichkeit, die Folgen der Gesetzesübertretungen und die Massendynamik.

Der Mythos vom Mord am Urvater und der Mythos von Inzest und Vatermord des Ödipus thematisieren zwei zentrale Probleme der Zivilisation, nämlich wie die Gewalt der sexuellen und destruktiven Triebwünsche beherrscht werden und wie diese Herrschaft zivilisiert gestaltet werden kann. Außerdem macht die Erkenntnis des Inzesttabus als ursprünglichstes Kulturverbot im Sinne der Begrenzung sexueller Befriedigung und ursprünglicher Intimität die sinnliche Fundierung des Gesetzes deutlich. Innere und äußere Ordnung entwickeln sich in Entsprechung. Jedes Verbot gründet in ursprünglich physischer Einschränkung (anale Kastration), die entweder begleitet wird von erklärender und vermittelnder Symbolisierung oder aber auch hauptsächlich mittels physischer Gewalt durchgesetzt werden kann. Das Verhältnis zum Gesetz ist durch die allgemeinen Bedingungen der Gesetzlichkeit und die intrapsychische Qualität der infantilen Verbote (der Kastration) geprägt. Eine entscheidende Erkenntnis der Psychoanalyse war das Fortleben infantiler, „primitiver" und kulturfeindlicher Strebungen auch im Erwachsenen, deren Zähmung und Kontrolle für jeden Menschen ein großer, lebenslanger psychischer Aufwand bleibt.

Rechtsbewusstsein, zivile Verhaltensweisen und Denkfähigkeit sind prekäre Kulturgüter und niemals ungefährdet. In Gefahr, unter Krankheitsbedingungen und anderen Überforderungen fallen alle Menschen auf frühere, weniger zivilisierte Funktionsweisen zurück (d. h. sie werden ungeduldig, egoistisch und versuchen, ihre Wünsche auch mit Gewalt durchzusetzen). Die Regression (siehe S. 90) lässt das Unbewusste stärker wirksam werden.

Unsere Rechtsordnung und die repräsentative Demokratie etwa bilden komplizierte Zusammenhänge, die hohe Anforderungen an den Einzelnen und an das Kollektiv stellen, insbesondere hinsichtlich Selbstbeherrschung, Sprach-, Denk- und Kommunikationsfähigkeit. Bei den einzelnen Staatsbürgern wird die primäre Sozialisation zur unmittelbaren Grundlage der konkreten Rechtskultur. Das Über-Ich repräsentiert dann das Gesetz auf der Ebene des Individuums und die Konfliktgeschichte mit den frühkindlichen Autoritäten.

Die gesellschaftlichen Ordnungsinstitutionen und die psychischen Ordnungsstrukturen der Menschen wirken in der Regel zusammen und stabilisieren einander. In Konflikten und Krisen aber können Widersprüche und Gewalt, gegen die die Ordnung sich richtet, leicht wieder hervorbrechen. Die Massendynamik beispielsweise ist prinzipiell gewissenlos und illusionär, von asozialen Strebungen geleitet statt von angemessener Realitätsprüfung.

Es ist ein langer und komplizierter Prozess von der simplen Angst vor Bestrafung zur differenzierten inneren Instanz des Gewissens, die nicht mehr der drohenden Autoritäten bedarf, sondern das Gesetz als Teil der inneren Struktur sicher etabliert hat. Wer diesen Weg erfolgreich gegangen ist, wird auch der Macht der Massendynamik nicht mehr ganz so leicht erliegen. Damit dieser Weg gegangen werden kann, braucht es freilich das sicher geltende Gesetz als Referenz.

Belastbarkeit und Denkfähigkeit der Menschen, die Rechtsfähigkeit einzelner Personen, die Delinquenzforschung und Resozialisierungsfragen sind Felder psychoanalytischer Forschung, mit welchen die Juristen schon Sigmund Freud befassten (z. B. Freud, 1906c). Hier zeigt sich einerseits, wie sehr Rechtssystem und Psychostruktur aufeinander verwiesen sind, und andererseits wird deutlich, dass die Erkenntnisse der Psychoanalyse wichtige kritische Beiträge zur Modifikation des Rechtssystem liefern können.

Empfohlene Literatur

Albert A. *Ehrenzweig* (1973): Psychoanalytische Rechtswissenschaft. Berlin: Duncker & Humblot.

Peter *Goodrich* (1995): Oedipus Lex. Psychoanalysis, History, Law. Berkeley, Calif.: University of California Press.

Eveline *List* (Hg.) (2000): Psychoanalyse und Recht. Wien: Orac.

Theodor *Reik* (1932): Der unbekannte Mörder. Frankfurt am Main: Fischer Taschenbuch, 1983.

Siegfried Bernfeld: Sisyphos oder die Grenzen der Erziehung
Geprägt von der Wiener linken Jugendbewegung, hatte Siegfried Bernfeld (* 1892, Lemberg/Galizien, † 1953, San Francisco) 1915 mit einer Arbeit „Über den Begriff der Jugend" promoviert und leitete bald ein Heim für jüdische Kriegwaisen sowie das „Jüdische Institut für Jugendforschung und Erziehung". Nach seiner Ausbildung zum Psychoanalytiker legte er 1925 seine Erkenntnisse über das Verhältnis von Psychoanalyse und Pädagogik dar und unterzog die herrschende Erziehungswissenschaft und -praxis einer radikalen Kritik, die nicht wesentlich an Aktualität verloren hat.

Die drei Kapitel des Buches behandeln den Stand der Pädagogik, „Voraussetzungen und Funktion der Erziehung" und „Mittel, Wege und Möglichkeiten der Erziehung" und führen über umfassende Analysen zur Darstellung dreier wesentlicher Beschränkungen, auf welche Erziehung notwendig treffen müsse: das Gesellschaftssystem und seine Institutionen, das Unbewusste („die seelischen Konstanten") des Erziehers und die begrenzte „Erziehbarkeit des Kindes", die letztlich nicht vorhersehbar sei.

Was die Psychoanalyse bieten könne, seien keine individuellen Pläne und Prognosen, sondern nur allgemeine Einsichten in die Psyche; Prognosen könnten nur kollektive sein und müssten letztlich das Gesellschaftssystem betreffen.

Die normativ-geisteswissenschaftlich orientierten Universitätspädagogen monierten vor allem den sozialwissenschaftlichen Zugang und die gesellschaftskritische Ausrichtung des Buches; gerade dadurch erlebte es freilich ab den 1970er-Jahren mehr als zehn neue Auflagen.

„Das erzieherische Verhalten des einzelnen Erwachsenen, seine allgemeinen Prinzipien sowohl wie jede konkrete Tat, ist von individualpsychologischen Konstanten determiniert: den individuellen Ablaufsformen seiner Affekte und der Struktur der Urreaktion in seinem Unbewußten oder seinem Ich. Die reine Paargruppe ist die günstigste soziale Gegebenheit für das volle Sich-Auswirken dieser Konstanten in jeder einzelnen Erziehungshandlung."

Siegfried *Bernfeld* (1925): Sisyphos oder die Grenzen der Erziehung. Frankfurt am Main: Suhrkamp, 1970, 72.

Erziehung und Pädagogik

Als wesentliche Problembereiche der Pädagogik nannte Sándor Ferenczi 1908 die Beschaffenheit des Unbewussten der Eltern, die Unkenntnis über die wirkliche Psychologie des Kindes, die körperliche Einschränkung der Babys (das „Wickeln"), das Verhältnis zur Sexualität, die Methoden der Korrektion und die Entwicklung der Sprachsymbolik. Dieser Katalog hat nach wie vor Gültigkeit.

Ferenczi beschrieb das Verhältnis von „Psychoanalyse und Pädagogik" (Ferenczi, 1908) als eines, welches dem Verhältnis der Botanik zur Gartenbaukunst gleichkomme und mahnte, „vor einem Ausflug in das Gebiet der Kindergärtnerei" (Ferenczi, 1908, 2) nicht zurückzuschrecken. Zweifellos meinte er damit nicht, dass die beiden Disziplinen zusammenfallen könnten – im Gegenteil, sie stehen stets in einem unvereinbaren Spannungsverhältnis. Der Psychoanalyse widerspricht die Zielorientiertheit der Pädagogik ebenso, wie die psychoanalytische Haltung als Erziehungsmaßnahme untauglich wäre. Dennoch haben Psychoanalyse und Pädagogik in den vergangenen 100 Jahren immer wieder in verschiedensten Erziehungsprojekten sehr fruchtbar kooperiert. Ausgehend von vielfältigen Institutionen im „roten Wien" etablierte sich eine Tradition psychoanalytischer Pädagogik, die unbewussten Prozessen sowohl in interpersonalen als auch in institutionellen Erziehungsverhältnissen Rechnung zu tragen versucht und die eindrucksvolle Projekte, auch nach psychoanalytischen Grundsätzen geführte Schulen aufzuweisen hat. Erziehungsberatung, Lehrerfortbildung, Elternratgeber bedienen sich heute wie selbstverständlich psychoanalytischer Terminologie, und etliche Erkenntnisse haben in den pädagogischen Alltag auch Einzug gehalten. Der Umgang mit Entwicklungsstörungen, Lernschwierigkeiten, das Lehren und Lernen überhaupt, aber auch institutionelle heilpädagogische Verhältnisse sind ohne Psychoanalyse gar nicht mehr denkbar.

Sigmund Freud zählte das Metier der Erziehung zu den „unmöglichen Berufen"; als die beiden anderen nannte er das Analysieren und das Regieren (Freud, 1937b, 94). Sie sollten gewissermaßen von vollkommenen Menschen ausgeübt werden, wodurch ihnen das Scheitern immanent ist, was natürlich mit Idealisierungen und Ambivalenzen zusammenhängt, die ihnen als Erbe der infantilen Autoritätsverhältnisse entgegengebracht werden.

Empfohlene Literatur

Tillmann F. *Kreuzer* (2007): Psychoanalytische Pädagogik und ihre Bedeutung für die Schule. Würzburg: Königshausen und Neumann.

Catherine *Millot* (1979): Freud, Anti-Pädagoge. Berlin, Wien: Medusa, 1982.

Literatur

Ernst *Abelin* (1971): The Role of the Father in the Separation-Individuation Process, in: John B. McDevitt, Calvin F. Settlage (Hg.): Separation – Individuation. New York: International Universities Press, 229–252.

Karl *Abraham* (1909): Traum und Mythus. Eine Studie zur Völkerpsychologie, in: Gesammelte Schriften I, Frankfurt am Main: S. Fischer, 163–225.

Theodor W. *Adorno*, Else *Frenkel-Brunswik*, Daniel J. *Levinson*, R. Nevitt *Sanford* (1950): The Authoritarian Personality. New York: Harper.

Theodor W. *Adorno* (1973): Studien zum Autoritären Charakter. Frankfurt am Main: Suhrkamp.

Salman *Akhtar* (1992): Broken Structures: Severe Personality Disorders and Their Treatment. New Jersey, London: Northvale.

Salman *Akhtar* (Hg.) (1997): Die innere Mutter. Zur theoretischen und klinischen Bedeutung der Objektkonstanz. Frankfurt am Main: Fischer Taschenbuch.

Salman *Akhtar* (1999): Immigration und Identität. Psychosoziale Aspekte und kulturübergreifende Therapie. Gießen: Psychosozial, 2007.

Annie *Anzieu*, Christine *Anzieu-Premmereur*, Simone *Daymas* (2003): Das Spiel in der Kindertherapie. Tübingen: Edition Diskord, 2006.

Mitchell *Ash* (2012): Materialien zur Geschichte der Psychoanalyse in Wien 1938–1945. Frankfurt am Main: Brandes & Apsel.

Michael *Balint* (1966): Urformen der Liebe und die Technik der Psychoanalyse. München: Dtv, 1988.

Armando *Bauleo* (1988): Ideologie, Familie und Gruppe. Zur Theorie und Praxis der operativen Gruppentechnik. Berlin: Argument.

Walter *Benjamin* (1942): Über den Begriff der Geschichte. Gesammelte Werke I/2, hg. von Hermann Schweppenhäuser, Rolf Tiedemann. Frankfurt am Main: Suhrkamp, 1991, 690–708.

Henk *de Berg* (2005): Freuds Psychoanalyse in der Literatur- und Kulturwissenschaft. Tübingen, Basel: Francke.

Siegfried *Bernfeld* (1931): Zur Sublimierungstheorie, in: Ausgewählte Schriften I. Frankfurt am Main et al.: Ullstein, 1974, 225–235.

Siegfried *Bernfeld* (1925): Sisyphos oder die Grenzen der Erziehung. Frankfurt am Main: Suhrkamp, 1970.

Wilfred R. *Bion* (1957): Zur Unterscheidung von psychotischen und nicht-psychotischen Persönlichkeiten, in: Elizabeth Bott Spillius (Hg.): Melanie Klein heute. Entwicklungen in Theorie und Praxis I. München: Verlag Internationale Psychoanalyse, 75–99.

Wilfred R. *Bion* (1961): Erfahrungen in Gruppen und andere Schriften. Stuttgart: Klett-Cotta, 2003.

Wilfred R. *Bion* (1962): Lernen durch Erfahrung. Frankfurt am Main: Suhrkamp, 1992.

Wilfred R. *Bion* (1970): Attention and Interpretation. London: Karnac, 1984 (dt.: Aufmerksamkeit und Deutung. Tübingen: Edition Diskord, 2006).

José *Bleger* (1958): Psicoanálisis y dialéctica materialista. Estudios sobre la estructura del psicoanálisis. Buenos Aires: Nueva Visió, 1988.

José *Bleger* (1966): Psychoanalysis of The Psycho-Analytic Frame. International Journal of Psycho-Analysis 48 (4), 511–519.

José *Bleger* (1967): Simbiosis y ambegüedad. Estudie Psychoanalítico. Buenos Aires et al.: Paidos, 1989.

José *Bleger* (1991): Psicohigiene y psicologia institutional. Buenos Aires et al.: Paidos.

Eugen *Bleuler* (1911): Dementia praecox oder Gruppe der Schizophrenien. Wien, Leipzig: Deuticke.

Peter *Blos* (1962): Adoleszenz. Eine psychoanalytische Interpretation. Stuttgart: Klett-Cotta, 2001.

Ewald *Bohm* (1974): Der Rorschachtest. Bern: Huber.

John *Bolland*, Joseph *Sandler* (1964): Die Hampstead-Methode. Frankfurt am Main: Fischer Taschenbuch, 1985.

Marie *Bonaparte* (1929): Der Fall Lefèbvre. Zur Psychoanalyse einer Mörderin. Imago XV, 15–62.

Marie *Bonaparte* (1934): Edgar Poe. Eine psychoanalytische Studie. 3 Bde. Wien: Internationaler Psychoanalytischer Verlag.

Marie *Bonaparte* (1941): Der Mythus vom Wein der Intendantur. Internationale Zeitschrift für Psychoanalyse 31, 220–231.

Elizabeth *Bott Spillius* (Hg.) (1990): Melanie Klein heute. 2 Bde. München: Verlag Internationale Psychoanalyse.

John *Bowlby* (1979): Das Glück und die Trauer. Herstellung und Lösung affektiver Bindungen. Stuttgart: Klett-Cotta, 1982.

John *Bowlby* (2006): Bindung und Verlust. 3 Bde. München: Reinhardt.

Charles *Brenner* (1982): Elemente des seelischen Konflikts. Frankfurt am Main: S. Fischer.

Michael B. *Buchholz*, Günter *Gödde* (Hg.) (2006): Macht und Dynamik des Unbewussten I. Gießen: Psychosozial.

Michael B. *Buchholz*, Günter *Gödde* (Hg.) (2006): Das Unbewusste in aktuellen Diskursen II. Anschlüsse. Gießen: Psychosozial.

Michael B. *Buchholz*, Günter *Gödde* (Hg.) (2006): Das Unbewusste in der Praxis III. Erfahrungen mit verschiedenen Professionen. Gießen: Psychosozial.

Michel *de Certeau* (1997): Theoretische Fiktionen. Geschichte und Psychoanalyse. Wien: Turia & Kant.

Enzo *Codignola* (1977): Das Wahre und das Falsche. Essay über die logische Struktur der psychoanalytischen Deutung. Frankfurt am Main: Fischer Taschenbuch, 1986.

Helmut *Dahmer* (1973): Libido und Gesellschaft. Studien über die Freudsche Linke. Frankfurt am Main: Suhrkamp.

Helmut *Dahmer* (Hg.) (1980): Analytische Sozialpsychologie. 2 Bde. Frankfurt am Main: Suhrkamp.

Franz *Dammasch* (Hg.) (2008): Triangulierung. Lernen, denken und handeln aus psychoanalytischer und pädagogischer Sicht. Frankfurt am Main: Brandes & Apsel.

Jacques *Derrida* (1975): Der Facteur der Wahrheit, in: ders. (1980): Die Postkarte von Sokrates bis an Freud und jenseits. 2. Lieferung, Berlin: Brinkmann & Bose, 1987, 183–281.

Georges *Devereux* (1978): Ethnopsychoanalyse. Frankfurt am Main: Suhrkamp.

Georges *Devereux* (1984): Angst und Methode in den Verhaltenswissenschaften. Frankfurt am Main: Suhrkamp.

Françoise *Dolto* (1982): Praxis der Kinderanalyse. Stuttgart: Klett-Cotta, 1985.

Françoise *Dolto* (1984): Das unbewußte Bild des Körpers. Wernheim, Berlin: Quadriga, 1987.

Karl-Albrecht *Dreyer* (Hg.) (2008): Niederfrequente psychoanalytische Psychotherapie. Theorie, Technik, Therapie. Stuttgart: Klett-Cotta.

Kurt R. *Eissler* (1974): Zur Metapsychologie des Vorbewußten. Psyche 28, 591–983.

Kurt R. *Eissler* (1971): Todestrieb, Ambivalenz, Narzißmus. München: Kindler, 1980.

Kurt R. *Eissler* (1963): Goethe Eine psychoanalytische Studie 1775–1788. Band I. München: Dtv, 1987.

Norbert *Elias* (1969): Über den Prozeß der Zivilisation. Frankfurt am Main: Suhrkamp, 2007.

Henri F. *Ellenberger* (1970): Die Entdeckung des Unbewußten. Zürich: Diogenes, 2005.

Mario *Erdheim* (1988): Psychoanalyse und Unbewußtheit in der Kultur. Frankfurt am Main: Suhrkamp.

Erik *Erikson* (1950): Kindheit und Gesellschaft. Stuttgart: Klett-Cotta, 1961.

Erik *Erikson* (1950): Kindheit und Gesellschaft. Stuttgart: Klett-Cotta, 1984.

Horacio *Etchegoyen* (1986): The Fundamentals of Psychoanalytic Technique. London, New York: Karnac, 1991.

Irene *Fast* (1991): Von der Einheit zur Differenz. Psychoanalyse der Geschlechtsidentität. Berlin et al.: Springer.

Paul *Federn* (1919): Zur Psychologie der Revolution: Die vaterlose Gesellschaft, in: Helmut Dahmer (Hg.): Analytische Sozialpsychologie I. Frankfurt am Main: Suhrkamp, 1980, 65–87.

Paul *Federn*, Heinrich *Meng* (1926): Das Psychoanalytische Volksbuch. Berlin, Stuttgart: Hippokrates.

Otto *Fenichel* (1926): Die Identifizierung, in: ders.: Aufsätze I. Frankfurt am Main et al.: Ullstein, 1985, 91–109.

Otto *Fenichel* (1931): Hysterien und Zwangsneurosen. Psychoanalytische spezielle Neurosenlehre. Darmstadt: Wissenschaftliche Buchgesellschaft, 1982.

Otto *Fenichel* (1935): Schautrieb und Identifizierung, in: ders.: Aufsätze I. Frankfurt am Main et al.: Ullstein, 1985, 382–408.

Otto *Fenichel* (1938): Psychoanalyse und Gesellschaftswissenschaften. Psyche 35 (1981), 397–434.

Otto *Fenichel* (1945): Psychoanalytische Neurosenlehre. 3 Bde. Gießen: Psychosozial, 1997.

Otto *Fenichel* (1945): Probleme der psychoanalytischen Technik. Gießen: Psychosozial, 2001.

Sándor *Ferenczi* (1908): Psychoanalyse und Pädagogik, in: ders.: Schriften zur Psychoanalyse I. Frankfurt am Main: Fischer Taschenbuch, 1982, 1–11.

Sándor *Ferenczi* (1919): Zur psychoanalytischen Technik, in: ders.: Schriften zur Psychoanalyse I. Frankfurt am Main: Fischer Taschenbuch, 1982, 272–283.

Sándor *Ferenczi* (1924): Versuch einer Genitaltheorie, in: ders.: Schriften zur Psychoanalyse II. Frankfurt am Main: S. Fischer, 317–400.

Sándor *Ferenczi* (1926): Das Problem der Unlustbejahung, in: ders.: Schriften zur Psychoanalyse II. Frankfurt am Main: Fischer Taschenbuch, 1982, 200–211.

Sándor *Ferenczi* (1933): Sprachverwirrung zwischen den Erwachsenen und dem Kind. Die Sprache der Zärtlichkeit und der Leidenschaft, in: Sándor Ferenczi: Schriften zur Psychoanalyse II. Frankfurt am Main: S. Fischer, 303–313.

Antonino *Ferro* (2005): Im analytischen Raum. Emotionen, Erzählungen, Transformationen. Gießen: Psychosozial.

Ernst Freiherr *v. Feuchtersleben* (1838): Zur Diätetik der Seele. Wien: Carl Armbruster.

Peter *Fonagy*, Mary *Target* (2003): Frühe Bindung und psychische Entwicklung. Gießen: Psychosozial.

Peter *Fonagy*, Mary *Target* (2006): Psychoanalyse und die Psychopathologie der Entwicklung. Stuttgart: Klett-Cotta.

Sigmund H. *Foulkes* (1948): Introduction to group-analytic psychotherapy. London: Heinemann.

Anna *Freud* (1936): Das Ich und die Abwehrmechanismen. Schriften I, 191–355.

Anna *Freud*, Sophie *Dann* (1951a): An Experiment in Group Upbringing. The Psychoanalytic Study of the Child 6, 127–168.

Anna *Freud*, Sophie *Dann* (1951b): Gemeinschaftsleben im frühen Kindesalter. Die Schriften der Anna Freud IV, 1161–1228.

Anna *Freud* (1962): Wege und Irrwege in der Kinderentwicklung. Schriften VIII.

Anna *Freud* (1965): Psychische Entwicklungslinien. Schriften VIII, 2162–2212.

Anna *Freud* (1980): Die Schriften der Anna Freud. 10 Bde. München: Kindler.

Sigmund *Freud* (1888b): Hysterie. GW Nachtragsband, 69–92.

Sigmund *Freud* (1890a): Psychische Behandlung (Seelenbehandlung). GW V, 287–315.

Sigmund *Freud* (1891b): Zur Auffassung der Aphasien. Eine kritische Studie. Wien: Deuticke.

Sigmund *Freud* (1894a): Die Abwehr-Neuropsychosen. GW I, 57–74.

Sigmund *Freud* (1895d): Studien über Hysterie. GW I, 75–312.

Sigmund *Freud* (1896b): Weitere Bemerkungen über die Abwehr-Neuropsychosen. GW I, 379–403.

Sigmund *Freud* (1896c): Zur Ätiologie der Hysterie. GW I, 425–459.

Sigmund *Freud* (1897a): Die infantile Cerebrallähmung, Teil II, Abt. II, in: Hermann Nothnagel, Specielle Pathologie und Therapie IX. Wien: Hölder.

Sigmund *Freud* (1900a): Die Traumdeutung. GW II/III.

Sigmund *Freud* (1901b): Zur Psychopathologie des Alltagslebens. GW IV.

Sigmund *Freud* (1905b): Der Witz und seine Beziehung zum Unbewußten. GW VI.

Sigmund *Freud* (1905c): Drei Abhandlungen zur Sexualtheorie. GW V, 27–145.

Sigmund *Freud* (1905d): Bruchstück einer Hysterie-Analyse. GW V, 161–286.

Sigmund *Freud* (1906c): Tatbestandsdiagnostik und Psychoanalyse. GW VII, 3–15.

Sigmund *Freud* (1907b): Zwangshandlungen und Religionsübungen. GW VII, 129–139.

Sigmund *Freud* (1908b): Charakter und Analerotik. GW VII, 201–209.

Sigmund *Freud* (1908e): Der Dichter und das Phantasieren. GW VII, 213–223.

Sigmund *Freud* (1909b): Analyse der Phobie eines fünfjährigen Knaben. GW VII, 241–377.

Sigmund *Freud* (1909c): Der Familienroman der Neurotiker. GW VII, 227–231.

Sigmund *Freud* (1909d): Bemerkungen über einen Fall von Zwangsneurose. GW VIII, 379–463.

Sigmund *Freud* (1910a): Über Psychoanalyse. GW VIII, 1–60.

Sigmund *Freud* (1910e): „Über den Gegensinn der Urworte". GW VIII, 214–221.

Sigmund *Freud* (1910h): Die psychogene Sehstörung in psychoanalytischer Auffassung. GW VIII, 94–102.

Sigmund *Freud* (1910j): Über „wilde" Psychoanalyse. GW VIII, 117–125.

Sigmund *Freud* (1911b): Formulierungen über die zwei Prinzipien des psychischen Geschehens. GW VIII, 229–238.
Sigmund *Freud* (1911c): Psychoanalytische Bemerkungen über einen autobiographisch beschriebenen Fall von Paranoia (Dementia paranoides). GW VIII, 239–320.
Sigmund *Freud* (1911e): Die Handhabung der Traumdeutung in der Psychoanalyse. GW VIII, 350–357.
Sigmund *Freud* (1912b): Zur Dynamik der Übertragung. GW VIII, 363–374.
Sigmund *Freud* (1912e): Ratschläge für den Arzt bei der psychoanalytischen Behandlung. GW VIII, 376–387.
Sigmund *Freud* (1912g): Einige Bemerkungen über den Begriff des Unbewußten in der Psychoanalyse. GW VIII, 429–439.
Sigmund *Freud* (1912–13a): Totem und Tabu. Einige Übereinstimmungen im Seelenleben der Wilden und der Neurotiker. GW IX.
Sigmund *Freud* (1913c): Zur Einleitung der Behandlung. GW VIII, 453–478.
Sigmund *Freud* (1913i): Die Disposition zur Zwangsneurose. Ein Beitrag zum Problem der Neurosenwahl. GW VIII, 441–452.
Sigmund *Freud* (1914c): Zur Einführung des Narzißmus. GW X, 137–170.
Sigmund *Freud* (1914g): Erinnern, Wiederholen und Durcharbeiten. GW X, 125–136.
Sigmund *Freud* (1915b): Zeitgemäßes über Krieg und Tod. GW X, 323–355.
Sigmund *Freud* (1915c): Triebe und Triebschicksale. GW X, 209–232.
Sigmund *Freud* (1915d): Die Verdrängung. GW X, 247–261.
Sigmund *Freud* (1915e): Das Unbewußte. GW X, 263–303.
Sigmund *Freud* (1916d): Einige Charaktertypen aus der psychoanalytischen Arbeit. GW X, 363–391.
Sigmund *Freud* (1916–17a): Vorlesungen zur Einführung in die Psychoanalyse. GW XI.
Sigmund *Freud* (1916–17g): Trauer und Melancholie. GW X, 427–446.
Sigmund *Freud* (1919a): Wege der psychoanalytischen Therapie. GW XII, 181–194.
Sigmund *Freud* (1919c): „Ein Kind wird geschlagen". Beitrag zur Kenntnis der Entstehung sexueller Perversionen. GW XII, 195–226.
Sigmund *Freud* (Hg.) (1919d): Zur Psychoanalyse der Kriegsneurosen. Diskussion gehalten auf dem 5. Internationalen Psychoanalytischen Kongreß. Einleitung von Sigmund Freud mit Beiträgen von Sándor Ferenczi, Karl Abraham, Ernst Simmel, Ernest Jones. Leipzig, Wien: Internationaler Psychoanalytischer Verlag.
Sigmund *Freud* (1920f): Jenseits des Lustprinzips. GW XIII, 1–69.
Sigmund *Freud* (1921c): Massenpsychologie und Ich-Analyse. GW XIII, 71–161.
Sigmund *Freud* (1923a): „Psychoanalyse" und „Libidotheorie". GW XIII, 209–233.
Sigmund *Freud* (1923b): Das Ich und das Es. GW XIII, 235–289.
Sigmund *Freud* (1923d): Eine Teufelsneurose im siebzehnten Jahrhundert. GW XIII, 315–353.
Sigmund *Freud* (1924a): Neurose und Psychose. GW XIII, 385–391.
Sigmund *Freud* (1924e): Der Realitätsverlust bei Neurose und Psychose. GW XIII, 361–368.
Sigmund *Freud* (1925b): „Selbstdarstellung". GW XIV, 33–96.
Sigmund *Freud* (1926d): Hemmung, Symptom und Angst. GW XIV, 111–205.
Sigmund *Freud* (1926e): Die Frage der Laienanalyse. GW XIV, 207–296.
Sigmund *Freud* (1926f): Psycho-Analysis. GW XIV, 297–307.
Sigmund *Freud* (1927c): Die Zukunft einer Illusion. GW XIV, 323–380.

Sigmund *Freud* (1927e): Fetischismus. GW XIV, 309–317.
Sigmund *Freud* (1930a): Das Unbehagen in der Kultur. GW XIV, 419–506.
Sigmund *Freud* (1931b): Über die weibliche Sexualität. GW XIV, 515–537.
Sigmund *Freud* (1933a): Neue Folge der Vorlesungen zur Einführung in die Psychoanalyse. GW XV.
Sigmund *Freud* (1937b): Die endliche und die unendliche Analyse. GW XVI, 57–99.
Sigmund *Freud* (1937c): Konstruktionen in der Analyse. GW XVI, 41–56.
Sigmund *Freud* (1939a): Der Mann Moses und die monotheistische Religion. Drei Abhandlungen. GW XVI, 101–246.
Sigmund *Freud* (1940e): Die Ich-Spaltung im Abwehrvorgang. GW XVII, 57–62.
Sigmund *Freud* (1950c): Entwurf einer Psychologie. GW Nachtragsband, 375–486.
Sigmund *Freud*, Oskar *Pfister* (1963): Briefe 1909–1939. Hg. v. Heinrich Meng. Frankfurt am Main: S. Fischer.
Sigmund *Freud*, Arnold *Zweig* (1984): Briefwechsel. Hg. v. Ernst L. Freud. Frankfurt am Main: S. Fischer.
Sigmund *Freud* (1986): Briefe an Wilhelm Fließ 1887–1904. Hg. v. Jeffrey M. Masson. Frankfurt am Main: S. Fischer.
Sigmund *Freud* (1987): Gesammelte Werke. Frankfurt am Main: S. Fischer.
Sigmund *Freud*, Martha *Bernays* (2011): Sei mein, wie ich mir's denke. Die Brautbriefe, Band 1 (Juni 1882–Juli 1883). Hg. v. Gerhard Fichtner, Ilse Grubrich-Simitis, Albrecht Hirschmüller. Frankfurt am Main: S. Fischer.
Sigmund *Freud*, Martha *Bernays* (2013): Unser Roman in Fortsetzungen. Die Brautbriefe, Band 2. Hg. v. Gerhard Fichtner, Ilse Grubrich-Simitis, Albrecht Hirschmüller. Frankfurt am Main: S. Fischer.
Erich *Fromm*: Gesamtausgabe in zwölf Bänden. Hg. v. Rainer Funk. Stuttgart: dtv, 1989.
Erich *Fromm* (1941): Die Furcht vor der Freiheit. Zürich: Steinberg, 1945.
Erich *Fromm* (1980): Arbeiter und Angestellte am Vorabend des Dritten Reiches. Eine sozialpsychologische Untersuchung. Stuttgart: DVA.
Eugenio *Gaddini* (1998): „Das Ich ist vor allem ein körperliches." Beiträge zur Psychoanalyse der ersten Strukturen. Tübingen: Edition Diskord.
Lilli *Gast*, Jürgen *Körner* (Hg.) (1999): Psychoanalytische Anthropologie II. Ödipales Denken in der Psychoanalyse. Tübingen: Edition Diskord, 164–187.
Alf *Gerlach* (Hg.) (2004): Psychoanalyse des Glaubens. Gießen: Psychosozial.
Carlo *Ginzburg* (1979): Spurensicherung. Der Jäger entziffert die Fährte, Sherlock Holmes nimmt die Lupe, Freud liest Morelli – die Wissenschaft auf der Suche nach sich selbst, in: ders.: Spurensicherung. Über verborgene Geschichte, Kunst und soziales Gedächtnis. München: Dtv, 1988, 78–125.
Johann Wolfgang *v. Goethe* (1809): Die Wahlverwandtschaften. Ein Roman. Tübingen: Cotta.
Susanne *Graf-Deserno*, Heinrich *Deserno* (1998): Entwicklungschancen in der Institution. Psychoanalytische Teamsupervision. Frankfurt am Main: Fischer Taschenbuch.
André *Green* (1990): Der Kastrationskomplex. Tübingen: Edition Diskord, 1996.
Ralph *Greenson* (1959): Phobie, Angst und Depression, in: ders.: Psychoanalytische Erkundungen. Stuttgart: Klett-Cotta, 1982, 90–102.
Léon *Grinberg*, Dario *Sor*, Elizabeth *Tabak de Bianchedi* (1993): W.R. Bion. Eine Einführung. Stuttgart: Frommann-Holzboog.

Béla *Grunberger* (1971): Vom Narzißmus zum Objekt. Frankfurt am Main: Suhrkamp, 1982.

Johannes *Grunert* (Hg.) (1977): Körperbild und Selbstverständnis. Psychoanalytische Beiträge zur Leib-Seele-Einheit. München: Kindler.

Helga *Haase* (Hg.): Ethnopsychoanalyse. Stuttgart: Verlag Internationale Psychoanalyse, 1996.

Ludwig *Haeseler* (1999): Die Struktur der Triangularität und ihre grundlegende Bedeutung für Sprache und Denken sowie für die menschliche Kultur, in: Lilli Gast, Jürgen Körner (Hg.): Psychoanalytische Anthropologie II. Ödipales Denken in der Psychoanalyse. Tübingen: Edition Diskord, 62–93.

Harry F. *Harlow*, Robert R. *Zimmermann* (1959): Affectional Responses in the Infant Monkeys. Science 120, 421–423.

Heinz *Hartmann* (1939): Ich-Psychologie und Anpassungsproblem. Psyche 14 (1960/61), 81–164.

Heinz *Hartmann* (1927): Die Grundlagen der Psychoanalyse. Stuttgart: Klett, 1972.

Heinz *Hartmann*, Ernst *Kris*, Rudolph *Loewenstein* (1964): Papers on Psychoanalytic Psychology. New York: International University Press.

Heinz *Hartmann* (1953): Contribution to the Metapsychology of Schizophrenia, in: ders., Essays on Ego-Psychology. New York: International University Press, 1964, 182–206.

Rolf *Haubl*, Franziska *Lamott* (Hg.) (1994): Handbuch Gruppenanalyse. Berlin, München: Quintessenz.

Rolf *Haubl* (Hg.) (2005): Gruppenanalytische Supervision und Organisationsberatung. Gießen: Psychosozial.

Wolfgang *Hegener* (2004): Erlösung durch Vernichtung. Zur Psychoanalyse des christlichen Antisemitismus. Gießen: Psychosozial.

Hans-Jürgen *Heinrichs* (2005): Expeditionen ins innere Ausland. Gießen: Psychosozial.

Heinz *Henseler* (1995): Religion – Illusion? Eine psychoanalytische Deutung. Göttingen: von Steidl.

Imre *Hermann* (1929): Das Ich und das Denken. Leipzig, Wien: Internationaler Psychoanalytischer Verlag.

Imre *Hermann* (1936): Sich-Anklammern – Auf-Suche-Gehen. Internationale Zeitschrift für Psychoanalyse 22, 349–370.

Robert D. *Hinshelwood* (1994): Die Praxis der kleinianischen Psychoanalyse. Stuttgart: Verlag Internationale Psychoanalyse, 1997.

Sven O. *Hoffmann* (1996): Charakter und Neurose. Frankfurt am Main: Suhrkamp.

Norman N. *Holland* (1975): 5 Readers Reading. New Haven: Yale University Press.

Max *Horkheimer*, Erich *Fromm*, Herbert *Marcuse*, Hans *Mayer*, Karl-August *Wittfogel* et al. (Hg.) (2001): Studien über Autorität und Familie. Forschungsbericht aus dem Institut für Sozialforschung. Springe: zu Klampen.

Lucien *Israël* (1976): Die unerhörte Botschaft der Hysterie. München, Basel: Reinhardt, 1993.

Edith *Jacobson* (1965): Das Ich und die Welt der Objekte. Frankfurt am Main: Suhrkamp, 1973.

Edith *Jacobson* (1971): Depression. Eine vergleichende Untersuchung normaler, neurotischer und psychotisch-depressiver Zustände. Frankfurt am Main: S. Fischer, 1978.

Ernest *Jones* (1911): Das Problem des Hamlet und der Ödipus-Komplex. Schriften zur angewandten Seelenkunde 10. Leipzig, Wien: Deuticke.

Ernest *Jones* (1931): Der Begriff der normalen Psyche, in: Ernest Jones: Die Theorie der Symbolik und andere Aufsätze. Athenäum: Frankfurt am Main, 1987, 243–261.

Ernest *Jones* (1948): Der Tod von Hamlets Vater, in: Hamlet heute. Essays und Analysen. Frankfurt am Main: Insel, 1965, 45–52.

Ernest *Jones* (1949): Hamlets Stellung in der Mythologie, in: Hamlet heute. Essays und Analysen. Frankfurt am Main: Insel, 1965, 53–83.

Betty *Joseph* (1985a): Transference: The Total Situation. International Journal of Psycho-Analysis 66, 445–454.

Betty *Joseph* (1985b): Übertragung: Die Gesamtsituation, in: dies.: Psychisches Gleichgewicht und psychische Veränderung. Hg. v. Elizabeth Bott Spillius u. Michael Feldmann. Stuttgart: Klett-Cotta, 1994, 231–248.

Louise J. *Kaplan* (1991): Weibliche Perversionen. Von befleckter Unschuld und verweigerter Unterwerfung. Hamburg: Hoffmann & Campe.

Matthias *Kettner* (1999): Das Konzept der „Nachträglichkeit" in Freuds Erinnerungstheorie. Psyche 53, 309–342.

Masud *Khan* (1963): Das kumulative Trauma, in: ders.: Selbsterfahrung in der Therapie. Theorie und Praxis. München: Kindler, 1977, 50–70.

Heinz D. *Kittsteiner* (1991): Die Entstehung des modernen Gewissens. Frankfurt am Main, Leipzig: Insel.

Melanie *Klein* (1928): Frühstadien des Ödipuskomplexes. GS I/1, 287–309.

Melanie *Klein* (1930): Die Bedeutung der Symbolisierung für die Ich-Entwicklung. GS I/1, 347–368.

Melanie *Klein* (1933): Die frühe Entwicklung des kindlichen Gewissens. GS I/2, 1–20.

Melanie *Klein* (1935): Beitrag zur Genese manisch-depressiver Zustände. GS, I/2, 29–75.

Melanie *Klein*, Joan *Riviere* (1937): Seelische Urkonflikte. Liebe, Hass und Schuldgefühl. München: Kindler, 1974.

Melanie *Klein* (1940): Die Trauer und ihre Beziehung zu manisch-depressiven Zuständen. GS I/2, 159–199.

Melanie *Klein* (1945): Der Ödipuskomplex im Lichte früher Angstsituationen. GS I/2, 361–431.

Melanie *Klein* (1946): Bemerkungen über einige schizoide Mechanismen. GS III, 1–41.

Melanie *Klein* (1955a): Über Identifizierung. GS III, 229–278.

Melanie *Klein* (1955b): Die psychoanalytische Spieltechnik: Ihre Geschichte und Bedeutung. GS III, 201–226.

Melanie *Klein* (1957): Neid und Dankbarkeit. Eine Untersuchung unbewußter Quellen. GS III, 279–367.

Melanie *Klein* (1959): Die Welt der Erwachsenen und ihre Wurzeln im Kindesalter. GS III, 387–411.

Melanie *Klein* (1961): Darstellung einer Kinderanalyse. GS IV/1 u. 2.

Melanie *Klein* (1995 ff.): Gesammelte Schriften. Stuttgart, Bad Cannstatt: Frommann-Holzboog.

Olaf *Knellessen*, Peter *Passett*, Peter *Schneider* (2003): Das Deuten in der Psychoanalyse. Wien: Turia & Kant.

Heinz *Kohut* (1968): The Evaluation of Applicants for Psychoanalytic Training. International Journal of Psycho-Analysis 49, 548–554.

Heinz *Kohut* (1971): Narzissmus. Eine Theorie der psychoanalytischen Behandlung narzisstischer Persönlichkeitsstörungen. Frankfurt am Main: Suhrkamp, 1973.

Heinz *Kohut* (1977): Die Heilung des Selbst. Frankfurt am Main: Suhrkamp, 1979.

Heinz *Kohut* (1984): Wie heilt die Psychoanalyse? Frankfurt am Main: Suhrkamp, 1987.

Karl *König* (1995): Widerstandsanalyse. Göttingen, Zürich: Vandenhoeck & Ruprecht.

Karl *König* (1997): Abwehrmechanismen. Göttingen: Vandenhoeck & Ruprecht.

Karl *König* (2005): Abstinenz, Neutralität und Transparenz in psychoanalytisch orientierten Therapien. Stuttgart: Klett-Cotta.

Tillmann F. *Kreuzer* (2007): Psychoanalytische Pädagogik und ihre Bedeutung für die Schule. Würzburg: Königshausen & Neumann.

Julia *Kristeva* (1974): Die Revolution der poetischen Sprache. Frankfurt am Main: Suhrkamp, 1978.

Julia *Kristeva* (1980): Powers of Horror: An essay on Abjection. New York: Columbia University Press.

Julia *Kristeva* (1984): Geschichten von der Liebe. Frankfurt am Main: Suhrkamp, 1989.

Julia *Kristeva* (1985): Au commencement etait l'amour. Psychanalyse et foi. Paris: Hachette.

Julia *Kristeva* (1987): Schwarze Sonne. Depression und Melancholie. Frankfurt am Main: Brandes & Apsel, 1999.

Julia *Kristeva* (1997): Schwarze Sonne. Frankfurt am Main: Brandes & Apsel, 2007.

Julia *Kristeva* (2007): Cet incroyable besoin de croire. Paris: Bayard.

Joachim *Küchenhoff* (2005): Die Achtung vor dem anderen. Psychoanalyse und Kulturwissenschaften im Dialog. Weilerswist: Velbrück Wissenschaft.

Peter *Kutter* (1995): Psychoanalysis International: A Guide to Psychoanalysis throughout the World. 2 Bde. Stuttgart, Bad Cannstatt: Frommann-Holzboog.

Peter *Kutter* (Hg.) (1998): Weltanschauung und Menschenbild: Einflüsse auf die psychoanalytische Praxis. Göttingen: Vandenhoeck & Ruprecht.

Jacques *Lacan* (1949): Das Spiegelstadium als Bildner der Ichfunktion, wie sie uns in der psychoanalytischen Erfahrung erscheint. Schriften I. Frankfurt am Main: Suhrkamp, 1975, 61–70.

Jacques *Lacan* (1953): Funktion und Feld des Sprechens und der Sprache in der Psychoanalyse. Schriften I. Frankfurt am Main: Suhrkamp, 1975, 71–169.

Jacques *Lacan* (1958a): Die Ausrichtung der Kur und die Prinzipien ihrer Macht. Schriften I. Frankfurt am Main: Suhrkamp, 1975, 171–236.

Jacques *Lacan* (1958b): Über die Bedeutung des Phallus. Schriften II. Olten, Freiburg im Breisgau: Walter, 1975, 119–131.

Jacques *Lacan* (1958/59): Hamlet. Vorlesungen I–IV, in: wo es war 2/1986. Ljubljana: Champs Freudienne, 1986, 3–60; Vorlesungen V–VII, in: wo es war 3–4/1986. Ljubljana: Champs Freudienne, 1986, 5–45.

Jacques *Lacan* (1964): Das Seminar, Buch XI: Die vier Grundbegriffe der Psychoanalyse. Weinheim, Berlin: Quadriga, 1980.

Jacques *Lacan* (1966a): Schriften I. Frankfurt am Main: Suhrkamp, 1975.

Jacques *Lacan* (1966b): Schriften II und III. Olten, Freiburg im Breisgau: Walter, 1975.

Jacques *Lacan* (1975): Das Seminar, Buch I (1953–1954). Freuds technische Schriften. Olten, Freiburg im Breisgau: Walter, 1978.

Jacques *Lacan* (1938): Die Familie. Schriften III. Weinheim, Berlin: Quadriga, 1966, 39–100.

Annemarie *Laimböck* (1999): Das psychoanalytische Erstinterview. Tübingen: Edition Diskord.

Hans-Jürgen *Lang*, Wolfgang *Mertens* (1991): Die Seele im Unternehmen. Psychoanalytische Aspekte von Führung und Organisation im Unternehmen. Berlin: Springer.

Robert *Langs* (1994): Doing Supervision and Being Supervised. London: Karnac.

Jean *Laplanche* (1988): Die allgemeine Verführungstheorie und andere Aufsätze. Tübingen: Edition Diskord.

Jean *Laplanche*, Jean-Bertrand *Pontalis* (1985): Urphantasien. Phantasien über den Ursprung, Ursprünge der Phantasien. Frankfurt am Main: Fischer Taschenbuch, 1992.

Gustave *Le Bon* (1895): Die Psychologie der Massen. Stuttgart: Kröner, 1982.

Serge *Leclaire* (1968): Der psychoanalytische Prozeß. Frankfurt am Main: Suhrkamp, 1975.

Pierre *Legendre* (1981): Die verordnete Psychoanalyse. Anmerkungen zur Auflösung der École Freudienne de Paris. Fragmente. Schriftenreihe zur Psychoanalyse 39/40 (1992), 275–289.

Pierre *Legendre* (1989): Das Verbrechen des Gefreiten Lortie. Abhandlungen über den Vater. Freiburg im Breisgau: Rombach, 1998.

Eckart *Leiser* (2002): Das Schweigen der Seele und das Sprechen des Körpers. Wien: Turia & Kant.

Gerhard *Lenz* (Hg.), Wolfgang *Mertens*, Hans-Jürgen *Lang* (1991): Die Seele im Unternehmen. Psychoanalytische Aspekte von Führung und Organisation im Unternehmen. Berlin et al.: Springer.

Marianne *Leuzinger-Bohleber*, Ulrich *Stuhr*, Bernhard *Rüger*, Manfred *Beutel* (2002): Forschen und Heilen in der Psychoanalyse. Ergebnisse und Berichte aus Forschung und Praxis. Stuttgart: Kohlhammer.

Bertram D. *Lewin* (1961): Das Hochgefühl. Zur Psychoanalyse der gehobenen und manischen Stimmungen. Frankfurt am Main: Suhrkamp, 1982.

Harold *Lincke* (1981): Instinktverlust und Symbolisierung. Die psychoanalytische Theorie und psychobiologischen Grundlagen des menschlichen Verhaltens. Berlin: Severin und Siedler.

Eveline *List* (1993a): Urszene und Weltbild I: Metapsychologisches. texte. psychoanalyse. ästhetik. kulturkritik 13 (2), 50–75.

Eveline *List* (1993b): Urszene und Weltbild II: Massenpsychologisches. texte. psychoanalyse. ästhetik. kulturkritik 13 (3), 38–69.

Eveline *List* (Hg.) (2000): Psychoanalyse und Recht. Wien: Orac.

Eveline *List* (2004): Symbolisierung und Denken. Über die Konstruktion von Wirklichkeit in der Psychoanalyse, in: Rainer Fliedl, Gertraud Pölzl, Andrea Tippe (Hg.): Wie konstruieren wir die Wirklichkeit? Wien: Krammer, 51–83.

Eveline *List* (2006): Die Psychoanalyse – auch eine Geschichtswissenschaft, in: Eveline List (Hg.): Freud und die Folgen. Wiener Zeitschrift zur Geschichte der Neuzeit 6 (1), 88–101.

Eveline *List* (2007): Mutterliebe und Geburtenkontrolle – Zwischen Psychoanalyse und Sozialismus. Das Leben der Margarethe Hilferding-Hönigsberg. Wien: Mandelbaum.

Eveline *List* (2008d): „Warum nicht in Kischniew?" – Zu einem autobiographischen Tondokument Igor Carusos. Zeitschrift für Psychoanalytische Theorie und Praxis 23 (1/2), 117–141.
Eveline *List* (2008e): Stellungnahme. Zeitschrift für psychoanalytische Theorie und Praxis 23 (3), 333–334.
Eveline *List* (2008f): „Erzieher" auf dem „Spiegelgrund" – zur Gutachtertätigkeit Igor Carusos. Sozialarbeit in Österreich. Zeitschrift für Soziale Arbeit, Bildung und Politik 3,30–33.
Eveline *List* (2009b): Die Bedeutung Otto Ranks für die Geschichte der Psychoanalyse, in: Christine Diercks/Sabine Schlüter (Hg.): post Freud – post Klein. Sigmund-Freud-Vorlesungen 2008. Wien: mandelbaum, 248–260.
Eveline *List* (2010b): Angstbedingungen in der Masse, in: Christine Diercks/Sabine Schlüter (Hg.): Angst. Sigmund-Freud-Vorlesungen 2009. Wien: mandelbaum, 179–187.
Eveline *List* (2013): Psychoanalytische Kulturwissenschaften. Stuttgart: UTB.
Hans *Loewald* (1951): Ich und Realität, in: ders.: Psychoanalyse. Aufsätze aus den Jahren 1951–1979. Stuttgart: Klett-Cotta, 1986, 15–34.
Hans *Loewald* (1960): Zur therapeutischen Wirkung der Psychoanalyse, in: ders.: Psychoanalyse. Aufsätze aus den Jahren 1951–1979. Stuttgart: Klett-Cotta, 1986, 209–247.
Margaret S. *Mahler*, Fred *Pine*, Anni *Bergmann* (1975): Die psychische Geburt des Menschen: Symbiose und Individuation. Frankfurt am Main: S. Fischer, 1984.
Corinne *Maier* (2007): Die Entdeckung des Begehrens: von der Kunst, unsere Triebe und Neurosen gelassen zu betrachten. München: Goldmann.
Karl *Marx* (1867): Das Kapital. Kritik der politischen Ökonomie. Band I, Buch I: Der Produktionsprozeß des Kapitals, in: Karl Marx, Friedrich Engels, Werke XXIII. Berlin: Dietz, 1925.
Peter *von Matt* (1972): Literaturwissenschaft und Psychoanalyse. Stuttgart: Reclam.
William *McDougall* (1920): The Group Mind. Cambridge: Cambridge University Press.
Theo *Meißel* (2001): Übertragungsprozess und Medikamentengabe, in: texte. psychoanalyse. ästhetik. kulturkritik 21 (2), 60–91.
Donald *Meltzer* (1984): Traumleben. Eine Überprüfung der psychoanalytischen Theorie und Technik. München, Wien: Verlag Internationale Psychoanalyse, 1988.
Stavros *Mentzos* (1976): Interpersonale und institutionalisierte Abwehr. Frankfurt am Main: Suhrkamp.
Erika *Mertens* (2007): Klippen weiblicher Adoleszenz. Frankfurt am Main: Brandes & Apsel.
Catherine *Millot* (1979): Freud, Anti-Pädagoge. Berlin, Wien: Medusa, 1982.
Alexander *Mitscherlich* (1982): Psycho-Pathographien des Alltags. Schriftsteller und Psychoanalyse. Frankfurt am Main: Suhrkamp.
Guido *Meyer* (2005): Konzepte der Angst in der Psychoanalyse I: 1895–1950. Frankfurt am Main: Brandes & Apsel.
Serge *Moscovici* (1984): Das Zeitalter der Massen. Eine historische Abhandlung über die Massenpsychologie. Frankfurt am Main: Fischer Taschenbuch, 1986.
Juan-David *Nasio* (1988): 7 Hauptbegriffe der Psychoanalyse. Wien: Turia & Kant, 1999.
Caroline *Neubaur* (1987): Übergänge. Spiel und Realität in der Psychoanalyse Donald W. Winnicotts. Frankfurt am Main: Athenäum.
Herman *Nunberg*, Ernst *Federn* (1979): Protokolle der Wiener Psychoanalytischen Vereinigung III, 1910–1911. Frankfurt am Main: S. Fischer.

Jerome D. *Oremland* (1991): Interpretation and Interaction. Psychoanalysis or Psychotherapy? Hillsdale, London: The Analytic Press.

Jean *Paul* (1827): Selina oder über die Unsterblichkeit der Seele, in: Werke VI. Hg. v. H. Miller, München: Beck, 1963.

Jean *Piaget* (1926): Das Weltbild des Kindes. Stuttgart: Klett-Cotta, 1978.

Enrique *Pichón-Rivière* (1999): El proceso grupal. Buenos Aires: Editiones Nueva Visión.

Gerhard *Piers*, Milton B. *Singer* (1971): Shame and Guilt. A Psychoanalytic and a Cultural Study. New York: Norton.

Jean-Bertrand *Pontalis* (Hg.) (1972): Objekte des Fetischismus. Frankfurt am Main: Suhrkamp.

Jean-Bertrand *Pontalis* (1999): Zusammenfassende Wiedergaben der Seminare IV–VI von Jacques Lacan. Wien: Turia & Kant.

Heinrich *Racker* (1960): Übertragung und Gegenübertragung. München, Basel: Reinhardt, 1982.

Otto *Rank* (1908): Der Mythos von der Geburt des Helden. Versuch einer psychologischen Mythendeutung. 2., wesentlich erweiterte Auflage. Leipzig, Wien: Deuticke, 1922.

Otto *Rank* (1909): Der Mythos von der Geburt des Helden. Wien: Turia & Kant, 2009.

Otto *Rank* (1912): Das Inzestmotiv in Dichtung und Sage. Grundzüge einer Psychologie des dichterischen Schaffens. Leipzig, Wien: Deuticke.

Otto *Rank* (1925): Der Doppelgänger. Eine psychoanalytische Studie. Wien: Turia & Kant, 1993.

Otto *Rank*, Sándor *Ferenczi* (1924): Entwicklungsziele der Psychoanalyse. Zur Wechselbeziehung von Theorie und Praxis. Wien: Turia & Kant, 1996.

David *Rapaport* (1959): Die Struktur der psychoanalytischen Theorie. Versuch einer Systematik. Stuttgart: Klett, 1973.

Wilhelm *Reich* (1927): Die Funktion des Orgasmus. Zur Psychopathologie und zur Soziologie des Geschlechtslebens. Leipzig, Wien: Internationaler Psychoanalytischer Verlag.

Wilhelm *Reich* (1931): Die Massenpsychologie des Faschismus. Frankfurt am Main: Fischer Taschenbuch, 1974.

Wilhelm *Reich* (1933/1949): Charakteranalyse. Frankfurt am Main: Fischer Taschenbuch, 1976.

Reimut *Reiche* (1990): Geschlechterspannung. Eine psychoanalytische Untersuchung. Gießen: Psychosozial, 2000.

Theodor *Reik* (1948): Hören mit dem dritten Ohr. Frankfurt am Main: Fischer Taschenbuch, 1983.

Theodor *Reik* (1932): Der unbekannte Mörder. Frankfurt am Main: Fischer Taschenbuch, 1983.

Bettina *Reiter* (2007): Spaziergänge mit Freud. Wien: Steinbauer.

Christa *Rohde-Dachser*, Franz *Wellendorf* (Hg.) (2004): Inszenierungen des Unmöglichen. Theorie und Therapie schwerer Persönlichkeitsstörungen. Stuttgart: Klett-Cotta.

Géza *Róheim* (1919): Die Panik der Götter. Die Quellen religiöser Glaubensformen in psychoanalytischer Sicht. München: Kindler, 1975.

Hermann *Rorschach* (1920): Psychodiagnostik. Hg. v. Walter Morgenthaler. Bern: Huber, 1992.

Hermann *Rorschach* (1927): Zwei Schweizerische Sektenstifter (Binggeli – Unternährer). Leipzig et al.: Internationaler Psychoanalytischer Verlag.

Hermann *Rorschach* (1965): Über ein Wahrnehmungsdiagnostisches Experiment, in: ders.: Gesammelte Aufsätze. Bern: Huber, 223–225.
Herbert *Rosenfeld* (1965): Zur Psychoanalyse psychotischer Zustände. Frankfurt am Main: Suhrkamp, 1981.
Hans *Sachs* (1948): Wie ein Wesen von einem anderen Stern. Der philosophische Hintergrund der Psychoanalyse. Gießen: Psychosozial, 2005.
Wulf *Sachs* (1927): Black Hamlet. With new Introductions by Saul Dubow and Jacqueline Rose. Baltimore: Johns Hopkins University Press, 1996.
Moustafa *Safouan* (1988): Die Übertragung und das Begehren des Analytikers. Würzburg: Königshausen & Neumann, 1997.
Isca *Salzberger-Wittenberg* (1973): Die Psychoanalyse in der Sozialarbeit. Stuttgart: Klett-Cotta.
Isca *Salzberger-Wittenberg* (2002): Psychoanalytisches Verstehen von Beziehungen. Wien: Facultas.
Joseph *Sandler*, Alex *Holder*, Christopher *Dare*, Anna Ursula *Dreher* (2003): Freuds Modelle der Seele. Eine Einführung. Gießen: Psychosozial.
Joseph *Sandler*, Anne-Marie *Sandler* (1999): Innere Objektbeziehungen. Entstehung und Struktur. Stuttgart: Klett-Cotta.
Regina *Schaps* (1992): Hysterie und Weiblichkeit. Frankfurt am Main: Campus.
Anne-Marie *Schlösser*, Kurt, *Höhfeld* (Hg.) (1998): Trauma und Konflikt. Gießen: Psychosozial.
Cordelia *Schmidt-Hellerau* (Hg.) (2006): Sigmund Freud. Das Lesebuch. Schriften aus vier Jahrzehnten. Frankfurt am Main: S. Fischer.
Peter *Schneider* (1999): Sigmund Freud. München: Dtv.
Johann August *Schülein* (1999): Die Logik der Psychoanalyse. Eine erkenntnistheoretische Studie. Gießen: Psychosozial.
Marguerite *Sechehaye* (1954): Eine Psychotherapie der Schizophrenen. Stuttgart: Klett-Cotta, 1986.
Hanna *Segal* (1964): Melanie Klein. Eine Einführung in ihr Werk. Frankfurt am Main: S. Fischer, 1984.
Julia *Segal* (1985): Phantasy in Everyday Life. London: Penguin Books, 1991.
Burkard *Sievers*, Dieter *Ohlmeier*, Bernd *Oberhoff*, Ullrich *Beumer* (Hg.) (2003): Das Unbewusste in Organisationen. Freie Assoziationen zur psychosozialen Dynamik von Organisationen. Gießen: Psychosozial.
Ernst *Simmel* (Hg.) (1946): Antisemitismus. Frankfurt am Main: S. Fischer, 1993.
Ernst *Simmel* (1948): Alkoholismus und Sucht, in: ders.: Psychoanalyse und ihre Anwendungen. Frankfurt am Main: Fischer Taschenbuch, 1993, 289–312.
Philipp *Soldt* (Hg.) (2007): Ästhetische Erfahrung. Neue Wege zur Psychoanalyse künstlerischer Prozesse. Gießen: Psychosozial.
René *Spitz* (1965): Vom Säugling zum Kleinkind. Stuttgart: Klett-Cotta, 1980.
Magdalena *Steller-Lück* (2004): Beziehungsarbeit in der Sozialarbeit. Stuttgart: Kohlhammer.
Daniel *Stern* (1985): Die Lebenserfahrung des Säuglings. Stuttgart: Klett-Cotta, 2000.
Robert *Stoller* (1968): Sex and Gender: On the Development of Masculinity and Femininity. New York: Science House.

Robert J. *Stoller* (1975): Perversion. Die erotische Form von Haß. Gießen: Psychosozial, 1998.

Leo *Stone* (1973): Die psychoanalytische Situation. Entwicklung und Bedeutung. Frankfurt am Main: Fischer Taschenbuch, 1993.

Frank J. *Sulloway* (1979): Freud – Biologie der Seele. Jenseits der psychoanalytischen Legende. Köln, Lövenich: Hohenheim, 1982.

Gabriel *Tarde* (1890): Les lois de l'imitation. Paris: Alcan.

Gabriel *Tarde* (1910): L'opinion et la foule. Paris: Alcan.

Phyllis *Tyson*, Robert L. *Tyson* (1990): Lehrbuch der psychoanalytischen Entwicklungspsychologie. Stuttgart: Kohlhammer, 1997.

Heinz *Weiß* (Hg.) (1999): Ödipuskomplex und Symbolbildung. Tübingen: Edition Diskord.

Peter *Widmer* (1990): Subversion des Begehrens. Jacques Lacan oder Die zweite Revolution in der Psychoanalyse. Frankfurt am Main: Fischer Taschenbuch.

Peter *Widmer* (Hg.) (2007): Psychosen: eine Herausforderung für die Psychoanalyse. Strukturen – Klinik – Produktionen. Bielefeld: Transcript.

Donald W. *Winnicott* (1951): Übergangsobjekte und Übergangsphänomene, in: ders.: Von der Kinderheilkunde zur Psychoanalyse. Frankfurt am Main: S. Fischer, 1983, 300–319.

Donald W. *Winnicott* (1956): Primäre Mütterlichkeit, in: ders.: Von der Kinderheilkunde zur Psychoanalyse. Frankfurt am Main: S. Fischer, 1983, 157–164.

Donald W. *Winnicott* (1958): Von der Kinderheilkunde zur Psychoanalyse. Frankfurt am Main: Fischer Taschenbuch, 1983.

Donald W. *Winnicott* (1971): Vom Spiel zur Kreativität. Stuttgart: Klett-Cotta, 2006.

Donald W. *Winnicott* (1986): Der Anfang ist unsere Heimat. Essays zur gesellschaftlichen Entwicklung des Individuums. Stuttgart: Klett-Cotta, 1990.

Léon *Wurmser* (1959): Die Flucht vor dem Gewissen. Berlin: Springer, 1987.

Siegfried *Zepf* (2000): Allgemeine psychoanalytische Neurosenlehre, Psychosomatik und Sozialpsychologie. 3 Bde. Gießen: Psychosozial, 2006.

Sylvia *Zwettler-Otte* (Hg.) (2007): Entgleisungen in der Psychoanalyse. Berufsethische Probleme. Göttingen: Vandenhoeck & Ruprecht.

Namenregister

Stichwortregister